21 世纪高等学校物流管理与物流工程规划教材

物流园区规划设计与运营：
理论、方法及实践

韩伯领　周凌云　著

清华大学出版社
北京交通大学出版社
·北京·

内容简介

本书基于物流园区转型升级和高质量发展新要求,从全生命周期视角,对物流园区形成发展、规划设计、运营管理等理论、方法进行探讨,并通过大量案例阐述在业务实践中的应用。

本书内容包括:物流园区的内涵与特征,形成动因及演化机理,规划程序、内容及方法,物流需求调查,设施选址及规模确定,功能区规划设计,设备配置分析,智慧信息平台建设,开发与运营管理,产业集群发展等。

本书可作为物流类相关专业本科生教材使用,也可作为物流理论研究者和从业人员的专业参考书。

本书封面贴有清华大学出版社防伪标签,无标签者不得销售。
版权所有,侵权必究。侵权举报电话:010-62782989　13501256678　13801310933

图书在版编目(CIP)数据

物流园区规划设计与运营:理论、方法及实践/韩伯领,周凌云著. ——北京:北京交通大学出版社:清华大学出版社,2018.8(2024.7重印)
ISBN 978-7-5121-3567-3

Ⅰ. ①物… Ⅱ. ①韩… ②周… Ⅲ. ①物流-工业园区-经济规划-高等学校-教材 ②物流-工业园区-运营管理-高等学校-教材 Ⅳ. ①F253

中国版本图书馆 CIP 数据核字 (2018) 第 128971 号

物流园区规划设计与运营:理论、方法及实践
WULIU YUANQU GUIHUA SHEJI YU YUNYING: LILUN, FANGFA JI SHIJIAN

策划编辑:郭东青		责任编辑:郭东青		
出版发行:清 华 大 学 出 版 社	邮编:100084	电话:010-62776969		
北京交通大学出版社	邮编:100044	电话:010-51686414		
印　刷　者:艺堂印刷(天津)有限公司				
经　　　销:全国新华书店				
开　　　本:185 mm×260 mm　　印张:22　　字数:563 千字				
版　　　次:2018 年 8 月第 1 版　　2024 年 7 月第 4 次印刷				
书　　　号:ISBN 978-7-5121-3567-3/F·1792				
印　　　数:6 001~7 000 册　　定价:66.00 元				

本书如有质量问题,请向北京交通大学出版社质监组反映。对您的意见和批评,我们表示欢迎和感谢。
投诉电话:010-51686043,51686008;传真:010-62225406;E-mail:press@bjtu.edu.cn。

序1

加快完善交通物流基础设施网络，推动交通物流融合发展，促进供应链创新，已成为深化供给侧结构性改革、建设现代化经济体系的重要内容和迫切要求。当前，铁路、公路、民航、水运等行业正在加快交通运输通道和节点建设，全力构建安全、便捷、高效、绿色、经济的现代综合交通运输体系。物流园区既是现代综合交通运输体系的关键节点和重点工程，也是物流产业规模化、集约化发展的重要载体，对提升交通运输和物流服务供给质量、服务经济转型发展具有重要意义。一是服务国家战略、推动开发开放需要加强物流园区等基础设施建设。二是构建现代化综合交通运输体系，提高物流服务效率质量，降低社会物流成本，需要实施物流园区枢纽工程。三是推动供应链创新需要充分发挥物流园区平台的支撑作用。伴随消费升级、市场需求变化以及物联网、大数据、云计算、人工智能等新技术应用，我国物流园区进入转型升级的攻坚时期，已逐步从"跑马圈地"的数量增长阶段转向高质量发展阶段。在深化供给侧结构性改革、促进物流降本增效的大环境下，合理建设和运营物流园区，坚持走内涵式转型发展道路，迫切需要科学的理论方法指导和引领。

《物流园区规划设计与运营：理论、方法及实践》一书，对物流园区形成、规划布局、功能设计、信息平台建设、开发运营、产业集群发展等进行了全面系统的探讨，是作者长期对铁路、公路等类型物流园区规划、设计和运营进行跟踪研究的理论结晶，也是他们这几年来不断探索、总结提炼的实践成果。该书主要有以下突出特点。

第一，系统梳理了国内外货运枢纽、物流基地、物流园区等节点的发展特点与经验，总结提炼了物流园区规划、设计和运营管理的一般规律，探索阐释了物流园区创新设计与转型发展的新要求、新模式和新趋势。

第二，充分吸收了物流园区领域相关研究和设计成果，包括专著、论文以及大量实际工程项目案例，注重突出针对性、实用性和前瞻性。

第三，综合集成应用多学科理论与方法，创新提出了物流园区生命周期理论，揭示了物流园区形成动因、机理和演化规律，总结规划设计和运营管理新理念新方法，探索物流园区产业集群效应及生态圈构建。

该书既是现代物流领域一部重要的学术著作，也是一本很好的大学物流专业教材，同时适合于运输、物流领域广大从业人员和政府管理人员使用。相信大家会从中获益，为提升物流园区建设和运营水平、实现高质量发展贡献智慧和力量！

2018 年 3 月于长沙

（中南大学校长、中国工程院院士）

序 2

近年来，党中央、国务院高度重视物流园区的发展，在先后出台的一系列引导和推动物流业发展的规划和政策中，都把物流园区作为支持的重点。在政府推动、市场拉动、技术驱动的作用下，我国物流园区进入快速发展阶段。据不完全统计，到 2015 年全国已有物流园区（基地）1 210 个。受国家发展改革委、国土资源部和住房城乡建设部委托，经中国物流与采购联合会评审认定的两批"示范物流园区"共有 56 个。这当中大部分物流园区特别是"示范物流园区"，对于整合物流资源，提升物流效率，改善服务功能，优化投资环境，促进区域经济发展，支撑国家战略等方面都发挥了重要作用。

但从总体上来看，我国多数物流园区仍处于粗放式发展阶段。需求支撑不足、功能定位不准、互联互通不够、招商运营困难等问题依然存在。当前，我国经济已由高速增长阶段转向高质量发展阶段，物流园区面临新的机遇和挑战，许多带有方向性的基础理论问题需要深入探讨。比如，物流园区的内涵与特征，物流园区形成与发展的理论基础，物流园区形成动因及演化机理，物流园区规划程序、内容及方法，物流园区市场需求调查，物流园区设施选址及规模确定，物流园区功能区规划设计，物流园区设备配置分析，智慧物流园区信息平台建设，物流园区开发与运营管理，物流园区产业集群发展等。

《物流园区规划设计与运营：理论、方法及实践》一书，对以上问题都做了很好的回答。该书学术视野开阔，研究视角新颖，运用方法多元，创新性和实用性相对统一，实践案例和理论探究相得益彰。作者充分依托多年的物流理论研究和运营管理实践经验，站在项目全生命周期角度，从形成机理、规划布局、功能设计，到智慧建设、开发运营、产业发展，对物流园区开发与运营管理进行了全面系统的分析研究。书中以大量现实案例阐释理论、方法应用成效，总结提炼实践经验，反映了物流园区理论发展前沿和实践发展趋势。该书的出版发行，进一步丰富和完善了我国物流园区理论体系，对于物流园区持续健康发展具有理论指导价值和实践参考意义。

该书作为物流园区专业领域的学术著作，对于物流园区规划设计部门、运营管理单位、入住企业、设施设备提供商、投资咨询机构和政府主管部门以及关注物流园区发展的专业人士都有重要参考价值，也可作为物流专业教育培训的一部工具书。期盼广大读者能够从中汲取所需营养，也期待作者继续辛勤耕耘，再有新作问世。

2018 年 3 月于北京

（中国物流与采购联合会副会长、中物联物流园区专委会主任）

前　言

近年来，伴随社会经济快速发展，我国现代物流业不断发展壮大，全国范围内更是掀起了投资开发建设物流园区的热潮。物流园区既是提供物流综合服务的重要节点，也是重要的城市物流基础设施。促进物流园区健康有序发展，对于提高社会物流服务效率和质量、促进产业结构调整、转变经济发展方式、提高国民经济竞争力具有重要意义。

近年来，国家有关部门和地方政府陆续出台了一系列规划和扶持政策，加快推进物流供给侧结构性改革，积极推进物流园区规划建设，打造物流产业空间集聚区，努力提升物流产业规模化、集约化水平，降低社会物流成本。2013年10月，国家发展改革委等12个部门出台了我国第一个物流园区专项规划——《全国物流园区发展规划（2013—2020年）》；2014年9月，国务院发布了《物流业发展中长期规划（2014—2020年）》，把"物流园区工程"列入12项重点工程；2015年5月，国家发展改革委、国土资源部、住房城乡建设部联合发出了《关于开展物流园区示范工作的通知》；2016年9月，国务院办公厅转发了国家发展改革委《物流业降本增效专项行动方案（2016—2018年）》，强调补短强基，完善支撑物流高效运行的设施和标准体系，建立与现代产业体系相匹配的国家级物流枢纽设施网络，支持主要港口、大型综合性物流园区集疏运设施建设，构建高效运行的多式联运体系。党的十九大提出，在现代供应链等领域培育新的增长点，形成新动能；加快发展现代服务业，瞄准国际标准提高水平，这为包括物流园区在内的现代物流业发展进一步指明了方向。

在规划、资本和政策等引导下，物流园区发展方兴未艾，已成为现代物流业发展的一个重要标志。我国许多城市具备了大力发展物流园区的经济环境、市场需求和配套条件，各种综合型、专业型的物流园区如雨后春笋般发展起来。交通运输部把物流园区作为重点支持对象，鼓励依托港口、机场、大型铁路枢纽场站建设现代物流园区；中国铁路总公司加快推进33个一级、175个二级、357个三级铁路物流基地建设，出台了进一步推进铁路物流基地建设的指导意见，并规划建设商品车、冷链、快运等物流基地网络；传化、京东、普洛斯、菜鸟网络等流通企业加大投入，着力打造一批高质量物流基础设施服务平台。总体来看，近年来我国物流园区快速发展，取得了长足进步，但整体发展水平还比较低，在规划、建设、运营、管理以及政策等方面还存在一些亟待研究解决的问题，如：建设发展不够规范、设施能力仍需补强、服务功能有待提升、网络化经营开发不够充分、盈利模式还需优化、政策支持体系有待健全完善，等等。

今后几年，是我国物流业转型发展的重要时期，大力提升物流产业地位、加快形成现代物流服务体系等将迎来重大战略机遇，物流园区发展将进入投资多元化、管理专业化、运营网络化、作业智能化的新时代。在这样的大趋势大背景下，物流园区在我国已不是发展与否的问题，而是如何科学规划、怎样实现高质量发展的问题了。科学规划、合理布局和集约经营物流园区,充分发挥物流园区产业集聚优势和综合枢纽平台作用,构建与区域经济、产业体系和居民消费水平相适应的现代物流服务体系,是促进物流业发展方式转变、带动产业结构调整、实现我国经济高质量发展的必然选择。

  本书基于作者多年物流园区规划、运营管理工作经验和研究基础,系统揭示了物流园区形成与演化机理,研究归纳了物流园区规划和运营管理前沿理论、方法,力求反映物流园区发展新理念、新模式、新技术和新趋势;同时,以大量案例阐释理论方法应用,针对物流园区发展短板和痛点给出解决方案,以期为我国各类物流园区规划设计、运营实践以及可持续发展提供参考借鉴。

  在本书编写过程中,参考了许多国内外专家、学者和工程技术人员的著作、报告、论文和案例。在此,谨向他们表示最诚挚的谢意!

  物流园区规划设计与运营涉及要素众多,是一个非常复杂的科学问题,有许多内容和方法还需要进一步深入研究。由于学识水平所限,本书难免有错误或不当之处,敬请各位专家和读者不吝赐教!

作 者

2018 年 3 月

目　录

第1章　物流园区的内涵与特征 ··· 1
1.1　物流园区内涵 ·· 1
1.1.1　物流园区的定义 ·· 1
1.1.2　物流园区的分类 ·· 2
1.1.3　几个相关概念辨识 ·· 7
1.2　物流园区的主要功能 ·· 9
1.2.1　物流及配套服务功能 ··· 9
1.2.2　物流增值服务功能 ··· 11
1.2.3　宏观社会服务功能 ··· 12
1.3　物流园区的系统构成与特征 ··· 13
1.3.1　物流园区的系统构成 ·· 13
1.3.2　物流园区的重要属性 ·· 14
1.3.3　物流园区的地位作用 ·· 15
1.4　物流园区总体发展情况和趋势 ······································ 16
1.4.1　物流园区国外发展情况及经验启示 ························· 16
1.4.2　物流园区国内发展情况及存在的问题 ······················ 21
1.4.3　面临重要发展机遇 ··· 30
1.4.4　未来发展趋势 ··· 32
案例1 ··· 35
案例2 ··· 38

第2章　物流园区形成与发展的理论基础 ······························· 41
2.1　空间区位理论 ··· 41
2.1.1　传统区位理论 ··· 41
2.1.2　现代区位理论 ··· 42
2.1.3　产业区位理论 ··· 43
2.2　产业集群理论 ··· 44
2.2.1　产业集群的理论溯源 ·· 44
2.2.2　产业集群的生命周期 ·· 45
2.2.3　物流产业集群分析 ··· 46
2.3　增长极理论 ·· 47
2.3.1　增长极的分类 ··· 47

2.3.2 增长极的作用机理 ······ 47
2.3.2 增长极的效应 ······ 48
2.4 空间结构理论 ······ 49
2.5 复杂系统科学理论 ······ 50
 2.5.1 一般系统论 ······ 50
 2.5.2 他组织与自组织理论 ······ 50
案例 ······ 51

第3章 物流园区形成动因及演化机理 ······ 53
3.1 物流园区形成的动因分析 ······ 53
 3.1.1 外部触发动力 ······ 53
 3.1.2 内部激化动力 ······ 56
3.2 物流园区内部集聚演化机理 ······ 57
 3.2.1 内部集聚主体生态位关系分析 ······ 57
 3.2.2 互惠共生集聚演化 ······ 57
 3.2.3 偏利共生集聚演化 ······ 59
 3.2.4 竞争共生集聚演化 ······ 60
3.3 物流园区整体形成与演化机理 ······ 61
 3.3.1 物流园区演化成长方式 ······ 61
 3.3.2 物流园区逻辑斯谛生成与演化模型 ······ 62
 3.3.3 物流园区整体结构失稳机理 ······ 65
 3.3.4 物流园区演化路径依赖与分岔 ······ 67
3.4 物流园区演化生命周期及形态特征 ······ 68
 3.4.1 物流园区演化生命周期过程 ······ 68
 3.4.2 物流园区总体演变形态特征 ······ 70
案例1 ······ 71
案例2 ······ 73

第4章 物流园区规划程序、内容及方法 ······ 76
4.1 物流园区规划的内涵 ······ 76
 4.1.1 物流园区规划概念及意义 ······ 76
 4.1.2 物流园区价值链需求分析 ······ 77
 4.1.3 物流园区规划的目标 ······ 79
 4.1.4 物流园区规划的原则 ······ 80
4.2 物流园区规划程序和内容 ······ 81
 4.2.1 规划筹备阶段 ······ 81
 4.2.2 环境分析阶段 ······ 83
 4.2.3 战略规划阶段 ······ 84
 4.2.4 详细规划设计阶段 ······ 85
 4.2.5 规划方案评价及实施阶段 ······ 86

4.3 物流园区规划相关理论方法	87
4.3.1 物流园区点轴开发规划	87
4.3.2 物流园区项目生命周期管理	89
4.3.3 物流园区 MSFLB 规划方法	95
4.3.4 物流园区设施系统布置设计方法	96
4.3.5 物流园区生态圈构建理论	98
4.4 物流园区网络空间布局规划	99
4.4.1 物流园区网络空间布局规划的内涵	99
4.4.2 物流园区网络空间布局规划模型体系构建	102
4.4.3 物流园区网络空间布局规划指标体系设计	106
4.4.4 物流园区网络空间布局规划指标选择优化	108
4.4.5 物流园区网络空间层次结构设计	112
4.5 物流园区规划存在的问题及对策	114
4.5.1 物流园区规划存在的问题	114
4.5.2 物流园区规划存在问题的原因分析	115
4.5.3 物流园区规划的对策	116
案例 1	118
案例 2	119

第 5 章 物流园区物流需求调查

5.1 物流需求调查内涵	121
5.1.1 物流需求概念体系	121
5.1.2 物流需求调查的目的	125
5.1.3 物流需求调查的原则	126
5.2 物流需求调查货物品类划分	126
5.2.1 货物品类划分相关标准	127
5.2.2 社会货物品类划分方法	128
5.2.3 铁路货物品类划分方法	130
5.3 物流需求调查程序与内容	133
5.3.1 物流需求调查程序	133
5.3.2 物流需求调查内容	135
5.4 物流需求调查组织实施	139
5.4.1 物流需求调查方法确定	139
5.4.2 物流需求调查实施	140
5.5 物流需求调查数据处理方法	141
5.5.1 物流需求调查资料处理	141
5.5.2 物流需求调查数据统计分析方法	141
案例	144

第6章 物流园区设施选址及规模确定……149
6.1 物流园区选址决策内涵……149
6.1.1 选址决策影响因素……149
6.1.2 选址决策程序和步骤……150
6.2 物流园区选址决策方法……153
6.2.1 定性决策法……153
6.2.2 定量决策法……154
6.3 物流园区设施规模确定原则和程序……161
6.3.1 物流园区设施规模现状……161
6.3.2 物流园区设施规模确定原则……162
6.3.3 物流园区设施规模确定的程序……163
6.4 物流园区设施规模确定方法……165
6.4.1 参数法……166
6.4.2 功能区分类计算法……167
6.4.3 时空消耗法……169
6.4.4 类比法……170
6.4.5 各类方法比较分析……170
6.5 物流园区设施适应性评价……171
6.5.1 物流园区设施适应性评价指标体系构建……171
6.5.2 物流园区设施适应性评价方法比较与选择……172
6.5.3 基于 DEA 的物流园区设施适应性效度评价模型……174
6.5.4 综合适应性效度的计算……178
案例1……179
案例2……181

第7章 物流园区功能区规划设计……183
7.1 物流园区设施布置内涵……183
7.1.1 设施布置规划目标……183
7.1.2 设施布置规划原则……184
7.1.3 设施布置规划步骤……185
7.2 物流园区设施布置资料分析……188
7.2.1 物品特性分析……188
7.2.2 储运单位分析……189
7.2.3 销售额变动趋势分析……189
7.2.4 订单品项和数量分析……190
7.3 物流园区设施系统布置方法……194
7.3.1 传统 SLP 规划布局方法……194
7.3.2 改进的 SLP 规划布局方法……195
7.4 仓储功能区规划设计……196

目　录

　　7.4.1　仓储功能区概述 ……………………………………………………… 196
　　7.4.2　仓储功能区布局设计 …………………………………………………… 197
7.5　分拣功能区规划设计 …………………………………………………………… 201
　　7.5.1　分拣功能区概述 ………………………………………………………… 201
　　7.5.2　分拣功能区布局设计 …………………………………………………… 202
7.6　流通加工功能区布局设计 ……………………………………………………… 205
　　7.6.1　流通加工功能区概述 …………………………………………………… 205
　　7.6.2　流通加工功能区布局设计 ……………………………………………… 206
7.7　配送功能区布局设计 …………………………………………………………… 207
　　7.7.1　配送功能区概述 ………………………………………………………… 207
　　7.7.2　配送功能区布局设计 …………………………………………………… 208
7.8　基础设施布局设计 ……………………………………………………………… 211
　　7.8.1　库房设计 ………………………………………………………………… 211
　　7.8.2　收发站台设计 …………………………………………………………… 218
　　7.8.3　通道设计 ………………………………………………………………… 225
　　7.8.4　其他建筑公用设施规划 ………………………………………………… 227
案例 1 ……………………………………………………………………………………… 227
案例 2 ……………………………………………………………………………………… 229

第 8 章　物流园区设备配置分析 …………………………………………………… 232

8.1　物流设备配置技术规范分析 …………………………………………………… 232
　　8.1.1　散堆装货物物流 ………………………………………………………… 232
　　8.1.2　冷链物流 ………………………………………………………………… 232
　　8.1.3　快递物流 ………………………………………………………………… 233
　　8.1.4　危险货物物流 …………………………………………………………… 234
8.2　物流园区设备配置原则和程序 ………………………………………………… 234
　　8.2.1　物流设备的地位和作用 ………………………………………………… 234
　　8.2.2　物流设备配置原则 ……………………………………………………… 235
　　8.2.3　物流设备配置程序 ……………………………………………………… 236
8.3　物流园区设备类型划分 ………………………………………………………… 236
　　8.3.1　装卸搬运设备 …………………………………………………………… 236
　　8.3.2　输送机设备 ……………………………………………………………… 237
　　8.3.3　存储设备 ………………………………………………………………… 238
　　8.3.4　流通加工设备 …………………………………………………………… 239
　　8.3.5　分拣设备 ………………………………………………………………… 240
　　8.3.6　包装设备 ………………………………………………………………… 240
　　8.3.7　信息处理设备 …………………………………………………………… 240
8.4　物流园区主要功能区设备配置 ………………………………………………… 241
　　8.4.1　散堆装作业区设备配置技术条件 ……………………………………… 241

  8.4.2 长大笨重作业区设备配置技术条件 ………………………………………… 242
  8.4.3 包装成件作业区设备配置技术条件 ………………………………………… 244
  8.4.4 冷链物流作业区设备配置技术条件 ………………………………………… 249
  8.4.5 集装箱作业区设备配置技术条件 …………………………………………… 251
 案例1 ……………………………………………………………………………………… 252
 案例2 ……………………………………………………………………………………… 254

第9章 智慧物流园区信息平台建设 ………………………………………………………… 258
 9.1 智慧物流园区信息平台内涵及特征 ………………………………………………… 258
  9.1.1 智慧物流园区信息平台内涵 ………………………………………………… 258
  9.1.2 智慧物流园区信息平台总体目标 …………………………………………… 258
  9.1.3 智慧物流园区信息平台的特征 ……………………………………………… 259
  9.1.4 智慧物流园区信息平台的定位 ……………………………………………… 260
 9.2 智慧物流园区信息化需求分析 ……………………………………………………… 261
  9.2.1 智慧物流园区信息平台用户物流信息需求 ………………………………… 261
  9.2.2 业务信息化管理需求 ………………………………………………………… 263
 9.3 智慧物流园区信息平台总体架构 …………………………………………………… 264
  9.3.1 逻辑架构 ……………………………………………………………………… 264
  9.3.2 交换设计 ……………………………………………………………………… 266
 9.4 智慧物流园区信息平台功能设计 …………………………………………………… 266
  9.4.1 物流政务服务平台功能 ……………………………………………………… 267
  9.4.2 物流交易撮合平台功能 ……………………………………………………… 268
  9.4.3 智慧物流运作平台功能 ……………………………………………………… 268
  9.4.4 物流园区公共服务平台功能 ………………………………………………… 269
  9.4.5 物流信息交换平台功能 ……………………………………………………… 269
  9.4.6 物流园区智能化管理平台功能 ……………………………………………… 270
 9.5 智慧物流园区信息平台安全技术保障体系设计 …………………………………… 271
  9.5.1 物理安全 ……………………………………………………………………… 271
  9.5.2 网络安全 ……………………………………………………………………… 271
  9.5.3 应用安全 ……………………………………………………………………… 271
  9.5.4 数据安全 ……………………………………………………………………… 272
  9.5.5 主机安全 ……………………………………………………………………… 272
  9.5.6 边界安全 ……………………………………………………………………… 272
 案例1 ……………………………………………………………………………………… 272
 案例2 ……………………………………………………………………………………… 276

第10章 物流园区开发与运营管理 ………………………………………………………… 278
 10.1 物流园区开发模式 ………………………………………………………………… 278
  10.1.1 国外物流园区的开发模式 ………………………………………………… 279
  10.1.2 国内物流园区的开发模式 ………………………………………………… 280

  10.1.3　物流园区开发模式比较分析 ………………………………………… 281
 10.2　物流园区运营模式 ……………………………………………………………… 284
  10.2.1　国外物流园区的运营模式 ……………………………………………… 284
  10.2.2　国内物流园区的运营模式 ……………………………………………… 285
  10.2.3　物流园区运营模式设计 ………………………………………………… 285
  10.2.4　物流园区网络协同运营模式 …………………………………………… 287
 10.3　物流园区盈利模式 ……………………………………………………………… 290
  10.3.1　国外物流园区的盈利模式 ……………………………………………… 290
  10.3.2　国内物流园区的盈利模式 ……………………………………………… 291
  10.3.3　不同阶段物流园区的盈利模式设计 …………………………………… 294
 10.4　物流园区运营管理 ……………………………………………………………… 297
  10.4.1　物流园区运营管理内容 ………………………………………………… 297
  10.4.2　物流园区运营组织管理模式 …………………………………………… 299
 10.5　物流园区运营绩效评价分析 …………………………………………………… 301
  10.5.1　物流园区运营绩效影响因素 …………………………………………… 301
  10.5.2　物流园区运营绩效评价思路 …………………………………………… 302
  10.5.3　物流园区运营绩效评价指标体系 ……………………………………… 302
  10.5.4　物流园区运营绩效评价方法 …………………………………………… 306
 案例1 …………………………………………………………………………………… 307
 案例2 …………………………………………………………………………………… 311
第11章　物流园区产业集群发展 ……………………………………………………… 313
 11.1　物流园区产业集群内涵与特征 ………………………………………………… 313
  11.1.1　物流园区产业集群概念 ………………………………………………… 313
  11.1.2　物流园区产业集群特征 ………………………………………………… 313
 11.2　物流园区产业集群效应分析 …………………………………………………… 315
  11.2.1　物流园区产业集群内部效应 …………………………………………… 315
  11.2.2　物流园区产业集群外部效应 …………………………………………… 317
 11.3　物流园区产业集群发展机制与过程 …………………………………………… 320
  11.3.1　物流园区产业集群发展机制 …………………………………………… 320
  11.3.2　物流园区产业集群发展阶段 …………………………………………… 322
  11.3.3　物流园区产业集群发展过程 …………………………………………… 324
 11.4　物流园区产业集群生态系统构建 ……………………………………………… 326
  11.4.1　物流园区产业集群的生态特征 ………………………………………… 326
  11.4.2　物流园区产业集群生态系统架构 ……………………………………… 327
  11.4.3　物流园区产业集群生态系统的进化 …………………………………… 328
 案例1 …………………………………………………………………………………… 329
 案例2 …………………………………………………………………………………… 331
参考文献 ………………………………………………………………………………… 333

第1章

物流园区的内涵与特征

1.1 物流园区内涵

1.1.1 物流园区的定义

当前，物流园区（logistics park）的规划、建设与运营的发展在世界范围内方兴未艾，是现代物流业发展的一个重要趋势。物流园区，也称物流团地，最早于1965年出现在日本东京。从20世纪60年代开始，日本政府为了解决城市交通拥挤问题，先后在东京近郊的东西南北分别建立了四个物流团地。由于物流园区给物流企业和其所在的城市带来了极大的经济效益与社会效益，引起政府、行业和企业的广泛重视，之后在欧洲也得到了较快的发展。在欧洲，物流园区更多突出多式联运的理念，常被称之为货运村（freight village）。随着现代物流产业在我国的起步发展，许多省份、城市依托交通枢纽、产业园区、商贸批发集散地，纷纷规划和建设各种类型的物流园区，促进区域及城市物流集约化、专业化的发展。

在国内，对物流园区尚无明确和统一的定义，存在"物流园区、物流基地、物流枢纽、物流团地、物流港"等不同称呼。由于研究视角的不同，目前对物流园区内涵的理解也有所差异，但其服务功能、特性基本相同。国家标准《物流术语》（GB/T 18354—2006）对物流园区做出了明确的定义，指"为了实现物流设施集约化和物流运作共同化，或者出于城市物流设施空间布局合理化的目的而在城市周边等各区域，集中建设的物流设施群与众多物流业者在地域上的物理集结地"。国家标准《物流园区分类与规划基本要求》（GB/T 21334—2017）中这样定义："为了实现物流设施集约化和物流运作共同化，按照城市空间合理布局的要求，集中建设并由统一主体管理，为众多企业提供物流基础设施和公共服务的物流产业集聚区。"中国物流与采购联合会2012年发表的《第三次全国物流园区（基地）调查报告》，给出了六个物流园区界定条件：①具有明确的物流园区、物流基地或"公路港""无水港""物流港"名称，依托铁路、公路、水路、航空或管道等多种运输条件，以物流服务为其主要功能；②具备明确的法人经营实体与完备的运营管理机制；③土地权限明确，园区占地面积≥0.3 km^2；④物流作业区域在总占地面积中的比例≥50%，具有相应的物流服务设施、信息系统和入驻商务条件；⑤园区入驻物流企业在10家及以上；⑥园区规划符合所在地城市总体规划、用地规划，交通运输方便。国家发展改革委会同有关部门组织编制的《全国物流园区发展规划》对物流园区内涵进行了界定，认为物流园区是物流业规模化和集约化发展的客观要求和必然产物，是为了实现物流运作的共同化，按照城市空间合理布局的要求，集中建设并由统一主体管理，为众多企业提供物流基础设施和公共服务的物流产业集聚区。

上述定义从不同角度对物流园区的内涵进行了分析，从中可以看出物流园区作为物流产业集聚体的内涵和本质。综上所述，物流园区应该是依托综合交通和区位优势，按照城市空间合理布局的要求，实现多种物流设施和不同类型的物流企业在空间上集中布局的场所，也是一个有一定规模的和具有多种服务功能的物流产业集聚区。它按照专业化、规模化的原则组织物流活动，各经营主体通过共享相关基础设施和配套服务设施，发挥整体优势和互补优势，进而实现物流产业的集约化、规模化效应，促进载体城市的可持续发展。总体来看，物流园区的内涵包括以下几点。

①物流园区是一个空间概念，是具有产业发展性质的经济功能区，与工业园区、科技园区一样具有产业一致性或相关性。作为物流产业集聚区，物流园区的主要任务是开展满足城市居民消费和区域生产组织所需要的物流经营活动。

②物流园区属于城市物流功能区域，是多家物流企业在空间集中布局的场所，并非物流管理和经营实体。物流园区能对物流节点进行相对集中管理，往往包括物流中心、配送中心、运输枢纽设施、运输组织及其相关物流基础设施。

③物流园区是综合型物流服务节点，通过园区内的企业提供现代物流及生产、生活配套服务功能。物流园区集若干功能于一身，是有完善设施的集约型节点，能为各入驻企业提供交通、仓储、配送以及水电、通信、餐饮、住宿等配套的基础设施和服务设施。

④物流园区是区域物流网络的重要平台，是为区域物流系统功能的实现提供服务的基础设施集结地。它是在区域物流系统总体规划基础上进行规划建设的，为区域物流系统总体目标的实现和区域经济的进一步发展而组织运行。

1.1.2　物流园区的分类

我国的物流园区建设处于起步阶段，各类研究机构和专家对物流园区的分类都有各自的看法，特别是物流业多种业态的不断创新发展导致社会各界对物流园区在理解上有差异。经过归纳总结，可从以下不同角度进行分类。

1. 按服务对象进行分类

根据2017年国家质量监督检验检疫总局和国家标准化管理委员会发布的国家标准《物流园区分类与规划基本要求》（GB/T 21334—2017），按照物流园区的依托对象进行划分，将物流园区分为货运服务型、生产服务型、商贸服务型、口岸服务型、综合服务型等几种类型。

（1）货运服务型物流园区

货运服务型物流园区主要依托空运、水运或陆运节点（枢纽）而规划建设，为大批量货物分拨、转运提供配套设施，主要服务于区域性物流转运及运输方式的转换。如重庆铁路集装箱中心站、义乌国际物流中心、深圳盐田港口物流园区等。该类物流园区的推荐性指标如表 1-1 所示。

在货运服务型物流园区中，不同行业也有各自相应的分类标准要求。如铁路行业，对主要担任全国性铁路物流节点城市的货物集散与分拨任务的一级铁路物流园区，要求年吞吐量在 300 万 t 以上；对主要担任区域性铁路物流节点城市的货物集散任务的二级铁路物流园区，要求年吞吐量在 100 万 t 以上；对主要担任地区性铁路物流节点城市的货物集散任务的三级铁路物流园区，要求年吞吐量在 50 万 t 以上。

表 1-1 物流园区规划的推荐性指标：货运服务型

	评估指标	指标取值	
基本要求	交通连接方式	具备两种以上（含两种）运输方式	
	占地面积/km²	空港	≥0.5
		海港	≥1
		陆港	≥0.5
	物流运营面积比例	≥60%	
	物流园区年吞吐量/万 t	空港	≥50
		海港	≥400
		陆港	≥300
	入驻企业年经营性收入/亿元	≥20	
	物流园区年税收/万元	≥3 000	
	运营时间	3 年以上（含 3 年）	
服务要求	管理要求	管理制度覆盖率达到 100%	
	政务服务	承诺服务践诺率达到 100%	
	商务服务	必备服务项目	汽修汽配服务
		其他服务项目数量	≥6
	增值服务	至少提供 1 项增值服务	
	信息服务	硬件系统环境的功能和容量冗余	≥25%
		网络设备的处理器和内存的平均使用率	≤75%
		每日发布有效信息数量/条	≥200
	服务质量	有效投诉办结率	100%
		入驻企业满意程度	≥85%

（2）生产服务型物流园区

生产服务型物流园区依托经济开发区、高新技术园区、工业园区等制造产业集聚园区而规划建设，为生产型企业提供一体化物流服务，主要服务于生产企业物料供应、产品生产、销售和回收等。如北京空港物流园区周边紧邻天竺出口加工区、空港工业区、林河工业区、北京现代汽车城及奥运会场馆，周边有日本松下通信、西铁城（中国）钟表、韩国 LG 电子、欧美的空中客车、皇冠制罐，以及中国国际航空公司、万科城市花园、空港国际仓储和人类基因研发中心——华大基因等30余个国家的百余家著名企业，为发展现代物流产业提供了得天独厚的条件。该类物流园区规划的推荐性指标如表1-2所示。

表1-2 物流园区规划的推荐性指标：生产服务型

评估指标		指标取值	
基本要求	交通连接方式	具备两种以上（含两种）运输方式或毗邻两条及以上高速公路	
	占地面积/km²	≥0.5	
	物流运营面积比例	≥60%	
	物流园区年吞吐量/万t	≥100	
	入驻企业年经营性收入/亿元	≥20	
	物流园区年税收/万元	≥3 000	
	运营时间	3年以上（含3年）	
服务要求	管理要求	管理制度覆盖率达到100%	
	政务服务	承诺服务践诺率达到100%	
	商务服务	提供7类及以上商务服务项目	
	增值服务	至少提供1项增值服务	
	信息服务	硬件系统环境的功能和容量冗余	≥25%
		网络设备的处理器和内存的平均使用率	≤75%
		每日发布有效信息数量/条	≥100
	服务质量	有效投诉办结率	100%
		入驻企业满意程度	≥85%

（3）商贸服务型物流园区

商贸服务型物流园区是依托各类批发市场、专业市场等商品集散地而规划建设，为商贸流通企业提供一体化物流服务及配套商务服务的物流园区，主要服务于商贸流通业商品集散，如深圳笋岗-清水河物流园区、临沂商贸物流园区等。该类物流园区规划的推荐性指标如表1-3所示。

表1-3 物流园区规划的推荐性指标：贸易服务型

评估指标		指标取值
基本要求	交通连接方式	具备两种以上（含两种）运输方式或毗邻两条及以上高速公路
	占地面积/km²	≥0.5
	物流运营面积比例	≥50%
	物流园区年吞吐量/万t	≥150
	入驻企业年经营性收入/亿元	≥20
	物流园区年税收/万元	≥3 000
	运营时间	3年以上（含3年）

续表

评估指标		指标取值	
服务要求	管理要求	管理制度覆盖率达到100%	
	政务服务	承诺服务践诺率达到100%	
	商务服务	必备服务项目	银行、保险服务
		其他服务项目数量	≥5
	增值服务	至少提供1项增值服务	
	信息服务	硬件系统环境的功能和容量冗余	≥25%
		网络设备的处理器和内存的平均使用率	≤75%
		每日发布有效信息数量/条	≥150
	服务质量	有效投诉办结率	100%
		入驻企业满意程度	≥85%

（4）口岸服务型物流园区

口岸服务型物流园区是依托对外开放的海港、空港、陆港及海关特殊监管区域及场所而规划建设，为国际贸易企业提供国际物流综合服务的物流园区，主要服务于进出口货物的报关、报检、仓储、国际采购、分销和配送、国际中转、国际转口贸易、商品展示等。如外高桥保税物流园区、洋山港保税港区、张家港保税物流园区、霍尔果斯铁路物流基地等。

（5）综合服务型物流园区

综合服务型物流园区是指具备以上两种及两种以上服务功能的物流园区，主要位于城市交通运输主要节点，提供综合物流功能服务，主要服务于物料供应、商品集散。该类物流园区规划的推荐性指标如表1-4所示。

表1-4 物流园区规划的推荐性指标：综合服务型

评估指标		指标取值
基本要求	交通连接方式	具备两种以上（含两种）运输方式或毗邻两条及以上高速公路
	占地面积/km²	≥0.5
	物流运营面积比例	≥50%
	物流园区年吞吐量/万t	≥200
	入驻企业年经营性收入/亿元	≥20
	物流园区年税收/万元	≥3 000
	运营时间	3年以上（含3年）

续表

评估指标		指标取值	
服务要求	管理要求	管理制度覆盖率达到100%	
	政务服务	承诺服务践诺率达到100%	
	商务服务	必备服务项目	汽修汽配、银行、保险服务
		其他服务项目数量	≥4
	增值服务	至少提供1项增值服务	
	信息服务	硬件系统环境的功能和容量冗余	≥25%
		网络设备的处理器和内存的平均使用率	≤75%
		每日发布有效信息数量/条	≥150
	服务质量	有效投诉办结率	100%
		入驻企业满意程度	≥85%

2. 根据服务功能分类

物流园区的主要功能有集散、周转、保管、分拣、配送和流通加工等，根据物流园区功能的侧重点不同，可将物流园区大致划分为如下几种类型。

（1）仓储型物流园区

仓储型物流园区可以看成是集货中心，将分散生产的零件、生产品、物品集中成大批量货物，这样的物流园区可建在小企业群、农业区、果业区、牧业区等地，主要功能是集中货物、初级加工、运输包装、集装作业、货物仓储。

（2）配送型物流园区

配送型物流园区以配送功能为主，是配送企业集中的场所。物流园区可为连锁商店、零售商以及消费者组织配货供应，以执行实物配送为主要职能的流通型物流节点，具有集货、储存、分货、加工、配送、信息处理等综合物流功能，如深圳市的笋岗-清水河物流园区，在以专业市场为代表的商流功能的基础上，重点吸引配送型专业批发商入园发展，积极培育高附加值专业市场，大力发展第三方物流和虚拟物流，形成以专业市场为特色的现代都市型批发采购中心和物流配送基地。

（3）转运型物流园区

转运型物流园区是围绕交通枢纽而建的，服务于转运型物流节点，除了具有转运、仓储等主要功能外，还包括拆拼箱、再包装等加工功能，如围绕大型港口、铁路货运场站等建设的货运枢纽、卡车终端等都属于这种类型。货运枢纽型物流园区又可分为为港口服务的港口物流园区和为陆路口岸服务的陆路口岸物流园区，以及为机场物流服务的空港物流园区。

（4）商贸型物流园区

商贸型物流园区依托各类物资、商品交易市场，提供集货、储存、包装、装卸、配货、送货、信息咨询和货运代理等服务。该类物流园区通过对货物的集疏，实现物流系统管理过程。

（5）综合型物流园区

综合型物流园区是集运输、仓储、配送、流通加工、商贸交易等功能于一身的物流园区。

3. 根据服务范围分类

根据服务层次的不同，即根据物流园区在整个物流服务网络中的地位和作用不同，可将物流园区划分为国际型物流园区、区域型物流园区和城市型物流园区三种类型。

（1）国际型物流园区

国际型物流园区是以港口、陆路口岸等大型国际转运枢纽为依托的物流园区，核心业务是国际分拨配送、保税加工等，主要提供国际物流和区域物流服务。该类物流园区一般规模较大，物流功能齐全，物流服务辐射强，是城际、国际物流的主要集散、转运中心。

（2）区域型物流园区

区域型物流园区是以跨区域长途运输和城市配送体系直接的转换枢纽为依托，选择在经济辐射带动作用强、物流规模量大、交通区位条件好、集散能力强的区域内经济中心城市设置，核心业务是区域分拨配送，服务覆盖某一区域多个城市和地区，主要提供区域物流服务和市域配送物流服务。

（3）城市型物流园区

城市型物流园区是城市交通运输枢纽为依托，以城市配送及末端配送为核心业务来支撑商贸发展和城市便利生活，物流服务主要覆盖本城市地域范围，统筹设置在各城市对外主要物流通道出入口附近。该类型的物流园区一般规模相对较小，物流功能相对单一，专用性较强，物流服务辐射范围较小。

4. 根据交通特征分类

根据交通特征，可以将物流园区划分为港口型、空港型、陆港型等几种类型。

（1）港口型物流园区

港口型物流园区依托港口而建，由多个组织设施和专业化物流企业构成，以降低物流成本、提高物流组织和运作效率、改善企业服务为目的，具有装卸、仓储、运输、加工等基本功能和与之配套的信息咨询、维修等综合服务功能。

（2）空港型物流园区

空港型物流园区依托机场规划建设，为进港、出港和中转的航空物流提供物流服务的设施和功能集中区。

（3）陆港型物流园区

陆港型物流园区实际上是把口岸物流园区的功能和优惠政策延伸到非沿海口岸的内陆地区，依托便利的陆路交通进行规划，将海关、保险公司、结汇银行、船运代理公司等与外运有关的机构内移到陆地经济中心城市的陆路运输枢纽点，以铁路运输为主、公路运输为辅，将港口和内陆两地有机连为一体。

1.1.3 几个相关概念辨识

1. 物流园区与物流中心、配送中心

物流中心与物流园区有着天然联系和历史继承性。"物流中心"的提法在国际物流界是基本认同的。在物流实践过程中，亚洲地区多使用"物流中心"一词，英文译成"Logistics

Centre", 而欧洲、美国多用 "Distribution Centre", 即我国所称的 "配送中心"。物流中心指设在中心城市、交通枢纽或商品集散地以专门组织商品实体流通为职能,从事商品转运、存储、流通加工、分类包装、配送、信息服务等一体化运作的物流节点。物流中心是传统仓库功能和形态适应现代化物流发展要求演变的产物。此外,现代化物流条件下,广义的物流中心还可指集交通运输、储存、流通加工、包装于一身的中心城市。

随着现代物流的不断发展,人们对物流中心的认识也在不断提高。国家标准《物流术语》(GB/T 18354—2006)对物流中心是这样定义的:"物流中心是从事物流活动的场所或组织,应基本符合下列要求:主要面向社会服务;物流功能健全;完善的信息网络;辐射范围大;少品种、大批量;存储、吞吐能力强;物流业务统一经营、管理。"国家标准《物流术语》(GB/T 18354—2006)对配送中心的定义是:"从事配送业务的物流场所或组织,应基本符合下列要求:主要为特定的用户服务;配送功能健全;完善的信息网络;辐射范围小;多品种、小批量;以配送为主,储存为辅。"

由上述定义和特点可以看出,物流中心是综合性、地域性、大批量的物资位移集中地,它集商流、物流、信息流和资金流于一身,成为产销企业间的中介;配送中心是以组织配送或供应,执行实物配送为主要职能的流通型节点,它既有集货中心的职能,又有分货中心的职能;物流园区是物流中心发展到一定阶段的产物,一般都是多个物流中心的空间集聚载体。物流中心、配送中心、物流园区是三种不同规模层次的物流节点,它们主要区别体现在以下四个方面。

第一,从设施规模来看,物流园区是巨型物流设施,其规模最大,物流中心次之,配送中心最小;

第二,从流通货物来看,物流园区的综合性较强,专业性较弱。物流中心在某个领域综合性、专业性较强,具有这个领域的专业性。配送中心则主要面向城市生活或某一类型生产企业,其专业性很强;

第三,从节点功能来看,物流园区的功能十分全面,存储能力大,调节功能强。物流中心的功能健全,具有一定的存储能力和调节功能。而配送中心的功能较为单一,以配送功能为主,存储功能为辅。

第四,从运作主体来看,物流园区本身并不是物流经营和管理的实体,而是多个物流实体企业或组织在空间集中的场所,但物流中心是经营物流业务的实体。

2. 物流园区与物流基地

当前,物流基地的概念在国内还没有一个明晰和准确的界定。按照现代汉语词典的解释,所谓基地,是某项事业建设的基础,或是建设某项事业基础的地方,由此推论,所谓物流基地就是建设物流事业基础的一个特定区域。

国内最先完整提出 "物流基地" 概念的是著名物流专家王之泰教授,他认为物流基地应该具有以下六项功能特点:非常强的综合性功能、集约功能、转运功能、集中库存功能、调节功能、指挥功能。

从相关专家的分析可以看出,目前提到的 "物流基地" 与 "物流园区" 两者之间没有本质的差别,指的是同一个对象。但 "基地" 具有作为发展某种事业基础的地区的含义,同时还含有 "武装部队赖以保障给养或由之发动军事行动的地点或设施" 的含义,因此 "物流基地" 更多的是表明其在整个物流系统中的地位是基础性的,而 "物流园区" 则与众多的工业园区、经济开发区、高新技术开发区等园区一样，具有空间集聚和综合发展的含义。

1.2 物流园区的主要功能

物流园区功能包括物流及配套服务、物流增值服务、宏观社会服务等类型。物流园区的功能应结合区域经济特点、货物品类和客户类型等，采用模块化设计、差异化选择，各功能模块之间的衔接应便于物流作业。

1.2.1 物流及配套服务功能

1. 运输集散主体功能

物流园区的运输集散主体功能反映了物流园区在长距离、线性方面的机能，即物流的交通机能，这主要表现在商品周转和联合运输的支撑两个方面。

（1）商品的周转中心

随着市场经营规模的扩大，生产和消费之间不仅距离越来越远，而且流通渠道越来越复杂，特别是个性化营销服务的广泛开展，更使商品输送呈现出多频率、小批量的趋势。因此，从整个运输过程来看，商品输送就必然分化为大量商品统一输送的干线运输和分散的零售终端配送。在干线运输中，如果由单个企业直接承担小规模货物运输，不仅因为平均运送货物量少造成经济成本增加，而且由于运送次数频繁，容易造成过度使用道路、迂回运输、交通堵塞、环境污染等现象，增加了社会成本。相反，如果在干线运输的源头或厂商集散地建立物流园区，在园区内统一集中各企业的货物，并加以合理组合，再实施干线运输，既可以发挥物流规模效益，使经济成本得以降低，又可以有效地抑制社会成本的上升。干线运输商品先在消费地附近的物流园区统一进行管理，再安排相应的小型货车进行配送，这样可以大大提高物流的效率。

（2）联合运输的支撑作用

过去受条件的限制，联合运输仅在集装系统领域获得稳定的发展，其他散杂和分散接运的货物很难进入联合运输的范围。物流园区出现之后，实现了公路、铁路、航空、港口等不同运输形式的有效衔接，可以通过物流园区之间的干线运输和与之衔接的配送、集货运输，使联合运输的对象大大增加。

2. 物流综合服务延伸功能

物流综合服务延伸功能主要表现在以下几方面。

（1）商品的分拣

随着流通体系的不断发展和市场营销渠道的不断细分，市场需求的多样化、差异化倾向越来越明显，由此产生多样化和差异化的货物流。在这种状况下，商品的集散、分拣职能显得日益重要，它对保证货物的顺利流动以及建立合理的流通网络具有积极意义，而物流园区正是发挥这种商品分拣职能的场所。人们将不同工厂生产的商品调运到物流园区，再通过园区向各类批发商和零售商发货，大大节约了商品分拣作业的工作量，保证了商品发运、调运的及时性和正确性。连锁企业利用物流园区的分拣职能，将从各批发商或制造商处进来的商品进行分拣，再发运到各店铺，一方面节约了各店铺单独进货所产生的经营费用，另一方面能够对各店铺进行统一管理和业务计划安排，有利于实施企业整体的经营发展战略。物流园区除了对企业的经济利益产生影响外，宏观上也符合社会的利益。因为商品到各物流园区的输送是以整箱为单位开展的，具体商品的拣选、分销在物流园区内进行，所以物流园区既可实现商品配送的集约化，又可有效地防止交错运输等不合理运输方式的发生。

（2）商品的保管

在现代经济社会中，由于时间、空间和其他因素的影响，商品的生产和消费往往会出现暂时的分离，为了发挥时空的调节功能和价格的调整功能，物流园区需要具备保管中心的功能。物流园区商品保管职能主要表现为在库商品的管理上，这种管理主要是针对商品再生产、输送等补充时间比用户规定抵达时间长的情况。为了消除货物供求时间上的差异，防止用户出现缺货现象，同时尽可能实现零库存，物流园区的物流企业通过安全在库管理，能做到在用户要求发货的时间内迅速、有效的发货。近几年来，为了削减在库量并彻底实现在库管理，国内外经营理念超前的企业纷纷寻求与能实现在库集约化的物流园区建立合作伙伴关系。

（3）共同配送

制造商为迎合消费者差异化、个性化的产品需求，采取多品种、少批量的生产方式，由此产生高频率、小批量的共同配送需求。共同配送是经过长期的发展和探索而优化出的追求合理化配送的配送形式，是物流配送发展的总体趋势，也是美国、日本等一些发达国家采用较广泛、影响面较大的一种先进的物流方式。共同配送可以最大限度地提高人员、货物、资金、时间等资源的使用效率，因而对提高物流运作效率和降低物流成本具有重要意义。物流园区通过筹建共同配送体系，成立一家大型的物流公司，构筑类似客运的士的运营模式，配备统一的配送货标志，实现城郊范围内的高效配送物流圈，这样既可向配送中心、配载中心或其他区域物流节点实施日常配送，也可针对工商企业，特别是连锁经营企业提供配送服务。

（4）流通加工

商品从生产地到消费地往往要经过很多项加工作业，特别是开展共同配送后，在消费地附近需要将大批量运抵的商品进行细分，这些作业都可以在物流园区内进行。此外，物流园区的流通加工功能也得到了进一步的扩充，如蔬菜调理、食品冷冻加工、食品保鲜等，由此可见，随着流通领域中零售业态的发展，特别是24小时便民连锁店的发展，物流园区的流通加工功能已经变得越来越重要。

3. 信息网络平台服务功能

物流园区的信息网络平台服务功能主要表现在物流信息服务功能和商流信息服务功能两方面。

（1）物流信息服务

物流信息服务是指物流园区内部的物流作业流程的管理调度控制和对外的物流服务都是在信息化条件下进行，园区内部的物流作业可以通过物流信息系统进行管理控制，并实现各物流单位、企业通过物流信息系统进行协同配合，有效地减少非增值的物流活动，提高物流效率。而对外的物流服务则通过物流公共信息平台准确地掌握客户的供求状况，进行物流客户关系管理，提供物流决策支持等，并且向客户提供相应的物流信息，如货物的物流状态查询、货物的物流过程跟踪等，提高物流服务水平。

（2）商流信息服务

商流信息服务是指电子商务功能，表现为物流园区向其客户提供一个用于公共信息发布、订货发货、网络营销、在线交易、财务结算等商务活动的电子商务平台。为不断适应海关、工商、税务等一站式大通关服务的需要，物流园区的信息网络平台也将提供相关的网络、信息、服务等方面的支持，从而简化手续，提高工作效率。

4. 交易展示功能

交易展示是物流园区在商流方面发挥作用的又一重要体现。进入物流园区的商品可以在园区的交易展示区域进行样品展示，还可以通过现场洽谈、拍卖、期货、电商等方式进行交易，交易成功还可以现场办理财务结算，物流园区能够为完成的交易提供物流服务。

5. 配套服务功能

配套服务功能主要体现了物流园区在商流和行政管理方面的职能，主要表现在以下几个方面。

（1）商务办公功能

物流园区的商务办公功能主要是指整个物流园区内部各物流企业的日常管理、办公、后勤保障，以及物流园区为入驻园区的企业、政府机构等办理租赁手续等方面的功能。

（2）内部综合服务功能

物流园区的内部综合服务功能主要是指为物流园区内的企业在生产作业、日常办公以及生活等方面提供物业管理、公共基础设施维护等服务，主要包括：停车场、加油、检修、配件供应等车辆辅助服务功能；银行、保险、证券等金融配套服务功能；住宿、餐饮、娱乐、购物等生活配套服务功能。

（3）政务保障服务功能

物流园区的政务保障服务功能主要是指通过吸引政府工商、税务、海关等部门入驻，提供一系列的政务保障一条龙服务，如提供报关、商检、动植物检疫、卫生检疫、保税仓储、签单等一站式大通关服务和商务代理服务。

1.2.2 物流增值服务功能

随着经济全球化发展，企业竞争加剧，客户企业除了要求物流园区提供运输、仓储、包装等一般性服务外，还希望它提供物流网络设计、需求分析、订货管理、订单处理、信息服务等一系列的增值服务。从国内外物流园区发展经验来看，物流增值服务是现代物流业发展的一个趋势和新的利润增长点。

1. 资金结算功能

资金结算功能是指物流园区依托专业银行网络系统，组建银行与企业联合的园区资金结算中心，负责园区内各入驻企业间、供应商与客户和运输商之间的资金往来结算服务，同时提供不同城市间货物运输货款异地代理结算等服务。通过与市内、省内各城市银行发展联行协作业务，逐步发展到其他地区乃至全国，确保为客户提供安全、方便、快捷的资金结算服务。

2. 金融增值服务功能

物流园区的金融增值服务通过为物流过程中的资金需求客户提供存款、贷款、投资、信托、租赁、抵押、贴现、质押监管、资金融通、保险、有价证券发行与交易，以及金融机构所办理的各类涉及物流业的中间业务，有效地组织和调剂物流领域中货币资金的运动。这不但可以为物流园区开拓和稳定客户，也可以帮助金融机构开发市场，为金融机构、供应链企业以及第三方物流服务提供商之间的紧密合作提供良好的平台。

3. 需求预测功能

物流园区经常负责根据商品进货、出货信息来预测未来一段时间内的商品进出库量，进而预测市场对商品的需求。

4. 物流技术开发与系统设计

吸引相关物流高科技企业进驻物流园区，利用物流园区企业密集的资源优势，发展物流软件开发与物流设施设备的技术开发，形成利润增长点。

5. 物流咨询与培训

利用物流园区运作的成功经验及相关的物流业务咨询优势，吸引物流咨询企业进驻发展，充分发挥高校、科研、企业、政府多方合作的优势，开展物流人才培训业务。

6. 供应链物流管理

深层次介入生产流通商的供应链管理，从采购供应到生产流程中的零配件、半成品上下线、产成品的销售配送，提供基于供应链一体化的物流管理。

7. 大数据服务功能

搭建物流园区信息平台，同时与全国物流信息平台实现联网，提供实时信息和大数据挖掘服务功能，如供需信息发布、信息交换、交易撮合车辆配载、配送服务、统计清算、全程物流运输监管服务等。

1.2.3 宏观社会服务功能

从现代物流活动的功能体系考虑，物流园区作为物流枢纽的作用是十分明显的，其对于生产和生活的意义与作用可以归纳为以下几个方面。

1. 提高物流调节水平

各种商品的市场需求在时间、空间、需求数量上都存在大量随机性，而现代化生产、加工无法完全在工厂、车间来满足和适应这种情况，必须依靠物流园区来调节、适应生产与消费之间的矛盾与变化。物流园区不仅可以通过集货，积少成多，大批量供货，而且可分货，即以大分小，分散供应，从而解决产需数量间的矛盾，有利于资源开发利用，活跃市场，满足各种形式的生产和需求。

2. 实现物流资源的优化配置

我国传统的物流基础落后，物流资源比较分散，物流设施和设备多分布在交通、商业等各个部门，处于附属地位。物流资源的分散化和无序化，需要一种先进的流通形式来组织；闲置和浪费的不合理物流资源，需要一种先进的流通组织来开发和利用。物流园区以市场为调节机制、以经济效益为目标，让企业自主地组织管理物流活动，可以突破部门和行业界限的束缚，实现物流资源的合理配置。

3. 促进区域经济发展

随着社会大生产以及经济全球化的趋势，社会分工变得更加明确。物流园区以自身优势承担了生产企业、流通企业的某些流通性活动，创造了商品的时间价值和空间价值（季节差价、地区差价的形成），有利于生产企业和流通企业降低库存，降低对物流设施的投入，节约流通费用，加快资金周转，从而促进了区域经济的发展，提高了区域经济的竞争力。

4. 发挥物流集聚功能

物流园区是物流集约化经营的结晶，它以物流活动为主来组织商品流通活动，可以运用战略性的管理思想和专业化的优势，统筹物流活动的各个环节，借助于现代化的物流技术和手段，进行有序、有效、系统化的组织管理，它是实现物流业和整个流通领域由粗放型经营向集约化经营转变的重要工具。物流园区的建立将过去分散各处的货站、货场以及货物集聚一处，采用规范化流程、现代化技术手段、规模化设施设备以及综合化信息平台对物流活动进行有效的组织和管理，充分发挥集聚功能，提高运作效率、降低运营成本。

5. 有利于城市的可持续发展

随着社会经济的不断发展，城市内部和城市之间的交往日益频繁，城市的物流量也随之不断扩大。物流量的增加一方面要求通畅的物流渠道，提高物流设施的容量和效率，另一方面也要求调整物流空间分布，有效控制交通需求。通过合理地规划城市物流园区，可以有效组织物流企业的有序布置，从而调整物流空间分布，实现物流点线有机结合，改善交通需求的空间分布，缓解城市交通压力，同时避免城市交通紊乱、交通规划协调困难等问题，保证城市的可持续发展。

物流园区的规划建设将把物流集散地从各个城区转移到交通压力相对较小的区域，在一定程度上改变了各个城区交通需求的空间布局，缓解区域内各个城区的交通压力，促进物流废弃物的集中处理，降低对城市环境的破坏或影响，尽量满足城市可持续发展的要求。国外经验表明，在合理的地点规划物流园区，可使城市内的交通量减少15%~20%。日本、德国的物流园区建设的出发点都是为了理顺城市功能。政府进行物流园区的整体规划能有效地降低物流园区发展对城市发展的负面影响。

1.3 物流园区的系统构成与特征

1.3.1 物流园区的系统构成

结合物流产业链、服务链和价值链的分析，可以看出物流园区是以满足城市工业生产和生活消费引发的各类物流需求，由各类运输企业、仓储企业、装卸搬运企业、流通加工企业、配送企业、第三方物流企业、第四方物流企业、物流基础设施运营商、物流信息平台服务商等物流企业以及相应配套服务组织、机构等集聚形成的物流产业集聚网络。

根据各类要素在该物流产业集聚网络中的定位和作用方式不同，可以把物流园区系统分为物流功能系统、物流设施设备系统和物流园区环境系统三个子系统，其结构模型如图1-1所示。

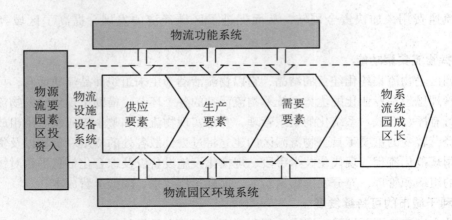

图1-1 物流园区系统结构模型

1.3.2 物流园区的重要属性

1. 派生性

物流需求是一种派生需求,区域社会经济活动是产生物流需求的原因。物流需求是指在区域社会经济活动的拉动下,引发生产、流通、消费领域的物资配置对物流在空间、时间方面的具有支付能力的需要。物流园区是产业物流发展到一定阶段的必然产物,物流园区的发展也可以促进产业物流发展。不论是工业、商业还是农业,只有在其产业物流达到一定规模,在同一区域内,物流企业到达一定数量时,物流园区作为多种物流设施和不同类型的物流企业和相关企业在空间上集中分布的集中场所才会应运而生。

2. 空间集聚性

物流园区有很强的吸附性,能够吸引更多的资源和空间集聚,实现资源共享、优势互补,形成规模化的集聚效应。依托物流园区的空间集聚性,实现入驻企业与其他类型经济要素的结合,发挥对物流要素的归纳和吸收作用,从而不断扩大物流园区的规模和功能,增强区域辐射能力。物流园区深深嵌入城市经济社会发展环境中,与当地的政治、经济、科技、文化及生态环境密切相关。

3. 产业关联性

物流园区伴随经济社会和现代物流而发展,与当地产业紧密相关,受到当地产业活动、规模、结构和空间分布等因素影响。物流园区应依托于产业,服务于经济。没有产业支撑,物流园区就如空中楼阁,失去了生存的基础。物流园区内的各类主体,由"关键种"物流企业与其上游关联企业(如货代企业、物流总包企业等)和下游关联企业(如运输、仓储、配送等各环节运作企业)共同联结组成,这些上中下游企业通过专业分工和协作,促进各类资源优化配置,实现物流产业集群与制造业、商贸业等产业集群的协同发展。

4. 开放性

从系统与环境是否发生关联,是否有物质、能量、信息交换的角度,系统可以分为孤立系统、封闭系统和开放系统。物流园区是一类高度开放系统,其与外界社会、经济、生态系统不断进行物质、能量和信息的交换,保障区域物流业务的运作。正是这种开放性,促进了物流园区内部各种类型主体间的协调与合作以及系统与外界的交换,进而才能发挥各物流主体各自的优势，提高物流资源使用效率，促进物流园区的整体有序发展。

5. 共生进化性

物流园区是以物流生态链为纽带，由多个微观主体通过互利共存、优势互补，组成利益共同体，其通过主体间组织结构、经营方式、方向、规模和技术水平相互适应，实现资源和信息共享，并通过主体间的利益关系加强系统的稳定性，主体间关系转向互补、协同、合作。由于物流园区内各个主体相互作用，每个主体的行动都会对其他相关成员产生影响，为了适应不断变化的内外环境，各个成员主体之间相互合作、相互学习，从而共生进化。

6. 知识溢出与创新特征

物流园区之所以具备持续发展的动力，是因为物流园区入驻企业、组织机构之间能通过相互学习，产生知识溢出效应。物流园区内部通过有效整合基础设施网络、物流组织网络和物流信息网络等资源，增强了物流链中各个主体、生产环节的连续性、畅通性和融合性，最终实现了物流功能的有机整合与集成，极大地提高了物流园区整体服务能力。在物流园区资源整合过程中，物流运作理念、模式、技术、技巧、信息等迅速的传播、流动，带动了内部物流及相关配套服务企业的技术变革，使物流园区服务创新能力得到快速提升。

1.3.3 物流园区的地位作用

不同性质的物流园区在区域物流体系与供应链管理中所起的作用不同。完整意义上的物流园区应当成为现代流通的承载平台、运输网转换中心、物流链管理的中枢和区域经济的枢纽。

1. 物流园区是现代物流的承载平台

现代物流以运输合理化、仓储自动化、包装标准化、装卸机械化、加工贸易一体化、管理网络信息化为标志。物流园区作为连锁企业的后勤经济部门，为现代物流提供了承载平台，在管理运作中起着关键作用，已成为连接生产与消费，化解供需矛盾，使空间和时间产生经济效益的主要机构和场所。物流园区的运作能够实现最少的环节、最短的运距、最低的耗损、最高的效益。物流园区拉长了流通产业的链条，拓展了流通产业的空间，为企业高效地配置了流通资源。

2. 物流园区是运输网络转换中心

物流园区既是现代综合交通运输体系的关键节点和重点工程，又是运输网络转换中心，可以实现公路、铁路、港口等不同交通方式的有效衔接，促进多式联运发展。一是衔接不同的运输方式。通过物流园区进行联合运输和有效衔接，可以将以往散杂、分散形式的货物纳入联合运输的模式，减少了多次搬运、装卸和储存环节，缩短了物流时间，提高了物流速度和准时服务水平。二是衔接不同的包装。物流园区根据运输和销售的需要变换包装、重量方式，可以免去用户大量接货增加库存和反复倒装之苦。

3. 物流园区是物流链管理的中枢

物流园区始终在物流链管理中处于中心地位，在运作中起指挥中枢作用，指导并能控制物流链的合理运作。物流园区作为联系多个产业和供应链上下游的纽带，是物流产业的重要集聚区，具有良好的溢出效应和拉动作用。通过物流园区资源整合和流程优化，打造供应链枢纽节点，培育以供应链和价值链为核心的产业集群，有利于加强从生产到消费等多个环节的有效对接，降低企业经营和交易成本，促进产业跨界和协同发展。随着电子信息技术对此支持水平的提高，物流园区在物流链管理中的中枢地位将进一步提升。

4. 物流园区是区域经济的枢纽

物流园区在社会流通领域占有重要位置，是整个物流网络的支撑所在，不仅对优化物流网络起着重要作用，而且对整个社会的流通基础设施发挥着衔接、协调、枢纽作用。任何一个地区的物流要素，诸如空港、码头、铁路、陆路、货运中心及各种商业网点流通基础设施要发挥作用和实现预期的设计能力，都需要物流园区的支持。因为只有物流园区的中转和集散功能支持，才能放大流通基础设施的功用，切实降低物流成本，改善物流状况，提高物流效率。从某种意义上讲，物流园区的缺失，必然会导致区域内基础设施等流通要素资源的浪费。物流园区发育不健全，也会严重影响基础设施功用的有效发挥。

1.4 物流园区总体发展情况和趋势

1.4.1 物流园区国外发展情况及经验启示

在物流园区的建设上，经济发达国家和市场经济类型的国家和地区，如美国倾向于主要依靠市场机制的调节功能，物流业的发展与物流基础设施项目建设全靠企业在市场上的运作，尤其是20世纪80年代以前，政府对物流业基本没有干预，80年代后期也只限于成立管理机构与放宽管理政策等间接手段，对物流基础设施建设没有过多的干预与引导，而后起市场经济类型的国家和地区，如日本、欧洲等则更倾向于政府的适度干预以实现对物流业发展的规划和引导。

1. 日本物流园区的发展

日本在第二次世界大战以后的经济复兴阶段和以生产为主导阶段的经济发展时期，流通领域与基础设施虽然有了很大改进，但并没有进入到现代物流的发展阶段。真正引入"物流"的概念，开始修建"物流团地"，是在以流通消费为主导的经济发展阶段，即20世纪70年代以后。日本1964年就开始对物流产业发展进行调控，到1969年形成全国范围物流体系的宏观规划。

1990年，日本颁布了《物流法》。1996年又通过、颁布了《综合物流施策大纲》对物流产业加以规划、促进、完善。依据该法实施的状况和形成的成果和日本国内外各种情况以及形势的变化，《综合物流施策大纲》五年修订一次，每年加以研讨修整。1998年4月，日本内阁会议决定由政府颁布一个至2001年的《物流业发展对策大纲》，颁布了《流通业务市街地建设法》，把大城市中心的流通业务设施集中外移到市外适当的地方，使得大城市的流通功能、道路交通状况能够得到改善，城市功能得到增强，将物流作为城市经济的支柱产业。可以说，这一系列的法规政策为日本物流园区的规划奠定了良好的政策平台。以修建"物流团地"为切入点，通过建立、完善物流设施，加速物流效率，推动物流过程合理化，以低廉的成本、高效的运送、优质的服务使日本企业的竞争力大大增强。日本的"物流团地"对促进贸易增长起到了积极作用，高效有序的贸易物流使以贸易立国的日本经济得以腾飞，也使日本物流业的整体水平得以迅速地赶上欧美等物流发达国家。

日本的物流园区基本采用"政府统一规划集资、行业协会组织集资、企业自主经营"

的建设模式，发展过程中已经逐渐形成了自身独有的特点，主要体现在以下几个方面。

(1) 政府重视物流园区的规划布局工作

由于日本是人多地少的国家，而物流园区的占地及建设规模较大，影响范围较广，其空间布局是否合理对物流园区自身的运营和发展及对所在区域（城市）的发展都具有重要影响。日本政府把全日本的大型物流基地建设的总体规划交给了通产省、运输省、农林水产省、建设省和经济企划厅 5 省主务大臣，由他们制定全日本共同的基本事项，决定建设流通基地的城市。需要规划建设大型物流基地的城市，均以本地区的城市规划为原则，决定物流基地的建设地点、数量、规模及功能，并报中央主务大臣审批。

(2) 注重与多种交通方式的衔接

减轻交通压力，减轻环境污染程度，把商业中心向外迁移，提高各种交通方式的运行效率这几个初衷，是日本政府对物流园区规划目的的定位。政府在确定各市政规划时，就注意在城市的边缘地带、内环线外或城市之间的干道附近，预先保留一块空地，作为未来配套建设物流园区的基地。例如，日本在物流团地（物流园区）的选址方面，规定以都市外围的高速道路网和铁路网的交叉口为中心的 10 km 半径范围内为团地选址地点，确立了物流团地的交通优势以及与都市内配送的衔接优势。

(3) 对物流园区总体规模进行约束控制

日本对规模经营有总量的控制（涉及覆盖面和人口），对建筑用地也做了相应限制，一般物流团地（物流园区）的用地约为 20 万 m^2，不超过 35 万 m^2（约 500 亩），要求向高层发展。通过多年的发展，在政府的推动以及各类企业的共同努力下，日本至今已建成东京平和岛、葛西等二十多家大规模的物流园区，平均占地 74 公顷。以东京团地仓库株式会社经营的东京物流园区为例，其建设和运营指标如表 1-5 所示。

表 1-5 东京物流园区建设和运营指标

物流园区	规模/km^2	日均物流量/(t/d)	单位生产能力用地/(m^2/t)
平和岛物流园区	0.629	10 150	62.0
板桥物流园区	0.314	7 262	43.2
足立物流园区	0.333	8 335	40.0
葛西物流园区	0.492	7 964	61.8

(4) 实施较优惠的土地政策和资金政策

将基地内的地块分别以生地的价格出售给各个不同类型的物流行业协会，协会以股份制的形式在其内部会员中招募资金，用来购买土地和建造物流设施，同时成立专业公司来负责此项工作。协会成员的出资额可多可少，不足部分政府还可以提供长期低息贷款。各个协会的专业公司则根据当前本行业的实际需求在物流园区内统一规划建设物流设施，建成后由专业公司负责管理。协会中出资的会员都可以按照自己的业务水平向专业公司承租物流设施，并可享受相同的优惠价格（低于市场价）。这样一方面保护了协会中投资者的利益，另一方面又避免了协会成员之间的相互竞争，使物流设施得到充分利用。

(5) 完善市政配套设施及投资环境

政府对规划确定的物流园区，积极加快相关的交通设施建设，以形成开展物流业务的必要基础条件，吸引各类物流企业入驻。通过物流园区投入运营，形成人流、物流、信息流、资金流在物流园区的集聚和吸引投资的良好环境，在入驻物流企业获得发展的同时，吸引各种配套服务经营主体入驻，带动相关生产、生活配套企业发展，并提升物流园区的地价，从而使投资者得到丰厚的回报。

2. 德国物流园区的发展

为了平衡全国的经济发展水平，德国政府在物流基础设施方面下了很大功夫，迎合物流市场的需求，进一步整合物流资源，采用物流园区的形式推动物流业的发展。1985年，在不来梅市政府和州政府的支持下组建了德国第一个真正意义的物流园区——不来梅物流园区。它最初由52家货运企业自发集聚而成，不来梅当地政府看到了这种整合需求的未来发展趋势，采取了优惠土地价格政策，扩建公路和港口等基础设施建设，使不来梅物流园区得到了迅速发展。1992年，德国政府从铁路运输的角度考虑，由当时的联邦铁道部和前东德的铁路局合作完成了"全国物流园区的总体规划"，规划在全德国境内建造28个物流园区。1995年，对规划进行修改，由28个物流园区扩建到39个，并形成网络。经过多年的发展，德国的物流园区总数不断扩大，基本形成了规模化的全国物流园区网络。德国的物流园区有效地带动了地方经济的发展，为国家的经济平衡发展做出了贡献。

德国物流园区遵循"采取联邦政府统筹规划，由政府、市政府扶持建设，公司化经营治理，入驻企业自主经营"的发展模式，其发展特点可归纳如下。

（1）统筹物流园区网络规划布局

联邦政府在广泛调查生产力布局、物流分布特点、交通干线枢纽规划的前提下，在全国范围内规划物流园区的空间布局、用地规模与未来发展。德国物流园区的开发周期很长，从调研、立项、规划、建设都需要联邦政府、州政府、地方政府乃至居民委员会的层层审批。德国物流园区开发的过程中地方政府通常发挥主导作用。一般在政府层面成立一个管理委员会（也叫咨询委员会或计划委员会，由政府代表、专家组成），负责征地、规划等行政层面的工作以及项目的监督实施。同时成立一个政府控股或参股的发展公司（参股方有物流公司或物流基础设施投资商），负责项目的具体实施、招商和运营管理。两个组织相对独立，各有分工、并行运作，以保障项目的可控进行。如奥格斯堡货运村是巴伐利亚州Augsburg、Gersthpfen、Neusab三市联合开发的物流园区，在开发过程中也采取了这种分层模式。

（2）按照PPP模式推进物流园区建设

德国物流园区的规划和创始者主要是一些独立的经济促进会，同时也包括各城市和乡镇主管规划的部门和相应的专业部门、一些独立的工商会以及企业联合会和当地运输企业。德国对物流园区典型的做法是采用公共、私营合作模式，即PPP模式。在这种模式下，由政府和私人共同投资合作建设物流园区，其中投资的比例随物流园区的具体情况而有所不同。建设方面由政府规划、出让低价土地或由政府加以补助，物流团体组织投资，物流企业按专业共同使用。政府主要是对物流园区基础设施的建设提供资金，而私人公司主要是对他们自己的一些物流方面的设施设备进行投资。

德国成立的众多物流园区中，至今还没有一个不是由德国政府给予投资来兴建的。德国物流园区的建设资金主要来源于各级政府的直接出资，信用贷款、企业投资等都是补充的资金。例如不来梅州政府就以直接投资和土地置换的方式来对不来梅物流园区进行投资，这种极其巧妙的政府投资成为不来梅物流园区建设的特点。位于德国中部图林根州州府Erfurt市郊的图林根物流园区，其建设投资比例为：市政府占 42.5%，州经济开发部占 35.5%，联邦铁路（DB）占 14.7%，行业协会占 7.3%。显然，德国的物流园区建设离不开政府的倡导和大力扶持。

（3）重视区位选择和多种交通方式衔接

德国的物流园区建设主要表现在货运中心的建设上，其选址必须满足：一是尽量位于"水、铁、公"运输交会点，铁路线可以直达库内，强调至少拥有两种以上的运输方式；二是选择交通枢纽中心地带，使物流园区布局与运输网络相适应；三是经济合理性，包括较低的地价、数量充足且素质较高的劳动力等，为园区企业获得必要利益创造条件；四是符合环境保护与生态平衡的要求。

（4）物流园区建设体现绿色发展理念

德国的一些物流园区占地规模较大，且在功能与布局上体现出"紧凑、集聚、绿色、协同"的理念。在德国建设物流园区的过程中，必须按 1∶1 的比例来购置物流园区外的绿地，物流园区内也要留出 25%~30% 的绿地备用。这些绿地不仅仅是作为物流园区内的景观特色，还充当吸纳雨水的重要角色，从而使雨水被吸收、渗入到地下。推广应用太阳能发电设备，通过在仓库的屋顶上安装太阳能发电设备的方式来发电，将其发出的电一并纳入到统一的电网内，入网的电价要高于用电的价格，从而成为收回投资的一种方式。

（5）注重物流园区集聚效应发挥

除了配套某一产业的专业性物流园区外，德国的物流园区大多定位为综合性的物流园区，在有限的建设面积上实现物流功能多样化是其提高效率、降低成本的一个重要理念。在德国基本上一个城市或经济区域只设立一家综合性的物流园区，集聚效应明显。如德国最大的物流园区——不来梅物流园区占地在 100 hm² 以上，1987 年初始运营时只有 5 家物流企业，如今已经集聚了 190 多家物流企业，并吸引了 50 多家生产型企业在周边进驻。物流园区就业人数多达 8 000 人，占不来梅市总人口的 1.6%。作为港口"延伸的手臂"，不来梅港 70% 的货物要通过不来梅物流园区集散。同时不来梅物流园区也定位为不来梅市的专属物流功能区，承担着本地区物流集中投资、集约运营、集聚发展的职能。此外，纽伦堡物流园区作为交通枢纽建于 20 世纪 70 年代中期，80 年代向物流园区发展，占地 3.37 km²，一期开发 2.17 km²，二期（现正在开发）1.2 km²。目前，纽伦堡物流园区已集聚了 250 多家企业进驻，就业人数在 6 000 人左右，集聚效应也非常明显。

（6）政府出台系列扶持政策

由于物流园区对区域经济的带动与促进作用，政府扶持建设的初衷并非单纯地追求盈利能力，充分实现物流园区的公共服务职能是重要考虑因素之一。因此，在物流园区的建设过程中，地方政府应制定各种优惠政策进行积极扶持。扶持的手段包括：资金上的投入，出资成立公益组织管理公司，进行园区的基础设施建设及其配套设施建设，进行市场化运营；提供建设所需要的土地及公路、铁路等交通和通信设施；把物流园区场地出租给物流企业，与企业按股份形成共同投资，可以由企业自己选择产生咨询管理委员会。此外，交通主管部门对符合规划的物流园区给予贷款担保或直接给予资金资助。同时，入驻园区内的企业可以得到政府一定的资助资金，资助的资金可以用于建设水、电等设施。在公铁联运中转站的建设上，政府也给予投资支持，政府的资助额度高达 80%。

(7) 推行物流园区企业化运营管理

德国物流园区的运营管理经历了由公益组织管理到企业管理两个阶段。负责管理物流园区的企业受投资人的共同委托,负责园区的生地购买、基础设施及配套设施建设以及物流园区建成后的地产出售、租赁、物业管理和信息服务等。入驻物流园区的企业实行自主经营、照章纳税,依据自身经营需要建设相应的仓储设施、堆场、转运站,配备相关的机械设备和辅助设施。如不来梅物流园区的经营管理采取股份制形式,其中州政府出资占25%,入驻企业出资占75%,并有高效的组织管理机构——股东大会,其下设物流中心发展公司。

3. 发展经验借鉴

(1) 政府提供政策扶持,承担或资助物流园区的公共设施建设

政府的大力扶持、帮助是物流园区发展成功的关键,政府不仅引导物流园区的发展方向,还成为发展物流园区的主要推动者。

从欧洲的发展来看,政府部门积极参与到土地开发、规划、投资以及政策制定等环节。意大利、西班牙、葡萄牙、法国、荷兰以及德国物流园区的建设主要是由政府发起(或独立,或与企业合作),并最终通过建立一个独立自主、自负盈亏的第三方公司来运营、管理和协调,推动物流园区的持续发展。最有代表性的是德国的物流园区,形成了"联邦政府统筹规划,州、市政府扶持建设,企业化运营管理,入驻企业自主经营"的建设运营模式。在德国基本上一个城市或经济区域只设立一家综合性的物流园区,集聚效应明显。

从亚洲的发展来看,日本早在1964年就开始建设物流基础设施,形成了以物流园区为节点的区域物流网络体系,目前全国已建成近90个大型物流园区,代表性的有东京物流园。在物流园区建设过程中,日本政府扮演着非常关键的角色。日本政府高度重视物流园区发展规划和与其配套的城市规划,为企业提供优惠的土地使用政策和长期的低息贷款;为了吸引物流企业入驻物流园区,日本政府加快交通、市政配套建设,促使物流园区地价和房产升值。

(2) 推行"标准化+个性化"设施开发模式,满足客户多样化、个性化需要

当前,中国对高标准物流设施的需要尤为迫切。美国人均拥有的仓储面积达到 5 m^2 以上,中国人均拥有的仓储面积只有 0.4 m^2,不到美国的1/10,而中高标准物流设施人均面积更是不到 0.015 m^2。"标准化+个性化"的高标准物流设施开发模式成为当前物流园区重要的发展趋势。这方面最为成功的案例是普洛斯,它是全球领先的现代物流设施提供商,在北美、欧洲、亚洲112个市场上建设近5 000万 m^2 的物流园区。普洛斯采取多元化的建设模式,为客户提供标准化设施开发、个性化设施定制开发、收购与回租等服务。

①标准化设施开发。普洛斯选择战略性的物流园区地点,通过高品质的通用型物流仓储设施的设计、施工和管理,建造在规格、标准等各方面满足客户要求的通用型物流园区,为不同客户提供便捷、高性价比的物流设施。

②个性化设施定制开发。普洛斯根据客户的需求,通过专业的物流设施开发团队从合理选址,到开发建设物流园区与物业管理,为客户全方位地定制个性化物流设施,并规划专业物流园区。

③收购与回租。普洛斯收购客户目前拥有的物流设施,再将其回租给客户,通过收购与回租这种灵活的解决方案,提高客户的资产回报率和流动性,同时为客户降低债务,将不动产转化为流动资金用于发展其核心业务。

(3) 除配套某一产业的专业性物流园区外,其余大多数定位为综合性物流园区

综合性物流园区可以在有限的建设面积上实现物流功能多样化,是其提高效率、降低成本的一个重要举措。以德国为例,其综合性物流园区主要功能如下。

①多式联运功能。多式联运是德国物流园区最显著的一个功能。它强调至少有两种以上运输方式,物流园区选址尽量处于公路、铁路、水路运输的交叉点上,以实现多种运输方式的有效衔接。

②区域集货和转运功能。物流园区的区域集货功能提高了单车装载率,减少了运输车次,有效降低了物流成本。

③城市物流功能。物流园区还发挥着区域分拨中心和城市配送中心的作用,通过地区之间的转运和运输方式的转换,变"多点多头"之间跨区域的运输为"园区到园区"之间跨区域的运输,提高物流集约化水平。

(4) 连锁复制,输出品牌、管理和服务成为推广模式

一些开业较早、运营较好的物流园区经过近些年的发展,已进入连锁复制阶段,在各地安家落户,输出品牌、管理和服务,向网络化发展。如普洛斯、嘉民、安博等知名品牌投资的物流园区设施,最近几年都获得了较快发展,而且扩张速度还在加快。特别是在资本和技术"双轮驱动"下,各类资本和产业基金普遍看好物流园区,加快了物流园区市场洗牌和品牌集中。

(5) 物流园区是"服务于物流企业"的平台运营商,提供更多增值服务

从国外物流园区主要业务功能来看,虽然仓储、运输、配送等传统业务功能仍然占主导地位,但能够提供流通加工、金融物流等业务的物流园区占比明显上升。根据我国第四次全国物流园区调查结果显示,目前,物业租赁和仓储保管收入仍然是大部分物流园区的主要收入来源;具有信息服务收入的物流园区占比进一步提升,达到59%,已经仅次于具有物业租赁、仓储保管和运输配送的物流园区,排在第四位;而具有金融收入的物流园区数量占比达到了29%,说明物流园区增值服务呈现快速发展的态势。

1.4.2 物流园区国内发展情况及存在的问题

1. 发展历程

我国物流园区发展起步较晚,真正现代意义上的物流园区始建于1998年。总体来看,我国物流园区发展主要经历了萌芽探索期、初步发展期、快速扩张期和转型升级期四个发展阶段。

(1) 萌芽探索期(1998—2002)

随着区域经济的发展,大量专业化的产业(或企业)及其相关支撑机构在一定范围内开始集聚,其所派生的规模化物流服务需求客观上要求物流相关产业在空间上开始集聚,逐步形成配送中心,进而形成物流中心,最后形成集聚的最高形式——物流园区。物流园区是区域经济发展到一定阶段后,物流相关产业空间集聚的最高形式。我国物流园区自1998年开始进入萌芽期,此阶段的主要特征是学术界积极研讨、中央及地方政府逐渐意识、个别发达地区出现了典型成功案例,但总体上仍处于规划和在建状态的居多。

1999年深圳平湖物流基地的建设,标志着我国正式引入的物流园区概念开始落地,并开始尝试实际的规划、建设和运营。自此,物流园区的概念开始在部分经济活跃、市场化程

度高、物流需求旺盛的区域扩散。全国 20 多个省市和 30 多个中心城市政府制定了区域性物流发展规划和政策,"物流园区热""物流中心热"成为当时我国物流业发展的显著特征,全国范围内呈现出建设热情高、规划面积大、投资规模大的快速发展态势。

在萌芽探索期,物流园区的概念开始为各界,特别是物流企业和地方政府所接受。个别运营良好的物流园区所表现出来的社会效益和经济效益开始在周边区域辐射扩散,为具有一定建设基础的经济区域形成了强烈的示范效应,一些地方政府也通过物流园区的规划建设来引导和扶持本地的物流基础设施建设。

(2) 初步发展期(2003—2008)

自 2003 年开始,政府和行业协会有目的、有步骤地引导现代物流业的发展,物流园区实践上的探索逐渐走向理性,相关企业和地方政府开始从经济、交通、城市规划等方面理性思考物流园区的建设和开发。

在现代物流业快速发展的背景下,各类传统的交通运输节点在此阶段也开始向物流中心、物流园区转型升级。铁路运输尝试向现代物流转型,2004 年的《中长期铁路网规划》提出建设 18 个铁路集装箱中心站,目前已建成昆明、成都、上海等 9 个,成为全国性的铁路物流基地。此外,随着物流政策的完善,物流经营模式也开始有所创新和突破。2003 年我国第一个区港联动保税物流园区——上港外高桥保税物流园区试点运营,目前已有上海、青岛、宁波等 9 个保税物流园区。在此阶段,国际资本和民间资本开始实质性涉足物流园区,世界著名工业房地产商普洛斯进驻上海和苏州等地。2007 年 8 月,交通部发布了《国家公路运输枢纽布局规划》,规划了 179 个国家公路运输枢纽,其中 12 个为组合枢纽,同时提出了在沿海主要港口城市和百万人口以上特大城市等物流需求较大的地区,加快现代物流园区(中心)建设。2008 年,作为我国物流园区理性推广的标志性成果,《物流园区分类与规划基本要求》(GB/T 21334—2017)国家标准颁布,货运枢纽型、生产服务型、商贸服务型、口岸服务型、综合服务型等物流园区基本类型得到确认,相应要求得以统一。

(3) 快速扩张期(2009—2014)

在经济需求的拉动下,物流园区的发展经历萌芽探索期、初步发展期后进入了快速扩张期。在这一阶段,国家宏观调控政策开始显现成效,政府在中国物流园区调整时期起到了关键性作用,及时纠正了一些行业内出现的不良苗头和倾向,引导物流园区重新走向理性化的健康发展轨道。

2009 年,国家国务院颁布了《物流业调整和振兴规划》(以下简称《规划》),将"物流园区工程"列为九大重点工程之一,合理确定了物流园区的发展方向、规模和布局,成为园区规划建设的基本依据,对于物流园区充分发挥集中基础设施、集聚物流资源、集约物流业务的作用有着重要指导意义。这标志着我国物流园区的发展进入了新的发展阶段,其主要特征是,由各地区分散规划与建设,向由国家统筹科学安排的方向转变,产业的发展获得更实质性的推动。2013 年 9 月,国家发展改革委等 12 个部门出台我国第一个物流园区专项规划——《全国物流园区发展规划》,明确了全国物流园区的发展目标和总体布局,为物流园区发展画出"路线图"。2014 年 9 月,国务院印发《物流业发展中长期规划(2014—2020年)》(国发〔2014〕42 号),把"物流园区工程"列入 12 项重点工程。在国家层面规划的基础上,各地区纷纷就"十二五""十三五"期间的物流发展进行重新设计与规划。目前已有近 30 个省、市、自治区发布了专项物流发展规划,使物流园区的建设获得实质性进展。

目前，我国20多个省、市和数十个中心城市都在物流发展规划中，提出了建设物流园区的设想，并制定了配套的扶持政策，形成了一个从南到北、从东到西的物流园区建设"热潮"。特别是珠江三角洲地区和长江三角洲地区以及北京等经济发达地区的城市物流园区建设发展步伐更快。继深圳规划建设六大物流园区（即西部港区、盐田港、平湖、笋岗、南山、龙岗等物流园区），上海提出建设三大物流园区（即外高桥、浦东空港和西北物流园区）之后，北京也规划了3个物流园区（基地）和17个综合、专业物流配送区，以使北京成为亚太地区重要的物流枢纽城市，而天津则规划了开发区工业物流园区、空港物流园区等五大工程。此外，物流园区不再单纯追求功能的全面，各种符合市场需求的专业性物流园区开始出现。如江苏张家港玖隆钢铁物流园区、山东荣庆（临沂）国际冷链物流园区、天津国际金属物流园区、山东寿光农产品物流园区等。

（4）转型升级期（2015至今）

随着我国经济发展步入"新常态"，经济增速从高速增长转向中高速增长，经济发展方式从规模速度型粗放增长转向质量效率型集约增长，经济结构从增量扩能为主转向调整存量、做优增量并存的深度调整。在此形势下，要求以供给侧结构性改革为主线，扩大有效供给，满足有效需求，加快形成引领经济发展新常态的体制机制和发展方式。我国物流业正处于产业地位的提升期、现代物流服务体系的形成期和物流强国的建设期，物流和制造业的联动发展与商贸业的融合发展，以及和交通物流的融合发展对物流园区转型发展提出新的要求。同时，《中国制造2025》以及鼓励跨境电商、农村电商、智慧物流等政策的出台，也为物流园区转型升级创造了有利的发展环境，将进一步带动物流园区的发展。

此外，新兴技术的快速发展和应用也有力地推动了物流园区转型升级的步伐。2015年，国务院出台《关于积极推进"互联网+"行动的指导意见》，明确提出鼓励大数据、云计算在物流领域的应用，建设智能仓储体系，降低物流成本。2016年，国家发展改革委出台《"互联网+"高效物流实施意见》，提出要大力推进"互联网+"高效物流发展，提高全社会物流质量和效率；提出要推进国家级物流园区示范工作，引导企业在重要物流节点和物流集散地规划建设或改造一批国家智能化仓储物流示范园区，推动仓储设施从传统结构向网格结构升级，建立深度感知智能仓储系统，实现存、取、管全程智能化。利用互联网发展模式，物流园区可在智能匹配、运营监控、金融支付等方方面面实现资源共享，创新OTO（在线离线/线上到线下）物流运作模式和流程，使物流运作更加智慧化、智能化。

在此背景下，物流园区加快转型升级步伐，从要素驱动、投资驱动转变为整合发展、创新驱动，更好发挥物流园区对于区域经济增长的推动和促进作用。目前，在沿海经济发达地区的一些物流园区已经率先进入转型升级发展阶段，表现出明显的服务创新、管理创新特征，更多收入来源于产业融合、产业链延伸等增值服务，具有区域需求旺盛、功能定位明确、服务创新意识强、差异化运营明显的特征。一些城市调整了物流园区空间布局，将规模小、分布散的物流园区重新整合为规模较大、集约化程度更高的物流产业集聚区，通过并购、共建等方式整合总量、优化存量。一些物流园区经营管理模式从土地招商、设施出租的初级阶段，向服务创新、管理创新、技术创新的发展阶段过渡。

2. 总体发展情况

（1）空间分布

根据第四次全国物流园区调查结果，全国包括运营、在建和规划的各类物流园区共计

1 210家，比2006年的207家增长484%；与2008年的475家相比，增长155%；与2012年的754家相比，增长60%。从物流园区的区域分布来看，北部沿海经济区物流园区数量最多，为216家，然后依次是长江中游经济区211家、黄河中游经济区175家、东部沿海经济区156家、南部沿海经济区135家、西南经济区132家、东北经济区111家、西北经济区74家。各大经济区域物流园区的分布情况如表1-6所示。

表1-6　各大经济区域物流园区分布情况

单位：家

区域	运营	在建	规划	合计
北部沿海经济区	5	30	181	216
长江中游经济区	35	50	126	211
黄河中游经济区	21	40	114	175
东部沿海经济区	9	14	133	156
南部沿海经济区	10	18	107	135
西南经济区	16	38	78	132
东北经济区	11	32	68	111
西北经济区	6	18	50	74
合计	113	240	857	1210

（2）投资规模

根据相关统计调查，目前我国物流园区平均规划投资额为20.1亿元。其中，投资1亿~10亿元的物流园区占51%；10亿~30亿元的物流园区占27%。物流园区的投资规模分布如图1-2所示。

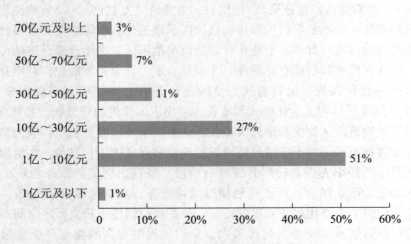

图1-2　物流园区的投资规模分布

根据《物流园区服务规范及评估指标》（GB/T 30334—2013）（以下简称《规范》），建议物流园区占地面积不小于0.5 km²（750亩）以上。目前，实际占地面积在150~750亩的物流园区占63%，与《规范》建议的占地面积标准相差较大；另外，占地7 500亩以上的超大型物流园区占6%。各类物流园区占地面积分布如图1-3所示。

第1章 物流园区的内涵与特征

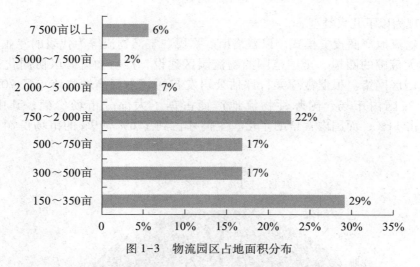

图1-3 物流园区占地面积分布

我国物流园区平均规划投资强度为158万元/亩，平均实际投资强度为164万元/亩。其中，物流园区实际投资强度在100万~200万元/亩的占比最高，为36%。

（3）投资主体

由于中国的定制和高标准仓储设施严重不足，而电商和消费需求在持续增长，国家和各地政府对物流行业扶持力度不断加大，物流地产市场前景被广泛看好。根据戴德梁行评估公司预测，至2020年，电子商务、消费品、物流服务和工业对高标准仓库的需求将达到1.4亿~2.1亿m^2，而届时供应量或只有5 600万~6 600万m^2，供应缺口超过1亿m^2。在相当长的一段时期内，中国物流地产市场将维持供不应求的态势。

在物流地产热带动下，越来越多的资金加速抢滩物流园区市场，主要包括：大型银行设置专业机构和人员，把物流项目作为重点开发领域；国际养老基金和主权基金联合地产商设立了中国物流基金，专注于物流基础设施的开发；知名投资公司、国际保险巨头通过股权投资等方式进入物流地产领域；国家知名电商企业、地产企业、快递企业转投物流园区项目；外资企业寻求中资、国资合作，行业兼并重组掀起新一轮高潮。从资金性质上看，物流园区投资资本可以外资、国资、民资三类口径划分。我国物流地产的主要参与者以矩阵形式呈现，如图1-4所示。

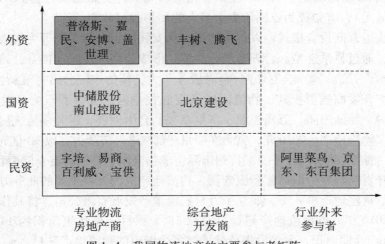

图1-4 我国物流地产的主要参与者矩阵

具体表现为以下几大类型。

①专业物流地产商投资模式。以普洛斯、嘉民、宝湾物流等为代表的专业大型物流地产商，通过大范围的圈地、全国范围的物流园区建设，推动物流园区协同化运作，搭建庞大的物流园区网络。根据戴德梁行评估公司发布的《中国高端物流市场2015年回顾》报告显示，在国内市场，国际性物流地产商占据了大部分市场份额，其中普洛斯占55%，嘉民占11%，而国内背景的宇培、宝湾才占到了6%与9%的市场份额，具体如图1-5所示。

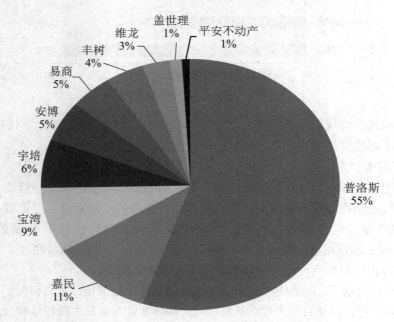

图1-5 中国物流地产市场份额占比

2017年7月，由万科、厚朴投资、高瓴资本、中银投联合组成的中国财团与普洛斯发布公告称，该财团与普洛斯董事会已就全面私有化新加坡上市公司普洛斯达成一致，交易收购单价为每股3.38新加坡元。如果本次私有化能够完成，交易总价将达到116亿美元（约合人民币790亿元），有望成为亚洲历史上最大的私募股权并购。

②公路物流运营商投资模式。以传化物流、林安物流、卡行天下等为代表的公路物流行业平台运营商，通过科学选型、合理布局公路港，形成公路港对流，提升公路物流效率，降低公路物流成本，打造"物流+互联网+金融服务"为特征的中国公路物流新生态。

③传统地产开发商投资模式。物流园区风险低收益稳，吸引了传统房地产开发商的投资。富力、万科、绿地集团、万通控股、华夏幸福、合生创展、越秀等传统房地产开发商近年来也陆续进军物流地产。2010年，富力在广州花都空港经济圈内，以30亿元投资建设集仓库、研发基地、酒店、商办等于一身的广州国际空港物流园，其中物流仓储面积达100万m²。从单一的住宅开发商转型为城市配套服务商，物流地产成为万科重要的业务方向之一。2015年，万科撤销了物流地产事业部，成立了万科物流地产发展有限公司，将其作为一个独立的品牌来运作。2016年万科物流地产累计已获取18个项目，总建筑面积约147万m²，2017年完成150万m²仓储面积，而今后将持续增加多个城市的物流地产项目。

④金融机构和基金投资模式。基于物流园区良好的盈利预期,许多金融机构和基金将其作为重要投资方向。一些大型银行设置专业机构和人员,把物流项目作为重点开发领域;国际养老基金和主权基金联合地产商设立了中国物流基金,专注于物流基础设施的开发;知名投资公司、国际保险巨头通过股权投资等方式进入物流地产领域。例如2014年,华夏幸福与京东达成战略合作协议,双方将共建电商综合产业园,由华夏主导分期开发;中国平安作为一家金融保险行业的领军企业,早在2015年年初就旗帜鲜明地在平安不动产旗下成立了物流地产事业部,开始大举进军物流地产,已对外投资28家仓储企业,并购或自建了30个物流园区,仓储面积达400多万 m^2。

⑤电商物流资本投资模式。随着电子商务的蓬勃发展,电子商务、快递企业竞投物流地产。阿里巴巴、京东、苏宁、雨润等商贸流通企业,纷纷投资物流园区,构建自营物流体系。例如京东物流在全国构建了500多家仓储基地,目前仓储面积超过1 200万 m^2;苏宁物流仓储面积超过600万 m^2,并计划到2020年新增仓储面积1 000万 m^2。此外,顺丰、圆通、中通、申通、韵达这几家民营快递公司成功上市后,在仓配一体化服务的需求下,也纷纷加快电商快递物流园区市场投资的脚步。

⑥地方政府和企业投资模式。此类园区多由地方政府牵头进行规划,根据本地的实际需要,进行物流园区建设,多服务于当地特色产业园区、交通枢纽、批发市场等,如服务于大型工业园区、农业批发市场、小商品批发市场、服装类批发市场等。

(4)运营模式

越来越多的地方政府在物流园区建设方面由初期的数量和规模导向型开始向理性回归,部分城市调整了物流园区规划,将规模小、分布散的物流园区重新规划为规模较大的物流园区,通过重组、共建等方式整合总量、优化存量,由粗放式发展向内涵式发展转型。在开发和运营模式上呈现出从土地招商的初级阶段向服务创新、管理创新的发展阶段过渡的趋势。

从盈利渠道和方式来看,作为物流园区的所有者与经营者,其盈利模式主要包括三个方面。

①土地增值收入。对于物流园区所有者与经营者来说,均将从土地增值中获取巨大收益。所有者(即投资者)从政府手中以低价购得土地,等完成初期基础设施建设后,地价将会有一定的升值,而到物流园区正式运营后,地价还将大幅上涨。对于经营者(即物流运营商)来说,土地的增值将能提高其土地、仓库、房屋等出租收入。

②出租/租赁收入。物流园区所有者与经营者按一定比例获得出租/租赁收入,主要包括仓库租赁费用、设备租赁费用、房屋租赁费用、停车场收费等。

③服务收入。主要包括信息服务、培训服务、中介服务、物业管理、咨询服务等。

从收入结构上看,库房/货场租金、办公楼租金仍然是目前物流园区的主要收入来源,但可喜的是各种增值服务收入已经开始成为物流园区重要的收入来源。根据第四次全国物流园区调查结果,可以看出当前物流园区的收入来源日趋多元化,具体如图1-6所示。

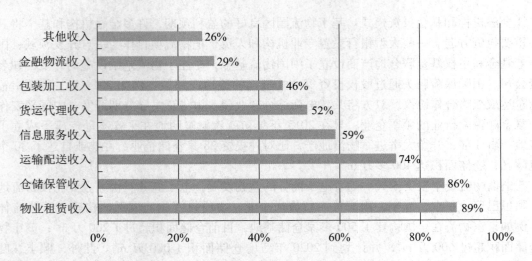

图 1-6 物流园区主要收入来源

3. 存在的问题

在我国加快经济发展方式转变的新形势和现代物流服务业转型升级的客观要求下，我国物流园区的固有缺陷和在发展中出现的新问题愈加突出地暴露出来，具体表现如下。

（1）物流园区名称和管理缺乏规范

作为我国现代物流业发展的新型业态，物流园区常被人从不同角度进行解释，物流园区、物流基地、物流中心、物流产业集聚区、物流商贸城等各式名称层出不穷。国家标准《物流术语》（GB/T 18354—2006）和《物流园区分类与规划基本要求》（GB/T 21334—2017）都对物流园区的概念做了界定，但各地的理解和把握仍有很大不同。在实际规划建设过程中，人们对于"什么是物流园区"依然没有清晰和明确的认识。例如，在一些地方物流园区规划及现实经营中，一些批发市场、商品集散中心、货运场站也都抢着戴上"物流园区"的帽子。

物流园区概念模糊，导致许多物流园区前期规划时，在建设规模、功能定位、发展目标等方面找不到方向，为以后的经营运作埋下隐患。此外，由于物流园区界定不清，统计口径不一致，导致存在政府管理缺乏针对性，各地执行标准不一致，针对物流园区的管理政策难以落实等现实问题。

（2）物流园区供求结构性失衡现象突出

从供求关系上看，目前我国物流园区的结构性失衡比较突出，存在着实际有效供给不足和物流园区"虚增""虚热"并存的矛盾现象。一方面，在经济发达和市场需求旺盛的地区，物流园区高标准的仓储设施供给不足，导致租金水平一路攀升。随着我国城市的扩容改造，地价不断攀升，原有的物流仓储设施改作他用，而新建仓储物流设施面临"用地难、地价贵"的难题，导致物流园区类仓储设施短缺，使得租金一路上涨。

另一方面，我国物流园区闲置、空置、留置的问题严重。一些地方的物流园区与当地的经济发展水平和实际物流需求不匹配，规划面积动辄十几、几十平方千米，而实际开发面积往往只有几百亩。由于缺乏有效的市场需求支撑，造成土地闲置、浪费的现象。部分中小城市物流园区数量过多，盲目建设、同质化现象较为严重。这种分散无序的开发不仅削弱了物流园区的集聚功能，也造成重复建设、物流园区空置和效益不佳等诸多问题。

（3）物流园区投资建设"虚热"与规模偏大

物流园区投资主体日趋多元化，除传统的政府投资、物流企业投资外，地产商、银行资本、民间投资以及外资都在积极进入，尤其一些外资及传统地产开发商也纷纷涉足。多元化资本进入，为物流园区提供了充足的资金保障，但也难免会遭到"搞物流，还是搞地产"的质疑。事实上，许多物流园区确有"圈地"之嫌，这也是许多人将目前的"物流园区热潮"视为"虚热"的原因。一些投资者对物流园区的性质认识不清，仅仅利用地方政府扶持、鼓励物流业发展的相关优惠政策，低价拿地等待土地升值获利，缺乏长远经营的考虑及规划。

此外，对照国际上具有代表性的物流园区，中国物流园区建设规模偏大。国外一些运营良好的物流园区平均占地面积比中国的小，然而，其物流吞吐量大大超过中国的物流园区。一个运营良好的物流园区能否生存不是以大、全为简单衡量标准，而是要靠市场来检验。物流园区的建设必须尊重客观规律，在自身需求分析的基础上，充分考虑物流园区服务半径，避免重复建设和土地浪费的现象发生。

（4）物流园区统筹规划与建设亟待加强

物流园区规划不同于一般的城市开发区建设规划，其专业性和科学性较强。许多物流园区在开发过程中存在专业性和规范性不足的问题，如建筑设计没有与物流工艺流程再造有效结合，规划频繁变动，缺乏专门设计规范指导，与其他规划衔接不畅等。由于历史的原因，我国各类物流园区分属不同行业部门管理，各类园区条块分割、自成体系，统筹协同发展不力，导致我国的物流园区相互之间难以衔接、功能单一，具有多式联运功能的物流园区比例很小，即使是拥有联运设施的一些运输枢纽型园区，由于体制和机制原因联运业务也举步维艰，在联运技术、设施的应用上与发达国家差距很大。例如，当前大部分社会公路物流园区缺乏铁路专用线，与铁路物流园区衔接不畅。同时，物流园区规划与城市规划、交通运输规划等其他规划衔接不畅。由于与交通运输规划缺乏有效衔接，导致交通线路衔接不畅、运输效率低下、中转联运难以实现，效率不高。由于与城市建设、行业资源配置等缺乏统筹规划，导致物流资源闲置、资源利用不平衡，配送车辆流量、流向不平衡等现象。

此外，一些地方政府仅仅将物流园区当作"政绩工程"，把物流园区土地出让当作增加财政收入的来源，导致物流园区盲目投资、重复建设、变更用途、畸形发展。部分地区对物流园区的规划和总体布局没有进行科学的论证和分析，就匆忙上马；部分地区和企业对单个投资的物流园区的功能定位、投资规模、占地面积等缺乏科学论证，结果导致物流园区在繁荣的建设场面之后，却面临有"园"无市、入驻不佳、效益不好、经营困难的冷清和尴尬。由于缺乏统一的规划和系统的科学的论证，有些大城市规划出多个物流园区，物流园区之间分工不明，功能雷同，形成恶性竞争。

（5）物流园区运营管理和服务水平需进一步提高

物流园区是现代物流发展的重要基础设施，其投资具有公益性、数量大、回收期长等特点，对运营管理和专业化服务要求高。虽然，我国已经出现了一批具有示范和带头作用的物流园区，但从整体上看我国物流园区的运营管理仍处于探索和提升阶段。目前来看，尽管国内物流园区类型多样，但彼此间差异化却并不明显，所提供的服务更是千篇一律。服务项目缺乏创新,已成为影响园区招商和运营的一个重要因素,进而导致物流园区数量虽然快速增长,真正实现盈利的却不多。此外,许多物流园区在运营过程中存在园区运营管理不专业、配套服务和增值服务水平低下、网络化协同运营能力不足、物流园区融资难、管理体制落后、服务意识差等诸多问题。

例如,一些物流园区缺乏全生命周期考虑,在前期规划设计完成后,忽视整个园区的经营管理工作,缺乏经营战略、业务拓展、市场招商等系统性谋划;一些园区服务内容单一,市场定位和差异化竞争不明显,所提供的服务局限于库房货场出租和物流设备租赁,不能满足客户一体化、个性化的需求,不能对入驻园区企业的生产经营活动提供各种支持性配套服务,不能为跨国公司等高端客户提供高附加值的服务;一些国有企业投资的物流园区,由于经营管理体制滞后和服务意识欠缺,市场化经营能力不足,尽管规模和网点众多,拥有装备良好的设施、设备以及信息化平台,但却没有预期的入驻企业数量和人气;一些物流园区为了使资金快速回笼,急于招商引资,导致入驻企业鱼龙混杂、大小不一、能力不均,使物流园区的产业集聚效应以及对地区产业的带动作用难以实际有效发挥。

(6) 物流园区发展的政策环境有待持续优化

尽管国家层面对物流园区的发展已有明确的政策导向,但各地落实情况不一。存在的主要问题有:按照投资强度、税收强度等指标硬性考核,把物流园区等同于一般的地产项目,导致物流企业入驻物流园区立项难;物流园区与城市总体规划、土地利用规划不配套,导致地价贵、用地难;物流园区建设投入大、周期长、回报低,导致融资难;税费负担重、周边环境差,导致运营难。因此,物流园区发展的政策环境还有待持续优化。

1.4.3 面临重要发展机遇

1. 供给侧结构性改革给物流园区发展带来新机遇

当前,我国经济发展步入"新常态",经济增速从高速增长转向中高速增长,经济发展方式正从规模速度型粗放增长转向质量效率型集约增长,经济结构正从增量扩能为主转向调整存量、做优增量。此形势下要求以供给侧结构性改革为主线,扩大有效供给,满足有效需求,加快形成引领经济发展新常态的体制机制和发展方式。我国物流业正处于产业地位的提升期、现代物流服务体系的形成期和物流强国的建设期,需要加快供给侧结构性改革,加速转型升级,从要素驱动、投资驱动转变为整合发展、创新驱动,更好发挥物流业对于国家经济增长的推动和促进作用。

国家实施物流和制造业的联动发展、物流和商贸业的融合发展,以及交通物流的融合发展给物流园区这一产业集聚发展模式带来重大战略机遇。物流园区有效促进了物流产业链的衔接,推动了物流资源的集约化整合与利用,提高了物流运作效率和服务水平,因此成为低端仓储基地、物流中心等转型升级的方向。物流行业管理部门应通过供给侧的发力,鼓励和培育物流园区的发展,通过供给侧改革创造新的需求,为物流业持续增长提供保障。

2. 消费升级给物流园区发展带来新需求

近年来,我国消费结构不断调整,内需成为促进经济增长的主要动力。伴随着人们生活水平的提高和观念的更新,"消费升级"浪潮渐成规模。消费者从应付生活转变为经营生活、享受生活的过程,也正是传统的生存型、物质型消费开始让位于发展型、服务型等新型消费的过程。特别是电子商务等领域的消费出现爆发式增长，从品质和数量两方面对供给侧形成牵引，从而充分发挥消费在经济增长中的基础性作用和促进产业转型的关键作用。2016年，我国全年社会消费品零售总额 332 316 亿元，比 2015 年增长 10.4%；全年网上零售额 51 556 亿元，比 2015 年增长 26.2%。其中网上商品零售额 41 944 亿元，增长 25.6%，占社会消费品零售总额的比重为 12.6%。在消费需求的刺激下，2016 年我国快递业务量突破 310 亿件，年人均快递使用量达 23 件。

随着我国新型工业化与新型城镇化的快速发展，工农业生产加速向资源环境要素优势比较集中的地区集聚，消费市场更快地向城镇转移，特别是向大城市或者城市群转移，这在客观上促进了我国物流业的快速发展。同时，这种地区结构的变动会促进物流业的资源要素等进行重新整合、重新布局，这对于物流园区的规划、建设与升级起到促进作用。特别是电商行业的高速成长和大肆扩张给物流园区带来了巨大的红利。过去 10 年间，随着经济腾飞及国内消费市场的繁荣，中国物流地产市场获得爆发式增长，整体市场规模（仓储租金收入）从 2005 年的不足人民币 3 亿元增长到 2016 年的 100 多亿元。

3. 政府支持给物流园区发展带来新契机

目前，我国物流产业的发展正处于起步阶段，积极培育第三方物流企业和规划建设物流园区已成为很多地区推进现代物流发展的两大主题，国家有关主管部门和地方主管部门也正在制定促进物流园区发展的宏观政策。

2011 年《国务院办公厅关于促进物流业健康发展政策措施的意见》（国办发〔2011〕38 号）提出，要加大对物流业土地政策的支持力度，对纳入规划的物流园区用地给予重点保障，并且对物流园区的基础设施建设给予必要的资金扶持。2013 年 9 月，国家发展改革委等 12 个部门出台我国第一个物流园区专项规划——《全国物流园区发展规划》，明确了全国物流园区的发展目标和总体布局，为物流园区发展画出"路线图"。2014 年 9 月，国务院印发《物流业发展中长期规划（2014—2020 年）》（国发〔2014〕42 号），把物流业定位于支撑国民经济发展的基础性、战略性产业，是物流产业地位进一步提升的重要标志；同时把"物流园区工程"列入 12 项重点工程，提出结合区位特点和物流需求，发展货运枢纽型、生产服务型、商贸服务型、口岸服务型和综合服务型物流园区，以及农产品、农资、钢铁、煤炭、汽车、医药、出版物、冷链、危险货物运输、快递等专业类物流园区，发挥物流园区的示范带动作用。为落实《物流业发展中长期规划（2014—2020 年）》，国家发展改革委和有关部门制定了《促进物流业发展三年行动计划（2014—2016 年）》。2015 年 5 月，国家发展改革委、国土资源部、住房城乡建设部联合发出《关于开展物流园区示范工作的通知》。2016 年，《国务院办公厅关于转发国家发展改革委营造良好市场环境推动交通物流融合发展实施方案的通知》（国办发〔2016〕43 号），提出应尽快打通连接枢纽的"最后一公里"，加快实施铁路引入重要港口、公路货站和物流园区等工程；实施铁路物流基地工程，新建和改扩建一批具备集装箱办理功能的一、二级铁路物流基地。2016 年，国家发展改革委出台《"互联网+"高效物流实施意见》，提出要结合国家级物流园区示范工作，引导企业在重要物流节点和物流集散地规划建设或改造一批国家智能化仓储物流示范基地（园区），推动仓储设施从传统结构向网格结构升级，建立深度感知智能仓储系统，实现存、取、管全程智能化。

此外，有关部门也发布了一系列支持物流业发展的政策文件。这一系列利好政策的出台,显著提升了物流产业的地位,极大地拓展了物流园区发展空间,为物流园区的发展创造了难得的发展机遇。

4. 投资多元化给物流园区发展带来新动能

在政策和资本的推动下,物流园区成为投资热点,受到国资、民资及外资的高度关注。物流园区能够成为下一个投资蓝海的原因还在于其所带来的巨大回报,且物流地产项目一般开发周期短,项目获取后一年可进入经营状态。

物流园区是物流服务和地产服务相互结合的产物,一方面有需求的物流设施租赁企业可以减轻重资产的包袱,从而能够更加专注于其本身的核心业务;另一方面物流园区投资商也可以获得稳定的出租收益,两者在利益和风险两方面可以达到共赢的局面。从资金面上,租金是物流园区最主要的收入来源。无论是国外的主要城市还是国内的北京、上海等一线城市,物流园区的租金回报率一般较其他形态的物业高一个百分点以上。

除了租金方面的回报,物流园区的盈利还来自于土地增值、服务费用、项目投资收益等方面。此外,物流用地在国内外一般都能受到政府在政策上的支持,因而初期投资者能够从政府手中以低价购得土地,待完成初期基础设施建设后,所投资的土地将产生一定的升值,而到物流园区正式运营后,地价还将大幅上涨。对于这一类的园区,一般能够在10~15年收回投资成本。随着物流园区创新经营战略实施,经营服务空间得到拓展,正由单一的物流运作平台,向供应链相关环节延伸,向产业链的枢纽地位转型,从而进一步提升了盈利水平和投资价值。

5. 现代信息技术为物流园区发展带来新活力

现代物流业区别于传统的仓储运输行业的主要特征就是整合,这也是现代物流业的核心价值所在。当前我国经济发展的主动力正在向创新转变,物流业的发展也离不开创新。技术创新、管理创新、模式创新等正在成为物流园区打造核心竞争力的法宝。特别是物联网、云计算、大数据、移动互联网、区块链、人工智能等为核心的信息技术与物流园区的发展正在实现深度融合,这将使得物流园区资源的配置方式得到深刻的改变,加速物流园区的模式创新和转型升级。

1.4.4 未来发展趋势

随着我国经济发展进入新常态,以及产业发展和消费模式变革,我国物流的需求结构正在经历深度调整。随着政府、行业协会的宏观调控和正确引导,以及物流园区自身的不断探索和努力,中国物流园区规划建设必将趋于理性化、科学化,主要将呈现以下趋势。

1. 物流园区建设规范化与标准化

随着相关标准和考核评价体系的建立和完善,物流园区建设将逐步趋于规范化和科学化。随着城市化进程和产业转移升级,物流园区建设正向二三线城市延伸。通过全国、各省市物流园区规划的出台和系列技术规范的引导、约束,可以避免同一地区出现多个类型相同、地理位置相近、服务类似的物流园区,从而避免无差异化竞争和重复建设的发生。

随着《物流园区分类与规划基本要求》及相关规划、建设、服务技术规范的出台和实施,物流园区建设标准化成为重要发展趋势。物流园区标准化不仅是物流系统化的前提,而且是和国际接轨的前提,因此无论是物流装备,还是物流系统建设与服务,必须首先满足标准化的要求。物流园区标准化是指以物流园区为一个大系统,保障这个系统协调、安全、高效运行的标准,即制定物流园区内的物流设施标准、物流技术标准、物流信息标准、物流管理标准、物流服务标准,并形成全国以及和国际接轨的标准化体系,推动物流业的发展。例如,物流园区设施要能够适应开展多种类型基本物流业务和增值物流业务,与传统物流业务对设施的要求有巨大的不同。现代物流设施与传统物流设施建设标准的差异如表1-7所示。

表1-7 现代物流设施与传统物流设施建设标准的差异

特征	现代物流设施	传统物流设施
结构	单层:高品质钢结构 多层:混凝土/钢结构 古代通道/电梯	单层:非标准混凝土/钢结构 多层:无通道
总建筑面积	≥8 000 m²	规格不一(≈4 000 m²)
屋顶净高	≥8 m	4~7 m
承载力	1楼:≥3 t/m² 2楼:≥2 t/m²	1楼:≤3 t/m² 2楼:≤2 t/m²
支柱间距	≥8 m	5~7 m
消防	消防栓、灭火器、火灾报警装置	消防栓
地面漆	耐磨性环氧树脂/混凝土地面涂装工程	非标准,如水泥地面或素填土
监控系统	24小时安保及集中监控服务	公共警卫室或尚无
采光顶	装备条形照明灯的天花板	非标准
集中供暖(可选)	办公室及仓库装置(可选)	尚无
通风设备(可选)	每小时两次(可选)	手控通气或尚无
信息管理系统	WMS/ERP等	没有

此外,根据客户多样化、个性化的物流市场需求,通过专业的物流设施开发团队从合理选址到开发定制与物业管理,为客户全方位地定制个性化、专业化的物流园区设施,增强物流设施的适用性成为重要发展趋势。

2. 物流园区经营品牌化与协同化

随着物流的产业化发展,物流园区将逐步走向成熟,物流园区的发展将逐渐从规模的快速扩张转向质量和效益的提升,实施规范化管理与品牌化经营将是大势所趋。发达国家物流园区发展的成功经验证明,实行物流园区的集团化、网络化、品牌化,将成为物流园区的重要发展方向。特别是跨地区、跨部门、跨企业的集团化、网络化组织经营,对发挥物流园区网络的整合利用效率,提高物流经营效益,实现信息共享,降低全社会物流成本、打造经营品牌等具有重要的意义。

物流园区与物流园区之间,是竞争关系,也是合作协同的关系。处于不同城市的物流园区更应合作与联合,这是物流网络化协同运作的需要,也是双方合作共赢的基础。由于市场竞争日益激烈,企业面临着降低成本和提高运营效率的压力,在共同利益推动下,物流园区之间跨区域的战略合作、协同运营成为现实选择。多个系统、行业乃至地区的物流园区,从突破自身制约条件、维持和开拓市场、最大限度地创造效益和获得发展的意图出发，携起手来推进网络化、协同化运营，打破园区"孤岛经营"困境，摆脱"点式经营"的弊端，形成强大的跨区域物流园区联盟网络；或者多个主体联合投资共建物流园区，实现集约化经营，"以市场换市场"，优势互补，资源共享，最终构造出辐射全社会的物流园区服务网络，形成"物畅其流"的大同世界。从实际情况来看，通过跨区域的合作，形成网络化运营，将可最大限度地发挥物流园区的服务功能。

3. 物流园区作业高效化与智能化

物流园区的各项作业经历了从手工劳动、半机械化、机械化到自动化四个阶段，一些先进国家正朝着集成化和智能化发展。我国物流园区处在起步发展阶段，物流园区存在着人力、机械和自动控制作业等多种方式，随着经济发展水平的提高和物流技术的完善，机械化和自动化技术的应用将是我国物流园区的发展方向。

此外，随着人工智能、移动互联网、物联网、云计算、大数据、自动化货架、智能分拣、自动码垛、无人卡车、无人机、机器人等技术的发展，各种黑科技高速融入物流业，物流园区的智能化趋势将进一步加强。例如，京东物流宣布在上海市嘉定区建成全球首个全流程无人仓，从入库、存储、包装到分拣，实现全流程、全系统的智能化和无人化，无人机、无人车和无人仓将成为京东智慧物流的三大支柱，尽管京东无人仓覆盖的面积还只有4万 m^2，但此举无疑代表了物流业未来发展的方向。未来物流园区将物联网、传感网与现有的互联网有机整合起来，通过精细、动态、科学的管理，打造"互联网+"智慧物流园区，实现物流的自动化、可视化、可控化、智能化、网络化，从而提高资源利用率和生产力水平，创造更加丰富的社会价值。

4. 物流园区运营绿色化与低碳化

随着社会环保意识在不断增强，物流园区的投资建设将更加重视低碳节能与可持续发展，绿色低碳成为物流园区向高端发展的必经之路，也是未来物流园区的发展方向。绿色低碳物流园区应坚持"低能耗、低污染、低排放"的发展理念，通过对园区设施、设备及作业系统的规划和设计，对区域内物流作业或企业进行有效的控制和引导，进而建立一个物流业发展与生态环境保护双赢的经济地域综合体。

物流园区在用地上将更多地采取集约高效的土地利用方式，按当地实际需求设置合理的功能区块和仓库数量，并根据园区的地块特点和周边环境合理布局，保证各功能区块之间物流活动的衔接性、流畅性。同时，在绿色物流技术的研究和应用上，将积极开发和推广绿色包装材料、建设碳益建筑和环保仓库等。绿色低碳物流园区主要发展趋势体现在以下几个方面。①使用更少的能源。如，在屋顶安装光伏设备，利用太阳能发电；推广新能源运输、配送车辆；推进低碳照明、低碳制冷和供暖。②高效利用水资源。如，在屋顶安装雨水收集系统，雨水转化为可以利用的水，节约水资源。③在物流园区建设中大量使用环保材料，力求低排放。如，降低物流园区产生的废弃物，力争将废弃物循环使用或作无害化处理。④推进绿色包装。如，实行包装减量化（reduce），包装应易于重复利用（reuse）或易于回收再生（recycle），包装废弃物可以降解腐化（degradable）。⑤推广绿色流通。流通向供应链上游延伸，进一步深化与供货商的环保节能合作；向供应链下游倡导，引领绿色消费，为顾客创造新的价值。

5. 物流园区服务集约化与专业化

物流企业的有效集聚是物流园区正常运行的基本条件，只有做到物流企业的集聚，才能实现物流设施的集约化和物流运作的共同化，物流园区的规模效应、协同效应和聚合效应才能发挥出来。

在实现物流园区集聚化发展的条件下，物流园区加快向集约化经营转型升级。物流园区集约化经营平台具有三个功能，一个功能是一个空间资源集聚平台，也就是通过物流空间设施的集聚和建设，为各类物流企业提供生存空间，促进规模经济的形成。一个功能是物流平台的运营服务商，需要提供系列配套物流服务和增值物流服务，提供统一管理、业务整合和综合服务。另一个功能是区域物流信息平台的运营商，通过广泛整合运输、配送、仓储、运力交易、商品交易、金融服务、保险等信息资源，同时与政府海关、商检、交通等信息平台对接，打造实现实体平台与信息平台联动、推进"天网"与"地网"对接的特色的 OTO（online to offline）服务模式。

专业化物流的发展也会推动物流园区向专业领域渗透，物流园区专业化发展将会成为趋势。未来物流园区经营者应当坚持以人为本、与产业深度融合、专业化发展的理念，努力为客户提供一体化、个性化的物流服务解决方案，积极、主动地融入客户供应链管理环节，了解客户诉求并解决问题。

物流园区是产业集聚的平台，产业集聚是物流园区发展的基础。凡是紧紧围绕产业发展建立的专业化物流园区都有较好的发展前景，而脱离产业需要的物流园区则很难摆脱经营困境。物流园区可以重点以某一供应链或产业为核心，促进研发、采购、设备、制造、维修、销售、物流、金融、保险、政务配套服务等业态高度集聚，形成产业融合体，实现与制造业、商贸业、金融业等深度对接、联动发展。此外，物流园区的规划设计、基础设施建设、信息化建设等，在专业化方面也会有大的提升。

案例 1

中国铁路物流基地设施网络建设历程

我国铁路物流基地的发展大致经历了三个阶段。一是以传统货运场站发展为主的萌芽起步期；二是以集装箱中心站、大型装卸车点等具有物流发展理念的节点为主的探索发展期；三是以综合性和专业性铁路物流园区布局规划方案提出为标志的快速发展期。

1. 萌芽起步期（2003 年之前）

自新中国成立以来，随着铁路网的逐渐完善，铁路货运场站也随之发展，并逐步形成了覆盖全国的铁路货运场站网络。进入 20 世纪 80 年代，公路运输迅速发展，铁路运量出现了下滑态势，铁道部重点进行了零担运输集中化改革，"七五"期间停办了 2 000 多个车站的零担业务，全路大部分区段取消了沿途零担列车；"八五"期间又重点进行了整车集中化运输的理论分析和局部试点工作，整顿了加冰冷藏车办理站和危险货物办理站；在理论研究和部分路局试点的基础上，铁道部从 1996 年开始在全路推行货运业务集中化，要求停办日均装卸车数在 1 车以下的 565 个车站的货运业务，将平均站间距延长到 14 km，1997 年停办日均装卸车在 3 车以下的 1 042 个车站的货运业务，到"九五"末封闭日均装卸车数小于5车的车站货运业务，将平均站间距延长到22 km左右，货运营业站保留2 500个左右。

在货运业务集中化办理、关闭小型货运场站的同时，铁路货场自身也在不断提升服务水平，以实现增运增收，更好地应对激烈的市场竞争。20世纪80年代，部分铁路局结合多元经营发展实际开始尝试修建用于企业开展铁路延伸服务的经营基地；90年代后，铁路多元经营系统为有效缓解铁路货场能力不足的问题，开始大规模建设适应经营需要的自有货场，但普遍规模较小、设施简单。与此同时，铁道部推出多份规范性文件，积极鼓励货运场站拓展服务功能，强调车务段和二等以上货运站要以货场中的相关部门为基础，成立货运营销机构；鼓励发展货场办市场，以形成新的物流集散地，盘活存量资产，有效吸引货源。

20世纪末，"现代物流"一词在中国大陆掀起了一片热潮，2001年原国家经贸委联合铁道部、交通部等六部委下发了《关于加快我国现代物流发展的若干意见》，铁路系统逐渐认识到物流对于提高运作效率、降低运作成本等方面的巨大作用，这为铁路物流基地的建设与发展奠定了较好的思想基础。

总的来说，这一阶段的发展以传统货运场站为主、多经物流基地为辅，在公路运输迅速崛起的背景下，形成了优化既有货运场站布局、拓展货场服务功能的发展特色，但自上而下、专业分工明确、业务定位清晰的统一网络布局优化方案尚未形成，拓展服务功能多从提升自身收益的角度出发，"以客户为中心"的服务理念尚未得到较好贯彻实施。

2. 探索发展期（2003—2010）

2003年，国家发展改革委联合铁道部研究提出了国家《中长期铁路网规划》，并于2004年1月经国务院常务会议讨论通过。2003年3月国家发展改革委批复《全国铁路集装箱中心站总体规划方案》（计基础〔2003〕36号），明确了全国铁路集装箱中心站的建设方案，提出规划建设上海、昆明、哈尔滨、广州、兰州、乌鲁木齐、天津、青岛、北京、沈阳、成都、重庆、西安、郑州、武汉、大连、宁波、深圳18个集装箱中心站，以及40个左右靠近省会城市、大型港口和主要内陆口岸的集装箱专办站。铁路集装箱中心站具有综合物流和多式联运的各项功能，如仓储、拆拼箱、加工、包装、配送、商贸、信息处理等，是以铁路集装箱服务为主导的综合物流基地，是铁路现代物流园区的重要表现形式。

2003年12月，铁道部正式组建中铁集装箱运输有限责任公司、中铁特货运输有限责任公司、中铁快运股份有限公司，这标志着铁路专业运输管理体制改革开始了新的探索，对于铁路物流基地发展融入现代物流理念，实现跨越式发展具有重要而深远的影响。在此之后，由三大专业运输公司主导，建设了一批具有典型物流运作特色的行包行邮基地、商品车物流作业基地和专办站。

这一阶段，传统货运场站业务集中化工作继续推进。2003年以来，一些运量较小的货运站已经被逐渐整合，以实现铁路货运"集中受理、优化装车"，提高资源利用水平和管理效率。至2006年，5万t以下的货运站已减少到925个，平均每100 km营业里程上的小型货运站个数由2001年的2.56个下降为1.26个，小型货运站在路网上的密度减少了大约50%，货车周转时间由2001年的5.08天缩减到4.92天，铁路货运效率有了显著提升。铁路货运场站的布局调整向着集中化、大型化方向发展，此举适应了现代运输物流的基本需求，符合铁路物流基地网络优化发展方向，并已取得较为明显的成绩。

2006年全路运输工作会议提出"两整合、一建设",即整合零担业务、整合运量小的货运站,建设战略装车点(后称为大型装车点),进一步推进货运场站布局优化调整。同年,铁道部发布《关于结合"两整合、一建设"工作 大力促进多元经营发展的通知》,开始大力推进以大型装车点为重点的物流节点建设,鼓励开展运贸、代理、仓储、流通加工、配送等物流服务。大型装车点是为保障大宗货物运输、缓解货运场站能力不足而兴起建设的。它以稳定的货源条件为基础,要求大宗物资货源量达到日均1列以上、单一品类年运量达到150万t以上,并配有智能化的装载系统,具有大容量的仓储能力,以及高效率、规模化的作业方法,成为铁路物流基地的又一重要表现形式。至2010年年底,全路已经建成大型装车点近710个,这些装车点的货物发送量约占全路货物发送量的40%以上。

2006年的《铁路"十一五"规划》指出加快落实"集装箱物流园区"建设规划,在这个铁路系统的规范性指导文件中首次出现"物流园区"专业名称,表明铁路系统已正式接受"物流园区"的理念并加以推广。同年,由中铁集装箱运输有限责任公司等五方股东共同组成了中铁联合国际集装箱有限公司,主要负责承担18个铁路集装箱物流园区的建设和运营,现已建成运营9个,分别为上海、昆明、重庆、成都、郑州、大连、青岛、武汉、西安铁路集装箱中心站,初步形成了铁路集装箱运输节点网络。

2007年,铁道部在青藏铁路建成通车的基础上启动了西藏那曲物流园区的规划设计和建设工作;2008年厦门前场特大型货场按照物流园区的理念开始了前期市场分析和可研设计。自此,不同铁路局针对货运场站转型升级、多经物流基地,专业运输公司针对行邮行包基地、集装箱物流园区、商品车作业基地等各种形态的物流园区展开了较为广泛的探索实践。

在这一阶段中,铁路物流基地的表现形式不断丰富,三大专业运输公司构建了一批具有现代物流发展理念的物流节点,形成了多元化发展的特点。但受经营体制的影响,不同经营主体所规划建设的不同物流节点间缺乏有效的沟通与合作,重复建设、资源利用不足等现象开始出现,如何规范引导既有节点向着合理化、可持续方向发展成为摆在铁路系统面前的重要问题。

3. 快速发展期(2011至今)

2011年,铁道部在前期研究与探索的基础上,制定并发布了《铁路"十二五"物流发展规划》(铁运〔2011〕169号,以下简称《规划》),明确提出我国铁路物流基地布局方案,要求"十二五"期间在规划的全国性42个铁路物流节点城市、区域性98个铁路物流节点城市,建设80个左右一级铁路综合物流基地、160个左右二级铁路综合物流基地、300个左右专业型铁路物流基地。《规划》对于铁路物流基地的发展途径也给予了明确的说明:"新建货运场站和铁路物流企业经营基地均应按照物流园区要求进行规划建设,既有货运场站和铁路物流企业经营基地应逐步向物流园区转型,以推进信息化、改善铁路线路、装卸机械、堆场仓库、场内道路和拓展现代物流服务功能为重点进行改扩建;对于受各方面因素制约、发展空间不大的货场,采取关、停、并、转等措施进行优化整合。"

铁路改制后,为完善铁路物流基础设施,加快推进铁路货运向现代物流转型发展,充分发挥铁路在社会物流体系中的骨干作用,更好地服务经济社会发展,中国铁路总公司根据《全国流通节点城市布局规划(2015—2020年)》《全国物流园区发展规划(2013—2020年)》《铁路"十二五"物流发展规划》《关于加快推进铁路现代物流发展的意见》等,制定出台了《铁路物流基地布局规划及2015—2017年建设计划》。在统筹考虑利用既有货场、战略装车点、集装箱中心站等设施设备的基础上，规划一级铁路物流基地33个（含既有7个，在建12个，新建9个，改扩建5个）、二级铁路物流基地175个（含既有18个，在建19个，新建76个，改扩建62个）、三级物流基地330个。同时，对集装箱、商品车、冷链等专业型物流基地也进行了相应的布局规划。铁路物流基地服务范围基本覆盖《全国流通节点城市布局规划（2015—2020年）》中国家级、区域级城市和《全国物流园区发展规划（2013—2020年）》中一、二级物流园区布局城市，以及通铁路的地级以上城市、经济百强县。与铁路局层面规划的三级铁路物流基地结合起来将基本覆盖全国GDP 100亿元以上的行政区域（港、澳台地区除外）。

这一系列规划既指明了铁路物流基地转型发展的方向，又为各铁路局开展铁路物流基地选址建设提供了可遵循的宏观布局依据。各铁路局和专业运输公司针对三级铁路物流基地的设计、建设与运营服务等展开了系统性的实践。

美国BNSF铁路公司物流设施网络建设

BNSF铁路公司（BNSF Railway Company）是北美第二大Ⅰ级铁路公司，全球最大的多式联运承运商，拥有近400条铁路线，路网总里程约5.23万km，通达美国28个州及加拿大两个省。BNSF铁路公司的铁路网络主要覆盖美国中西部地区，其他地区通过租借或协议的形式获取铁路线路和物流节点服务。在此基础上，构建起多式联运网络、煤炭运输网络、小汽车运输网络和整车运输网络等四大干线运输服务网络。值得一提的是，BNSF铁路公司多式联运业务收入占总营业收入的近50%。

1. 多式联运网络

美国铁路共有60个多式联运站，其中BNSF铁路公司运营网络中的多式联运站为20个，包括4个物流园区，分别为：堪萨斯物流园区、芝加哥物流园区、孟菲斯物流园区和达拉斯物流园区。此外，还有7个多式联运港口和3个特殊多式联运节点，具体分布如图1-7所示。

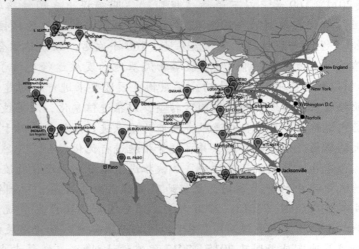

图1-7 BNSF铁路公司多式联运网络

2. 煤炭运输网络

美国是世界上煤炭资源最为丰富的国家之一，煤炭的产地非常集中，主要可以划分为3条煤炭生产带，即东部生产烟煤的 APPALACHIA 地区；中部生产烟煤的 INTERIOR 地区和生产无烟煤的 GULF PROVINCE 地区；西部生产烟煤、次烟煤和褐煤的怀俄明州、蒙大拿州、犹他州、科罗拉多州、北达科他州、新墨西哥州、亚利桑那州。2014年，90%的煤炭运量来自怀俄明和蒙大拿的粉河盆地。BNSF 铁路公司为了适应煤炭运输需求，构建了覆盖美国中西部地区的煤炭运输网络，从中部地区一直延伸到西部的港口，煤炭运输网络如图1-8所示。

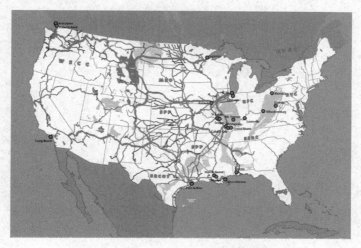

图1-8　BNSF 铁路公司煤炭运输网络

3. 小汽车运输网络

美国铁路运输约占小汽车运输市场份额的50%，BNSF 铁路公司在美国中西部地区的网络分布，支撑了小汽车多式联运的开展，从西部地区小汽车进出口的港口运输至中部乃至东部重要的芝加哥枢纽。BNSF 铁路公司共建立了25个小汽车多式联运中心，主要分布在中部地区，延伸至西部的8个港口，其小汽车运输网络如图1-9所示。

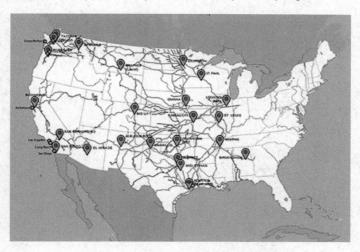

图1-9　BNSF 铁路公司小汽车运输网络

4. 整车运输网络

整车运输是 BNSF 的基本运输业务，办理网点分布广泛，密集分布于美国中部地区。整车运输服务于煤炭、谷物、化工、小汽车、食品、金属矿石、沙砾、石头/玻璃/黏土、纸浆/纸、石油、木材、钢铁废品、废品废料等品类。

物流园区形成与发展的理论基础

2.1 空间区位理论

区位理论是区域经济理论起源的基石,是区域经济学的核心基础理论之一,根据其研究内容的差别,西方区位理论可以分为传统区位理论和现代区位理论。

2.1.1 传统区位理论

传统区位理论主要是运用新古典经济学的抽象方法,分析影响微观区位或厂址选择的各种因素,其研究对象一般均是以所求成本最小或利润最大化为目标,处于完全竞争市场机制下的抽象的、理想化的单个小厂商及其集聚体——城市。它的发展经历了两个阶段:古典区位理论和近代区位理论。

1. 古典区位理论

古典区位理论主要是指杜能的农业区位论和韦伯的工业区位论。德国经济学家杜能(J. H. von Thünen)是西方区位理论的先驱者,他在1826年出版的《孤立国同农业和国民经济的关系》是第一部关于区位理论的古典名著。他提出了实践经验较强的区域经济理论——孤立国理论,即资源配置的地理空间效应。他认为,城市周围土地的利用类型及农业集约化程度都是随其与城市距离的远近而呈带状变化的由内向外的一系列同心圆,这些同心圆被称为"杜能圈",每个圈都有自己的主要产品和自己的耕作制度。杜能研究农业圈层现象的理论意义在于:他引入了运输成本作为农业区位选择的重要因子,从而形成了农业区位论,为区位论的发展奠定了基础。

德国经济学家韦伯对工业区位进行系统研究。他第一个完整地提出了工业区位理论——《工业区位置论:区位的纯粹理论》,并产生了广泛的影响,被公认为工业区位理论的奠基者。韦伯首先引入了"区位因素"这个前人未曾用过的概念,他是第一个对工业区位理论进行系统分析的经济学家,并完成了一般区位理论的构造,使古典区位理论,特别是工业区位论达到了一个顶峰。

2. 近代区位理论

德国经济学家克里斯塔勒于1933年在其博士论文《德国南部中心地原理》中提出了中

心地理论。从区位选择的角度,阐述了城市和其他级别的中心地等级系统的空间结构理论。中心地理论的核心思想是:城市是中心地腹地的服务中心,根据所提供服务的不同档次,各城市之间形成一种有规则的等级均匀分布关系。中心地理论是地理学由传统的区域描述走向对空间规律和法则探讨的直接推动原因,是现代地理学发展的基础,也是区域经济学研究的理论基础之一。

德国学者勒施的市场区位理论集中阐述于他在1940年出版的《经济空间秩序》一书中。从经济区位的观点来看,他的区位理论是以最大利润原则代替韦伯的最低费用原则为特点,标志着区位论研究从古典区位论发展为近代区位论。勒施第一个把需求作为空间变量,引入成本和需求两个空间变数。同时,勒施也发现最佳区位问题不能只考虑单个厂商,还要考虑到厂商之间相互依存的关系。这样,问题的复杂化使区位系统的平衡不能再用图解的方式来表达,而只能以一个实际上可能不易求解的方程式系统来表达。总之,市场网络的分异和排列受多个因素影响并取决于利润最大化的经济原则。对于由这种市场网络按经济原则排列所形成的经济分布空间的等级序列,勒施称之为"经济景观"。

2.1.2 现代区位理论

从20世纪30年代,全球性的经济危机导致地区间的两极分化加剧。为了缓和地区性结构矛盾,各国都开始注重区域经济发展问题,对区位理论的研究进入了一个高潮。帕兰德对工厂区位和市场区域进行了研究,他是研究第一位论及市场地区范围问题的经济学家。美国学者胡佛从历史的角度叙述了不同经济发展阶段的区位结构,他还以函数的形式来表达区位布局问题;艾萨德在《区位和空间经济》一书中阐述了区位理论的一般原则;亚罗索提出地租区位论,认为地租决定着城市产业布局,得出城市的同心圆理论。

现代区位理论的形成以艾萨德的《区位与空间经济》和贝克曼的《区位理论》的发表为标志。从其研究内容来看,现代区位理论概括起来大致包括五大学派。以胡佛、艾萨德为代表的成本-市场学派;以普莱德为代表的行为学派;以拉克、摩尔为代表的社会学派;以达恩、奥特伦巴为代表的历史学派;以加里森、哈格特为代表的计量学派。总之,与第二次世界大战前区位理论的整个理论体系的建立是由德国学者来完成所不同的是,战后区位理论主要是由美国学者来进一步发展和延伸的。其中,以艾萨德对区位理论的全面发展所做出的贡献最大,他是现代区位理论的创始人和主要代表人。第二次世界大战以后,现代区位理论吸取了凯恩斯经济理论、地理学、人口学、社会学、城市科学和经济学等许多学科的研究成果及其"计量革命"所产生的新思想,对国家范围和区域范围的经济条件和自然条件、经济规划和经济政策、区域人口、教育、技术水平、消费水平、资本形成的条件、失业和货币金融的差异等进行了宏观的、动态的和综合的分析研究,最后形成了经济学的一门新分支——区域经济学。

1990年,波特发表了一篇划时代的论文《国家竞争优势》;同样在1990年,他把上述论文的主要论点加以扩充与延伸,成为一本内容翔实的专著,书名仍然是《国家竞争优势》。波特的上述成果打破了几十年来区位理论的沉闷局面,引发了西方经济学界研究区位理论及产业集聚的热潮。从1990年开始,保罗·克鲁格曼发表的专著主要有《收益递增与经济地理》《地理和贸易》《发展、地理学与经济地理》《空间经济:城市、区域与国际贸易》,论文数量更多,牵涉的内容也更专业。除了上述两位知名度最高的经济学家外,在此领域做出巨大贡献的还有：戈登、菲力普、雷科、哈里森、西尔、布雷那、科兰西等人。

现代区位理论重点描述产业集聚现象，指出"规模经济"是其最大的竞争力来源。由于数量可观的企业集聚在一起形成了产业链条，造成了很大的规模经济，这种规模经济能最大限度地降低成本、提高效率，并形成相关产业的核心竞争优势。根据上述学者的研究成果，先来的企业会给后到的企业创造基础设施、劳动力市场、中间产品、原材料的供应渠道、专业知识的扩散等正面的外部效益。正是因为正面的外部性产生了对相关企业的吸引力，使产业集聚地点吸引更多的相关企业进入。显然进入的企业越多，规模经济就越大、效率就越高。但企业过度密集，就会使投资环境恶化，产生诸如交通、污染等问题，使产业集群的规模经济效益下降，于是吸引力变成了离心力，使相关企业向产业集聚地点的外围边缘扩散，直到两种力量相对平衡为止。向心力和离心力的存在，就更加能突显区位的竞争。

2.1.3 产业区位理论

产业区位是指资源在地理空间上的配置构成及其关联性。一定的产业区位的形成不仅仅是一个简单的经济现象，而且是经济、人文、社会、政治、地理、历史等复杂因素综合作用的结果。产业区位问题一直是区域经济学、经济地理学和产业组织学等学科的重要研究内容，其研究的理论基础是区位理论。对产业区位内涵的理解体现在以下几方面。

首先，是"产业分布"与"产业布局"的关系。"分布"是客观事物的自然呈现和反映，是一种自然状态；"产业分布"则主要是指人类经济活动在空间的客观存在，是不以人的意志为转移的。而"产业布局"则不然，它带有很强的主观色彩，是主观意志的客观体现。从产业分布到产业布局是生产力水平不断上升的结果，体现出人类主宰世界的意志，也反映出人类对规律的探索。

其次，是区位论的研究对象问题。古典区位理论是以企业为研究对象的，因此也称为企业区位论，包括杜能的农业区位论、韦伯的工业区位论和勒施的市场区位论等经典理论。在对要素简化和抽象的基础上，运用空间结构模型来研究企业分布规律。由于其过于简单，以至于主流经济学和经济地理学一度对此敬而远之。产业布局理论是在企业区位理论的基础上产生和发展起来的。在现代经济条件下，单个的企业研究过于微观，不能满足区域经济建设的整体要求，从更高的层次来研究区位问题显得尤为必要。从实践分析产业布局，一般反映的是政府行为，不是针对个别厂商对厂址的选择，而是针对多部门、多厂商的选择，也可以说是一种规划。对产业布局的研究主要体现在产业地域结构和产业部门结构上，空间问题和部门问题得到整合，经济活动也就显得更有规律可循。

最后，是产业区位的指向问题。"区位"既是一种选择，也是一种指向，或者说是一种趋向。和区域不同，它是一个矢量。它是要素流方向、空间的反映，不同的要素作用下有不同的空间指向。企业对区位的选择往往是一个循环累积的过程，即企业往往选择那些市场潜力大的地区，而市场潜力大的地区正是企业集中的地区。众多企业的空间活动导致产业区位的形成，因此产业区位还包含产业的空间组织及其同社区的联系等。

2.2 产业集群理论

2.2.1 产业集群的理论溯源

随着需求的拉动和社会分工的细化，产业集群得到了迅速发展、崛起和壮大，逐步成为产业组织的新发展和地区经济发展的新现象。产业集群是一个多主体（涉及产业、企业和政府）、多空间（涉及经济空间和纯地理空间）、多学科属性（涉及经济学、地理学、社会学）、多机制的复杂经济集聚现象，是推动区域经济发展的一种模式。伴随着经济一体化与全球化发展趋势，产业集群已经成为当前区域经济和产业组织发展的一种重要形式，其表现出来的强劲竞争优势和发展趋势引起了有关国际组织和许多国家及地方政府的高度关注和重视。产业集群这种独特的经济集聚现象最早产生于西方发达国家，关于产业集群的理论研究也在美国和其他西方国家经济学界最早开展。随着产业集群的出现，产业集聚、集群问题一直受到众多经济学家、管理学家和产业政策制定者们的高度关注，成为经济学研究的重要焦点和热点问题。由于不同领域学者、管理者的学术背景及研究视角的不同，对产业集群的内涵和发展的认识也有所差异，有关产业集群的理论也出现了不同的学派观点。

最早从分工的角度描述产业集群现象的学者是经济学的主要创立者亚当·斯密。亚当·斯密在《国民财富的性质和原因的研究》中基于绝对利益理论（absolute advantage）深刻论述了产业集群的含义，分析了产业集群产生的内在动因，认为产业集群是由一群具有专业分工性质的企业，通过生产价值链的有机关联和衔接，共同完成某种生产任务集结而成的群体，并且认为产业专业化分工是产业集群形成的理论依据所在，产业专业化分工起因于交换能力，但受到市场范围的限制。新古典经济学的代表人物马歇尔（Alfred Marshall）是公认的"新古典经济学"的集大成者，也是"演化经济学"的先驱。他在继承亚当·斯密劳动分工思想的基础上，从新古典经济学角度，第一次基于分工理论系统解释了产业集群现象及其形成原因，揭示了外部规模经济（external economics）与产业集群之间的关联关系。马歇尔认为产业集聚最根本的原因在于获取地方化的外部规模经济——地方化经济（localization economics）优势，同时认为产业与地方社会具有不可分割性。他基于对英国纺织工业区的调查研究，提出"产业区"概念，认为同一产业中大量小企业通过地理集聚能够获得大规模生产的许多好处，主要包括降低运输和交易成本、获得专业化分工效应、刺激外部经济和新的企业家精神等。

一些学者基于区位理论对产业集聚现象的原因进行了探索和解释。工业区位经济学家韦伯在《工业区位论》中阐述了集聚经济的概念，认为运输成本和工资是决定工业区位的主要因素，并首次建立了有关产业集聚的一套规则和概念体系。罗纳德·科斯认为产业集聚中的企业是适应市场而诞生的经营个体，它基于一定的企业组织管理体系来统筹利用各类资源，外部靠市场价格机制合理安排生产计划、协调控制生产，降低企业和市场运作成本。区域经济学家胡佛在《经济活动的区位》中指出产业集聚经济的形成是源于集聚形成单一企业达不到的规模经济效应。

部分学者运用交易费用理论较好地解释了产业集聚的成因。新制度经济学的奠基者罗纳德·科斯在《企业的性质》（the Nature of the Firm）中开创性地提出"交易费用"的概念，认为产业集群存在上下游及配套服务企业，可以增加达成交易的可能性和交易频次，降低区位成本，并能进一步通过明确交易合作主体、交易时间、交易场所、交易规则等，降低参与交易各方的费用；同时产业集群内的企业在一定地理位置空间集聚发展，减少了信息的不对称性和机会主义行为，缩短了交易寻找、洽谈和成交的周期时间，进而可大幅降低交易费用。威廉姆森认为产业集群网络强调的是交易成本的节约，这也是产业集群得以形成的一个重要动因，并且进一步将交易费用划分为事前的交易费用和事后的交易费用两大类型。

部分学者运用新竞争优势理论对产业集群形成进行了探索，从竞争优势出发揭示集群式的产业集聚现象形成的动因和过程。迈克尔·波特基于企业获取竞争优势的视角，对美国、英国、德国等许多国家的产业集聚现象进行了调查和梳理分析，对其形成动因进行了总结归纳，系统性地提出了新竞争经济、产业集群等理论体系，在此后的《集群与新竞争经济学》中，进一步解释了产业集群的概念和内涵特征，利用建立国家竞争优势理论"钻石模型"对产业集聚及产业群的形成进行了探索，认为生产要素条件、国内需求条件、相关产业和支持产业的表现以及企业的战略、结构、竞争对手的表现等影响因素共同发生作用，促进或阻碍一个国家某一产业竞争优势的形成。

20世纪90年代后，新经济地理学（new economic geography）理论学派基于报酬递增和不完全竞争，运用主流经济学的方法来对经济活动的空间集聚动力、空间产业集聚的发展变化及其均衡等问题进行了经济学的解释，从而促进了产业集群理论的发展。此外，还有一些学者试图用社会资本概念解释产业集聚现象。Swann认为由企业优势、新企业进入、企业孵化增长以及气候、基础设施、文化资本等共同作用的正反馈系统，是技术创新集群的重要动力机制。Brenner等人在定量分析和波特的钻石模型的基础上，从社会学视角将产业集群的发展总结为七种动力机制的共同作用，具体包括人力资本积累、非正式接触引起的信息流动、公司间相互依赖、公司间合作、当地资本市场、公众舆论和当地政策。

以上研究分别从不同的角度解释了产业集群的含义，分析了产业集群形成的动因及发展机制，对拓展产业集群的研究视角、建立和完善产业集群理论体系具有里程碑式的影响。总体而言，产业集群是指在特定区域中，具有竞争与合作关系，且在地理位置上集中、有交互关联性的企业、专业化供应商、服务供应商、金融机构、相关产业的厂商及其他相关机构团体等组成的群体。其代表着介于市场和等级制之间的一种新的空间经济组织形式。

2.2.2 产业集群的生命周期

生命周期是生态学中的一个重要概念，具体是指生物个体从出生、成长、成熟、衰老直至死亡的全过程。世界上任何事物的发展都存在着生命周期，产业集群与所有的产业发展或产品开发一样有其客观存在的生命周期。产业集群的生命周期是每个产业集群都要经历的一个由诞生、成长到衰退的演变过程，具体是指从产业集群形成、发展壮大到完全退出社会经济活动所经历的时间过程。产业集群的生命周期（clusters' life cycle）是影响产业集群演化发展过程和竞争力的一个重要动态因素。国内外许多学者从不同视角对产业及产业集群的生命周期进行了讨论和论证。

Eisingerich等人提出产业集群的生命周期的二阶段说，即将产业集群的生命周期过程分为早期阶段和成熟阶段两个过程。Maggioni则将产业集群生命周期划分为以下的三个阶段：

第一阶段，集群的形成通常由外界环境因素的变化而触发形成，集群企业通过向外界环境不断释放企业盈利、成长壮大的信息，从而形成集聚核，吸引上下游及配套服务机构的加入；第二阶段，随着集群企业的增多，集聚经济性和共生效应成为集群发展壮大、产业结构调整和转型升级的主要原因；第三阶段，集群可能发展成为一个国家/地区的技术创新的主导力度，能够抵挡外部市场、技术的冲击影响，也可能由于技术创新乏力，陷入路径依赖从而逐步走向衰落。迈克尔·波特根据产业集群的调查和演变历程的梳理分析，把产业集群生命周期划分为产业诞生、产业发展、产业衰亡三个演化过程和阶段。

与生物种群进化相似，产业集群发展也会受到外部资源环境容量的制约和限制。基于此思路，Tichy 在美国经济学家雷蒙德·弗农提出的产品生命周期（product life cycle）理论基础上，结合产业集群的形成、演变的过程和特征，把产业集群生命周期划分为诞生阶段（formative phase）、成长阶段（growth phase）、成熟阶段（maturity phase）和衰退或僵化阶段（petrify phase）。这四个阶段定义及具体特征如图 2-1 所示。

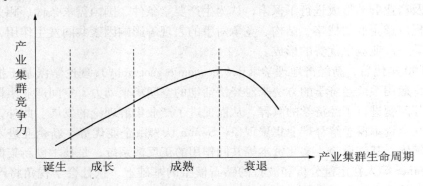

图 2-1　产业集群生命周期与竞争力变化的关系

2.2.3　物流产业集群分析

随着市场经济的发展，物流产业上升为引导生产、促进消费的先导行业。物流产业是随着社会经济发展从社会经济活动中分离出来，融合运输、仓储、货代、信息等产业的复合型服务业，是支撑国民经济发展的基础性、战略性、先导性产业。随着物流产业结构的调整，物流产业集群成为重要的发展趋势。

物流产业集群是指在一定地理空间范围内，以各类物流园区、货运枢纽、物流信息平台等为依托，以服务的制造业、流通业等为目标，由纵横交错、相互关联的运输、仓储、装卸搬运、包装、流通加工、配送、信息服务等物流企业及其相关配套服务机构在空间上集聚发展的经济现象。一方面，物流产业集群依靠社会网络、物流网络及信息技术，以社会多样化物流需求为导向，对零散的物流资源进行整合，优化社会物流资源的配置，发挥最佳效用，实现最佳效率；另一方面，在特定的区域范围内，依靠当地区位优势或产业优势，提供不同物流功能的物流企业在该区域范围内形成物流链并相互共生，共享物流资源，获取规模效应和竞争优势。

2.3 增长极理论

2.3.1 增长极的分类

增长极理论是由法国经济学家佩鲁提出的以中心城市为极点非均衡发展的理论。该理论认为市场经济运行过程中，不可能在一个统一的市场中使所有区域的经济普遍均衡地增长，在某一时间一定地点所出现的经济活动中，随着对通信或运输需求的增长，在技术上紧密相关的经济活动和人文活动趋向于在给定地点集中，形成经济的、商业的、人文的地理集聚，从而产生增长极。极点地区强化之后，逐渐在市场张力的作用下，把资本、技术、人才诸要素向周边弱化区域扩张，影响和带动这些地点和地区的经济发展。增长极理论包含两个明确的内涵，一是作为经济空间上的某种推动型工业，二是作为地理空间上的产生集聚的城镇，即增长中心。其发展的动力也倾向于经济活动的集聚，从某种意义上说，发展实质上是呈现极化状态的。

上述情况表明，物流园区作为经济活动的派生实体在空间分布上也必然存在类似的"集聚-扩散"效应，增长极理论使得物流园区的空间网络体系布局有迹可循。物流园区要形成增长极，其产生的必要条件如下。

①在一个物流园区内存在具有一些创新能力的物流企业群体和物流企业家群体，即物流模式、物流技术等创新是推动物流园区发展的重要动力源泉。

②必须具有规模经济效应。即发育成为增长极的物流园区需具备相当的物流设施规模、物流技术、经营业务和人才存量，通过不断投资扩大经营规模，提高物流园区经营效率，降低经营成本，形成规模经济。

③要有适宜经济与技术创新发展的外部环境，它包括既要有便捷的交通、良好的基础设施等"硬环境"，还需要政府提供高效的工商、税务、海关等服务环境，同时给予一定的土地、税收等经营优惠政策，以及鼓励物流业创新发展等"软环境"。

2.3.2 增长极的作用机理

增长极效应实际是多种效应的复合体，它主要通过极化和扩散效应两种方式发挥作用，如图2-2、图2-3和图2-4所示。极化效应指由于增长极产业的发展，产生吸引力和向心力，促成劳动力、资本、技术等生产要素向增长极集聚。扩散效应指生产要素从增长极向周围腹地扩散，对其经济发展起到促进、带动作用。在增长极产生和发展过程中，极化效应与扩散效应共存，只不过在发展的初期阶段，极化效应占据主导地位，当增长极发展到一定程度后，其实力和规模不断扩大，极化效应减弱，扩散效应逐渐增强。至于这两种效应的具体变化情况，不同的增长极可能存在差异，这与增长极及腹地的发展基础和后续发展情况密切相关，所以需要具体问题具体分析。

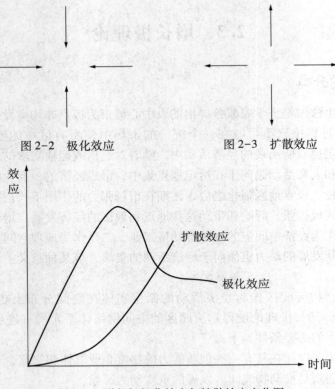

图 2-2 极化效应　　　图 2-3 扩散效应

图 2-4 增长极极化效应与扩散效应变化图

2.3.2 增长极的效应

1. 支配效应

经济增长极作为一个区域的经济发展的新的经济力量，它自身不仅形成强大的规模经济，对其他经济也会产生支配效应、乘数效应和极化与扩散效应。这三种效应的产生，充分显示了经济增长极的重大意义。

佩鲁认为，"一个单位对另一个单位施加的不可逆转或部分不可逆转的影响"就是"支配效应"。在现实的经济发展中，经济单位之间由于相互间的不均影响而产生一种不对称关系，一些经济单位处于支配地位，而另一些经济单位则处于被支配地位。一般来说，增长极中的推动性单位都具有不同程度的支配效应，都能通过与其他经济单位间的商品供求关系及生产要素的相互流动对这些经济单位产生支配影响。这就是我们经常说的拉动作用。

2. 乘数效应

乘数效应主要指增长极中的推动性产业与其他产业间的联系，有的是前向联系，有的是后向联系，有的是旁侧联系。这些联系的作用是，增长极的经济力量促使其他相关产业的建立，从而在就业上、生产上和经济效益上，增长的数量表现出乘数效应。增长极的这种效应可有效地改变一个区域工业基础差、经济存量少的状况。

3. 极化效应和扩散效应

（1）极化效应

极化效应又称回波效应，是指迅速增长的推动性产业吸引和拉动其他经济活动，不断趋向增长极的过程。在这一过程中,首先出现经济活动和经济要素的极化,然后形成地理上的极化,从而获得各种集聚经济,即规模经济。规模经济反过来又进一步增强增长极的极化效应,从而加速其增长速度和扩大其吸引范围。佩鲁认为,极化效应促成各种生产要素向增长极的回流和集聚,即出现发达地区越来越发达,不发达地区越来越落后,经济不平衡状态越来越突出,甚至形成一个国家内地理上的二元经济局面。

(2)扩散效应

扩散效应是指增长极的推动力通过一系列联动机制不断向周围发散的过程。扩散效应的结果,是以收入增加的形式对周围地区产生较大的乘数作用。扩散效应促成各种生产要素从增长极向周围不发达地区扩散,即通过建立增长极带动周边落后地区经济迅速发展,从而逐步缩小与先进地区的差距。在发展的初级阶段,极化效应是主要的,当增长极发展到一定程度后,极化效应削弱,扩散效应加强。增长极效应是一种多种效应的复合体,如上游下游效应、集聚效应和互利效应等。

如果增长极的扩散效应大于极化效应,就会带动周边地区经济共同发展。然而由于积累性因果循环的关系,极化效应往往大于扩散效应,导致增长极地区越来越发达,周边地区越来越落后,形成地理空间上的二元经济局面,使地区经济差距扩大,甚至形成独立于周边地区的"飞地"。

2.4 空间结构理论

空间结构理论是研究一定区域范围内社会经济各组成部分及其组合类型的空间相互作用和空间位置关系,以及反映这种关系的空间集聚规模和集聚程度的学说。空间结构理论与区位理论具有紧密的关系,在很大程度上可以说是从区位理论发展而来的,但它们研究问题的目标和着眼点却有不同。空间结构理论不是寻求单个经济活动和经济现象的最佳区位,而是要揭示几乎所有经济社会活动和经济客体在空间中的相互作用和相互关系,以及反映这种关系的客体和现象的空间集聚规模和集聚程度,并且从时间变化上来加以考察,因此它也被称为总体区位论、空间经济理论等。

空间结构理论发展有其一定的历史背景,归纳为以下两个方面:一是区域开发问题的广泛出现,要求重新调整各类区域范围内的产业结构、工业结构、土地利用结构、城镇体系结构,开发经济结构薄弱的即发展水平低的地区,促进区域的平衡发展,最充分合理地利用有限的资源与空间。二是第三产业内容的扩大和集聚因素内容的增加,导致城市的膨胀,使经济水平高特别是区域基础设施发达的地区越来越发达,而落后地区与先进地区的差距越来越大,同时区域社会经济发展引发的生态环境问题愈加突出,要求加快调整空间开发和产业布局结构。

该理论的主要内容是:社会经济各发展阶段的空间结构特征、合理集聚与最佳规模、区域经济增长与平衡发展间的倒"U"形相关、位置级差地租与以城市为中心的土地利用空间结构、城镇居民体系的空间形态、社会经济客体在空间的相互作用、"点—轴"渐进式扩散与"点—轴系统"等,该理论在实践中可用来指导制定物流园区空间布局与产业集聚发展战略。

2.5 复杂系统科学理论

2.5.1 一般系统论

20世纪20年代初,美籍奥地利哲学家和生物学家、系统论创始人德维格·贝塔朗菲(L. V. Bertalanfy)提出"一般系统论"的基本思想。1937年,德维格·贝塔朗菲正式提出"一般系统论"的基本概念,他认为"一切有机体都是按照严格的等级和层次组织起来的系统;系统是一种要素的复合体,是处在一定相互联系中的与环境发生关系的各组成部分的整体"。一般系统论创立之初,并未被人知晓,直至20世纪40年代末期,才引起学术界的广泛关注。我国科学家钱学森把极具复杂的研究对象看成系统,认为系统是由相互作用和相互依赖的若干部分组合而成的具有特定结构和功能的有机整体。日本JIS工业标准中将系统定义为许多要素保持有机秩序,向同一目的行动的东西。

系统是普遍存在的,从基本粒子到河外星系,从人类社会到人的思维,从无机界到有机界,从自然科学到社会科学,系统无所不在。按宏观层面分类,系统大致可以分为自然系统、人工系统、复合系统。自然系统包括生态平衡系统、生命机体系统、物质微观结构系统以及社会系统等;人工系统包括立体成像系统、生产系统、交通系统、电力系统、计算机系统、教育系统、医疗系统、企业管理系统等;复合系统是自然系统和人工系统的有机结合,包括导航系统、交通管理系统和人-机系统等。系统论认为,系统是由若干要素结合而成、具有特定功能的有机整体,它不断地同外界进行物质和能量的交换而维持一种稳定、有序的状态。系统论是强调从系统的整体存在出发,分析整体与部分、部分与部分、整体与外部环境之间的联系,对系统运行规律进行综合的、精确的考察和揭示,以求得整体最佳效果的一种科学方法和科学理论,它是控制论、信息论、耗散结构论、协同学、突变论、混沌学等其他系统科学理论的基础。

2.5.2 他组织与自组织理论

一般来说,组织是指系统内的有序结构或这种有序结构的形成过程。德国理论物理学家哈肯(H. Haken)根据组织理论进化形式,把组织分为"自组织"和"他组织",认为组织是指系统内的有序结构或这种有序结构的形成过程。因此,可以把"自组织"定义为系统不存在外部指令,按照相互默契的某种规则,各尽其责而又协调地自动地形成有序结构。反观之,所谓"他组织",是相对于"自组织"而言的,是指特定外部条件共同组织起来,促使系统内部协调行动,从而形成的有序结构。自组织理论提出一系列关于研究自组织系统或自组织过程的基本原理:开放性原理、非平衡性原理、非线性原理、反馈原理、不稳定性原理、支配原理、涨落原理、环境适应性原理等。利用这些原理可以对系统的自组织特性、自组织过程和演化方向进行判定,它们完整地给出了系统自组织条件、机制、途径等判别的方法和依据。

20世纪60年代末期,随着人们对复杂系统认识的深入,自组织理论开始建立并发展起来,其主要是基于对非线性的复杂系统的研究,它是德维格·贝塔朗菲的一般系统论的新发展。自组织理论就是关于系统内部演化机制的理论,是研究自组织现象、规律的学说。自组织理论不是一个独立的理论体系,而是一组理论群,主要包括:比利时科学家普利高津(C. I. Prigogine)创立的"耗散结构"理论(dissipative structure theory)、德国理论物理学家哈肯创立的"协同学"理论（synergetics theory）、法国数学家托姆（R. Thom）等创立的"突变论"数学理论（catastrophe theory）、英国生物化学家艾根（M. Eigne）等创立的"超循环"理论（hypercycle theory）以及美籍法国数学家芒德布罗（B. B. Mandelbrot）创立的"分形"理论（fractal theory）和以美国气象学家爱德华·洛仑兹（Edward Lorenz）为代表创立的"混沌"理论（chaotic theory）等。

物流园区是一类复杂的经济系统，它是一个典型的耗散结构系统，完全具备自组织演化的条件和基础。具体体现为：物流园区是一个开放的、与外界环境有着物质、能量、信息交换的系统，不仅表现为劳动力、资金、物质、设备等物流资源的输入输出，还表现为物流技术、物流信息、管理、观念、政策等方面的开放；物流园区是一个非平衡系统，园区内部呈现出不同程度的非均匀和多样化的特点，其资源分布、主体群发展情况等方面都是非平衡的，是一种远离平衡的系统；物流园区存在非线性相互作用关系，主要体现在以下方面：物流园区之间、物流企业之间、物流供需企业之间和政府职能管理部门之间的协同作用，物流园区与外界环境也存在相互制约、相互推动的非线性关系；物流园区内外存在着大量的随机涨落，如物流园区发展水平的变动、物流需求量与供给能力的波动、物流技术创新与应用、物流投入产出与协作效率的波动、物流研究开发能力强弱、物流资金投入的增减、物流企业盈亏的波动、物流政策的影响等。

总体来看，在物流园区发展过程中，也需要政府的政策、管理等他组织的手段干预。从集聚的实践角度来看，如果物流园区相关产业集聚的过程是自发的，则该物流园区形成的途径是自组织的，即演化出物流园区这样一种物流系统的"涌现"现象；如果物流园区相关产业的集聚是在政府规划的支持下构建的，则该物流园区形成的途径是主动构成的。

 案例

苏宁物流基地网络形成与发展

苏宁物流始于1990年，早期主要为苏宁提供物流服务。2012年苏宁物流从苏宁内部服务体系剥离出来，转型成为第三方物流公司。同年，苏宁物流公司取得国内快递从业牌照，目前在国内200多个城市均已取得国内快递牌照。

2014年，除为苏宁云商集团提供物流服务之外，苏宁物流广开业务源，对上游供应商开放配送和仓储。同时启动C平台揽件业务的承接，推广仓配一体SWL模式；打造合作共赢供应链关系。2015年1月12日，成立物流集团，57家物流子公司，加快独立化运营能力。依托于"物流云"信息服务平台，提升苏宁物流的大数据处理能力，打造苏宁物流核心竞争力。

苏宁物流已经完成了中国、日本的280多个城市网络布局，全国仓储面积452万 m²，建成12个自动化分拨中心，57个区域配送中心（57个大区），300个城市配送中心以及5 000多个社区配送站。

基于客户需求的推动，苏宁物流积极拓展现代科学技术在物流基地中的应用，推动物流基地网络建设。苏宁物流基地演化发展历程如下。

1. 第一代传统物流配送中心

实行第一代传统物流配送模式是在20世纪90年代初期，当时家电销售的渠道分散且规模较小，其运作的模式基本上是"前店后库"，主要配送范围也是门店与门店之间，尚未形成物流基地的概念。

2. 第二代物流基地的形成

当苏宁逐步完成全国性的连锁网络构建后，按照最初的连锁规划，苏宁在全国90多个城市搭建了物流配送网络，提出自身包含信息化购物、数字化配送、科技化管理的第二代物流模式，并且更为强调服务的职能，这时候开始形成真正的物流基地。

3. 第三代现代物流基地布局

2005年，苏宁推出了"5315"工程，计划用3年时间在全国建500个服务网点、30个客服中心、15个物流基地。苏宁提出建设第三代物流基地的计划。第三代与第二代物流基地的区别在于规模的扩大、机械化程度的提升以及全部实行货架储存。第二代物流基地是一级配送分拨服务，即将各类商品从区域大库分拨运送到区域内的所有二级城市；而第三代物流基地实行的二级配送服务则是由区域内二级城市物流配送服务中心将商品全面配送分拨服务到千家万户。第三代物流基地将承担起物流配送服务中心所在城市周边地区连锁店销售商品的长途调拨，所在城市市场需求的管线配送、支架配送等。

2015年，苏宁在全国完成57个大型现代化物流基地的布局，以"网络集成化"服务，协同后台信息化运作，使苏宁易购的整体配送时间压缩到24小时之内。在网上商城方面，在原定物流基地发展的基础上，苏宁易购还针对网购商品的特点和细分化的需要，修建能够满足苏宁网上商城细分化需要的第四代物流基地和第五代自动化仓库以及城市自营快递体系，实现小件商品的远距离快速配送。

第3章

物流园区形成动因及演化机理

3.1 物流园区形成的动因分析

物流园区是社会经济和现代物流发展到一定阶段的产物,它的产生、形成、发展需要有其特定的环境和条件。物流园区的形成及演化的本质是社会经济要素活动引致的物流要素运动在地域空间上的反映,在区域经济、产业结构、科学技术发展、发展政策以及竞争、协同等多方面作用下不断发展和变化。

3.1.1 外部触发动力

1. 物流市场需求

物流产业作为一种服务型产业,其规模发展必须借助于物流园区这个载体,而物流园区的发展又受到其所在区域物流市场需求水平的影响。物流市场需求是物流园区产生的目的和根本动力,在物流园区形成和发展过程中起着不可替代的作用。物流园区受到区域物流需求规模和结构的影响,而区域物流需求是一种派生性的需求,其规模和水平受到很多因素的影响,如市场规模、产业经济发展水平、专业分工程度、运输条件、价格因素、技术因素等。同时,区域物流的快速发展反过来也能拉动地区经济增长,在区域经济结构调整、发展方式转变、流通效率提升等过程中起着重要支撑作用。两者之间呈现出一种很强的相关性,其中区域经济对区域物流需求影响主要体现在以下几方面。

(1)区域经济的发展总量决定着区域物流需求的规模

一般而言,区域经济总体规模总量越大,对区域物流产生的需求也越大,同时要求对物流基础设施与技术投入也越大,物流基础设施承载能力也越大。

(2)区域经济的发展水平决定着区域物流需求水平

区域经济发展水平与区域物流需求水平呈现高度的一致性,一般而言,经济发展水平越高的地区,其对物流业的需求水平就越高,需要建立更加完善的物流基础网络、组织网络和信息网络。

(3) 区域经济结构决定区域物流需求结构

区域经济结构的构成，影响着区域物流节点的选址与布局、物流通道的建设、物流产业结构、物流运输方式的选择等，因而决定着区域物流整个结构形态。如以工业为主体的地区，区域物流的主要活动是以铁路和水运等大宗货物运输为主；以高新技术产业为主体的地区，其对运输时效性要求较高，航空与公路运输是其主要的运输方式；电子商务发达的地区，要求适应电商时代全面崛起，加快构建电子商务物流体系。

2. 社会专业化分工

随着物流市场多元化、个性化需求的产生和服务要求的提高，物流产业专业化分工进一步深化。物流园区是适应物流产业专业化、社会分工细致化应运而生的一种经济现象，也是产业集聚发展的组织形式。物流园区集聚了大量专业化分工与协作企业，如物流咨询公司、物流装备供应商、行业协会、中介机构、金融担保机构、保险公司、生活配套服务企业等。同时，由于物流园区内存在众多物流企业及生产、生活企业，综合物流服务能力提升，物流运作成本下降，从而拉动制造企业、商贸企业的产业链的延伸和发展，进一步扩大物流市场需求规模。

3. 上级政府作用

在物流园区的规划、建设和运营过程中，中央和地方政府起着重要的引导、扶持、监管等作用。我国物流产业尚处于起步发展阶段，物流基础设施及物流体系尚不健全。在物流市场发展过程中，政府的引导作用更为突出和明显。政府通过规划、资金、建设、管理、政策等有效的宏观调控，如经济产业结构调整、物流基础设施规划、物流行业准入制度、物流市场管理政策、用地政策、投资政策、税收政策、区域合作政策、技术政策、人才战略、资源整合、标准化政策等措施，影响物流基础设施的建设和运营。在物流园区的发展过程中，政府政策影响贯穿始终，对物流园区内企业的招商、运营、技术更新、配套设施建设等方面均有重要的引导作用。

自 2011 年国务院颁布物流"国九条"（《关于促进物流业健康发展政策措施的意见》）以来，国家相关部门出台促进物流园区发展的系列政策和规划。《全国物流园区发展规划》《物流业发展中长期规划》《"互联网+"高效物流实施意见》《营造良好市场环境推动交通物流融合发展实施方案》等在引导物流园区科学规划和布局，打造国家级物流园区示范工作，推动物流园区智能化发展，推动物流园区与多种交通运输方式衔接等方面发挥了重要的引导作用。

4. 技术进步水平

科学技术已成为当代经济发展的决定因素，其对区域经济发展产生了深远的影响，对促进区域产业结构合理化，提高宏观结构效益、区域资源综合利用率、生产设备技术水平，改善生产工艺等具有重要影响。科学技术的发展也带动了物流技术的进步。科学技术在物流园区中的大规模应用，推进物流设施、设备、装置等技术与工艺的改进、应用和创新，提升了物流园区运行效率和效益，推动着物流模式创新，已成为物流园区演化的重要动力源之一。科技进步全面作用于物流园区的各个层面，使得运输、仓储、装卸搬运、配送、信息处理、客户服务、管理决策等物流作业环节与管理方式发生了巨大的变化，使得主体内部组成及主体之间关系发生了改变，也使得物流园区结构、功能、运行机制等更加复杂化。特别是"互联网+"时代的到来，物联网、大数据、云计算、人工智能、自动化等现代技术的广泛应用，有力推动物流园区规模化、专业化发展，可以有效整合物流信息资源，加快物流系统内物流资源的深度融合与共享，实现平台之间物流资源的实时交换，全面提升物流资源利用效果。

5. 流通体制创新

物流园区是物流化进程的高级阶段，物流化进程则是一种市场经济形态，它的产生与发展需要一定的工业化进程与经济环境条件。在工业化初期，经济总体还是短缺经济，竞争只是买方竞争，此时生产规模的扩大、原材料的投入以及廉价劳动力供给是社会财富聚敛的主要手段，社会处于"重生产、轻流通"的状态。随着工业化进程的加快，市场形态发生变化，已经发展到过剩时期，市场总体转变成卖方市场，市场竞争由生产领域转向流通领域，物流在国民经济中的地位得以凸显，现代化的物流设施、物流技术、物流管理有了滋生的土壤，物流也成为企业缩减成本、提高竞争力的制胜法宝。在商品经济全球化的今天，国外大量采用物流园区的物流组织形式，正是经济发展处于不同阶段，不同类型物流形态与之相适应的客观经济规律表现。

近年来，国家加大了流通领域体制的改革，鼓励企业物流外包，促进物流专业化分工及主体多元化发展，然而物流领域体制不顺的问题依然存在。工业企业与流通企业"大而全""小而全"的思维定式，导致企业自营物流比重过大，物流运作效率低下。此外，我国物流管理体制是按照行业来分设部门进行管理的，物流产业涉及商务、铁道、交通、民航、邮政、海关、质检等多个部门，横跨不同的行业和地区。目前物流行业中这种条块分割的管理体制，使得物流产业的管理权限被分割在若干个部门和地区，各部门和地区自成系统、自我管理，部门之间、地区之间的权利和责任相互重叠，造成管理部门繁多，各部门间协调性差，增加了物流整合难度。因此，按照市场经济规律，进行体制创新，将对促进物流资源整合、加快物流园区集约化发展产生积极影响。

6. 外来投资

物流基础设施的投资很大，尤其是大型物流园区的投资更是巨大，这就决定了物流园区发展的能力必然受制于资金的约束。因此，应大力吸引外来资本，支持物流基础设施建设，提高区域物流基础设施供给能力。政府在进行物流基础设施规划与建设的时候，应与区域经济发展和城市综合规划结合起来，综合考虑区域物流协调发展的需要，充分利用现有的设施、设备，合理规划物流园区和配送中心以及相关道路等设施，政府应适当加大对道路、航道、交通枢纽、公共物流信息平台等物流设施建设的支持力度。此外，政府部门还应制定优惠的财政政策，吸引社会各界对物流园区设施的投入，从而弥补建设资金的缺口，健全物流园区网络体系。

7. 市场对外开放

物流市场是一个新兴的服务业市场，是一种复合型产业市场。区域物流产业的发展要求物流资源都进入市场，通过物流市场来优化资源配置、实现规模经济、提高物流效率、降低物流成本。加大区域物流市场的开放力度，是增强区域物流供需主体活力、优化区域物流资源配置的根本手段，能够吸引外来资本的投资，解决物流设施建设资金短缺问题，促进区域物流产业结构的优化。此外，在对外开放的大格局下，地方市场保护将会逐步消除，物流园区市场化体系将进一步健全，一些先进的物流技术、资金、先进的管理理念和方法将被引进，这给物流园区的发展创造了良好的环境，也能促进物流园区与外界环境的物质、能量、技术、资金、人才、信息等方面的交流。

3.1.2 内部激化动力

物流园区的形成离不开物流市场的培育和物流企业集聚,反过来,物流园区又可以大大提高物流企业运作效率、降低物流成本、提高服务水平,从而提高物流企业的核心竞争力,同时又可以为其他产业集群培育良好的外部环境。产业集聚又大大刺激物流有效需求、壮大物流需求市场。物流园区形成的最本质原因是市场竞争与规模经济双重力量造成的集聚效应,物流企业在集聚效应的吸引下入驻物流园区是物流园区形成的内因。

物流园区之所以能产生集聚发展的内生动力和规模效应,关键是集聚使得竞争与协同加强,非线性作用复杂化,同时也使系统内主体间通过超循环的自组织方式结合得更加紧密,使系统结构具有更大的丰富性和多样性,进而使得系统演化发展。物流园区演化发展是在物流主体集聚动力传导过程中得以实现的,其具体传导机制如图3-1所示。

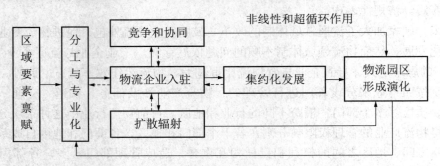

图3-1 物流园区集聚动力传导机制

物流园区的形成是区域内物流专业化分工的产物,是区域物流主体为降低交易费用、获取由分工产生的报酬递增和实现更高的效率而黏合在一起的空间表现形式。区域内的特定专业化分工则是由区域内要素禀赋条件所决定的,要素禀赋分布不均匀状况构成了专业化分工的基础,使得物流主体之间发展不平衡;而专业化分工的发展和深化更加有力地推动了区域物流主体集聚的产生和发展。区域物流主体集聚使得物流主体交易范围、环节和数量逐渐增大,进而产生集聚效应,如分工效应、规模效应、外部效应和市场效应等,从而进一步增强了分工的自我繁殖和自我增强能力,使得区域物流主体之间的彼此联系和对外联系加剧,产生拉动作用,带动物流园区专业化分工深化,使得为物流园区提供专业化服务或业务处理的企业或组织机构大量集聚。

另外,物流主体集聚使得主体间竞争加剧,导致物流新理念、新装备、新技术、新方法的形成,造成物流园区系统内部更强的非平衡与非线性,推动系统内新质的产生,最终促进系统动态有序;此外,物流主体为相互争取空间、时间或功能上的有利态势与资源优势,物流专业化分工进一步深化,物流主体之间协作和联系更加紧密,而物流主体之间的协同能不断建立有序性的关系,使主体集聚结合更加紧密,保证产生的新质稳定下来,并带动物流园区在区域空间迁移、扩散,防止过度竞争导致的无序状态的产生。因此,物流产业专业化分工和物流企业集聚发展是物流园区演化发展的本质特征,集聚也是物流园区的组织形成和发展的根本动力。

3.2 物流园区内部集聚演化机理

3.2.1 内部集聚主体生态位关系分析

根据自然生态系统中生物种群之间关系归纳，结合物流园区内部集聚主体的交换关系和影响分析，可以看出物流园区内部集聚主体的生态位关系主要包括竞争关系、捕食关系、寄生关系、中性关系、合作关系、偏利关系、偏害关系等关系，具体如表 3-1 所示。

表 3-1 物流园区内部集聚主体的生态位关系类型

种间关系	企业 X	企业 Y	主要特征
竞争关系	-	-	物流主体间互相竞争、抑制发展
捕食关系	+	-	物流主体 X 摄取物流主体 Y 中生物个体的全部或部分为食
寄生关系	+	-	两种物流主体生活在一起，对一种生物受益而另一种生物受害
中性关系	○	○	物流主体 X 和物流主体 Y 互不影响
合作关系	+	+	物流主体间互相有利、共生发展
偏利关系	+	○	两种物流主体生活在一起，对物流主体 X 有利，而对物流主体 Y 不获得利益
偏害关系	-	○	两种物流主体生活在一起，对物流主体 X 有害，而对物流主体 Y 不获得利益

表中，X、Y 表示生态位部分重叠的两种物流主体种群，"+"表示对物流主体的生长、壮大具有促进作用，"-"表示对物流主体的生长、壮大具有抑制作用，"○"表示两种物流主体之间没有相互影响关系。入驻物流园区的微观主体通过集聚，实现交互、新陈代谢、创新与变革，进而不断适应外界环境的变化，实现共生发展。这些主体集聚演化表现出与生物体类似的共生进化机制。在自然生态系统中，共生进化（co-evolution）是通过环境中物种间的相互作用和相互影响实现的，即一物种通过自身进化来影响其他物种的进化，同时该物种又受到其他物种进化的影响而自身发生进化，最终导致整个生态系统共同生存、协同进化。根据生物体共生理论及物流园区内部集聚主体生态位的主要关系，可将物流园区内部主体之间常见集聚演化模式分为互惠共生、偏利共生和竞争共生三大类型。

3.2.2 互惠共生集聚演化

物流园区中微观主体的互惠共生表现在物流企业与制造企业、商贸企业等物流需求企业之间的物流战略合作，也包括物流联盟中各种类型物流企业之间的业务外包合作。如制造企业、商业企业专注于自己的核心物流服务，而将其他功能性物流服务业务外包给物流企业，并且在物流业务合作发展过程中，制造企业、商业企业与物流企业之间逐渐建立起稳定的物流服务供应链关系，最终形成一种稳定的共生状态。

为了简化分析，设物流园区包含一物流需求企业群和一物流企业群，它们之间的物流供需服务刚好得到相互满足,在不考虑物流供给企业群、需求企业群内部之间竞争的情况下,以生物共生理论描述共生种群增长规律的逻辑斯谛模型为基础,依据 Lotka-Volterra 两种群互惠系统模型,构建基于时间和环境的服务数量/产品数量变化的物流主体互惠共生集聚演化模型

$$\begin{cases} \dfrac{\mathrm{d}N(t)}{\mathrm{d}t} = r_1(t) \cdot N(t)\left[1 - \dfrac{N(t)}{K_1(t)} + \alpha M(t)\right] \\ \dfrac{\mathrm{d}M(t)}{\mathrm{d}t} = r_2(t) \cdot M(t)\left[1 - \dfrac{M(t)}{K_2(t)} + \beta N(t)\right] \end{cases} \quad (3-1)$$

其中,$r_1(t)$、$r_2(t)$ 分别表示物流企业群和物流需求企业群的产量自然增长率;$N(t)$、$M(t)$ 为物流企业群和物流需求企业群的产出水平,是时间 t 的函数(t 不仅包括通常意义上的含义,还包含由技术、信息、分工、要素和交易成本等影响产出的因素变化);K_1、K_2 分别表示物流企业群和物流需求企业群可生产的产量或经营空间的限制,K_1 和 K_2 在不同阶段会变化,是关于时间 t 的函数;α、β 表示物流企业群和物流需求企业群的互利作用影响系数,且 $\alpha > 0$,$\beta > 0$,它们的值越大表示为对方提供市场的能力越大。

当物流企业群和物流需求企业群达到均衡的稳定状态时,应有:$\dfrac{\mathrm{d}N(t)}{\mathrm{d}t} = 0$,$\dfrac{\mathrm{d}M(t)}{\mathrm{d}t} = 0$,由此可得微分方程组:

$$\begin{cases} \dfrac{\mathrm{d}N(t)}{\mathrm{d}t} = r_1(t) \cdot N(t)\left[1 - \dfrac{N(t)}{K_1(t)} + \alpha M(t)\right] = 0 \\ \dfrac{\mathrm{d}M(t)}{\mathrm{d}t} = r_2(t) \cdot M(t)\left[1 - \dfrac{M(t)}{K_2(t)} + \beta N(t)\right] = 0 \end{cases} \quad (3-2)$$

求解微分方程组(3-2)的平衡点,得系统的定态解有:$E_1(0, 0)$,$E_2(0, K_2)$,$E_3(K_1, 0)$,$E_4\left[\dfrac{K_1(1 + \alpha K_2)}{1 - \alpha\beta K_1 K_2}, \dfrac{K_2(1 + \beta K_1)}{1 - \alpha\beta K_1 K_2}\right]$。由于物流企业群和物流需求企业群的产出都大于零,因此,$\alpha\beta < \dfrac{1}{K_1 K_2}$ 是物流企业群和物流需求企业群互惠共生达到均衡状态应满足的条件。根据微分方程稳定判别方法,分析此共生体系统等倾线 $r_1(t) \cdot N(t)\left[1 - \dfrac{N(t)}{K_1(t)} + \alpha M(t)\right] = 0$ 和 $r_2(t) \cdot M(t)\left[1 - \dfrac{M(t)}{K_2(t)} + \beta N(t)\right] = 0$ 的相交情况及在等倾线上系统轨线的走向,可以判定,当 $\alpha\beta < \dfrac{1}{K_1 K_2}$ 时,E_4 解为方程组的稳定解。此时物流企业群的产出水平为 $\dfrac{K_1(1 + \alpha K_2)}{1 - \alpha\beta K_1 K_2}$,物流需求企业群的服务能力为 $\dfrac{K_2(1 + \beta K_1)}{1 - \alpha\beta K_1 K_2}$。进一步假定物流企业群对物流需求企业群的直接作用强度为 ε 和 χ,则 $\alpha = \dfrac{\varepsilon}{K_1}$,$\beta = \dfrac{\chi}{K_2}$,那么物流企业群和物流需求企业群的互惠共生条件为 $\varepsilon\chi < 1$,对称性和互惠作用系数大于零,则它们稳定共生的条件可进一步表示为:$0 < \varepsilon < 1$,$0 < \chi < 1$。

物流企业群与物流需求企业群的互惠共生关系,说明物流企业群的增长一方面由于自身数量的增加而消耗要素禀赋导致增长速度减慢,另一方面又由于物流需求企业群为其提供市

场导致增长速度增加，同样物流需求企业群的增长也是如此，因此，在共生条件下物流企业群和物流需求企业群的产出水平均大于共生前的产出水平，但互利作用大小主要取决于物流企业群和物流需求企业群的生产规模，生产规模较大的企业对生产规模较小的企业具有较强的互利作用。通过系统的稳定均衡状态分析，表明物流企业群和物流需求企业群在共生交互作用下，专注于自己的核心业务，建立起一种相互间信赖、双方受益的共生稳定关系，能通过降低交易双方的交易费用、交易的不确定性和管理成本，提高生产效率，同时能扩大物流需求企业群的生产能力和物流企业群的服务能力，实现整体的帕累托优化（Pareto optimality），进而实现物流供需双方"共赢"的局面。

3.2.3 偏利共生集聚演化

在物流园区入驻企业中，还存在大型核心物流企业与周围依附物流企业服务主体企业之间的偏利共生集聚关系。如大型物流园区核心物流企业周围集聚了众多小型货运代理、仓储、运输、装卸搬运、信息中介等物流企业，这些依附物流企业因物流园区核心业务发展而生存繁衍，而依附物流企业产出水平对于物流园区产出的影响较小。以一物流园区和其周边集聚的一小型依附物流企业来描述物流主体之间的偏利共生关系，它们的偏利共生集聚演化模型为

$$\begin{cases} \dfrac{\mathrm{d}W(t)}{\mathrm{d}t} = r_1(t) \cdot W(t) \left[1 - \dfrac{W(t)}{K_1(t)}\right] \\ \dfrac{\mathrm{d}P(t)}{\mathrm{d}t} = r_2(t) \cdot P(t) \left[1 - \dfrac{P(t)}{K_2(t)} + \gamma W(t)\right] \end{cases} \quad (3-3)$$

式中：$r_1(t)$、$r_2(t)$——物流园区核心物流企业和依附物流企业的产量自然增长率；

$W(t)$、$P(t)$——物流园区核心物流企业和依附物流企业的产出水平，是时间 t 的函数；

K_1、K_2——物流园区核心物流企业和依附物流企业经营空间的限制，K_1 和 K_2 是关于时间 t 的函数；

γ——物流园区核心物流企业对依附物流企业的偏利作用系数，且 $\gamma > 0$。

当物流园区核心物流企业和依附物流企业达到均衡的稳定状态时，应有：$\dfrac{\mathrm{d}W(t)}{\mathrm{d}t} = 0$，$\dfrac{\mathrm{d}P(t)}{\mathrm{d}t} = 0$。同理，求解微分方程组（3-3）的平衡点，有定态解 $E_1(0, 0)$，$E_2(0, K_2)$，$E_3(K_1, 0)$，$E_4 = (K_1, K_2(1 + \gamma K_1))$。

因此，当共生体达到平衡点时，物流园区核心物流企业产出水平为 K_1，依附物流企业的产出水平为 $K_2(1 + \gamma K_1)$。由于物流园区核心物流企业和依附物流企业产出水平为正，即 $W(t) > 0$，$P(t) > 0$，故当 $K_1 > 0$，$K_2(1 + \gamma K_1) > 0$ 时，表示物流园区核心物流企业和依附物流企业共生。根据微分方程稳定点判别方法，该解也是共生体的渐进稳定解，即物流园区核心物流企业和依附物流企业稳定共生条件为：$K_1 > 0$，$K_2(1 + \gamma K_1) > 0$，也就是说在点 $(K_1, K_2(1 + \gamma K_1))$ 达到共生均衡局面。从均衡结果可以看出，物流园区核心物流企业和依附物流企业在相互作用过程中，依附物流企业承担的业务量会高于偏利共生前独立运作的业务量，即依附物流企业通过物流企业稳定的物流服务需求、品牌效应、规模化运作、辐射能力等因素影响，增加依附物流企业业务承担的机会，提高依附物流企业产出水平，实现了帕

累托改进和优化。

3.2.4 竞争共生集聚演化

物流园区入驻企业中,除了互惠共生和偏利共生外,还存在物流供给主体间的竞争、物流需求主体间的竞争共生情况。考察两个占据相似生态位的物流供给主体为获得更多资源或市场占有率而相互竞争的情形,设有两个相互竞争的物流企业 1 和 2,它们在同一区域中利用相同资源提供相同的物流服务功能,则它们的集聚演化模型表述为

$$
\begin{cases}
\dfrac{dN_1(t)}{dt} = r_1(t) \cdot N_1(t)\left[1 - \dfrac{N_1(t)}{K_1(t)} - \alpha N_2(t)\right] \\
\dfrac{dN_2(t)}{dt} = r_1(t) \cdot N_2(t)\left[1 - \dfrac{N_2(t)}{K_2(t)} - \beta N_1(t)\right]
\end{cases}
\tag{3-4}
$$

式中:$N_1(t)$ 和 $N_2(t)$ ——入驻物流企业 1 和物流企业 2 的产出水平,它们是关于时间 t 的函数;

$r_1(t)$、$r_2(t)$ ——入驻物流企业 1 和物流企业 2 的产量自然增长率;

K_1、K_2 ——入驻物流企业 1 和物流企业 2 的业务空间限制,K_1 和 K_2 会随着物流企业自身资金、技术、创新、管理、网络等因素变化,是关于时间 t 的函数;

α 和 β ——竞争抑制作用系数,它们都大于零,α 表示入驻物流企业 2 增加一单位产出对物流企业 1 增长所起的竞争抑制作用系数,β 反之。上述模型表明,物流企业 1 的增长,除了受到主体内部竞争的影响,即物流企业 1 本身每增加一单位产出的抑制作用 $\left(\dfrac{1}{K_1}\right)$ 以外,还受到主体之间竞争的抑制影响,即物流企业 2 每增加一单位产出也对物流企业 1 的增长起抑制作用 (α);同样物流企业 2 的增长也受到本身的抑制作用 $\left(\dfrac{1}{K_2}\right)$ 和来自物流企业 1 的抑制作用 (β)。

显然,两个入驻物流企业之间的竞争达到平衡状态时的方程为:$\dfrac{dN_1(t)}{dt} = 0$,$\dfrac{dN_2(t)}{dt} = 0$。同理,求解此微分方程组的平衡点,得到定态解 $E_1(0, 0)$,$E_2(0, K_2)$,$E_3(K_1, 0)$,$E_4\left(\dfrac{K_1(1-\alpha K_2)}{1-\alpha\beta K_1 K_2}, \dfrac{K_2(1-\beta K_1)}{1-\alpha\beta K_1 K_2}\right)$。根据系统等倾线相交情况及等倾线系统轨线的走向分析,两个物流企业竞争的最终结果将取决于 K_1,K_2,α,β 四个值的相互关系。当 $\alpha < \dfrac{1}{K_2}$ 且 $\beta > \dfrac{1}{K_1}$ 时,$E_3(K_1, 0)$ 是系统的稳定解,即物流企业 1 和物流企业 2 竞争,物流企业 1 取胜;当 $\alpha > \dfrac{1}{K_2}$,$\beta < \dfrac{1}{K_1}$ 时,$E_2(0, K_2)$ 是系统稳定解,即物流企业 2 取胜;当 $\alpha > \dfrac{1}{K_2}$,$\beta > \dfrac{1}{K_1}$ 时,两者处于不稳定的平衡,即两者都有可能取胜,谁取胜取决于两者的初始产量和其他因素;当 $\alpha < \dfrac{1}{K_2}$,$\beta < \dfrac{1}{K_1}$ 且 $\alpha\beta < \dfrac{1}{K_1 K_2}$ 时,E_4 是系统渐进稳定解,表明两个物流企业竞争的结果是双方稳定共生。

同理，当同一区域中存在 n 个竞争的入驻物流企业时，Lotka-Volterra 竞争方程可以扩展为更具一般性的形式

$$\frac{\mathrm{d}N_i(t)}{\mathrm{d}t} = r_i(t) \cdot N_i(t) \left[1 - \frac{N_i(t)}{K_i(t)} - \sum_{\substack{j=1 \\ j \neq i}}^{n} a_{ij} N_j(t) \right] \tag{3-5}$$

式中：i 和 j——入驻物流企业编号，且 $i = 1, 2, \cdots, n$；$j = 1, 2, \cdots, n$；

a_{ij}——入驻物流企业 j 对物流企业 i 的抑制作用系数，其他变量含义同前。

该模型充分描述了区域中提供相同物流服务功能的 n 个企业之间的共生关系。

3.3 物流园区整体形成与演化机理

3.3.1 物流园区演化成长方式

根据物流园区演化发展的影响因素的不同作用，可将物流园区演化成长模式分为地理禀赋型、主导产业依附型、资源共享型与政府主导型。

1. 地理禀赋型模式

地理禀赋型模式是指物流园区基于区域内特有的自然资源、地理环境和区位优势，如公路、铁路、港口、机场等集聚而形成的物流产业集群区，一般来讲属于自下而上由于市场需求自发形成的。物流园区的发展受制于区位、交通、运输、市场、产品需求、信息、人力资源等条件，区域特有的地理环境、资源禀赋、交通运输、基础设施、信息技术及市场需求成为物流园区选址的主要因素，特别是方便的多式联运和集散条件，如公路、铁路、水路、航空等交通枢纽地区是天然的物流园区形成的场所，能够吸引大量物流产业链相关企业及配套服务机构集聚在一起，经过发展壮大形成各具特色的货运枢纽型物流园区。

在现实中，依赖各种交通枢纽形成的货运枢纽型物流园区，在空间上形成较强的独占指向。例如，公路物流园区要求靠近交通便捷的高速公路进出口且离城市较近，能有效满足干线货源转运和城市配送物流需求；铁路物流园区要求设置于全国综合交通枢纽和市场需求旺盛地区，满足特快货物班列、跨局货物快运列车、跨局大宗货物直达货物班列、国际班列和多式联运需求；空港物流园区依托航空港，以航空及机场地面配套物流设施为核心，以运输服务为手段，为多家航空公司、航空货运代理、综合物流企业提供公共物流设施、物流信息服务及综合物流服务；港口物流园依托港口、港口物流和港口城市物流产业的发展而产生，它既是港口城市物流产业集聚的派生产物，也是物流产业集群空间集聚的一种表现形式。

2. 主导产业依附型模式

主导产业依附型模式是指物流园区基于接近客户的需求，为制造业、商贸业、运输业、现代农业、建筑业等产业提供服务，具有依附于所提供物流服务的主导产业并彼此紧密联系的特征，从而在一定范围内形成的物流产业集聚区，一般来讲是自下而上由于市场需求自发形成的。众多物流企业为了提高竞争优势，往往集聚在主导产业附近，为主导产业提供配套物流服务，满足其多样化、一体化的物流服务需求。

由于物流园区与主导产业紧密结合，并围绕主导产业形成一种合作共生、联动发展模

式,逐渐形成主导产业依附型物流园区。其结果如下。一方面,主导产业对物流园区有带动效应,因为物流园区发展的本身就是以主导产业所释放的物流需求为导向,其物流活动与主导产业链中的制造业、商业、贸易等企业密切配合,为其提供物流和供应链解决方案及运作服务。另一方面,物流园区对主导产业有支撑效应,因为物流园区的发展可以有效促进主导产业专注于核心竞争力的培育,提升物流服务质量,降低物流成本,提高主导产业的产品竞争优势。

3. 资源共享型模式

资源共享型模式是若干物流企业围绕某一地区的公共设施或资源集聚形成的物流产业集聚区,一般来讲是自下而上由于市场需求自发形成的。资源共享型物流园区模式具有整合资源优势:一是物流基础设施和设备资源共享优势;二是物流信息平台和交易市场共享优势;三是物流人才和技术创新共享优势;四是物流公共配套服务共享优势。

目前,我国物流企业普遍规模小、网点少、数量多、分布散,资源利用效率低下。这就决定了这类物流企业对于外部公共资源具有高度依赖性,物流企业通过物流园区良好的物流设施平台,进行集聚发展,可以促进专业化分工与协作,降低由于分散布局所产生的高额交易成本,还能享受良好的物流配套服务以及技术创新溢出效应,推动物流企业专业化能力培育和服务水平的提升。

4. 政府主导型模式

政府主导型模式是指政府或主管部门从区域经济的角度出发,根据物流市场的发展趋势和物流园区的发展规律,主动规划建设物流园区,以整合各种分散的物流资源,形成区域物流发展的平台和空间载体,并借以理顺城市功能,提高城市经济的运行效率。这种物流园区是以政府战略为导向,通过政府扶持、干预,给予政策优惠,发挥市场机制配置资源的作用,自上而下而形成的。

目前,我国一些城市兴建的物流园区主要为这种类型。据不完全统计,近十年来政府主导型物流园区占全国规划建设的物流园区的一半左右,从近几年的情况来看,问题也是不可避免的。比如,物流园区可行性研究和规划设计方案可操作性较差,建设用地长期不落实,基础设施建设资金难以落实,开发建设机构不完善,各种优惠不落实等。

这种类型的物流园区在初期为物流企业提供了良好的入驻基础设施,但物流企业的最终集聚还要依赖于市场机制和空间机制。因此,政府在规划这类物流园区的同时,还要加快物流园区招商和业态培育,推动专业化分工和社会化协作,促进物流园区内生动力和增长机制的形成。

3.3.2 物流园区逻辑斯谛生成与演化模型

物流园区从形成到完善要经历形成、竞争、创新、成熟,从简单到复杂,从局部优化到整体优化的演化发展过程。可以采用生物增长逻辑斯谛模型,对物流园区的成长演变曲线进行研究。逻辑斯谛模型又称为自限模型,是研究生态学的一个经典数学模型,它主要考虑自然环境下群体可能达到的最大总数 K。例如,一个种群或者生物链,一开始整个群体呈现增长率为 r 的增长,随着增长率的下降,群体生物总数达到极值 K,群体停止增长,随后进入整体的衰退阶段。

由于物流园区是以适应性物流主体为中心和自组织者的典型耗散结构,其所在区域总体发展空间是有限的，因此，其发展既受到自身生长能力限制，又受到区域资源环境的制约，也就是说，物流园区的发展不可能无限增长，其自组织演化是有限资源环境下的增长，与其他生命体的增长十分相似，都遵循逻辑斯谛发展这一普遍机制，即其增长趋势呈现由正反馈力和负反馈力综合作用而导致的非线性的逻辑斯谛曲线式增长，具体表现为一条稍微被拉平的S形曲线。逻辑斯谛曲线方程是生物学家P. F. Verhulst为研究人口增长过程而导出，其也广泛适用于社会经济现象的研究。引入逻辑斯谛曲线方程，对物流园区这一复杂系统的演化进行分析，其演化轨迹可用如下数学模型描述

$$\frac{dX}{dt} = rX\left(1 - \frac{X}{K}\right) \tag{3-6}$$

其中，$X = X(t)$是物流园区在t时刻发展综合指标，选取园区物流产值状态变量来进行代表性分析，而系统的发展定义为系统物流产值指标的增大，其是在一定的系统结构下实现的，通过系统与其环境的相互作用，不断交换物质、能量和信息，使系统的功能得到充分发挥，系统得以成长；$\frac{dX}{dt}$代表系统物流产值瞬时增长率；r代表不受外界环境限制的系统物流产值增长率，这主要取决于物流园区有机利用各种资源的能力，如主体之间竞争合作情况和主体的创新能力，主体之间竞争合作的强度越高，主体创新能力越强，则r值越大，说明系统发展越快，从而推动系统向更高产值方向演化，反之则慢；K表示物流园区所处环境的负荷量，$\lim X_{\max} = K$，即在限制因子约束下系统最高的物流产值量，也就是物流园区的承载能力，其值是由物流政策、物流基础设施、经济发展、技术条件、制度环境及市场需求等因素决定的。

由上式可以看出，这个方程是物流园区产值在任一时点上的增长速度，因此，这一方程又被称为系统发展速度模型。该方程包含动态因子X，它随时间t推进而增加，代表系统演化的正反馈机制；同时包含减速因子$\left(1 - \frac{X}{K}\right)$，其值随时间$t$推进而减少，代表系统演化的负反馈机制。因此，物流园区发展机制实质是正反馈增长机制和负反馈平衡机制共同起作用的一种复合机制，其逻辑斯谛方程的形式是非线性的，可以看作系统演化过程是一种自组织过程。根据方程指标的经济意义，有$r > 0$，$K > 0$。因为，如果$r \leq 0$，或$K \leq 0$，那么物流产值会随时间不断减少，或产值为负数，系统不复存在，假设条件不符合现实情况。因此，$r > 0$，$K > 0$，且当$r > 0$，有$\frac{dX}{dt} > 0$，即系统发展速度为正。

对方程（3-6）求解，得物流园区产值状态演化方程

$$X = \frac{K}{1 + c \cdot e^{-rt}} \tag{3-7}$$

其中，$c = e^{-\tilde{c}}$，$\tilde{c}$为积分常数，由物流园区发展的初始条件决定。设$X(0) = a$，$0 < a < K$，那么有

$$X = \frac{K}{1 + \left(\frac{K}{a} - 1\right) e^{-rt}} \tag{3-8}$$

方程（3-6）表示物流园区产值在任一时刻的增长速度，方程（3-7）表示系统物流产

值动态变化轨迹。对方程（3-6）求导，可以推出

$$\frac{d^2X}{dt^2} = r^2 X\left(1 - \frac{X}{K}\right)\left(1 - \frac{2X}{K}\right) \tag{3-9}$$

方程（3-9）表示物流园区产值在任一时刻的加速度。令 $\frac{d^2X}{dt^2} = 0$，则可以求出物流园区状态曲线演化的拐点，$X_1 = 0$，$X_2 = \frac{k}{2}$ 和 $X_3 = K$，由于 $0 < X < K$，故拐点出现在 $C_1 = \frac{k}{2}$，并将该拐点物流产值代入方程（3-7），得

$$t_1 = \frac{\ln c}{r}$$

此时，物流园区产值增长速度为 $\left.\frac{dX}{dt}\right|_{t=t_1} = \frac{rk}{4}$。

对方程（3-9）继续求导，得

$$\frac{d^3X}{dt^3} = r^3 X\left(1 - \frac{X}{K}\right)\left(1 - \frac{6X}{K} + \frac{6X^2}{K^2}\right) \tag{3-10}$$

利用其三阶导数等于零，可以得到另两个拐点：$C_0 = \frac{(3-\sqrt{3})K}{6}$ 和 $C_2 = \frac{(3+\sqrt{3})K}{6}$，进而代入物流园区状态演化方程，得

$$t_0 = \frac{\ln c - \ln(2+\sqrt{3})}{r}, \quad t_2 = \frac{\ln c + \ln(2+\sqrt{3})}{r} \tag{3-11}$$

此时，物流园区产值增长速度为 $\left.\frac{dX}{dt}\right|_{t=t_1} = \left.\frac{dX}{dt}\right|_{t=t_2} = \frac{rk}{6}$。

因而，在一个演化周期内，系统发展有三个拐点，即 C_0，C_1 和 C_2，且当 $t \to +\infty$ 时，有 $X \to K$ 和 $\frac{dX}{dt} \to 0$。为了便于分析物流园区产值及其发展速度的变化，给出 X 和 $\frac{dX}{dt}$ 的曲线图，具体如图 3-2 所示。

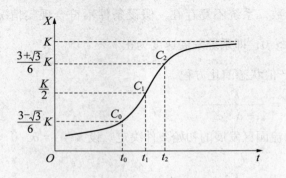
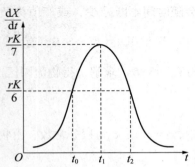

图 3-2 物流园区发展的曲线图

根据物流园区形成与发展曲线，可得出物流园区的总体演化特征，即呈现出前慢—中快—后慢的演化趋势，其具体演化特征如表 3-2 所示。

表 3-2　物流园区演化特征

物流园区特征	X 产值规模变化	dX/dt 发展速度变化
形成	缓慢上升 $\dfrac{3-\sqrt{3}}{6}K$	上升 $\dfrac{rK}{6}$
快速成长	迅速上升 $\dfrac{K}{2}$	上升 $\dfrac{rK}{4}$
减慢成长	继续上升 $\dfrac{3+\sqrt{3}}{6}K$	下降 $\dfrac{rK}{6}$
衰退或更新发展	趋于平稳	趋于 0

物流园区演化状态变量就是在内外力量的共同作用和正负反馈机制的共同影响下，在演化周期内按照 S 形的轨迹进行演化的，但 S 形的演化曲线的具体形状受参数 K 和 r 的影响。参数 K 决定了物流园区产值发展极限，对于相同的 r 值，K 值越大，系统发展空间越大；对于相同的 K 值，r 值越大，系统产值增长速度越快，更快进入下一演化周期。由于不同演化周期系统成长能力和资源环境约束不同，因此 K 和 r 参数动态变化，因而，物流园区的演化和发展比一般生态系统中生物量的增长要复杂，其演化机制和轨迹要相对复杂。在正负反馈复合机制的支配下，物流园区的演化呈现出复杂多变的演化行为和轨迹，但总体上表现为螺旋上升演化趋势，是由多条曲线组合而成的复合型逻辑斯谛曲线式增长，呈现分时段、动态的、多参数演化特征。物流园区的复合逻辑斯谛发展机制方程可以被描述为

$$\frac{dX_i(T_i)}{dT_i} = r_i(T_i)X_i(T_i)\left[1 - \frac{X_i(T_i)}{K_i(T_i)}\right] \quad (i = 1, 2, \cdots) \tag{3-12}$$

式中：$X_i(T_i)$——第 i 个演化周期综合参数为 T_i 时物流园区的物流产值；

$r_i(T_i)$——第 i 个演化周期综合参数为 T_i 时不受外界环境限制下物流园区产值增长率；

$K_i(T_i)$——第 i 个演化周期综合参数为 T_i 时物流园区产值增长的极限值。对微分方程 (3-12) 求解，可得

$$X_i(T_i) = \frac{K_i(T_i)}{1 + c \cdot \exp(-r_iT_i)} \tag{3-13}$$

3.3.3　物流园区整体结构失稳机理

对于物流园区来说，当其远离平衡态进入非线性区后，其内部不可逆流与不可逆力的存在使得系统的演化呈现一种不可逆过程。由于系统演化中力是产生流的原因，因此可以用物流园区中的各种力对流进行函数描述，具体表示为

$$J = J(X_k) \quad (k = 1, 2, \cdots) \tag{3-14}$$

式中：J——物流园区中物质流、能量流和信息流；

X_k——把物流园区中各种类型的力，如社会经济发展、物流市场需求、物流对外开放、

物流基础设施建设、物流技术变革、体制创新、物流协作、政府发展政策等形成的各种类型驱动力，市场过度竞争、物流体系不健全、规划和运行不协调、产业结构比例不尽合理、主体多样性及数量规模限制、物流外包意识不强、物流成本较高、区域内外形势影响等来自系统内外的多重阻力。如果把平衡态作为参考态（系统内流和力处于零的状态），即 $X_0 = 0$，$J(X_0) = 0$，进行 Taylor 展开，则有

$$J(X_k) = J(0) + \sum_k \left(\frac{\partial J}{\partial X_k}\right)_0 \cdot X_k + \frac{1}{2}\sum_k \left(\frac{\partial^2 J}{\partial X_k^2}\right)_0 \cdot X_k^2 + \cdots \quad (3-15)$$

当物流园区内部扰动较弱，并且外界对系统的干扰不强时，即表示系统的力很弱时，物流园区偏离平衡态很少，可将上式的高次幂忽略，则有

$$J(X_k) = \sum_k \left(\frac{\partial J}{\partial X_k}\right)_0 \cdot X_k \ (k=1,\ 2,\ \cdots) \quad (3-16)$$

此时，表明物流园区进入非平衡态的线性区段。当物流园区内部扰动加剧，而且来自系统外界的干扰足够大的时候，展开式包含了 X 的高次幂，则表明物流园区处于非平衡态的非线性区段。把熵 S 和熵产生 P 按定态进行微扰展开并推导得到

$$\frac{\mathrm{d}P}{\mathrm{d}t} \cdot \left[\frac{1}{2}(\delta^2 S)\right] = \int \mathrm{d}v \cdot \left[\sum_k \delta J_k \delta X_k\right] = \delta_k P \quad (3-17)$$

式中：$\delta^2 S$——熵 S 的二次变分，即超熵，或表述为熵的熵，它是熵的不确定性的度量；
$\delta_k P$——超熵产生，表示超熵对时间的导数。

在远离平衡态的区域（即状态变量同平衡态的差别很大的非线性区域），普利高津等人证明，相对于定态的二阶偏差（称为超熵）总是负的。因而，利用超熵产生对物流园区进行定态点稳定性分析和判定提供了新思路，根据 Liapunov 稳定性定理，在非平衡态的非线性区，由于超熵值有三种可能性，即

当 $\delta_k P < 0$ 时，表明物流园区处于不稳定状态；
当 $\delta_k P > 0$ 时，表明物流园区处于稳定状态；
当 $\delta_k P = 0$ 时，表明物流园区处于临界稳定状态。

通过上述分析可以看出，物流园区状态是波动的，其原因是其内部具有自组织机制，具备自稳定和自重组能力。物流园区正是在自稳定和自重组过程的交替作用下，实现系统自组织演化的，其具体原理如图 3-3 所示。

对于小幅的内外扰动，物流园区内部主体的发展变化在某一平衡位置波动，形成一种动态平衡自稳定过程，而对于大幅的内外扰动，物流园区则通过自重组过程形成的新范式，产生新的耗散结构。其中，自稳定过程是指通常系统的结构或状态对于各种干扰具有的保持或恢复的能力，在原有范式规定下的系统的活动能沿着某一轨道进行自组织演化，该过程体现了系统演化的渐进性，具有累积性和连续性特点，因此，在某一时期从整体上看系统是稳定的，其内部各主体关系保持相对不变或变化甚小，然而从局部看系统内部主体却经常出现波动。自重组过程是指在高于临界状态，系统失稳出现以后，通过自重组产生一种新的耗散结构，建立新的结构、功能和秩序，形成新的稳定模式，并继续向更高层次发展，该过程体现了物流园区演化的非连续性。

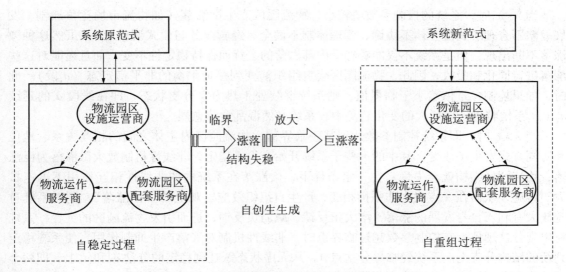

图 3-3 物流园区整体结构失稳分析

3.3.4 物流园区演化路径依赖与分岔

任何系统的演化发展都不是一帆风顺的,物流园区的演化发展也不例外,其演化过程就是一个伴随多种涨落和多个分岔的过程。分岔是物流园区不同状态之间的联系和转化,且其与系统突变密切相关。物流园区在其持续发展中由于市场、技术、政策、制度等随机因素变化,系统"涨落"产生一种不连续的突然变化,从而出现突变、分岔,形成一个新的稳定的有序结构,即耗散结构发生分岔。分岔为物流园区演化路径提供了多种选择,也为后续区域物流供需主体多样性发展、物流设施空间布局调整、货流集聚优化、物流分工与协作、物流产业链拓展等提供了一个新的发展空间。具体可以用非线性微分方程来描述物流园区的突变和分岔演化过程

$$\frac{\partial X}{\partial t} = f(X, \lambda) \tag{3-18}$$

其中,状态参量 $X = (X_1, X_2, X_3, \cdots, X_n)$,$\lambda$ 为约束条件,表示系统受控程度及偏离均衡程度。物流园区的演化分岔过程如图 3-4 所示。

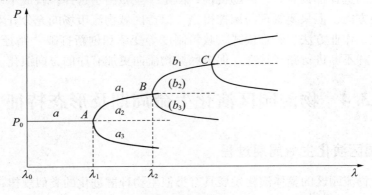

图 3-4 物流园区的演化分岔分析

当 $\lambda<\lambda_1$ 时，系统的控制参数值较小，物流园区产生微涨落（如物流市场竞争加剧、发展战略不合理、物流主体不协调、管理体制不健全、经营业务与模式调整等）。虽然这种微涨落不断出现，但是系统不仅能够经受内部涨落的袭扰而保持稳定性不变，而且还能对这些涨落进行同化和吸收，因此，物流园区会自组织演变到接近平衡的非平衡定态（a 段）。此时，如果控制参量依然小于临界值，则系统继续处于热力学分支状态，即在线段 a 的延续 a_2 上，系统将进入熵增大的变化趋势中，系统必然混乱愈演愈烈。

当 $\lambda>\lambda_1$ 时，即系统控制参数达到某一临界值，物流园区内主体之间的相互关系、地位和协同方式发生了改变，其中的一些子系统开始变得不稳定，非线性机制放大微涨落为巨涨落，物流园区结构就会失稳。在一定条件下，微涨落在系统内的非线性相互作用下迅速扩大、传递，从而在 A 点发生非平衡相变，产生自组织效应宏观上的"巨涨落"，同时系统自觉放大有利于自身发展的涨落，增大正反馈，减弱负反馈，进而引发物流园区的突变，系统将出现分岔现象。在控制参数越过临界点时，非线性机制对涨落产生抑制作用，使系统稳定到新的结构分支上。系统经临界分岔点 A，从无序状态跃迁到稳定的分岔 a_1 和 a_3 上，即两个新的稳定分岔被中间的不稳定分岔所分开。此时，物流园区从无序到有序的转变中会出现岔路，需要选择，其分岔的结果可能是系统新的进化，也可能是走向崩溃或退化。系统究竟向何方发展，将取决于两分岔中的微涨落增长状况。

在临界分岔点，如果能够采取物流资源整合、物流规划调整与优化、物流产业结构调整、物流基础设施建设投入、物流技术改革、物流政策制定等各种措施，对物流园区进行科学的宏观调控，则可促使系统的正向演化，进而形成新的有序的稳定耗散结构 a_1，其实质上对应于系统方程在远离平衡区的一个分岔解。但如果物流管理和调控不到位，将会推动物流园区的负向演化，系统无序度增大，变得恶化，若熵值增大到某一值，系统将走向衰减，乃至崩溃、瓦解，即表示为 a_3 分岔。如果物流园区经过突变演化成耗散结构 a_1，当系统控制参数达到某一临界值，即 λ_2 后，系统将出现第二个临界点 B，此时会有 b_1、b_2、b_3 三个分岔。这样，物流园区的发展演化不是只有一条道路可选择，会遵循这种无限序列的分岔图进行演化，产生多种发展的途径和可能，因此存在多种选择，可能演化出更多新的稳定有序结构。

在未来的演化过程中，物流园区会表现出一定的"路径依赖"的特征，即与当前区位条件、区域经济产业结构以及区域内港口、场站、公路、铁路等物流要素相关，因此，尽管每次分岔对路径的选择都具有一定的随机性，但是一旦做出了选择，就成了确定的历史，制约着未来的发展方向。但只要管理与调控得当，保持区域物流市场的充分开发，物流园区就能通过物流技术、作业方法、管理模式、政策制度等变革和创新打破"路径依赖"，创造出多条演化路径，并不断进行路径选择，促进区域物流向更加有序的方向演化。

3.4 物流园区演化生命周期及形态特征

3.4.1 物流园区演化生命周期过程

总体来看，物流园区的整体演化发展具有类似生物种群进化的类似规律，可以用生物种群的形成、成长、成熟、蜕变等过程进行描述。根据 S 形曲线的特征分析，可以看出物流园区生态系统的发展过程照样存在着生命周期，物流园区生命周期与竞争力变化如图3-5所示。

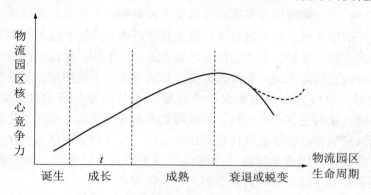

图 3-5　物流园区生命周期与竞争力变化的关系

1. 第一阶段：形成期

当 $0 < t < t_0$ 时，物流园区入驻企业主体数量少，而且规模较小，资源对物流主体的发展限制极小，虽然系统总体发展速度缓慢，但系统发展速度逐步上升，且呈现加速发展态势，物流园区的产值总体呈指数型增长。当发展速度达到 $\frac{rK}{6}$ 时，系统发展加速度达到最大值，物流园区的产值扩大到 $\frac{3-\sqrt{3}}{6}K$，即达到了极限值的 21.1% 左右，此时为物流园区的演化出现拐点，代表物流园区发展的"起飞点"。

2. 第二阶段：生长期

当 $t_0 < t < t_1$ 时，物流园区入驻企业集聚程度进一步加强，吸引越来越多的物流主体迁入，物流主体数量及规模增加迅速，物流园区的生命活力增强、发展空间大，物流园区的发展速度递增，但加速度减小，物流园区产值演化类似准线性增长。当物流园区产值发展达到最大速度 $\frac{rK}{4}$ 后，物流园区产值规模达到 $\frac{K}{2}$，即达到了极限值的 50%。

3. 第三阶段：成熟期

当 $t_1 < t < t_2$ 时，物流园区入驻企业开始放缓发展步伐，增长的动力明显减弱，物流园区成长速度与加速度递减，其原因是这个时候物流主体数目众多、规模较大、竞争加剧，资源、空间却达到一定限制，而系统产值演化仍为准线性增长。当物流园区产值增长速度下降到 $\frac{rK}{6}$ 时，加速度的负值的绝对值达到最大值，物流园区产值规模达到 $\frac{3+\sqrt{3}}{6}K$，即达到极限值的 78.9%。在这一时期，物流园区市场完善，物流需求旺盛，由规模化扩张已经进入集约化发展，此时物流园区整体处于稳定状态，内外的扰动和涨落对物流园区的影响较小。根据耗散结构的涨落回归原理（或称惯性原理）和吞并融合原理，物流园区自身具有较强的抗干扰能力，物流园区外界环境一般性干扰和内部的小涨落对物流园区整体演化发展不起什么大作用，至多只能使它暂时偏离这个状态，物流园区系统能对外界环境各种涨落进行同化和吸收，从而维持系统稳定性。

4. 第四阶段：衰退期或蜕变期

当 $t_2 < t < +\infty$ 时，物流园区整体系统将步入衰退期，系统成长速度递减，但加速度递增，即物流园区产值增长变得越来越艰难，越来越接近物流园区产值的极限值，直至几乎完全停止，呈对数式发展。其原因是伴随物流市场需求日趋饱和，物流园区供需不协调、内部产业结构不协调等问题随即出现，物流园区受内外涨落因子干扰增加，系统变得不稳定，面临衰退风险。此时，政府只有通过加大产业发展投入与政策扶持力度，完善基础设施建设，优化区域环境，吸引更多产业入驻，刺激物流市场需求增长，同时优化调整物流设施布局，促进物流园区资源整合，推进现代物流技术应用，促进物流园区集约化发展，进而通过物流园区内部的非线性作用使系统内"小涨落"逐渐放大为巨涨落，促使物流园区系统从当前状态跃迁到更加有序的状态，进入新的一轮演化周期。

3.4.2 物流园区总体演变形态特征

从历史发展的角度分析物流园区的演变规律，其实质就是对物流园区空间集聚演变规律的分析，主要包括物流园区节点数量变化趋势和物流园区空间网络发展水平变化趋势两个相互关联的内容。因集聚效应引起的物流园区形成发展过程就是物流园区节点优化和物流园区空间网络发展的过程，对物流园区的演变规律分析主要就是对物流园区节点的数量变化规律及其物流空间网络发展水平的分析。

物流园区空间网络演化大致可以分为四个阶段。

1. 物流节点碎片化分布阶段

起初由于某种历史原因，产生了城市，而物流是城市生产和运行的重要支撑保障体系，因此随着城市生产和消费物资交换的驱动，物流资源开始在城市内集聚。为了适应城市经济社会的发展，运输、仓储等单一的物流活动逐渐向多元化发展，各种类型的物流节点开始建设和运营。在这个阶段，物流资源、设施的分布呈现碎片化分布状态，缺乏有效的资源整合和专业化分工协作。

2. 物流园区点状集聚阶段

随着物流专业化分工，一些物流相关主体在部分城市特定区域集聚和"扎堆"。此时，以集中物流企业、物流功能互补为主要用途的新型物流基础设施——物流园区开始出现。物流园区对于物流行业的协同运作，更好、更完整地发挥出物流行业的整体优势起到了积极作用。它一方面使物流企业的协作更加方便，另一方面也促使物流企业间的社会分工更加明确，专业分工更加细化，进一步推动了物流业的社会化水平。物流园区的形成是物流节点空间演化发展的初始阶段，其核心特征是物流园区、物流中心、配送中心等物流节点单体建筑规模小，且无规律布局。此时区域经济、交通、科技等处于较低的水平，区域经济、商业、物流密度不高，物流节点的辐射服务范围较小，仅限于周边地区。

3. 物流园区空间扩散迁徙阶段

伴随城镇的发展，城镇内部及城镇与外部之间物资资源交换频繁，因此在某些方向、某些重要城镇之间修筑了公路、铁路、内河航道等物流通道。物流通道路线将两端的城镇及中间若干城镇串联起来，通过点—点协同促使物流园区在物流通道的线状区域进一步集聚发展，进而形成明显的线状发展特征。由于物流资源及其带动的相关产业沿着物流通道路线持续集聚，使得物流园区点状集聚逐渐向物流园区线状集聚转变。随着区域物流活动的增加，物流集聚节点逐渐演变成为物流线状集聚上的一部分，这是物流园区节点网络快速发展时期。

4. 物流园区"轴—辐"网络阶段

物流园区"轴—辐"网络系统是在物流园区线状集聚发展的基础上，由若干物流园区点状集聚、物流园区线状集聚和物流园区带状集聚综合演化发展的结果。物流园区"轴—辐"网络系统的形成，是随着物流主体在物流节点、物流通道、物流经济带周边不断地集聚和扩散的过程中实现的，它通过点—点协同、线—线协同、点—线协同使得区域内物流园区连接成为一体，保证区域内物流资源的高度集聚，促进区域物流园区的专业化分工和有效协作，提升区域物流园区网络的集聚、吸引和辐射效应，推动区域物流有序发展，因此它是物流园区空间网络结构发展的成熟期。

5. 物流园区"协同创新网络"进化阶段

物流园区协同创新网络是指在物流园区内部入驻的供需主体、配套服务组织、结构等主体在主动参与园区、城市及周边区域物流活动的过程中，通过有效整合社会物流资源、创新物流资源流动与配置而形成的一种高度协作、稳定的服务网络。它是物流园区各行为主体之间在交换资源、传递资源活动过程中发生联系时建立的各种关系的总和，也是在一定的地域内以集群创新为功能指向、以横向互动和竞争协同为驱动动力的物流园区服务创新网络。物流园区集群企业通过物流研发、技术、服务等方面的协作，在竞争和协同的驱动下，通过主体间在点—点协同、线—线协同、点—线协同、链—链协同基础之上形成的综合运作效应，使得区域内物流主体运动趋向于多方向性的扩散与辐射，从而向物流服务创新网络这一更高层次稳定结构演进。其最显著特征就是行为主体在空间、行业和社会的接近性以及竞争协同和互动创新的有序性，它是物流园区发展的高级阶段。

案例 1

深圳平湖物流园区演化发展

深圳平湖物流园区是深圳市"十五"规划的重点建设项目以及国家经贸委确定的物流产业重点联系单位，是由中国物流与采购联合会命名的唯一一个国家级物流试验基地。平湖物流园区是我国最早建设的综合性物流园区，其核心定位为深圳市的综合枢纽型物流园区。平湖物流园区位于深圳北部，东临龙岗新城，南靠布吉海关，东北接壤东莞，西北与宝安区交界，处于珠江三角洲经济辐射地带的中心范围。平湖物流园区总规划控制范围 14.75 km²，距深圳经济特区 15 km，距香港特别行政区 25 km。作为深圳七大物流园区之一，它对于深圳乃至全国的物流行业都起着重要作用。

平湖物流园区具有得天独厚的铁路货运枢纽优势及海陆空立体交通条件。日编组能力为 8 000 车次的平湖南铁路编组站位于园区中心，京九线、广九、广深线穿园区而过，南接香港，北连中原和欧亚大陆桥。全长 26 km 的平盐铁路和全长 48 km 的平南铁路在园区内与京九、京广线接轨，直通盐田国际中转港和蛇口集装箱港。平湖物流园区道路由高速公路、街道间城市主干公路及街道内城市次干道路形成四纵四横的交通骨架。其中，四条纵向主干道，自西向东为平新路、平吉大道、平湖大街、丹平公路；四条横向主干道，由北向南为平龙路、富安大道、机荷高速公路、水官高速公路。

在物流市场需求的拉动下，平湖物流园区从最初的区域配送业务，向多元化物流服务转型升级。其发展历程经过起步期、发展期和转型升级期三个阶段，具体如图3-6所示。

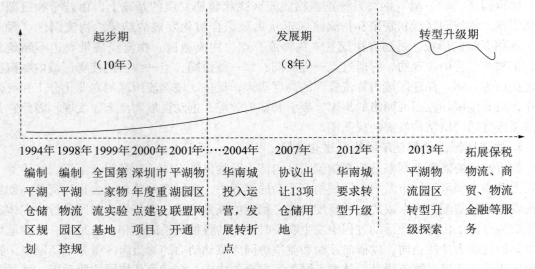

图3-6 深圳平湖物流园区演化发展历程

目前，该物流园区作为主要服务东西部港区中远距离货物集散、内地与香港之间的中转物流、城市部分消费中转物流，以及公铁联运的配送服务为主要功能的综合物流园，重点建设三大目标市场，即集装箱中转市场、仓储配送市场和专业批发市场。

1. 以集装箱运输为核心的"铁—水"中转

深圳两大港群的繁荣发展为多式联运的发展提供了有利的条件，其中，盐田港还成为我国四大国际集装箱中转港之一。京广、广深、京九三条铁路在平湖通过平盐、平南两条地方疏港专线直接连通深圳东西港群，所以，平湖物流园在铁水中转联运方面具有十分广阔的发展空间。

2. 大宗物资市场交易

平湖充分发挥其依托铁路和港口，面临海关同时又紧靠石材等物资的进口集散地的优势，以铁路、港口为主要集散手段，发展以装饰建材、石材及其他大宗物品为经营对象的批发业，进行经销产品和经营辐射。

3. 仓储配送

受制于盐田港后方腹地狭小的形势，其天然形成的长长的港口岸线并没有使该港的港口作业获得最大限度的发展，并且拓展也存在十分大的难度。因此，直接配套的后方保税仓储基地可满足日益增长的进出口货物存储需求。此外，平湖物流基地积极拓展长距离、大运量的物流配送服务，高效率地连接国内与国外两大市场。

除了上述业务外，深圳平湖物流园区积极适应区域物流市场需求，加快转型升级，拓展信息咨询、金融保险、海关税务、商品展示与交易、商务洽谈、方案设计等配套服务，朝着多功能现代物流园区的方向发展。目前，在业界具有影响力的华南国际工业原料城、中外运物流中心、怡亚通供应链物流配送中心、越海全球物流供应链服务基地、深圳市农产品国际物流园等大型物流项目在园区的集聚已初具规模，园区社会效益和经济效益凸显。

案例2

德国DB物流业务发展及园区网络布局

德国铁路（DB AG，简称DB，德铁）成立于1994年，是世界第二大空运公司、第三大海运公司，欧洲最大的铁路货运公司、陆运公司、铁路基础设施公司、欧洲第二大长途客运公司。目前主要依靠旗下的辛克物流提供运输与物流服务，业务范围涵盖公路、铁路、航空、水运和供应链解决方案设计等。如表3-3所示。

1. 发展历程

第一阶段（1872—1991）：建立及收购

1872年，德铁辛克在奥地利成立。1873年，开办了第一宗由法国巴黎到奥地利维也纳的铁路运输服务。1922年，在德国开始处理首宗空运货运业务。1931年，辛克被德铁收购后，得到德铁的大力投资，开始发展航运集装箱业务，1947年于美国建立分公司，专业处理空运货物及国际的运输服务，逐步扩大经营范围。1991年，施廷内斯集团向德国铁路公司收购了全球国际货运大部分的股份，并按照不同的业务性质，将经营业务划分为全球国际货运（空运和海运分部）和全球国际货运欧洲陆路运输分部。

第二阶段（1991—2002）：初步形成物流服务能力

在1991年，德铁将其物流业务辛克卖给了施廷内斯，2002年德铁将施廷内斯物流集团整体收购，集中整合了施廷内斯的国际销售网、辛克物流的物流能力和德铁货运资源，迅速建立起德铁在运输物流领域的领先地位，具备了为客户提供包含陆运、空运及海运服务"一站式"物流解决方案的能力。

第三阶段（2003—2008）：构建全球物流服务能力

2005年，德铁以10亿欧元收购美国Brink's集团公司下属伯灵顿环球货运公司（BAX Global）。德国铁路整合伯灵顿的全球服务网络、运输和物流行业专家队伍、通信和IT等行业客户、覆盖全球的通信和信息服务系统等重要资源，构建起仓储、运输、货运代理、供应链管理等全方位物流服务能力，以及报关、陆运、质检和退货管理等服务能力。2008年，成立德铁辛克，在德国境内规划了40个货运中心，强化物流节点能力。

第四阶段（2009年至今）：物流资源整合，强化专业管理能力

2009年，德铁集团业务整合为基础设施、运输物流两大板块，共9个业务单元。货运物流业务由德铁辛克负责，下属德铁辛克铁路和德铁辛克物流。2016年，德铁辛克铁路从德铁辛克物流分离，成立德铁Cargo，德铁辛克物流更名为德铁辛克。

2. 物流业务

德铁立足于铁路运输业务基础上，逐步拓展现代物流业务，为客户提供个性化的物流解决方案，其物流业务覆盖了运输业务、供应链物流、特种物流、项目物流等领域。从产品形式来看，德铁物流有铁路物流、航空物流、海运物流、公路物流、合同物流、第四方物流等六大业务板块。

表 3-3　德铁辛克物流主要业务

产品类型	服务产品	服务产品内容
基础服务	铁路物流	货物班列
		整车运输
		多式联运
		德铁辛克铁路
	航空物流	快捷空运服务
		紧急空运服务
		国际采购物流
	海运物流	整箱集装箱服务
		散货拼箱服务
		海空联运服务
	公路物流	全国配送服务
		全国直达运输服务
		亚洲路桥运输服务
		亚欧大陆桥运输服务
增值服务	合同物流	采购物流
		生产物流
		配送物流
		售后物流
	第四方物流服务	供应链解决方案设计
		电子商务物流方案设计
		行业物流方案设计
		融资租赁

3. 物流园区网络布局

德铁辛克在德国境内的铁路物流节点网络分为专用线网络、铁路港和铁路物流园区网络。德铁辛克在欧洲境内共经营 117 个物流园区，除德国外，还分布在奥地利、保加利亚、瑞士、捷克、丹麦、法国等 17 个国家。办理的货物类型分为危险品、托盘货物、线圈、长大货物、板材、大宗货物、纸捆、捆装货物、集装箱、袋装货物、车辆/机械/工程货物、食物等 13 个品类。在德铁辛克经营的物流园区中，德国境内共 32 个，其分布情况如图 3-7 所示。

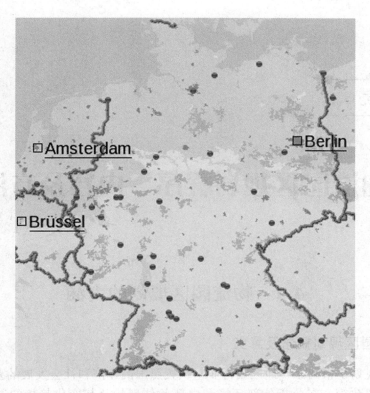

图 3-7　德国境内铁路物流园区分布情况

由此可以看出，德国的物流园区布局较为分散，各地区均在物流园区较小的辐射半径范围之内。一方面节约了设施设备的成本投入，另一方面满足了客户的运输需求。德国铁路物流园区的综合性与专业性并没有明确的界限，即按照辐射区域内客户的需求开展相应货物品类的物流业务。从各站办理的货物品类数量来看，办理货物主要品类数量≥10 个的物流园区位于 Darmstadt、Kornwestheim 和 Lübeck 这三个城市，体现出其办理货物的综合性，办理主要品类数量为 5~10 个的物流园区数量为 13 个，办理主要品类小于 5 个的物流园区数量为 6 个，办理主要品类最少的是 Heilbronn 物流园区，仅办理托盘货物和其他小品类货物。

第4章

物流园区规划程序、内容及方法

4.1 物流园区规划的内涵

4.1.1 物流园区规划概念及意义

物流园区规划是指国家、地区或行业组织按照国民经济和社会发展的要求,根据国家发展规划和产业政策,在分析外部环境和内部条件现状及其变化趋势的基础上,为物流园区长期生存与发展所做出的未来一定时期内的方向性、整体性、全局性的定位、发展目标和相应的服务功能、物流设施、配套设施布局以及实施方案。物流园区作为一个复杂的社会经济系统,系统要素间往往既相互联系又相互矛盾,处理不慎会导致系统整体恶化,达不到预期效果。因此,做好物流园区的规划和设计,是物流园区持续运行、良好运作的前提。

1. 科学规划物流园区是提高物流服务效率的客观要求

加快转变经济发展方式给我国物流业发展提出了新的更高的要求,物流园区作为连接多种运输方式、集聚多种服务功能的基础设施和公共服务平台,已经成为提升物流运行质量与效率的关键环节。科学规划物流园区有利于发挥物流设施的集聚效应,在满足规模化物流需求的同时,提升物流效率,降低物流成本;有利于促进多式联运发展,发挥我国综合交通运输体系的整体效能;有利于促进社会物流的有效组织和有序管理,优化布局和运作模式,更好地适应产业结构调整的需要,为其他产业优化升级提供必要支撑。

2. 科学规划物流园区是节约集约利用土地资源的迫切需要

科学规划一批具有较强公共服务能力的物流园区,一方面可以适度整合分散于各类运输场站、仓房、专用线、码头等物流设施及装卸、搬运等配套设施的用地,增加单位物流用地的物流承载量,提高土地利用率;另一方面能够有效促进专业化、社会化的物流企业承接制造业和商贸业分离外包的物流需求,减少原有分散在各类企业内部的仓储设施用地。科学规划物流园区,已经成为当前促进物流业节约集约利用土地资源的重要途径。

3. 科学规划物流园区是推进节能减排和改善环境的重要举措

面对日趋严峻的资源和环境约束，物流业急需加快节能减排步伐，增强可持续发展能力。科学规划物流园区，有利于优化仓储、配送、转运等物流设施的空间布局，促进物流资源优势互补、共享共用，减少设施闲置，降低能耗；有利于提升物流服务的组织化水平，优化运输线路，降低车辆空驶率，缓解交通干线的通行压力和城市交通拥堵，减少排放，改善环境。

4.1.2 物流园区价值链需求分析

1985 年，波特在《竞争优势》一书中提出了"企业价值链"概念。波特认为：通过对企业价值链的分析，可以找出企业的核心能力，并帮助企业有效地进行资源分配。竞争优势来自厂商的一系列经营活动，包括设计、生产、行销、配销与支持等活动。每个活动都有助于提升相对的成本地位，并可作为制造差异化的基础。而差异化正是企业竞争优势的来源。按照波特的逻辑，企业的价值链和供应商、顾客的价值链相连，构成一个产业的价值链。任何一个企业都能以价值链为分析架构，思考如何在企业价值活动基础上，寻找降低成本或创造差异的战略，同时进一步分析供应商、厂商与顾客三个价值链之间的联系，寻找可能的发展机会。

物流园区的建设是物流园区开发、运营管理及实现盈利的整体过程，也是物流园区价值创造与实现的过程。物流园区价值链反映了物流链上下游物流主体活动所创造的服务增值，该增值活动符合 U 形价值链模型，如图 4-1 所示。根据物流园区的 U 形价值链模型，在规划设计物流园区时，需要科学分析物流园区价值链，提供更多增值服务，才能提升竞争优势。

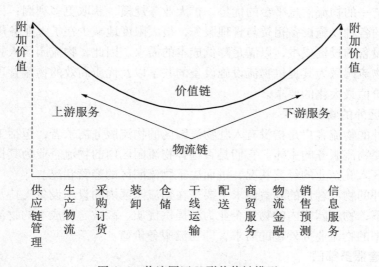

图 4-1 物流园区 U 形价值链模型

在物流园区价值链实现过程中，不同的社会主体在物流园区的运作中扮演不同的角色，具体体现如下。

1. 物流园区的开发主体及运营管理方

物流园区的开发主体是指具体负责物流园区土地征用与开发，完成物流园区内各项交通、市政等基础设施建设的企业主体。物流园区的运营管理方是指物流园区建设完成，开始投入运营后，具体负责物流园区日常管理工作，为入驻企业提供服务的企业。在实际运作中，物流园区开发主体往往自己从事物流园区的经营管理或者聘用第三方实施管理，由于其获得利润的渠道一致，且都依靠物流园区的长期稳定运营来获取利润，因此，可以将开发主体和经营管理方归为一方。物流园区的开发主体所追求的价值包括两个部分，一部分是物流园区的地产开发价值，即物流园区的硬件设施设备进行出租或转让所获得的收益；另一部分是物流园区运营过程中，随着物流地产开发与物流服务及其他相关配套服务的一体化发展，物流园区开发主体获得的物流地产增值后入驻方的承租收益，即商业地产收益。尽管这类收益与普通的商业地产开发收益有很大差别，但是，当物流园区进入稳定运营状态之后，随着相关企业的入驻和物流设施的日趋完善，其持续经营所带来的长期稳定的投资收益同样非常可观。

2. 物流园区的入驻企业

物流园区的入驻企业是指在物流园区开发完成后进驻物流园区的各类企业，既包括物流企业，也包括工业企业和商贸企业等物流服务需求企业和后勤配套服务企业。其中，物流企业是物流园区的入驻的主要主体。入驻园区的物流企业在物流园区内自主经营，为其物流客户提供服务，获取收益；物流需求企业是指为本企业集团提供物流服务的企业或部门，即自营物流方；后勤配套服务企业是指为物流园区提供后勤保障及相关配套服务的部门，如加油站、汽修站、餐饮部门、金融服务部门等。物流园区的入驻企业是物流园区运行和发挥各项功能的核心。

物流企业进驻物流园区的目的主要分为两类：一类是通过物流园区集聚物流活动的各种功能，尤其是统一的物流信息平台的优势，扩大业务规模，获取更多利润；另一类是借助物流园区所提供的各种设施设备租赁与管理服务，最大限度地减少在扩大业务规模时所必需的物流基础设施设备的投资成本，以满足降低成本的需求。因此，物流园区入驻企业的利益诉求集中体现在物流园区为其提供物流设施设备的共享以及优质高效的物流管理服务，满足其追求物流活动价值最大化的要求。

3. 物流园区外的物流客户

物流园区外的物流客户是指没有入驻物流园区的物流服务需求者，包括工业企业、商贸企业等一切需要物流服务的主体。它们是否选择物流园区内的物流企业为其提供服务，直接决定着物流园区入驻企业的经营状况，进而决定物流园区的经营状况。

物流园区外的物流客户的利益诉求主要是在物流园区内的设施设备支持及集约化、规模化的物流运作下，物流园区内的物流企业为其提供优质、高效、低成本的物流服务，满足其低成本、高效率的物流业务外包的需求，即物流服务价值。

4. 政府配套服务部门

在物流园区建设及运营过程中，政府主要发挥宏观规划与管理作用。政府是物流园区开发用地的提供者，也是物流园区项目的审批者。同时，工商、税务、海关等政府相关职能部门直接为物流园区的开发主体、经营管理方以及入驻企业提供各种支持与服务。此外，政府通过出台各种相关政策，为物流园区的运营提供重要的政策环境。

对于政府来说，其利益诉求包括两个方面，一方面是经济效益，由于物流园区的土地一般为政府所有,因此,土地出让收益是政府规划物流园区所能够获得的直接经济利益。另一方面是社会效益。物流园区的建设能够将本地区分散的物流企业和物流要素集聚起来,进行合理的规划和布局,并通过集约化的物流运作,促进本地物流产业的规模化、专业化发展。此外,物流园区建设及运营能够创造大量就业机会,增加政府财政收入,促进区域经济结构的改善和发展质量的提升,这些都是物流园区建设的社会效益。这种社会效益最终反馈到社会环境的改善、区域经济发展水平的提升和政府财政收入的增加上,就成为政府的长远利益,也是政府支持规划建设物流园区的利益诉求核心。

在物流园区的价值链中,有三个环节最为关键。首先,物流园区外的物流客户需要园区内的入驻企业为其提供物流服务,二者之间的业务关系是物流园区内入驻企业的盈利保障;其次,物流园区内的入驻企业依赖物流园区的开发和经营管理者来为其提供物流硬件设施和配套服务,这是物流园区内的入驻企业向客户提供物流服务的基础,而二者之间的业务关系也是物流园区开发主体和运营管理方的利润来源;再次,物流园区的长期经营及其带动效应所创造的社会价值,是政府利益的着眼点。

4.1.3 物流园区规划的目标

物流园区是集约化、多功能的物流中枢,系统庞大,投资巨大,因此,正确的决策是至关重要的。不同类型投资主体建造新的物流园区,需要解决的主要问题不一,大致包括:企业经营规模不断拓展,经营物品的品项数和商品量逐步增加,现有的物流网点、人员和设备能力不足,物流业务处理能力差,不能满足客户的需要;物流网点分散、规模小,造成交通量大、信息不畅,需对物流网点进行重组和整合;建筑物陈旧、设备落后、维护费用高,又难以改造,运输效率不高,不能适应物流活动的变化和发展;周边环境发生变化,如城市市政建设需要原物流园区整体迁移;或者由于产业园区、货运枢纽设施的新建,需要配套建设物流园区,满足工业园区发展和交通枢纽集散需求。

通常,物流园区规划建设需要考虑以下目标任务。

①提高物流基础设施承载能力,以适应物流产业集聚发展,满足物流运营和管理的需要,应在区域范围内提供社会化物流服务,承担与其定位相匹配的社会公共服务职能。

②物流设施应符合集约和节约使用土地的原则,并具备良好的交通条件,宜具备多式联运的条件,应倡导绿色物流理念,符合节能、环保等相关要求。

③科学规划和布局仓储、配送、转运、商贸交易、综合办公等多个物流功能区,以适应多元化、个性化的物流服务需求。

④配套建设物流园区信息平台,为入驻企业提供包括信息发布、在线交易、在线结算、信息平台应用托管等信息服务,实现对物流过程进行实时跟踪和透明化管理,同时能对运行过程中可能出现的各种意外和随机变化做出及时响应。

⑤合理配置物流园区运输、仓储、装卸搬运等设备,改善劳动条件,减轻工人的劳动强度。

⑥设置工商、税务、海关、检验检疫等政府部门的办事窗口,满足入驻企业业务需求;提供金融、保险、餐饮、住宿、设施设备租赁、培训、中介、产品及设备检测、汽修汽配、加油加汽、咨询等生产、生活配套服务。

综上所述,物流园区的目标任务是促进物流产业集聚、降低物流成本、提高服务水平、缩短物流周期、增加物流效益，使供货商与客户之间物畅其流、信息通畅，增强区域物流核心竞争优势。

4.1.4 物流园区规划的原则

物流园区的建设是一项规模大、投资额高、涉及面广的系统工程，而且一旦建成就很难再改变，所以，在规划设计时，必须遵循以下一些原则。

1. 系统性原则

物流园区的层次、数量、布局是与生产力布局、消费布局等密切相关的，互相交织且互相促进的。设定一个非常合理的物流园区布局，必须统筹兼顾，全面安排，既要做微观的考虑，又要做宏观的考虑。

2. 效益原则

在激烈的市场竞争中，物流服务的准点及时和缺货率低等方面的要求越来越高。在满足服务高质量的同时，又必须考虑物流成本。特别是建造物流园区耗资巨大，必须对建设项目进行可行性研究，并做多个方案的技术、经济指标比较，以追求最大的企业效益和社会效益。

3. 竞争性原则

物流活动是服务性、竞争性非常强的活动，如果不考虑市场机制，而单纯从路线最短、成本最低、速度最快等角度考虑问题，一旦布局完成，便会导致垄断的形成和服务质量的下降，甚至由于服务性不够而在竞争中失败。因此，物流园区的布局应体现多家竞争的特性。

4. 合理化原则

考虑运费和运距、运量的关系，合理选择新建物流园区的地理位置，使运输配送费用最低。提供一个最佳的物流运输路线和平面布置，缩短搬运距离，避免不合理搬运。

5. 柔性原则

在物流园区规划时，应在详细分析现状及对未来变化做出预期判断的基础上进行，而且要有相当的柔性，要留有余地，以充分考虑扩建的需要。此外，无论是建筑物、信息系统的设计，还是机械设备的选择，都要考虑到较强的应变能力，以适应物流量的扩大、经营范围的拓展。

6. 标准化原则

在物流园区内，应尽量使搬运方法、搬运设备、搬运器具和容器标准化。

7. 单元化原则

应根据商品尺寸和负荷形式决定搬运、储存单元，运用单元负载容器作为基本搬运单位，以提高商品的搬运活性指数。

8. 机械化原则

尽量实现搬运装卸机械化，以节省人力，提高效率；在保证作业人员安全和商品不受损的情况下，尽量利用重力机械设备搬运商品以节省劳力和动力。

4.2 物流园区规划程序和内容

物流园区规划是一个极其复杂的系统工程,其系统规划包括许多方面的内容。物流园区投资对企业来说是一笔巨大投资,因此物流园区投资具有高风险特征。为避免由于规划错误而产生的投资风险,规划者必须遵循正确的规划程序对物流园区建设项目进行规划,图4-2是物流园区规划的程序。

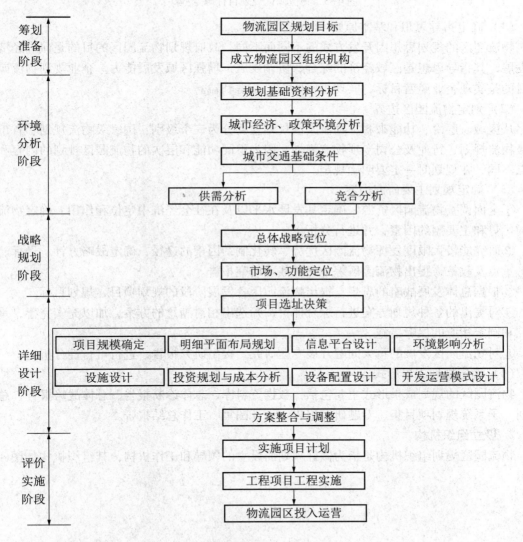

图4-2 物流园区规划的程序

4.2.1 规划筹备阶段

筹备工作是物流园区规划取得成功的前提,同时也有助于明确问题,增强工作的针对性,提高工作效率。

物流园区的规划筹备工作主要包括以下内容。

1. 确定规划目标

确定规划目标是准备工作的开始阶段。规划目标的确定按图4-3进行。

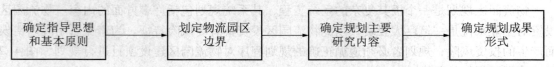

图4-3 物流园区规划目标确定程序

（1）确定指导思想和基本原则

物流园区的规划思想因开发方式的不同而不同，政府规划物流园区的目的是促进经济物流发展，其指导思想是区域经济的综合、协调发展，增强区域发展能力。企业规划物流园区的目的是实现企业经营目标，实现投资回报，获得利益。

（2）划定物流园区边界

从区域、层次、功能来看，物流园区规划主要分为三个级别：国家级物流规划、省市区域级物流规划、行业及公司专项物流规划。因为不同功能和层次的物流园区规划的内容和侧重点不同，在规划时一定要明确规定。

（3）确定规划主要研究内容

①全面调查物流园区资源，确定其发展水平以及在社会经济中定位和作用，确定物流园区的优势和主要制约因素，并进行分析。

②研究能最大限度发挥物流园区优势、转化制约因素的途径，确定战略方针、目标、模式、重点及政策，提出物流园区综合发展战略研究报告。

③根据总体发展战略的思想，提出物流园区各发展阶段的规划项目、规划目标。

④对提出的各种规划方案进行综合评价，筛选出相对满意的方案，加以充实完善，重点研究和制定相应的保障措施。

⑤对物流园区发展的重大问题开展专题研究，提出研究报告，进行可行性分析。

（4）确定规划成果形式

物流园区的规划成果形式主要包括：数据资料库、总体诊断报告、总体战略报告、总体规划、子系统规划项目集、专题研究报告、设计图集、工作总结报告。

2. 设立组织机构

物流园区规划组织机构是指为做好规划而设立的领导和工作机构，其组织机构如图4-4所示。

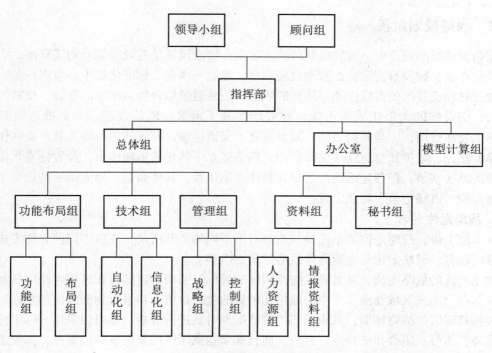

图 4-4 物流园区规划组织机构

4.2.2 环境分析阶段

在规划筹备工作做好后,需要对城市现状进行分析。其具体内容包括了解城市目前的政策法规、经济状况、产业结构及分布、城市生产与居民消费情况、生产总值,企业现有的物流运作模式等。关键是了解城市的物流需求及进行物流流量流向,同时,还需了解支持物流服务的交通网络、节点分布、物流运输方式等,目的是分析城市和城市物流的特点及现有物流的优势和劣势,为物流园区的规划和设计确定方向。具体内容如下。

(1) 区域经济发展背景资料

内容包括区域社会经济发展规划,产业布局,工业、农业、商业、住宅布局规划。

(2) 交通运输网及物流设施资料

内容包括交通运输干线、多式联运中转站、货运站、港口、机场布局现状。

(3) 城市规划资料

内容包括城市人口增长率、市政设施空间布局、产业结构与布局、用地发展规划等。一些城市的物流园区选址不合适,往往会在主干线通道上造成交通阻塞,运距过长造成能源浪费、车辆空载率增高、调度困难等问题。

(4) 竞争对手资料

内容包括城市物流园区的空间分布,以及主要物流园区的业务类型、营业范围、营业额、从业人员数、运输车辆数、仓储面积、多式联运条件、入驻企业数量等。

(5) 环境保护相关资料

内容包括城市环境保护相关法律法规与社会可持续发展相关要求。

4.2.3 战略规划阶段

在物流体系的建设中,对物流园区的定位是:物流园区是有效的综合物流资源,实行物流现代化作业,减少重复运输,实现设施共享,建立一体化、标准化的中心节点。

通过各物流园区的高效作业,达到的效果:一是通过综合物流园区的整顿,货物的运输量增大,使设施的大型化成为可能,有效地提高了运送、装载效率;二是推进装卸机械化,降低装卸费用;三是共同运输,减少重复、交错运输,有效使用运输工具,提高作业效率,降低能耗、减少社会道路占用面积等;四是建立一体化的运输体系,设置标准化集装箱和托盘的流转基地,把各地运输公司导入整体运输体系。具体而言,物流园区的定位主要包括战略定位、市场定位、功能定位。

1. 战略定位

从本质上讲,战略定位就是选择与竞争对手不同的经营活动,或以不同的方式完成类似的经营活动等,战略定位是企业竞争战略的核心内容。

物流园区的战略定位,就是确定物流园区的目标,明确物流园区在区域经济中所起的作用,及其在全国或区域物流节点中的地位和创造的社会价值。在进行物流园区的规划时,必须把握物流园区的战略环境,采用适当的战略工具对其进行分析,如可以采用SWOT分析法对其优势、劣势、机会和威胁进行分析,而且如果物流园区的某类资源或服务,如空港和海港等在其中所占比例较大,还必须对其进行专项的SWOT分析,从而进行准确的战略定位。

在进行园区战略定位的过程中,需要充分考虑可能的各类相关物流运作单位的联系。如道路运输经营者、多式联运经营者、邮政系统、集中的物流服务供应者、货运代理、铁路运输等。有时还需要考虑第三方物流公司对物流园区建设的要求,如信息系统、联合运输协调、库存管理等。同时,还要考虑制造企业、商贸企业等物流需求等要求,如货物处理能力、联合运输能力、运输服务质量、时间、成本、安全、货损、快速与可靠性。

2. 市场定位

在进行物流园区规划时,分析物流园区周边地区的经济发展情况、产业结构、市场需求、基础设施、区位条件、服务竞争等开发环境是非常重要的。市场定位是物流园区获得长久竞争优势的主要手段之一,对物流园区的生存和发展具有举足轻重的意义。不同的物流园区有着不同的市场定位,下面从服务行业、服务范围、服务内容等角度来分析。

(1) 服务行业

一个物流园区不可能为所有的行业提供物流服务,不同的行业因为其物流费用构成、产品特性、生产和经营方式等的不同,它们对物流服务的需求也不相同,而且有的行业对物流设施、专业服务内容等有很高要求。因此,物流园区应明确其重点服务行业。

(2) 服务范围

从物流园区提供物流服务的区域看,有区域组织型物流园区、城市配送型物流园区、全国枢纽型物流园区和国际型物流园区。不同区域的经济规模、地理环境、需求程度和要求等差异非常大,使物流活动的物流成本、物流技术、物流管理、物流信息等方面存在较大的差异,而且不同地域的客户对物流服务的需求也会各有特色。这就使物流园区必须根据不同区域的物流需求进行不同的市场定位。

（3）服务内容

服务内容也就是物流园区为客户所提供的服务项目及具体内容。

3. 功能定位

物流园区的功能主要分为两个方面，一是社会功能，二是业务功能。业务功能主要包括基础功能、配套功能和增值功能。

社会功能包括促进区域经济发展、完善城市功能、整合区域资源及提升产业竞争力。

基础功能包括运输功能、仓储功能、配送功能、装卸搬运功能、包装功能、流通加工功能、集散功能、生产加工功能等。

物流园区配套功能包括工商管理、税务管理服务，公证、法律咨询服务，海关报关、通关代理服务，园区管理及物业管理服务，金融、保险服务，邮政、电信服务，车辆停靠、维修、配件供应、加油、清洗服务，医疗、卫生、保健服务，住宿、餐饮、购物、娱乐、健身服务。

物流园区增值功能包括展示功能、交易功能、保税物流功能、物流规划咨询功能、资金计算功能、物流需求预测功能、信息服务功能、教育培训功能。

4.2.4 详细规划设计阶段

物流园区详细规划设计内容主要包括网络规划，选址规划，规模设计，布局设计，消防安全，信息平台，环境评价，开发模式、运营模式、盈利模式，投资规划等。

1. 网络规划

物流园区网络规划是从系统视角考虑物流园区各节点之间的地理位置、合理分工以及协同运行，促进"点、线、网"合理衔接，它是实现物流园区整体资源整合、提高物流园区网络化运行效率的有效途径。

2. 选址规划

物流园区的选址是指在一个具有若干需求点和供应点的经济区域范围内，选择一个合适的地址进行园区建设的规划过程。一般而言，较好的物流园区选址方案是使货物流入园区、汇集、中转、分拨、流出园区，直到需求点的全过程的效率最高、效益最好。

物流园区选址的目标是实现成本最小、物流量最大、服务最优、发展潜力最大等。明确物流园区的选址原则和程序，运用较优的定性和定量的选址方法对物流园区进行总体选址规划是非常重要的。

3. 规模设计

物流园区规模的含义包括两部分：区域内物流园区的总规模以及各个物流园区的规模。区域内物流园区总规模确定的方法主要是参数法，而各个物流园区的规模有多种确定方法，主要有功能区计算法、时空消耗法和类比法。

物流园区建设规模过小，会限制区域潜在的物流需求，不利于物流园区的持续发展；而如果园区的规模过大，则可能造成投资浪费和资源闲置的现象。因此，物流园区的规模需要经过科学论证设计，否则会给物流园区后期运营带来不利影响。

4. 布局设计

物流园区的布局设计是指根据物流园区的战略定位和经营目标，在已确认的空间场所内，按照从货物的进入、组装、加工等到货物的运出的全过程，力争对人员、设备和物料所需要的空间做最适当的分配和最有效的组合，以获得最大的经济效益。

在物流园区布局设计中，必须明确物流园区的布局形式和布局方法，以及物流园区布局方案评价方法等。具体设计内容主要包括库房的设计、月台的设计、停车场的设计、通道和道路的设计、地面设计及其他建筑公用基础设施设计等。

5. 消防安全

由于物流园区规模大、层次高、人员集中，园区中的仓库设备先进、功能多，仓库中货物数量巨大，有的价值极高，一旦产生火灾，可能带来巨大的经济损失，甚至生命的损失。因此，物流园区消防成为物流园区规划时不可缺少的重要组成部分，有着极为重要的意义。物流园区消防主要包括仓库消防和室外设施消防。

6. 信息平台

物流园区信息化主要包括物流园区信息平台、物流园区信息技术、物流园区信息安全等内容。物流园区信息平台是指利用信息平台对物流园区内物流作业、物流过程和物流管理的相关信息进行采集、分类、筛选、储存、分析、评价、反馈、发布、管理和控制的通用信息交换平台。

7. 环境评价

物流园区环境影响评价，是分析、预测和评估物流园区建成后可能对环境产生的影响，并提出污染防止或减轻对策和措施的方法。

物流园区环境评价主要涉及的内容有评价标准、评价方法、影响因素和相应措施、评价制度体系等。

8. 开发模式、运营模式、盈利模式

考虑到的经济发展特点、物流市场需求及投资主体特征等因素，需要科学设计物流园区开发、运营管理等模式。根据多元化业务拓展需要，设计物流园区盈利模式。物流园区主要盈利渠道有土地增值、基本服务收入、增值服务收入等。

9. 投资规划

物流园区的投资规划主要是根据物流园区的功能定位、服务对象、服务范围等因素，分析物流园区的各种资源要素的投入和产出情况（包括土地、资金、人力资源投入等）。物流园区投资是一个多投入、多产出的长期决策问题，可以用数据包络分析法（DEA）对物流园区经济性进行分析。

4.2.5 规划方案评价及实施阶段

1. 规划方案评价

在基本设计阶段往往产生几个可行的系统方案，应该根据各方案的特点，采用各种系统评价方法或计算机仿真方法，对各方案进行比较和评估，从中选择一个最优的方案进行详细设计。对物流园区进行综合评价主要是进行经济效益分析和社会效益分析。

物流园区评价不仅要在建设之前对物流园区方案进行评价，而且要对建设过程中的物流园区方案进行跟踪评价、对建设完成后的物流园区进行回顾评价，对已投入运营的物流园区进行现状评价。物流园区评价的目的包括按照预定的评价指标体系评出参评的各方案的优势，为最终的选择实施打下基础。物流园区评价工作的好坏决定了决策的正确程度。

(1) 政策性指标

政策性指标主要包括政府的方针、政策以及法律法规约束，城市、经济及交通发展规划等方面。

(2) 技术性指标

技术性指标主要包括物流布局科学性、技术可靠性、质量、安全性等。

(3) 经济性指标

经济性指标主要包括成本、效益、建设周期、投资回收期、净现值、内部收益率、投资回收期、现值指数、投资利润率、投资净效益率等。

(4) 社会指标

社会指标主要包括降低社会物流成本、促进经济发展、增加社会就业、提升城市竞争力等。

(5) 环境保护指标

环境保护指标主要包括废弃物排放量、污染程度、生态环境平衡等。

(6) 资源性指标

资源性指标主要包括消耗的能源种类和数量、能源的可得性等。

(7) 时间性指标

时间性指标主要包括建设周期、完全发挥功能的时间等。

评价方法需要根据物流园区的具体情况来确定。目前使用较多的评价方法有：定量分析评价、定性分析评价、定性分析和定量分析相结合。

根据评价因素的不同主要分为单因素评价和多因素评价。物流园区的评价是多因素评价，考虑因素有：物流成本、营业利润、投资回收期、产量和材料消耗等。

2. 规划的实施

规划的实施是一项系统工程。规划的实施只是规划工作的阶段成果，规划的科学性、合理性和效益性必须通过规划的实施以及实施的效果来检验。规划的实施必须遵循的原则有：适度合理性原则，统一领导、统一指挥原则，权变原则。而规划的实施实质上是物流园区新的战略的实施过程，做好实施发动、实施计划、规划战略的匹配与战略调整等多方面的工作，是实施的关键。

4.3　物流园区规划相关理论方法

4.3.1　物流园区点轴开发规划

点轴理论最早由波兰经济学家萨伦巴和马利士提出。我国经济地理学家陆大道院士在《区域发展及其空间结构》一书中阐述了"点轴渐进式扩散""点轴"空间结构的形成、"发展轴"的类型和结构等问题，并创立了"点轴"开发理论（点轴理论）。点轴理论是增长极理论的延伸，当在区域内增长极的数量不止一个时，增长极之间就会出现用于生产要素交换需要的相互联结的交通、通信干线和能源、水源通道，这些基础设施束就形成了轴。

"点轴"系统中的"点"是指各级中心地，是各级区域的集聚点，也是带动各级区域发展的中心城镇。"轴"是指在一定方向上联结若干不同级别中心城镇而形成的相对密集的人口和产业带,由于轴线及其附近地区已经具有较强的经济实力和发展潜力,也可称作"开发轴线"或"发展轴线"。也就是说,轴线不是单纯几个中心城镇之间的联络线。轴对附近区域也有很强的经济吸引力和凝聚力,于是人口、产业向轴线两侧集聚,形成了以线状基础设施联结不同级别的中心城镇而形成的相对密集的人口和产业带。

在点轴理论中点和轴都具有增长极的功能。在区域经济发展过程中,具有一定经济实力的城市作为增长点首先发展成为区域的增长极。当其发展到一定程度后,点增长极以向周围作水平式聚点突破的方式和沿着交通运输干线梯度转移的方式向外扩散,从而由点带轴、由轴带面,呈现出一种立体结构和网格态势,最终促进整个区域经济的发展。

借鉴分形思想,从空间结构角度分析"点轴"系统的形成,是从整数维到分数维的演化过程,主要包括以下四个阶段。

1. 低度均衡阶段

低度均衡阶段,"点轴"形成前的地表呈现均质空间,社会经济客体虽说呈"有序"状态分布,但却是无组织状态,这种空间状态效率极低,如图4-5所示。此阶段点列呈均匀分布(没有等级差异),故其空间分布维数应是整数维。对图4-5(a)进行网格化处理,改变网格尺寸 ε,则有 $N(\varepsilon) \propto \left(\dfrac{1}{\varepsilon}\right)^2$,这里 $N(\varepsilon)$ 为被占据的网格数。根据 Hausdorff 维数公式

$$d = \lim_{\varepsilon \to 0}\left[\log N(\varepsilon) / \log\left(\dfrac{1}{\varepsilon}\right)\right] \tag{4-1}$$

可知,其空间分布维数为 $d=2$ 的欧氏维。

2. 动态增长时期

动态增长阶段,点、轴同时开始形成,区域局部开始有组织状态,区域资源开发和经济进入动态增长时期,如图4-5(b)所示。区域空间中发育两点(A、B)、一轴,这是分形"点轴"系统的初始元,其拓扑维数可近似地表示为 $d=1$,这仍是一个整数维的空间形态,但已隐含着分形形成的机遇。

3. 不规则阶段

不规则阶段,主要的"点轴"系统框架已经形成,社会经济演变迅速,空间结构变动幅度大,如图4-5(c)所示。系统的维数由 $d=1$ 逐渐升高,整数维的特征逐步丧失,空间形态开始出现不规则性。

4. 有组织状态

"点轴"空间结构系统形成,区域进入全面有组织状态。从宏观角度考察,空间结构重新恢复到"均衡"阶段,如图4-5(d)所示。系统要素看似破碎无规则,但实际上则隐含着深刻的秩序,即自相似性,这是一种分数维的结构,其空间维数一般满足:$Kd<2$。

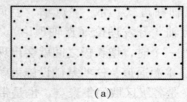

(a)

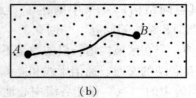

(b)

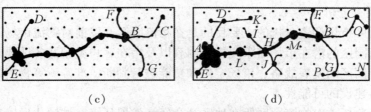

图4-5 "点轴"空间结构系统形成过程

点轴理论对物流园区空间结构规划有如下两点启示。其一,物流园区空间结构网络的形成符合点轴理论揭示的规律。在农业社会中,物流最初的分布也呈低效、原始的均质分布状态。当经济系统中的集聚节点和轴出现之后,物流活动高度依赖交通运输轴线交汇的节点布局,这些节点就形成了物流园区活动的集聚点,交通运输轴线沿线地带也具有区位优势,可以在交通运输轴线沿线有选择地发展物流园区活动集聚点。其二,物流园区空间结构规划与布局,应与国家宏观经济结构的战略布局相一致。我国改革开放后,在全国范围内确定了若干重点发展区域和轴线地带,物流发展重点自然也落在这些区域和轴线地带中的重点城市。随着我国经济持续发展,经济开发渐次向低级别的发展中心和轴线拓展延伸,物流发展的空间布局也符合经济发展的规律,体现出相应的层次结构。

4.3.2 物流园区项目生命周期管理

结合物流园区的特点及工程项目规划设计及交付运营流程,可将物流园区的全生命周期分为规划、设计、建设、运营、转型升级或衰退消亡五个阶段,如图4-6所示。

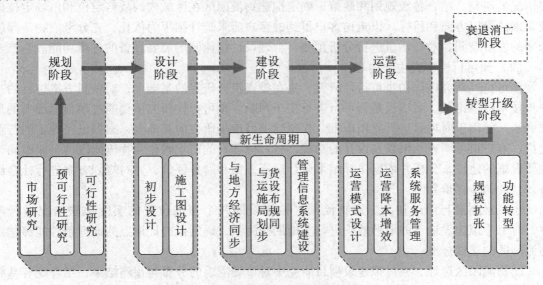

图4-6 物流园区全生命周期过程

1. 物流园区规划阶段

项目的规划阶段是物流园区建设的基础,主要分为拟建项目的市场研究、预可行性研究和可行性研究,通过各方论证与研究完成项目立项前的各类论证工作。

（1）市场调查分析

拟建物流园区市场调查分析的主要目的是在物流园区开发前对物流市场需求进行充分的调查，确定物流园区的潜在市场需求规模、内容以及潜在客户类型及各项要求，并基于物流市场需求对物流园区的发展战略、市场定位和功能进行判断，准确测算物流园区建设的市场基础，确定项目建设的可能性。

①市场环境分析。对物流园区所在地区社会经济发展环境、城镇化发展环境、城市产业发展环境、区域交通环境、区域物流环境、发展规划与政策条件以及项目建设的影响因素进行分析，明确物流园区的建设背景与社会条件。对整个区域内的物流业发展情况进行了解，分析拟建项目周边物流产业发展基础、资源分布状况、与其他物流园区的市场竞合关系、各产业的物流市场需求、社会物流量大小以及主要分布并进行初步预测。通过对发展环境与产业的分析，初步确定物流园区的定位和重点行业，并对周边的潜在客户进一步展开调研。

②目标客户及其需求确定。在对物流园区建设背景以及所在区域的整体环境进行分析后，确定服务主要面向的行业和客户群，通过走访周边潜在客户，对拟建物流园区周边的市场情况进一步了解。针对所有潜在客户均要进行详细调查，明确每个客户经营的主要货物品类、各品类货物货运量、货物来源与去向，以及货物需要在物流园区进行的仓储、装卸、加工等各项作业，即确定客户对物流园区的总体需求，为物流园区战略定位、功能选择以及设施布置提供根据。

③功能设置。根据对物流园区的建设背景和区域内的经济、物流、交通、重点产业的发展情况的研判，结合各级规划和政策，确定拟建物流园区在区域内的战略定位和市场定位以及未来的发展方向和目标。以走访客户得到的客户需求统计结果为依托，充分考虑物流园区未来的发展空间，对货运量进行分析预测，合理设计物流园区需要具备的各项功能。

（2）预可行性研究主要内容

预可行性研究也称初步可行性研究，是在投资机会研究的基础上，对项目方案进行的进一步技术经济论证，对项目是否可行进行初步判断。预可行性研究主要通过项目建议书的形式展示，并用于对项目进行立项审批。在拟建项目市场研究的基础上，根据已经确定的行业定位、客户市场调查结果以及设计的功能，将目标客户的需求转化为物流园区的平面布局与主要设施的建设，分析并依据匡算结果设计融资方案和财务评价，并对规划方案进行社会经济效益的初步评价判断。

①观察测量与用地初判。对物流园区拟建设的几个布局位置的实际地块情况进行考察，对每个拟建设地点的地形地貌进行实地勘探测量，确定拟选址地点的地理条件能够达到物流园区的建设标准。

②物流园区选址。通过拟建设项目研究中对市场需求的分布与预测结果，结合既有基础设施条件对物流园区的位置与建设规模进行判定。综合考虑拟建设的物流园区用地的性质、相关规划与政策、内外交通情况、既有设施设备等因素对物流园区进行选址。

③物流园区功能分区与空间布局。在选址的基础上，需要结合已有的功能设置情况，对物流园区范围内用地进行功能区划分，并确定不同功能区主要服务的潜在市场需求，以此估算每个功能区规模，使市场需求与物流园区的用地规划相衔接，空间拓展与区域经济、产业发展紧密关联。同时，协调物流园区内部各功能区之间的相互位置关系，确定各功能区以及

中心内道路、铁路装卸线、货场、线路等主要设施的平面布局，使物流园区中各项作业之间关系合理，各项作业流线顺畅，尽量避免相互干扰。

④设施布置的初步建议。结合客户对不同功能的具体要求以及各类货物品类的运量，对物流功能区以及生产生活配套设备设施进行初步规划。

⑤物流园区信息化建设。在充分分析利用既有信息系统的基础上，根据物流园区的定位和主要功能对信息系统的目标和功能进行设计，并初步确定需要对接的相关单位和企业，并对物流园区的信息系统与政府、物流企业等外界信息系统进行信息对接的主要内容进行初步判断。

⑥运营模式分析。物流园区的运营模式对于招商引资有很大影响，加强对需求分析中客户与物流园区未来的经营者对不同运营模式的要求的重视程度，结合对物流园区的建设实际条件的分析，对后期运营模式提出初步设想与建议，并为后期招商引资以及融资方案等环节提供一定的借鉴与参考。

⑦经济可行性研究。经济可行性研究包括对拟建设的物流园区的投资匡算、融资方案设计以及对项目规划方案的财务评价和社会经济效益评价。

建立物流园区是一项投资比较大的经济行为，必须进行科学的分析论证，要合理考虑投资计划，应从发展的角度来确定物流园区的投资规模是否合理。例如，要根据物流企业经营的销售额发展指标研究与之相适应的建设投资规模究竟应多大。同时，还要测算物流园区启动后的维持费用究竟需要多少，这个费用占整个物流成本的百分比多大，对企业经营和效益带来的影响如何？企业是否能够长期承受？

因为物流园区是一种服务性中心，判断其投资的经济合理性，也可运用比较分析方法，采用比较效益原则，即把建立物流园区的投资费用与提供满足用户需求的经常性物流费用之和同各个用户实行物流自给服务时经常性费用的物流之和进行比较，只有前者小于后者时才是经济合理的，若等于或大于都是不合理的。用公式表示为

$$C + V < \sum_{i=1}^{m}(C_i + V_i) \qquad (4-2)$$

式中：C——建立物流园区的投资费用；

V——物流园区的经常性物流费用；

C_i——用户实行物流自给服务时用于物流设施的投资费用；

V_i——用户实行自给服务时经常性的物流费用；

i——用户的数量（$i=1, 2, 3, \cdots, m$）。

总之，物流园区建设项目的立项，是生产企业、连锁商业企业、物流企业等经营战略决策的重要组成部分。基于投资估算的结果，对项目融资方案进行初步设计，对资本金和债务资金需要的数额与来源进行设想。在投融资估算的基础上，计算内部收益率、财务净现值、确定投资回收期等指标，并对物流园区的社会效益进行初步评价。

（3）可行性研究主要内容

可行性研究是以预测为前提，以投资效果为目的，从技术上、经济上、管理上进行全面综合分析研究的方法。可行性研究的基本任务，是对新建或改建项目的主要问题，从技术经济角度进行全面的分析研究，并对其投产后的经济效果进行预测，在既定的范围内进行方案论证的选择，以便最合理地利用资源，达到预定的社会效益和经济效益。结合前期对选址地

点的建议，由具有相关资质的设计院等单位对拟选址地区开展初测，圈定项目建设范围。

重点完成物流园区的招商工作，与拟建项目市场研究阶段的目标客户落实合作意向，签署相关协议，并了解客户的定制化要求。通过确定具体客户，可行性研究阶段可以对可能出现的情况与问题进行全面预判，对客户需求进行全面把握，依据客户需求确定物流园区的设计方案，可以避免建设完成的物流园区不能满足客户的需求，影响物流园区的招商工作和客户的使用。在后续的功能设置以及功能区布局中要将客户的物流需求在设计中充分反映，依托客户的要求进行功能设置和功能区划分与布局，并根据客户的需要提供符合其使用要求的设施设备，进行功能区设计。

结合客户需求，综合考虑物流园区物流服务能力和服务质量，从技术、经济、环保、节能、土地利用等方面进行全面深入的论证，对建设方案、建设规模、主要技术标准等进行比较分析，确定运营模式，提出推荐意见，进行物流园区的功能设计，提出主要工程数量、主要设备和材料概数、拆迁概数、用地概数和补偿方案，施工组织方案，建设工期和投资估算、融资方案设计以及施工组织方案等，充分论证建设项目的必要性与可行性，为项目投资决策提供可靠的科学依据。

2. 物流园区设计阶段

（1）初步设计主要内容

根据上一阶段所确定的物流园区规模，结合经济结构确定拟建物流园区的功能，在该阶段确定各个功能区的面积大小，土地利用和基本布局形式。

在确定物流园区功能的基础上，根据作业顺畅、交通干扰少的原则布置物流园区的各个功能区，确定其相互之间的位置关系，进行道路的规划和其他附属设施的规划，其结果就是形成物流园区的基本平面布置图。在此基础上进行物流园区的详细设计、设备选型、物流信息系统的设计等。

对于完成的初步设计方案，要组织专家进行讨论和评价，并根据专家的意见进行修改、完善和补充，保证设计方案科学合理、先进可行。

物流园区初步设计的基本步骤如图4-7所示。

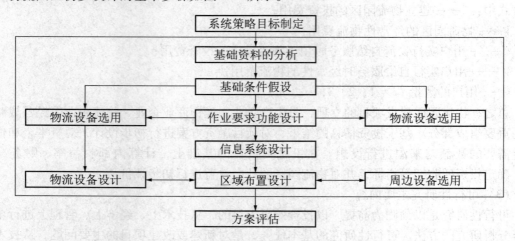

图4-7　物流园区初步设计的基本步骤

物流园区的初步设计程序实际上是一个逻辑分析的反复过程，从初步的概略性规划逐步演变成完整的设计方案。在此过程中，对初步资料进行分析试算，初步得到概略性的设计和布置方案，再经过对设备的选用，逐步修正原来的设计与布置，从而得到较为明确的设计内容和方案，当进行到详细设计时，通过详细信息的输入，反复修正设计方案，最终形成较为科学合理的设计方案。

（2）施工图设计主要内容

施工图设计是物流园区设计阶段的另一阶段，在施工图设计过程中，各专业对工程的实施进行具体的量化，确定出总平面施工图、建筑施工图、结构施工图、设备基础详图、工艺管道详细布置施工图、施工图的概预算等。通常情况下，施工图参照以下设计流程进行：调整、深化设计方案，建筑专业提平、立、剖条件图，设备专业提设备资料，建筑专业提大样图，设备专业提土建资料，各专业作图，各专业进行综合协调，最后进行审核、会签、文整与交付。

施工图设计阶段主要任务有：技术上满足批准的初步设计（大项目为扩初设计）确定的原则和规范要求，施工准备上满足材料设备的采购和非标设备的订货加工，施工上满足施工要求，造价控制上要求施工图预算不超概算。为了避免物流园区施工阶段不必要的修改、设计变更而造成的工程造价增加，施工图设计工作应做细、做深入。施工图设计阶段的造价控制充分体现了事前控制的思想，能提高设计质量，加快进度，促进施工质量的提高，高质优效地建设好工程。

施工图设计阶段是实现技术与经济对立统一的过程，在经历物流园区规划阶段以及初步设计阶段后，施工图设计成了物流园区建设的重中之重，初步设计基本确定了工程的规模、方案、结构形式和建筑标准及使用功能，再经过施工图设计对初步设计进行完善。根据施工图明确具体施工形式，能够更加合理地建设物流园区。

3. 物流园区建设阶段

通过对物流园区设计方案的择优比较，在确定了物流园区最终设计方案之后，接下来进入物流园区具体的筹资建设阶段。物流园区建设阶段主要内容如下。

（1）报建

项目方案要报建规划部门审批，同时要进行招标代理、设计招标、勘察招标、监理招标等程序。

（2）土地确权

购买或租用物流园区占地，确定土地使用权合法有效。

（3）方案审核

物流园区项目建设方案要送主管部门审批，在此之前，该方案要经环保、规划、消防部门审核。

（4）建筑招标

方案和施工图审查批准之后，要发布招标公告并在各地招标办的主持下开标，与中标单位签订施工合同。取得开工许可证后方可开始施工。

（5）竣工验收

在质量监理人员的监督下完成施工，组织有关部门进行竣工验收之后，进入试运行阶段，即对物流园区的各种设施设备进行符合作业要求的调试，以达到最优的运行状态。

目前，国外物流园区普遍采用政府规划、协会统筹、企业运营的模式，以达到物流园区和客户之间的双赢。结合目前供给侧结构性改革以及物流行业转型发展趋势，国内物流园区可采取多种策略相互结合的方式，使得土地开发、施工建设和运营管理相关单位产权明晰，职责明确。

4. 物流园区运营阶段

（1）市场培育期

物流园区形成初期，由于入驻的物流企业数量较少，且规模较小，竞争程度低，具有较强的盈利能力，因而形成集聚"核"不断吸引物流产业链上下游企业向该地理范围"扎堆"发展。随着各种类型的物流企业及配套企业加速集聚，促进了物流园区产业链的专业化分工，产生了在原来资源分离状态下难以获得的"集聚规模经济"和"集聚范围经济"，同时加速物流园区入驻企业之间的分工与协作、交流与沟通，促进交易成本的下降，进而进一步加速物流园区的集聚发展，促进了物流园区的纵向分工和横向联系，进而促进物流园区的形成及其竞争能力的提升。

（2）快速成长期

物流园区的雏形形成以后，在集聚"核"和边际递增效应的吸引下，更多的物流产业链相关企业及配套服务企业、组织机构加入，加速物流园区产业链分工的精细化，即物流园区内部的各类企业、组织机构等按照自身的核心竞争能力的塑造要求，有效挖掘利用企业内部资源和发展潜力，同时广泛整合企业外部的资源，将非核心物流业务进行剥离或者分包。随着物流园区内部各类企业、组织数量的增加，物流园区集群的整体规模持续壮大，集群的外部经济性会不断增强，但边际递增效应逐渐减弱，此时物流园区演进的自增强机制开始发挥重要作用。

具体而言，物流园区的自增强机制可分为一般自增强机制与特定自增强机制。一般自增强机制包括围绕物流产业价值链的专业化分工及企业之间的竞争，而特定自增强机制则更多体现为后者，包括信息的共享、知识的外溢、相互学习、协同创新等，一般自增强机制可以通过特定自增强机制表现出来。物流园区的自增强机制增加了物流产业链上下游企业及配套服务组织、机构之间的信任，拓展了物流产业链的纵向分工和横向联系，产生规模报酬递增、交易效率提高和技术创新等效应和优势，促进物流园区社会关系网络的形成，从而进一步突破原有物流业务范围、集聚空间范围的限制，吸引物流企业、中介组织、孵化平台、科研机构、政府部门等不断加入，丰富物流园区业态的多样性，逐渐形成更大范围的社会协作网络。这种稳定网络关系的建立，有利于人才、技术、资本、信息、知识等要素的流动，反过来又进一步推动物流园区物流链、产业链、价值链分工的深化，为集群创新创造良好的环境。

（3）市场繁荣期

物流园区进入成熟期后，随着物流产业链各种类型主体的集聚规模的扩大，使得物流市场的竞争更加激烈，产生集聚不经济效应。由于物流园区内部分工协作不可能无限制地发展下去，此时如果物流园区在创新优势不能够维持下去，集群的集聚不经济将会继续发挥离心力的作用。随着物流产品或服务的同质化及物流企业核心竞争能力的趋同，物流企业之间的竞争变得越来越激烈，物流企业的边际成本上升、边际收益减少，开始呈现发展"锁定效应"。

"锁定效应"本质上是物流园区在其生命周期演进过程中产生的一种"路径依赖"现

象，包括技术性锁定效应、功能性锁定效应、认知性锁定效应、制度和政策性锁定效应等。总体而言，形成"锁定"的原因通常有高转换成本、规模刚性、功能与认知趋同、技术的强联系、信息闭塞、行政性制约等因素，使得集群内部企业不愿意突破锁定效应的限制。"锁定效应"导致物流园区整体锁定、学习和创新能力不足、转换成本增加、企业交易的无效率、集群的确定性风险、应对市场环境变化的能力弱化等负面作用。当物流园区不能根据物流市场需求进行及时调整、创新和转型升级时，物流园区就不能突破路径依赖、创造出新的发展路径，结果是很可能为市场所抛弃，发展停滞甚至衰落，长期锁定在低效状态。

5. 转型升级或衰退消亡期

物流园区转型升级或衰退消亡期指的是由于物流量的提升和技术的进步，物流行业整体的进一步转型升级和创新发展，物流园区已难以满足腹地的产业服务以及消费流通需要，物流园区急需规模扩张或功能转型，进入转型升级阶段；或随着产业分工转移、运输网络基础设施建设更新，致使综合运输的集聚走向发生改变，原有物流园区在整体物流网络上的地位下降，面临区域物流市场需求不足或被其他物流园区分流货源，导致原有物流园区运营困难，物流园区进入衰退消亡期。经历转型升级期后，原有物流园区将进入新的生命周期。

4.3.3　物流园区 MSFLB 规划方法

物流园区的建设是一项复杂而长期的工程，投资大、回收周期长。因此，物流园区的规划工作是非常重要的，需要科学的规划方法指导。作为世界一流的物流咨询和研究机构，德国弗劳恩霍夫物流研究院（Fraunhofer IML，简称德国物流研究院）在众多的国际性物流园区规划项目实践中总结出了基于需求驱动、竞争驱动和最佳实践驱动的 MSFLB 物流园区规划方法论。

MSFLB 规划方法论要通过五个步骤来实施，也称"五部曲"。MSFLB 是这五个步骤英文首字母的简称，它们分别是：市场分析、战略定位、功能设计、布局设计和商业计划。

1. 市场分析

为确定物流园区近期和长期的建设规模及发展目标，首先要深入了解物流园区周边地区的经济发展状况、市场需求、基础设施、服务竞争等情况，对物流园区辐射地区的宏观经济、产业和微观环境情况进行全面调查和研究，从而对物流园区的发展有一个科学的规划。市场分析主要包括资料的收集和调研、资料的分析。一般采用 SCP 模型进行定性分析，采用 REA 模型进行定量分析。

2. 战略定位

在完成翔实的定性和定量市场分析研究之后，规划者必须对物流园区整体优势、劣势、机会、威胁进行分析（即 SWOT 分析）。这些分析主要是帮助物流园区的规划者明晰内外部环境，提出发展物流园区的使命、愿景目标和制胜策略，从而进行准确的战略定位，帮助其实现战略目标。

3. 功能设计

物流园区的功能设计主要采用自顶向下的方法，即在确定物流园区的规划原则以后，对物流功能规划所涉及的核心因素进行列举和分析，然后通过收集整理一系列国内外最先进的物流园区案例，总结出对拟建物流园区最适合的经验。随后，整个物流园区将被划分为几个大功能区域，规划者再从国际最佳实践经验，以及市场调查得到的实际需求两方面入手，为每个功能区域命名，分配相应的面积，引入相关的设施、设备和 IT 系统。功能规划的最后一步是对物流园区的核心流程进行定义和描述。

4. 布局设计

物流园区的设施规划与布局设计是指根据物流园区的战略定位和经营目标，在已确认的空间场所和功能设计范围内，按照从货物的进入、组装、加工等到货物运出的全过程，力争将人员、设备和物料所需要的空间做最适当的分配和最有效的组合，以获得最大的经济效益。

5. 商业计划

商业计划主要是让物流园区投资者和经营管理者按照公司体制设计业务模式和管理模式，主要包括物流园区管理公司的组织架构和职责、物流园区业务模式、收益预测、客户分析、物流园区销售策略、市场推广策略、投资收益等财务概要分析。

以上"五部曲"如图 4-8 所示。

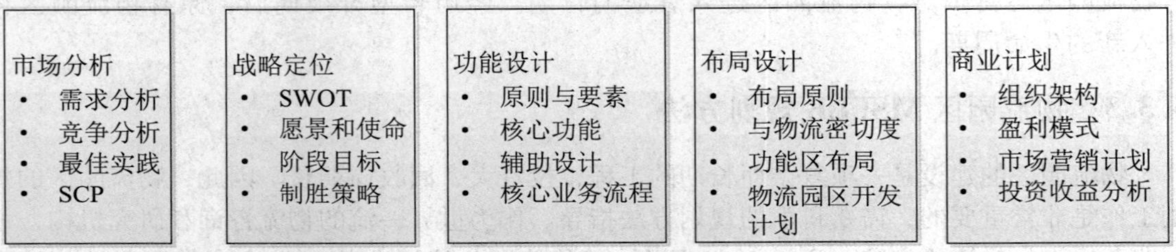

市场分析	战略定位	功能设计	布局设计	商业计划
• 需求分析 • 竞争分析 • 最佳实践 • SCP	• SWOT • 愿景和使命 • 阶段目标 • 制胜策略	• 原则与要素 • 核心功能 • 辅助设计 • 核心业务流程	• 布局原则 • 与物流密切度 • 功能区布局 • 物流园区开发计划	• 组织架构 • 盈利模式 • 市场营销计划 • 投资收益分析

图 4-8 MSFLB 五步骤图例

4.3.4 物流园区设施系统布置设计方法

20 世纪 60 年代，美国学者 Richard Muther 在融合系统工程概念和系统分析方法的基础上，提出了极具代表性的系统布置设计（system layout planing，SLP）方法，这一方法的出现，使得布置设计问题从定性分析阶段发展到了定量分析阶段，该方法给出了布置设计问题的通用方法，条理性很强的系统化的布置设计程序极具实践性。自 SLP 方法出现以来，其不但在各种制造厂的设备布置中成效显著，也越来越多地被应用到一些新的领域，例如医院工作区布置、企业办公室布置、物流园区布置等服务性行业的布置设计领域。我国于 20 世纪 80 年代引入这一布置技术，它至今仍是一种较为流行的布置设计方法，中获得了很多应用。

在物流园区内部功能区规划中，系统布置设计方法是一种以大量的图表分析为手段、以物流费用最小为目标，条理性很强，将物流关系分析与非物流关系分析相结合求得合理布局的技术。它使功能区规划与设计由定性阶段发展到定量阶段，并且广泛应用于包括物流设施在内的各种生产系统与服务系统中。

1. SLP 方法的原理

SLP 方法是一种综合了大量的工厂设施布局设计经验,对各作业单元间物流信息和非物流信息相互关系进行分析为主要目的的设施布局规划方法。运用 SLP 方法进行物流园区内部功能区布置,首先,需要分析各个作业单元之间的相互关系,即物流和非物流关系,并通过综合打分计算得出各作业单元间的综合关系表;其次,根据综合关系表中各作业单元模块间的相互关联程度,确定它们之间的距离,并以此安排各作业模块的具体位置;再次,绘制各个作业单元之间的位置相关图,再将各作业单元的可用面积、实际面积与位置相关图结合,得到面积相关图;最后,对面积相关图进行修正和调整,得到多个可行的候选方案,再对各个候选方案进行费用、技术等综合评价,确定最优的布置方案。

SLP 方法包括 P、Q、R、S、T 五个基本要素,其具体含义如下。

P 指产品或材料或服务,是指待布置工厂将生产的商品、原材料或者加工的零件和成品等;Q 指数量或产量,是指生产、供应或者使用的商品量或者服务的工作量;R 指生产路线或工艺过程,这一要素是工艺过程设计的成果,可用工艺路线图、工艺过程图、设备等表示;S 指辅助服务部门,在实施系统布置工作以前,必须就生产系统的组成情况有一个总体的规划,可以大体上分为生产车间、职能管理部门、辅助生产部门、生活服务部门和仓储部门等;T 指时间或时间安排,指在什么时候,用多长时间生产出产品,包括各工艺的操作时间、更换批量的次数。对上述五个要素进行分析是设施布局设计工作的前提和基础。

2. SLP 方法的步骤

第一步:确定布局所需要的基本要素。广泛收集资料,确定物流园区功能区布置规划的五个基本要素,即 P(物流对象)、Q(物流量)、R(物流作业路线)、S(辅助服务部门)、T(物流作业技术水平)。

第二步:物流关系与非物流关系分析。对于以物流作业为主的物流园区,物流关系分析是各功能区之间相关性分析中最主要的方面;对于物流量不大或者辅助服务部门,非物流关系分析是各功能区之间相关性分析的重要方面;如果介于上述两种情况,那么就要综合分析各功能区之间的物流关系与非物流关系,得到综合关系分析表。

第三步:绘制作业单位位置相关图。根据综合相互关系分析表,结合每组作业单元之间相互联系程度的高低,判断每两个作业单元的相对距离,得出其相对位置的关系。这个阶段没有考虑到各个作业单元具体的实际占地面积,因此所得到的只是各个作业单元的相对位置,即所谓的单位位置相关图。

第四步:绘制作业单元面积相关图。首先计算作业单元实际面积,在计算过程中,要考虑到与各作业单元相对应的作业人数、设施设备、物流通道及辅助装置等相关因素,且最后计算得到的理论面积应符合规划的可用面积。然后根据计算得到的作业单元面积数据,将其表现在作业单元位置相关图上,便得到所需的作业单元面积相关图。

第五步:修正。以上所得到的作业单元面积相关图仅仅是一个初始的布局图,要得到最优的结果,还需要结合其他相关因素进行评价、调整与修正。这个阶段需要考虑的主要因素有物料的搬运方式、转运操作方式、货物存储周期等,另外,成本、品质安全、人力资源等实际限制条件也应该在影响因素考虑的范围之内。在综合了各种调整因素和实际限制条件的各种影响因素后,对作业单元面积相关图进行调整,便会得到多个候选方案。

第六步:方案评价与择优选择。根据以上所得的数个候选方案,结合实际情况,进行实施技术、运行费用等因素的分析，对各候选方案做出比较评价，选择最优的设计方案，进而得到最终的布局方案图。

SLP 方法实施步骤如图 4-9 所示。

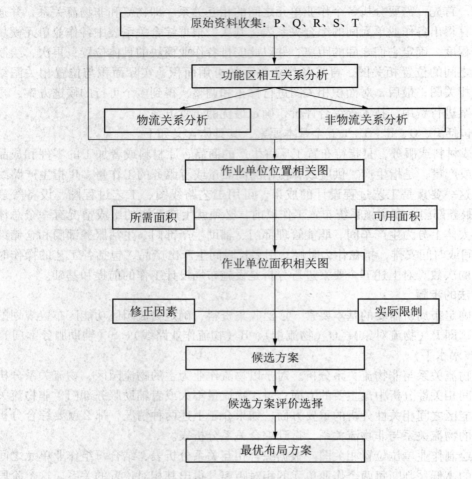

图 4-9　SLP 方法的实施步骤

3. SLP 方法的改进与优化

传统系统布置设计方法容易受到设计人员主观因素的影响，为了降低该方法对设计人员的依赖，以及降低布局过程中手工调整的工作量，构建平面布局求解数学模型，并与 SLP 方法相结合，在采用 SLP 方法进行功能区相关性分析之后，以构建数学模型的方式，描述布局规划目标及相关约束，通过求解该模型或通过仿真完成物流园区内部功能区的平面布局规划优化。

4.3.5　物流园区生态圈构建理论

物流园区规划应该突出以物流园区为核心的生态圈建设和打造，物流园区生态圈是组织生态学系统理论应用的具体体现。根据组织生态学的基本理论，组织生态系统主要由组织群落与环境因子两部分组成。组织群落由组织个体、组织种群、组织群落三个部分组成，环境因子由政治、经济、社会、自然资源、科技、文化等生态因子部分组成。

物流园区主要入驻的是物流企业，但还包括政府机构、培训机构、金融机构、交通机构与科研咨询机构等，从整体上构成了完整的生态系统，称为"物流园区生态圈"。结合物流园区的具体情况，物流园区生态圈结构整体上分为三层，如图4-10所示。第一层为中心层，包括整体物流业的运营链的企业以及存在竞争合作关系的企业；第二层为辅助层，为物流运营链的辅助服务体系，包括政府部门、贸易机构、咨询机构、金融机构等服务机构；第三层为延展层，主要为外部松散的环境因素，从宏观上影响物流园区的发展与运营。

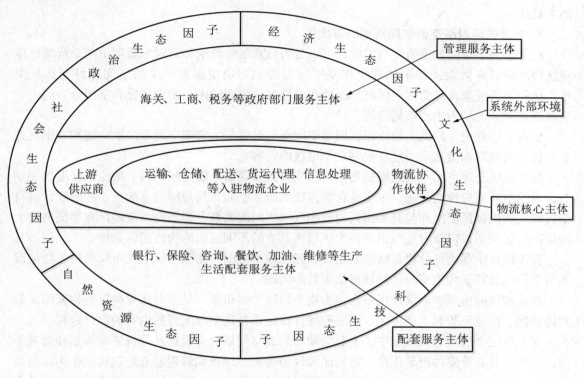

图4-10 物流园区生态圈结构

物流园区生态圈主要以物流企业为中心，辅助层主要为中心层提供网络资源和基础设施，延展层能够起到完善辅助层的作用，直接或间接地影响中心层的行为方式。

4.4 物流园区网络空间布局规划

4.4.1 物流园区网络空间布局规划的内涵

1. 物流园区网络空间布局规划的含义

一般而言，物流节点网络空间布局规划就是针对物流节点的特点，以及物流节点所处具体环境的特点，探讨物流节点网络空间布局的内在规律，对物流节点在空间的位置进行有计划性的总体优化安排和部署。物流节点网络空间布局的直接目的是确定不同等级物流节点的区位特性，协调各级物流节点在空间上的合理分布，实现物流节点资源在空间的优化配置，其最终目的是通过物流节点布局的优化，提高物流节点网络系统的运行效率，降低物流运作成本，缓解来自环境污染、能源消耗等方面的压力，进而为其依托载体的可持续发展提供必要的基础性保障条件。

物流园区作为一类大型物流节点设施，其网络空间布局要根据公路、铁路、水路等综合交通路网条件、市场需求条件、政策环境条件等因素，研究探讨对物流园区的空间位置进行科学安排。物流园区网络空间布局旨在通过物流园区网络节点空间分布的优化和单点内部布局的优化降低物流园区网络化运行成本，提高运行效率，进而有效实现经济效益和社会效益的有机统一。

2. 物流园区网络空间布局规划的层次性

经济学关于空间理论研究与实践，可以分为微观区位理论和宏观区域理论两个范畴。微观区位理论研究微观经济单体和个体基于区位影响和决定因素产生的空间偏好与选址决策，也称为选址理论；而宏观区域理论旨在研究在一定区域内，微观集合和空间分布的决定和发展规律，也称为生产布局理论。

根据上述理论，广义上物流园区网络空间布局可以分为宏观空间布局战略规划、中观选址分析策略规划和微观平面设计规划三个层次的内容。

物流园区宏观空间布局战略规划主要研究物流园区的一般空间结构、物流园区层次类别与区域的空间适应性的问题，主要是在掌握物流园区空间布局规律的基础上，在宏观区域范围内确定物流园区层次和与其所依托的较小区域之间的关系，即研究物流园区在物流网络上的层次位置关系，以及宏观范围内各个区域所具有的不同层次的物流园区条件。

物流园区中观选址分析策略规划主要研究在城市范围内物流园区系统布局结构、物流园区的空间位置特征和物流园区的理想位置选择问题。

物流园区的微观平面设计规划也称为物流园区平面布置，是指对布局确定的物流园区的具体功能、作业流程和生产工艺、相关的硬件设施设备选型与配置的内容的设计过程。

在上述三个层次布局规划中，宏观空间布局战略规划对中观选址分析策略规划和微观平面设计规划具有重要的指导作用，对物流园区的建设、运营和管理起着宏观约束作用，是物流园区布局规划中的首要和前期工作，一般属于长期规划；中观选址分析策略规划受到宏观空间布局战略规划的制约，需要在宏观空间布局战略规划确定的层次等级范围指导下进行有关的分析规划工作，一般属于中长期规划；微观平面设计规划应在上述两个层次规划方案确定后进行，其规划设计工作受上两个层次规划结论的约束，一般属于中短期规划。就各层布局规划的核心内容而言，可以说宏观空间布局战略规划重在物流园区分布地区的选择，中观布局策略规划重在物流园区分布地点的选择，微观布局规划重在物流园区各生产要素在选定的地点内进行空间组合安排，物流园区这三个层次的布局规划共同构成完整的物流园区布局优化体系。

综上，广义上物流园区网络空间布局规划可以分为宏观、中观、微观三个层次，其地位和关系如图4-11所示。狭义上物流园区网络空间布局大多关注物流园区的整体数量、空间规模及其分布城市，而不对具体物流园区的微观设施选址和内部系统布置设计进行研究。

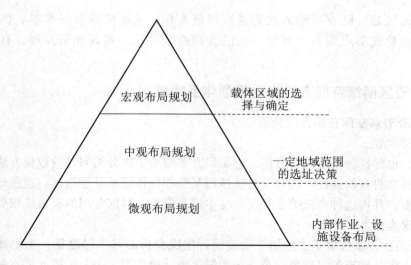

图 4-11 物流园区网络空间布局规划层次分布

3. 物流园区网络空间布局规划原则

（1）市场导向性原则

现代物流从根本上是一种服务型的经济，其规划布局必须与市场需求分布协调一致。物流园区宏观空间布局战略规划时空间载体的选择、服务范围的确定、功能定位等均需充分考虑市场发育情况以及当地的经济社会发展情况，其规划布局要覆盖全国全部重要经济城市和骨干市场。

（2）区位导向性原则

现代物流节点从一般意义上讲是各种运输方式的集合和交界处，各种运输方式的通达程度决定了现代物流节点能否顺利有效地开展经营。物流园区的规划布局要优先选取交通区位条件良好、各种运输方式集结和汇集的空间载体，从而发挥物流园区在我国社会物流体系中重要的骨干和协调作用。

（3）社会导向性原则

物流园区规划建设除考虑经济效益外，也应承担一定的社会责任。既要满足发达地区旺盛的物流需求，提高运输效率和质量，又要重视对经济欠发达地区的带动和促进作用，从而促进我国区域经济的协调发展，推动构建和谐社会。如东部发达地区，物流市场需求旺盛，需要建设高等级的大型物流园区以满足大批量货物流转的需要。而对于欠发达地区，可以考虑在核心交通枢纽城市建设较高等级的物流园区，满足区域经济社会发展的需要。

（4）实践导向性原则

各种交通运输方式具有自身的复杂性和特殊性，在管理体制、运输组织方式、成本核算等诸多方面均有其不同的特性，因而其物流园区网络空间层次的布局和规划设计必须充分考虑各种运输方式自身的特性，在严格坚持科学理论研究的基础上联系各交通方式经营和发展的实际情况，做到理论与实际的完美结合。

（5）和谐导向性原则

物流园区的建设规划必然加剧既有物流园区的竞争，适当竞争有利于园区充分发掘既有资源潜力，大力拓展现代物流业务，但在竞争的同时物流园区的规划建设还需要考虑与当地既有物流规划、既有运输方式等进行积极合作，从而降低投资成本、快速发展市场，实现与其他物流节点和各类运输方式的合理有效分工，实现和谐发展，有效降低社会物流成本。

4.4.2 物流园区网络空间布局规划模型体系构建

1. 既有物流节点空间布局方法分析

（1）模糊聚类法

聚类分析，也称群分析或点群分析，它是研究多要素事物分类问题的数量方法。其基本原理是，根据样本自身的属性，用数学方法按照某些相似性或差异性指标，定量地确定样本之间的亲疏关系，并按这种亲疏关系程度对样本进行聚类。目前常用的有系统聚类法、动态聚类法和模糊聚类法。

① 系统聚类法。系统聚类法运用于物流园区层次分析的基本思路是：先将规划区域内各备选物流节点服务城市各自看成一类，记为第1类，第2类，……，第n类，每一类研究对象均用一组指标x_k表示其特征（$k=1, 2, \cdots, n$），然后根据各城市间的相似度，将这n类中最相似的两个类合并成一个新类，这样得到$n-1$类，再在这$n-1$类中找出最相似的两类合并，得到$n-2$类，如此下去直至将所有的备选载体城市对象归并成一个大类为止。

② 动态聚类法。数学中常用的迭代思想在聚类分析中的应用称为动态聚类法，也称逐步调整法。其基本思路是：先给备选物流载体城市集一个初始的大致分类（需事前进行研究），然后按照某种原则进行修改，直至认为分类较为合理为止。其步骤如图4-12所示（图中每一部分均有很多解法）。

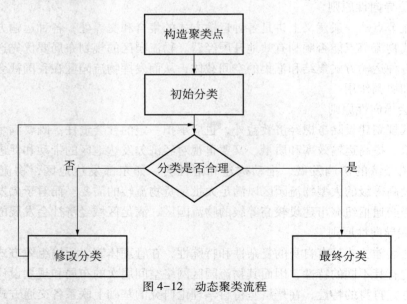

图4-12 动态聚类流程

③ 模糊聚类法。模糊聚类法是利用模糊数学的语言和方法描述和解决现实中界限不一定很清楚的事物分类问题的一种方法。一般先根据实际问题选择具有明确意义和较强的分辨力、代表性的统计指标，然后进行数据标准化，根据实现情况按一个准则或某一种方法确定事物相似程度，最后进行分类。

（2）模糊区间层次综合评价模型

模糊区间层次综合评价模型的基本思路是：首先对备选载体城市进行物流发展综合指数的计算，然后采用统计学分析方法对其进行层次分类，从而得到备选载体城市的宏观布局方案。其基本步骤主要包括以下几个方面。

① 构建综合评价指标体系。根据影响物流发展的主要因素，如各地统计年鉴进行数据指标的初步筛选，然后采用一定方法进行数据指标的优化，从而得到综合评价的指标体系。

② 计算载体城市物流发展综合指数。采用主成分分析、DEA 模型、模糊综合评价模型等对备选载体城市进行物流发展综合指数的计算。

③ 对备选载体城市进行层次分类。采用适当的方法对物流发展综合指数进行阈值的确定，从而对备选载体城市进行层次分类，得到规划布局结果。

（3）经济系统梯度分析法

以区域经济发展梯度为主要依据，并结合区域、城市交通地位来分析，确定各载体服务地区的物流园区的系统梯度，是最简单直接的物流园区节点布局梯度分析方法。

2. 物流园区宏观空间布局规划的方法体系

通过对既有研究方法的分析可以看出，模糊聚类法能够较好地研究不同空间载体间的内部规律，并能进行层次类别分析，且一些学者应用其在进行物流园区载体城市的选择时取得了非常好的效果，但研究内容涉及研究对象多且影响因素复杂多样，较难取得较好效果的聚类；模糊区间层次模型综合评价模型能够分析事物间的不确定性关系，能够很好地反映理论和实践经验，但计算中由于涉及因素多，隶属度的确定难度较大；经济系统梯度分析法主要基于定性分析，人为影响因素大，虽然操作简便但科学性略显不足。

考虑以上因素，选择利用模糊优选法进行物流园区空间布局规划的研究，其方法体系如图 4-13 所示。

3. 物流园区宏观空间布局规划方法的基本原理

模糊优选法的基本思想是将各评价原则间的重要性比较和不同受评价目标之间就同一评价因素的优越性比较采用模糊标度进行衡量，通过模糊优选法计算出各受评价目标的相对优属度，并将各受评价目标按优属度进行排序，从而体现出各受评价目标的相对优劣性。

设系统有 n 个待优选的方案组成系统的优选方案集，又有 m 个因素（或指标）组成对优选对象进行评判的系统的因素集，则有系统因素特征值矩阵为

$$X_{m \times n} = \begin{pmatrix} x_{11} & \cdots & x_{1n} \\ \vdots & & \vdots \\ x_{m1} & \cdots & x_{mn} \end{pmatrix} = (x_{ij})_{m \times n} \quad (4-3)$$

对于第 j 个方案可用向量 $\boldsymbol{x}_j$ 表示 m 个评价因素特征值

$$\boldsymbol{x}_j = (x_{1j}, x_{2j}, \cdots, x_{mj})^{\mathrm{T}} (j = 1, 2, \cdots, n) \quad (4-4)$$

其中 x_{ij}（$i = 1, 2, \cdots, m$；$j = 1, 2, \cdots, n$），表示方案 j 对于第 i 个评判因素的特征值。

为消除 m 个评价因素特征值量纲不同的影响，且由于方案优选具有比较上的相对性，方案的优劣是相对于参加优选的 n 个方案而言的，由 Zadeh 公式将矩阵 X 规格化，将 X

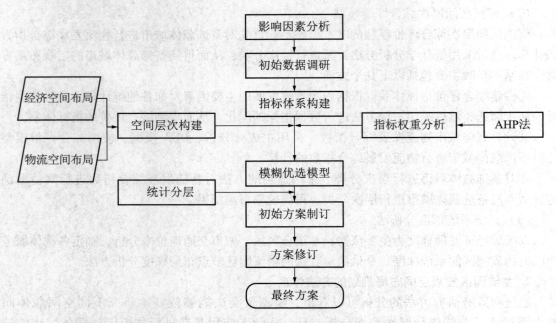

图 4-13 物流园区网络空间布局规划方法体系

中的评价因素特征值转化为相应的隶属度 r_{ij}。

$$R_{m \times n} = \begin{pmatrix} x_{11} & \cdots & x_{1n} \\ \vdots & & \vdots \\ x_{m1} & \cdots & x_{mn} \end{pmatrix} = (r_{ij})_{m \times n} \tag{4-5}$$

$$r_j = (r_{1j}, r_{2j}, \cdots, r_{mj})^T, \quad (j = 1, 2, \cdots, n) \tag{4-6}$$

设系统有评判因素优属度矩阵 $R_{m \times n}$。若 $g_j = (g_1, g_2, \cdots, g_m)^T$，其中 $g_i = \bigvee_{j=1}^{n} r_{ij} = r_{i1} \vee r_{i2} \vee \cdots \vee r_{in} (i = 1, 2, \cdots, m)$，则称 g_i 为系统的优等方案。

由于系统中全体 n 个方案的优选具有比较上的相对性，系统方案的优选又是相对于 m 个评价因素而言的，向量 g 的 m 个分量是参加优选的各个方案相应评价因素隶属度的最大值。它既是从参加优选的 n 个方案实际评价因素的隶属度中产生，又有着理想优序决策的目标，是一个现实与理想结合的假象优序方案，可把它作为标准的优等方案，故上述定义为优等方案。

若 $b_i = (b_1, b_2, \cdots, b_m)^T$，其中 $b_i = r_{i1} \wedge r_{i2} \wedge \cdots \wedge r_{in} (i = 1, 2, \cdots, m)$，则称 b_i 为系统的劣等方案。系统中的每个方案分别以一定的隶属度隶属于优等方案与劣等方案，可用下列模糊矩阵表示

$$U_{2 \times n} = \begin{pmatrix} u_{11} & u_{12} & u_{13} & \cdots & u_{1n} \\ u_{21} & u_{22} & u_{23} & \cdots & u_{2n} \end{pmatrix} \tag{4-7}$$

满足约束条件

$$0 \leqslant u_{kj} \leqslant 1 (k = 1, 2; j = 1, 2, \cdots, n)$$

$$\sum_{k=1}^{2} u_{kj} = 1 (j = 1, 2, \cdots, n), \quad \sum_{j=1}^{n} u_{kj} > 0 (k = 1, 2)$$

其中 u_{kj} 表示第 j 个方案隶属于优等方案（当 $k=1$）或劣等方案（当 $k=2$）的隶属度。

在对系统 n 个方案优选时，每个评价因素所起的作用一般来说是不一样的，或主或次，或重或轻，必须考虑不同的权重。设其权向量为

$$w = (w_1, w_2, \cdots, w_m)^{\mathrm{T}} \tag{4-8}$$

满足 $\sum_{i=1}^{m} w_i = 1$，w_i 为第 i 个评价因素的权重（$i=1, 2, \cdots, m$）。

由模糊矩阵可见，第 j 个方案以隶属度 u_{1j} 隶属于优等方案，同时又以隶属度 u_{2j} 隶属于劣等方案。但由于 u_{1j}、u_{2j} 均在 $[0, 1]$ 中取值，故有无穷多个模糊矩阵，需要根据一定的优化准则来求解最优矩阵，从而确定出第 j（$j=1, 2, \cdots, n$）个方案从属于系统优等方案隶属度的最优值，然后根据最大隶属原则得出 n 个方案的优选结果。为此，必须再引进一个概念。

设 $\|w \cdot (r_i - g)\| = \left\{ \sum_{k=1}^{m} [w_{kj} \cdot (r_{kj} - g_{kj})]^p \right\}^{\frac{1}{p}}$（$j=1, 2, \cdots, n$），$p \geq 1$，为第 j 个方案的广义优距离，它表示考虑评价因素权重后第 j 个方案与优等方案的差异程度。特别当 $p=2$ 时，称为广义欧氏优距离（下同）。

设 $\|w \cdot (r_i - b)\| = \left\{ \sum_{k=1}^{m} [w_{kj} \cdot (r_{kj} - b_{kj})]^p \right\}^{\frac{1}{p}}$（$j=1, 2, \cdots, n$），$p \geq 1$，为第 j 个方案的广义劣距离，它表示考虑评价因素权重后第 j 个方案与劣等方案的差异程度。

考虑到第 j 个方案分别以 u_{1j}、u_{2j} 隶属于优等方案和劣等方案，那么有：$D(r_i, b) = u_{1j} \cdot \|w \cdot (r_i - g)\|$ 为第 j 个方案的权广义优距离，$D(r_i, b) = u_{2j} \cdot \|w \cdot (r_i - g)\|$ 为第 j 个方案的权广义劣距离。

现在的问题是要求出第 j 个方案（$j=1, 2, \cdots, n$）从属于优等方案的隶属度 u_{1j} 的最优值，为此提出如下优化原则：全体 n 个参加优选的方案，对系统的优等方案与劣等方案的"权广义距离"的平方和最小，即 n 个方案的"权广义优距离平方与权广义劣距离平方之和最小。"

根据这一优化准则，构造目标函数

$$F(u_{1j}) = \sum_{i=1}^{n} [D^2(r_i, g) + D^2(r_i, b)]$$

$$= \sum_{i=1}^{n} [u_{1j}^2 \cdot \|w \cdot (r_i - g)\|^2 + (1 - u_{1j})^2 \|w \cdot (r_i - b)\|^2] \tag{4-9}$$

$$F(u_{1j}^*) = \min_{u_{1j} \in [0, 1]} \{F(u_{1j})\} \tag{4-10}$$

令 $\dfrac{\mathrm{d}F(u_{1j})}{\mathrm{d}u_{1j}} = 0$，得

$$u_{1j}^2 \cdot \|w \cdot (r_i - g)\|^2 + (1 - u_{1j})^2 \|w \cdot (r_i - b)\|^2 = 0 \tag{4-11}$$

解得

$$u_{1j}^* = \dfrac{1}{1 + \dfrac{\|w \cdot (r_i - g)\|^2}{\|w \cdot (r_i - b)\|^2}} \tag{4-12}$$

可以解得 u_{1j} 的最优值计算模型为

$$u_{1j}^* = \cfrac{1}{1 + \left\{\cfrac{\sum\limits_{k=1}^{m}[w_{kj}\cdot(r_{kj}-g_k)]^2}{\sum\limits_{k=1}^{m}[w_{kj}\cdot(r_{kj}-b_k)]^2}\right\}} (j=1, 2, \cdots, n)\ (取\ p=2) \qquad (4-13)$$

4.4.3 物流园区网络空间布局规划指标体系设计

1. 指标体系设计的基本原则

物流园区空间布局规划问题的影响因素众多，在进行指标体系的构建时必须充分考虑各种因素的影响，然后选出影响较大的因素和条件进行分析。在构建评价指标体系时应遵循以下原则。

（1）广泛代表性

广泛代表性指应包含影响物流园区空间布局的主要经济技术因素。

（2）形态简洁性

形态简洁性指应使用简明的表达方式，不宜种类过多及采用复杂的形式。

（3）综合可比性

综合可比性指有关指标应便于进行静态和动态分析，便于进行横向和纵向比较。

（4）数据可得性

数据可得性指指标选择要尽量与统计部门一致，以保证数据的可得性。

2. 指标体系的初步筛选与构建

考虑到各因素对物流园区空间层次布局体系的影响程度和数据的可得性，在大量调查及与相关专家访谈和咨询的基础上初步筛选影响物流园区空间布局规划的相关指标，主要包括市场需求环境、交通发展实力、地区交通衔接情况、区位政策及条件四大类指标及 16 项具体指标，如图 4-14 所示。

（1）市场需求环境

物流园区是经济发展到一定阶段的产物，良好的市场需求环境是影响物流园区选址和规划布局的重要依据。它包括 6 项指标。

①地区经济总体水平。反映地区所有常住单位在一定时期内生产活动的最终成果，由于物流需求与地区生产总值密切相关，不同水平的地区适宜布局建设不同层次的物流园区。故此指标采用地区生产总值进行衡量。

②工业发展水平。工业及相关产业对物流的需求和拉动作用巨大，有利于物流园区的建设和运营。此指标可采用地区工业增加值进行衡量。

③潜在大客户规模。当地主导行业、大型生产企业、商贸流通企业、物流企业等是物流园区的主要服务对象，这些潜在大客户规模对物流园区的经营具有重要影响，较大的客户规模有利于大规模、高质量物流园区的建设。此指标可取国有及规模以上非国有企业数进行衡量。

④对外贸易发展水平。它反映了该地区国际贸易的发展情况，这是决定地区可否成为区域性物流园区布局载体的主要标准之一，可用进出口贸易总额加以衡量。

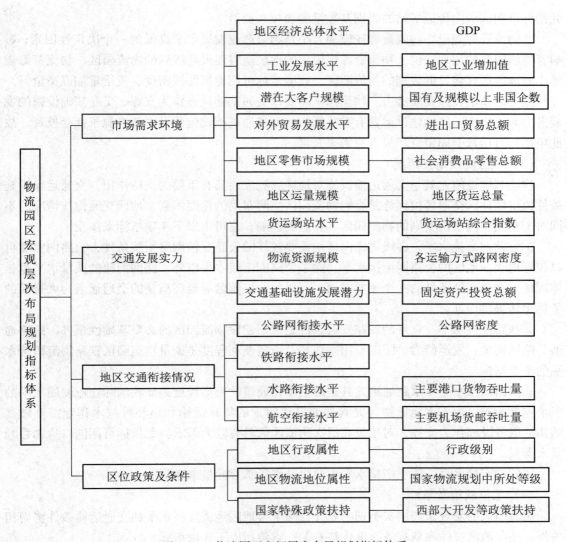

图 4-14 物流园区空间层次布局规划指标体系

⑤地区零售市场规模。国民经济各有关行业向社会集团和居民供应销售的生活消费品，均需要通过物流服务才得以实现，其规模大小对建设不同层次的物流园区具有重要影响，此指标可用社会消费品零售总额来衡量。

⑥地区运量规模。它可以从一个侧面反映运输物流市场的需求状况，反映运输业的发展水平，拥有大规模运量的地区适宜布置建设高层次的物流园区，此指标可用地区货运总量进行衡量。

（2）交通发展实力

交通发展实力反映了一个地区总体交通基础和物流资源的规模能力，主要包括货运场站水平、物流资源规模、交通基础设施发展潜力等因素。

①货运场站水平。物流园区的建设最终落实在货运枢纽中，现有货运场站的水平对于物流园区的规划层次和类型具有决定性作用，不同的货运场站水平吸引不同层次的物流园区。

此指标可用区域内货运场站的级别及数量的加权来衡量。

②物流资源规模。物流资源规模的大小是物流产业发展水平高低的一个决定性因素，影响着物流园区的规划定位。物流资源规模大的地区适宜建设高级别的物流园区，物流资源规模小的地区适宜建设低级别的物流园区。此项指标可用地区路网密度、货运量加以衡量。

③交通基础设施发展潜力。物流园区需要以交通基础设施作为支撑，交通基础设施的发展潜力对于物流园区的建设运营有重要影响，而交通基础设施建设主要来源于社会投资，故此项指标可用社会固定资产投资总额来衡量。

（3）地区交通衔接情况

物流基础设施尤其是交通运输设施对地区物流发展具有重要的支持作用，交通运输设施条件决定的地区交通区位优势是影响物流园区空间布局的重要因素，地区交通衔接情况的不同对于建设不同层次类别的物流园区具有重要影响。它可由以下4项指标来体现。

①公路网衔接水平。各级物流园区均需要较好的公路运输网络衔接条件，公路网密度可以较好地表征地区的公路网衔接水平。除了公路网衔接水平以外，路网衔接的质量水平也是体现地区交通区位条件的一个重要方面，高级的物流园区需要高质量的交通通道为大规模的货物运转提供保证。

②铁路衔接水平。良好的铁路发展条件是规划建设物流园区的必要基础性条件。铁路通道、路网密度、发运能力、园区专用线数量及衔接便利程度是衡量物流园区铁路物流衔接水平的重要指标。

③水路衔接水平。水路通道尤其是海上水路通道的密集程度是反映国际物流发展水平的一个重要标志。由于水运货物（尤其是港口货物）的集疏运输和换装等技术作业需要较高的物流服务设施作为支撑，对建设高层次物流园区具有较大需求。此指标可用港口货物吞吐量来衡量。

④航空衔接水平。航空衔接水平主要由航空货邮吞吐量来表示。

（4）区位政策及条件

物流园区的宏观布局层次类别的划分，除了与地区经济发展水平和交通运输条件密切相关外，还与地区属性和享有的政策优势有关。它包括以下3项指标。

①地区行政属性。用地区行政级别表示，在对地级市进行分析时，对直辖市、副省级城市、一般开放城市、部分省会城市、沿边城市、地级城市、地区级城市等取一定的系数。

②地区物流地位属性。物流园区的规划应该尽量实现与既有物流节点布局规划相结合，以实现社会物流资源的整合优化配置，获取更多的政策支持。

③国家特殊政策扶持。主要是指所研究的载体地区是否有老少边穷地区，在其他条件具备的情况下，考虑到物流园区等基层设施建设对区域产业经济的引领和拉动作用，可优先在这类地区规划布局物流园区。

4.4.4 物流园区网络空间布局规划指标选择优化

由于不同指标间可能存在较大相关性，导致指标间差异性不大，影响方案分析，故而需要对评价指标进行进一步优化分析。指标体系的优化一般可采用两种方法，其一为因子分析法，其二为相关性和空间差异度分析，以下将对这两种方法进行比较筛选。

1. 因子分析法

因子分析法能够较好地揭示不同指标间的相互关系，具有较强的解释性，其分析一般主要有因子载荷矩阵 L 的估计求解和因子旋转两大步骤。

（1）因子载荷矩阵 L 的估计求解

设样本标准化矩阵后的相关矩阵 R 的特征值依次为：$\lambda_1 \geq \lambda_2 \geq \cdots \geq \lambda_p \geq 0$，相应的正交单位特征向量为：$U_1$，$U_2$，$\cdots$，$U_p$。选取相对较小的主成分个数 m，并使得累计贡献率达到一个较高的百分比，以保证原始指标数据信息量不丢失，则 R 可作如下的近似解

$$R = \lambda_1 U_1 U_1^T + \cdots + \lambda_m U_m U_m^T + \lambda_{m+1} U_{m+1} U_{m+1}^T + \cdots + \lambda_p U_p U_p^T$$
$$\approx \lambda_1 U_1 U_1^T + \cdots + \lambda_m U_m U_m^T + \hat{D} = \hat{L}\hat{L}^T + \hat{D} \tag{4-14}$$

为表示简便，因子载荷估计矩阵 $\hat{L}$ 也表示为 L，这样上式可以表示为

$$R = \hat{L}\hat{L}' + \hat{D} \tag{4-15}$$

其中，$L = (\sqrt{\lambda_1}U_1, \sqrt{\lambda_2}U_2, \cdots, \sqrt{\lambda_m}U_m) = (l_{ij})_{p \times m}$，$\hat{D} = \text{diag}(\hat{\sigma}_1^2, \cdots, \hat{\sigma}_p^2)$，$\hat{\sigma}_i^2 = r_{ii} - \sum_{j=1}^{m} l_{ij}^2$，$i = 1, 2, \cdots, p$。这里的 L 和 $\hat{D}$ 就是因子模型的一个解。因子载荷矩阵 L 的第 k 列与 R 的第 k 个主成分的系数仅相差一个很小的倍数 $\sqrt{\lambda_k}$（$k = 1, 2, \cdots, m$），因此这个解就成为主成分解。

① 计算 R 的特征值和特征向量。根据特征方程 $|\lambda I - R| = 0$，求出特征值 λ_i（$i = 1, 2, \cdots, p$），并按大小顺序排列（$\lambda_1 \geq \lambda_2 \geq \cdots \geq \lambda_p \geq 0$）；对应于特征值 λ_i 的特征向量 U_i（$i = 1, 2, \cdots, p$）。

$$U = (U_1, U_2, \cdots, U_P) = \begin{pmatrix} u_{11} & \cdots & u_{1p} \\ \vdots & \ddots & \vdots \\ u_{p1} & \cdots & u_{pp} \end{pmatrix} \tag{4-16}$$

② 依次计算各特征值的方差贡献率及累计贡献率。主成分 F_k 的贡献率为

$$D_k = \lambda_k \Big/ \sum_{i=1}^{p} \lambda_i \quad (k = 1, 2, \cdots, p)$$

累计贡献率为

$$D_{Tm} = \sum_{k=1}^{m} \lambda_k \Big/ \sum_{i=1}^{p} \lambda_i$$

一般累计贡献率计算到其累计值达到 85% 以上的 λ_1，λ_2，$\cdots$，λ_m，所对应的前 m（$m \leq p$）个主成分即可。

③ 建立因子载荷矩阵 L。根据前述结果，计算而得因子载荷矩阵

$$L = (L_1, L_2, \cdots, L_m) = \begin{pmatrix} l_{11} & \cdots & l_{1m} \\ \vdots & & \vdots \\ l_{p1} & \cdots & l_{pm} \end{pmatrix} \tag{4-17}$$

其中，$L_k = \sqrt{\lambda_k}U_k$（$k = 1, 2, \cdots, m$）。

（2）因子旋转

因子分析的目的是对由不同指标组成的因子间的关系进行解释，根据因子载荷矩阵可以对各影响物流园区空间布局层次分类的评价指标与因子的关系进行分析。对指标因子的关系

分析通常需要一定的专业知识和经验，要对每个公因子给出具有实际意义的一个名称，它可以用来反映在预测每个可观测的原始指标变量时这个公因子的重要性，也就是各有关指标对应于这个因子的载荷。因子的解释一般均带有一定的主观性，如果载荷矩阵中的一些指标元素对几个公因子的载荷值很接近，则分析人员的主观性很容易构成对因子分析的最终解释。为了减少这种主观性，便于对因子进行归类解释，一般需要进行因子旋转。

公因子是否易于解释，很大程度上取决于因子载荷矩阵 L 的指标元素结构。由前可知，L 是从相关矩阵 R 出发求得的，因此 L 的所有元素均在 -1 和 $+1$ 之间。如果因子载荷矩阵 L 的所有元素都接近 0 或 ± 1，则模型的公因子就容易解释。这时可将原始指标变量 $x_1, x_2, \cdots, x_p$ 分成 m 个部分，第一部分对应第 1 个公因子 $f_1, \cdots$，第 m 部分对应第 m 个公因子 f_m。反之，如果因子载荷矩阵 L 的多数元素居中，不大不小，则将对模型的公因子难以做出解释，此时必须进行因子旋转，使得旋转之后的因子载荷矩阵 L 在每一列上元素的绝对值尽量地拉开大小距离，也即尽可能地使其中的一些指标元素接近于 0，另一些元素接近于 ± 1。

为了去除不同因子中相同指标载荷均有较大的可能，对前面得出的因子载荷矩阵 L 实行方差最大旋转，从而构造正交因子载荷矩阵。

① 因子载荷矩阵 L 的规格化。考虑到各个指标变量 X_i 共同度之间的差异所造成的不平衡，需要对因子载荷矩阵 L 进行规格化处理。其方法是首先对 L 按行计算共同度 $h_i^2 = \sum_{j=1}^{m} l_{ij}^2, (i = 1, 2, \cdots, p)$；其次是规格化，就是对 L 中每行的元素除以每行的共同度平方根，即

$$L_h = \begin{pmatrix} l_{11}/h_1 & \cdots & l_{1m}/h_1 \\ \vdots & & \vdots \\ l_{p1}/h_m & \cdots & l_{pm}/h_m \end{pmatrix} \tag{4-18}$$

② 对 L_h 进行方差最大正交旋转。由线性代数可知，两个正交变换对应坐标系的一次旋转。正交变换即用一个正交矩阵右乘 L，$B = L_h T_{kj}$。因此，在对 L_h 进行方差最大正交旋转时，首先需要构造正交矩阵 T_{kj}，见式 4-19。

$$T_{kj} = \begin{pmatrix} 1 & \cdots & 0 & 0 & 0 & \cdots & 0 & 0 & 0 & \cdots & 0 \\ \vdots & \ddots & \vdots & \vdots & \vdots & & \vdots & \vdots & \vdots & & \vdots \\ 0 & \cdots & 1 & 0 & 0 & \cdots & 0 & 0 & 0 & \cdots & 0 \\ 0 & \cdots & 0 & \cos\varphi_{kj} & 0 & \cdots & 0 & -\sin\varphi_{kj} & 0 & \cdots & 0 \\ 0 & \cdots & 0 & 0 & 1 & \cdots & 0 & 0 & 0 & \cdots & 0 \\ \vdots & & \vdots & \vdots & \vdots & \ddots & \vdots & \vdots & \vdots & & \vdots \\ 0 & \cdots & 0 & 0 & 0 & \cdots & 1 & 0 & 0 & \cdots & 0 \\ 0 & \cdots & 0 & \sin\varphi_{kj} & 0 & \cdots & 0 & \cos\varphi_{kj} & 0 & \cdots & 0 \\ 0 & \cdots & 0 & 0 & 0 & \cdots & 0 & 0 & 1 & \cdots & 0 \\ \vdots & & \vdots & \vdots & \vdots & & \vdots & \vdots & \vdots & \ddots & \vdots \\ 0 & \cdots & 0 & 0 & 0 & \cdots & 0 & 0 & 0 & \cdots & 1 \end{pmatrix} \tag{4-19}$$

矩阵中没有标明的元素均为 0；根据正交旋转角度 φ_{kj} 确定 $\cos\varphi_{kj}$ 和 $\sin\varphi_{kj}$ 的值，正交旋转角度 φ_{kj} 的计算过程如下

$$\tan 4\varphi_{kj} = \frac{D - 2AB/p}{C - (A^2 - B^2)/p} \quad (4-20)$$

记

$$\mu_i = (l_{ik}/h_i)^2 - (l_{ij}/h_i)^2$$
$$v_i = 2(l_{ik}/h_i)(l_{ij}/h_i) \quad (4-21)$$

$$A = \sum_{i=1}^{p} u_i; \quad B = \sum_{i=1}^{p} v_i; \quad C = \sum_{i=1}^{p} (u_i^2 - v_i^2); \quad D = 2\sum_{i=1}^{p} u_i v_i \quad (4-22)$$

根据分式的分子和分母取值的正负号来确定角的取值范围,如表 4-1 所示。

表 4-1 正交旋转角取值范围一览

分子取值符号	分母取值符号	φ_{kj} 取值范围
+	+	$0 \sim \pi/8$
+	−	$\pi/8 \sim \pi/4$
−	−	$-\pi/4 \sim -\pi/8$
−	+	$-\pi/8 \sim 0$

根据求得的正交矩阵进行因子载荷矩阵旋转。l_h 经过 T_{kj} 旋转后,矩阵 $B = l_h T_{kj}$,其元素为

$$b_{ik} = l_{ik}\cos\varphi + l_{ij}\sin\varphi \quad (i=1,\cdots,p)$$
$$b_{ij} = -l_{ij}\sin\varphi + l_{ij}\cos\varphi \quad (i=1,\cdots,p) \quad (4-23)$$
$$b_{il} = l_{il} (l \neq k, j)$$

m 个因子,每次取两个全部配对进行旋转,共需旋转 $C_m^2 = m(m-1)/2$ 次。至此,因子载荷矩阵旋转进行了一个循环。如果循环完毕得出的因子载荷矩阵还没有达到目的,则可以继续进行第二轮 C_m^2 次配对旋转。记第一轮旋转完毕的因子载荷矩阵为 $B_{(1)}$,则

$$B_{(1)} = l_h T_{12} T_{13} \cdots T_{kj} \cdots T_{(m-1)m} = l_h \prod_{k=1}^{m-1}\prod_{j=k+1}^{m} T_{kj} = LC_1$$
$$B_{(2)} = B_{(1)} l_h \prod_{k=1}^{m-1}\prod_{j=k+1}^{m} T_{kj} = B_{(1)} C_2 = LC_1 C_2 \quad (4-24)$$

在实际应用中,经过若干次旋转之后,若相对方差改变不大,则停止旋转,最后旋转后的正交因子载荷矩阵为:$B_{(y)} = l_h \prod_{i=1}^{y} C_i$。

2. 相关性和空间差异度分析

指标体系优化基本步骤如下。

(1) 指标相关性分析

为了消除指标间高度相关而带来的指标信息重叠问题,可以采用相关分析方法分析指标间的相关性。相关系数 r_{ij} 表示指标 i 和指标 j 线性关系的密切程度,r_{ij} 越接近 1,指标 i 和 j 的独立性越差,可以考虑剔除指标 i 或 j。

相关系数矩阵的计算方法为

$$R = \begin{pmatrix} r_{11} & \cdots & r_{1m} \\ \vdots & & \vdots \\ r_{m1} & \cdots & r_{mn} \end{pmatrix} \quad (4-25)$$

其中，
$$r_{ij} = \frac{\sum_{k=1}^{n}(x_{ki}-\overline{x_i})(x_{kj}-\overline{x_j})}{\sqrt{\sum_{k=1}^{n}(x_{ki}-\overline{x_i})^2 \sum_{k=1}^{n}(x_{kj}-\overline{x_j})^2}} \quad (i,j=1,2,\cdots,m) \tag{4-26}$$

（2）计算差异系数

评价指标体系所选的指标要求在各指标间保证较低的相关性的同时，也要求各指标间保证较好的分辨性，从而使各评价对象在该指标下的数值具有较好的分离效果。因此，引入差异系数 CV_j，用其刻画一组指标在空间上的相对波动程度。空间差异度较大的指标具有较强的分辨能力，需要保留；空间差异度较小的指标，分辨意义较差，应予以剔除。公式为

$$CV_j = \frac{S_j}{\overline{x_j}} \tag{4-27}$$

其中，
$$\overline{x_j} = \frac{1}{m}\sum_{i=1}^{m} x_{ij}$$
$$S_j = \sqrt{\frac{\sum_{i=1}^{m}(x_{ij}-\overline{x_j})}{m}} \tag{4-28}$$

式中：j——第 j 个指标；

i——第 i 个评价对象；

m——选取的评级对象。

4.4.5　物流园区网络空间层次结构设计

物流园区网络空间层次的划分主要是指对其网络空间载体层次的划分，由于物流园区网络空间的层次类别具有向下兼容性，即具备建设上层物流园区的地区也往往兼具建设下层物流园区所需的相关条件，因此分析物流园区网络空间层次类别主要是指载体城市所能建设的最高级别的物流园区的种类情况。根据物流园区的主要类型、辐射范围及其对空间载体的要求，可将物流园区网络空间载体层次分为如下三个层次类别。

1. 全国性物流园区

全国性物流园区在现代物流园区网络空间层次体系中处于最高层次，其辐射范围覆盖全国大部分地区，主要发挥货物在全国范围内的中转集散功能，其规模一般比较大，具有较为强大的物流组织与管理能力，完善的综合物流服务能力，包括运输、仓储、堆存、多式联运、信息服务、流通加工、物流咨询以及物流金融等一体化物流服务内容。全国性物流园区一般设置于全国重要的货物集散城市和交通枢纽城市，如国际性大都市、区域经济中心城市、港口城市和口岸城市等，借助其作为空间载体实现物流园区在全国范围内的骨干和枢纽作用。

2. 区域性物流园区

区域性物流园区在现代物流园区网络空间层次体系中处于中间层次，是全国物流园区体

系在一定区域范围内的重要支撑和有益补充，弥补全国性物流园区在区域内辐射范围的空缺。区域性物流园区建设规模视其辐射腹地范围的不同而设置适当建设规模，是区域范围内重要的货物集散中心，具有适度规模的运输、仓储、多式联运、信息服务等物流功能，一般设置于一定经济区域内重要的中心城市，且要求具有较好的交通区位条件和市场需求规模，起到连接上下层以及区域周边物流园区的衔接作用。

3. 城市物流园区

城市物流园区在现代物流园区网络空间层次体系中处于最低层次，主要发挥城市物流园区衔接终端市场和客户的作用，延长现代物流服务的物流链条，其形态一般以中小型物流基地为主，且一般接近于消费集中地，能够提供简单的仓储和配送功能以及一定程度的流通加工能力，其建设规模一般较小，通常位于接近市区或者大型生产制造厂附近，为一种补充性质的物流园区。

以上对物流园区网络空间层次布局结构进行了分析，其总体结构如图 4-15 所示，通过不同层次、不同功能的物流园区载体城市的共同配合、相互补充，共同构成布局合理、功能完善的物流园区网络空间层次体系，进而形成物畅其流、快捷准时、经济合理、功能完善、用户满意的社会化、专业化现代物流服务体系。

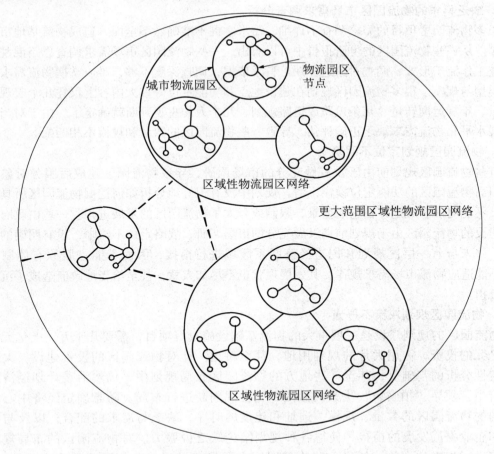

图 4-15　物流园区网络空间层次布局结构

4.5 物流园区规划存在的问题及对策

4.5.1 物流园区规划存在的问题

由于我国物流园区发展起步较晚，可以借鉴的成功的经验和模式较少，同时理论研究也不足。一些物流园区的规划不科学，物流园区建成后其经营举步维艰。目前，国内物流园区的规划建设主要存在以下问题。

1. 物流园区规划缺乏系统性统筹

首先，是规划本身的问题，包括承担规划机构的资格、制定规划的方法、规划使用的数据、计划中的园区模式等不明确；其次，是规划和规划之间的统筹和协调问题，各省市的规划中存在着省市县的协调问题，存在着各自为政的现象，省市县的规划有的是同步进行的，有的省市却是县的规划在先、省的规划在后，至于经济区域范围内的省市物流园区就更加难以统筹，因此，省内物流园区之间，物流园区和物流中心之间，以及相邻省市物流园区之间的覆盖半径和区域效应等协调问题在相关的规划中都没有系统考虑。

2. 缺乏科学的物流园区市场需求调查分析

很多物流园区项目的需求调查不详细，需求掌握不准确、不全面，造成物流基地市场定位模糊。从一些物流园区的可研报告中可以看出，一些物流园区市场需求调查思路混乱，需求调查工作流于形式，调查对象选择缺乏科学依据，调查深度不够，难以掌握物流需求及供给的类型与规模。很多物流园区规划在建设地点和功能定位等重大内容上仅凭几个宏观的货运总量、年货运周转量、几条道路或道路规划、几个人的主观判断就确定了。由于对当地经济发展水平和物流需求缺乏正确评估，导致一些物流园区的数量和规模不相匹配。

3. 物流园区规划定位不明确

有些物流园区规划前由于没有做充分的市场调研，导致物流园区建成后服务对象不明确，因而物流园区的功能定位模糊不清，规划中没有很好地分析如何挖掘物流园区所具备的潜力，不能明确客观地评估它的前景，限制或夸大了物流园区的发展进程。一些由政府主导规划建设的物流园区由于规划前期没做充分的市场调研，战略定位不清晰，没有明确的客户需求，并未与上一层次规划和周边经济联系区域进行衔接，因而不能克服原有体制的弊病，不能适应物流市场需求规律，其发展现状也不尽如人意，甚至给当地政府造成了沉重的财政负担。

4. 物流园区规划决策不严谨

物流园区的规划建设是一项重大的物流基础设施投资项目，需要几千万、上亿元乃至数十亿元的投资，占用大片的规划用地，甚至耕地。针对物流园区的投资建设，大多停留在定性分析的基础上，甚至一些地方的物流园区布局规划中，仍然沿袭计划经济时期由政府主管领导"拍脑袋"决策的做法，凭主观判断进行布局，随意确定经济中心城市范围内的物流园区的数量、规模、选址和建设的时序，缺乏与需求的配合，以及与物流企业和企业物流发展的衔接，使得各种规划结论缺乏说服力。对物流园区的布局规划方案没有进行相应的评价，使得一些物流园区在开发建设后，存在资源严重浪费的问题。同时，物流园区建设存在着"重投入轻产出，重规模轻运营，重设施开发轻市场运作"

等问题。

5. 物流园区规划存在重复建设和"圈地"隐患

对物流园区的规划目前仍旧存在各地为政、条块分割和行业分割的现象,因而各地规划建设的物流园区存在着层次不清的问题,物流园区之间不能产生联动效应,导致在同一经济区域范围内物流园区基础设施重复交叉投资建设,出现低水平的恶性竞争的局面。甚至部分物流园区的规划是纯粹的地方政府行为,出于政府"形象工程"的目的。

部分园区规划面积超过该区域的物流服务实际需求,或者土地资源开发不充分,没有完全用于物流服务。开发商以物流园区开发建设名义获得大规模土地之后,通过土地增值获得收益,而忽略了物流园区的建设,以及后期的运营发展,并未充分利用土地规模,"圈地"获利现象使得土地资源浪费。

4.5.2 物流园区规划存在问题的原因分析

1. 物流规划理论研究的滞后以及方法论的缺乏

我国现代物流业刚刚起步,物流理论特别是物流园区规划建设方面的研究还处于起步阶段,研究成果相对较少,方法论也较为缺乏,可提供借鉴的成果和经验也相对较少。到目前为止,我国尚未建立物流产业的行业规范,物流成本也没有统一的统计指标体系和统一的统计方法,物流园区规划中许多定性指标的"量化"也就成为规划工作的一大难题和瓶颈。在我国目前的物流园区规划建设中,定性地强调物流规划要受区域经济、交通运输网络、货运量、相关政策影响,缺乏数学模型和相应算法等定量化的深入分析方法,对于一个具体的物流园区规划可操作性差,很难解决实际问题。如在我国物流园区布局规划中,物流园区的用地普遍出现了规模偏大、贪大求洋的局面,其根本原因在于对确定规模的各种影响因素缺乏全面的分析,缺乏确定规模的标准等科学方法论的指导,在确定物流园区的建设数量和建设地点时存在利益平衡布局问题。相关行业或政府部门为了获得投资拉动效应,增加就业岗位投资建设大规模专门化物流基础设施,一些地区对规划后的物流园区不能从整体利益的战略高度出发,争先上马建设规划各个服务功能区,这在一定程度上造成了物流园区建设数量、选址和建设序列的失控。

2. 缺乏规划所需的基础数据

我国在物流方面的统计方法存在许多不足之处,导致许多统计数据有较大偏差。另外,由于现代物流还未被广泛认识,物流方面的相关指标体系还未能建立,使得在物流园区规划中很难获得物流相关指标体系的历年统计数据。因此,即便有了理论方法指导,甚至有了评价指标体系,也有可能会因缺乏系统和准确的数据而无法开展。为此,需要加快明晰现代物流的边界和范畴,健全现代物流业的统计体系,完善相关基础调查工作和统计报表制度。

3. 现有体制和政府的管制还存在弊端

计划经济遗留下来的影响使得物流园区规划中或多或少地带有政治色彩,存在很多的政府干预。我国经济领域中,部门分割、行业分割和地区分割以及地区间市场封锁的问题,阻碍着物流园区的系统规划和建设工作。在对一些经济中心城市的调研中发现,我国许多经济中心城市在制定发展规划时,公路部门在规划建设自己的各级交通枢纽和物流节点,铁路部门在规划建设自己的各级货运站,航空部门也在规划建设自己的航空物流节点等,而很少有统筹几个方面的综合规划部门。

4.5.3 物流园区规划的对策

物流园区的发展建设具有较强的社会性质，物流园区业务的开展，涉及社会的方方面面。因此，物流园区的规划建设必然是一项相当复杂的社会性系统工程，不仅需要政府、企业和社会的广泛支持，也需要有较高的理论、技术和管理作前提。为了更好地合理规划，使规划工作起到应有的效用，在具体的物流园区规划中应抓住以下问题。

1. 充分发挥政府在物流园区规划、建设和运营中的作用

物流园区的布局、建设直接关系到其效率、效益的发挥，因此，政府及有关主管部门，应当站在部门、行业协作的高度，做好社会物流园区的宏观规划与协调工作。政府在物流园区的建设和运营中起着十分重要的作用，这些作用可以归纳如下。

（1）总体规划和协调的作用

由于土地属于国有，物流园区的选址必须符合城市的规划，否则便会造成新的混乱。日本由于国土狭小，大城市集中，人口密度大，政府的规划力度较强，而对于国土面积广阔的美国，政府的作用就小得多。

（2）政策支持的作用

物流园区是投资大、利润低的工程，投资回收期较长。政府应看到发展物流园区所产生的社会效益而不是经济效益，看重的是物流的快速化、集约化给社会经济带来的便利，看重的是减少空载、减轻污染、缓解交通堵塞，看重的是增加就业，减少社会压力。因此，物流园区在规划时，政府职能绝不仅仅是简单的批地，还应该提供税收、融资和人才引进等多方面的配套政策及相关资源支持。

（3）制定和执行标准

实现物流设备的标准化、通用化、国际化，便于货物的换载和装卸保管工具的使用，使单证及数据的交换和计算机语言相统一。

（4）研究、制定物流园区和物流产业的发展战略

政府应站在区域整体层面，统筹和规划区域物流园区和物流产业宏观发展战略。

此外，在物流规划的全过程中，政府应按照专家的建议行事，听从多方面的建议，而不能盲目地将领导的主观感觉强加于科学之上，进行过多管制，同时规划中政府必须给予足够的支持，特别在调研的过程中对资料的收集应该得到政府的支持。

2. 加快形成统一技术标准体系，使物流园区规划工作规范化

目前国家标准化管理委员会已经制定《物流园区分类与规划基本要求》《物流中心作业通用规范》《物流园区服务规范及评估指标》《通用仓库及库区规划设计参数》等方面的标准，但对有关物流园区规划与建设方面的技术规范尚未出台。政府主管部门应该联合目前国内物流方面的专家进行研讨，早日制定出一套符合物流园区规划方面的成套技术标准与规范体系。

此外，由于一个物流园区的筹划、规划、建设及运营是一个复杂的过程，需要众多的专业组织和人才共同完成，因此相关政府部门、行业组织、规划设计院、相关高等院校和投资方应合力推动物流园区规划工作的规范化，努力提高物流园区规划的水平，保障物流园区规划与建设质量和运行效益。

3. 充分重视项目规划前期的研究和分析，并落到实处

物流园区规划前期，应该充分调查和分析物流参与各方的需求，从帮助企业降低成本、提高效率，并进而提高区域经济整体效率的角度进行物流园区的规划和建设，避免单纯地为物流而物流、为政绩而物流或为形象而物流。在了解客户需求的基础上，进行准确的功能定位和目标服务客户锁定，做到有的放矢。

具体而言，第一，物流园区规划单位应该详细分析中心拟覆盖、服务的区域，研究相邻物流园区或基地、中心等类似设施的目标定位、功能等情况，分析与之相比的优劣势，初步确定目标客户；第二，进行详尽的市场调研，研究覆盖范围内市场具体需求，确定市场容量；第三，规划者在充分了解市场的基础上确定合理的商业模式，并进行严格的投资分析测算，制订具体的投资回收期及盈利计划。

4. 科学选址，避免规划中"求大求全"和"政绩工程"

无论是制造业企业、商贸类企业，还是物流服务和运输类企业都将"优越的地理位置"作为是否入驻物流园区的重要考虑因素。同时，制造业、商贸和物流服务类企业都一致认为区域经济的欠发达所导致的业务量较少是影响物流行业快速发展的重要因素。物流服务企业对于这一点体会尤其深刻，超过1/3的物流企业认为业务量不足是影响其发展的最重要因素之一。

由此可见，物流园区的选址绝不是选择一个靠近机场、港口或高速公路的地段那么简单，综合考虑周边货物的集散情况是物流园区建设成败的关键。通常是自发形成的批发中心、集散中心、货运站等非常红火，而很多经由政府规划的物流园区却总是清净甚至萧条，这足以说明上述问题。

物流园区建设的一个很重要的目的就是提供社会化的物流服务功能，物流园区在规划时就应靠近其将提供仓储或转运等服务的货源，没有货源的物流园区将是无源的死水。物流园区规划时，有关单位只有综合地考虑所能提供的配套政策和资源支持，尤其是周边经济发展对物流园区达到经营规模的支持，物流园区经营才能取得规模效应。同时，避免物流园区规划时的"求大求全"和"政绩工程"，坚持经济性原则。

5. 加强规划项目的实施与后续评价，防止一些企业的"圈地"倾向

部分物流园区和基地的建设带有较明显的圈地倾向，以至于众多业内人士纷纷质疑物流发展的这种"泡沫"现象。物流园区并不是越大越好，规模大、空置率高，对物流水平的提高和经济的拉动作用仍然有限。同时，一些违规操作、打着物流旗号的恶意"圈地"反而会对物流行业的整体发展造成不良影响。

为防止一些物流园区在经营过程中逐渐转变成房地产项目，或者部分企业借着建设物流园区的旗号"圈地"，有关政府部门应该严把项目评审关，召集有关专家对项目可行性进行充分论证，并将之制度化。同时，加强项目建设中的监管力度，专地专用。只有严把前期的项目审批关，并有效监控物流园区项目的发展，才能有效防止物流"圈地"现象发生，保持物流行业发展的良好环境；其次，应该建立物流园区建设效果的定期评估制度。在物流园区的建设过程中，对分阶段的目标进行评估审核，以确保分阶段目标的实现，同时在这个过程中可以考虑对物流园区的滚动发展，以对物流园区做进一步的规划工作。在物流园区运营阶段，应该对其经营情况进行定期的评估，衡量其经济效益和社会效益。

德国不来梅物流园区规划布局

德国不来梅物流园区，最初是由德国海运与物流研究所艾克斯坦提出的建设方案，经由不来梅政府的同意于1985年建立。不来梅物流园区位于德国西北部的不来梅市，具备良好的公铁水联运地理优势，能有效地为内陆腹地和港口之间提供运输服务。

1. 园区选址

首先，不来梅物流园区在德铁北方铁路路网中处于重要枢纽位置，保证德铁泛欧铁路运输的顺利开展。其次，不来梅物流园区围绕德国不来梅哈芬港建造，距离哈芬港仅1.5 km，不来梅哈芬港深入欧陆腹地，有效缩短了货物的配送距离。最后，不来梅物流园区距离281公路0.5 km，距离6号公路4.3 km，距离E234公路23.4 km。良好的地理位置保证了公路、铁路、水路的流畅衔接。

2. 功能布局

不来梅园区的原址为占地200公顷的盐碱地，该盐碱地由不来梅州政府以每平方米6~8马克的价格从当地的农民或牧民中征用，并由"经济促进公司"来负责其建设工作。经济促进公司在完成不来梅物流园区的"三通一平"及与之相关的基础设施建设后，以招商的方式吸引众多的物流企业入驻不来梅物流园区，入驻的企业将负责建设地面上的设施、建筑。这个过程的完成分三个阶段进行。第一阶段是将现有的200公顷土地全部卖出去或租出去。这一阶段，土地既卖又租，以每平方米30马克的价格来卖土地，以每平方米4.29马克的租金来出租土地，租用三十年后再签协议。第二阶段，只卖不租。以每平方米50马克的价格来卖土地。第三阶段，以每平方米70马克的价格来卖土地。这样，第一期投资共计10亿马克，其中不来梅政府利用土地的置换、卖出土地的价差和政府税收的方式投资5亿马克，入驻到物流园区的企业投资5亿马克。

不来梅物流园区拥有高度密集的基础设施，公路、铁路、水路等设施建设齐全。铁路功能区和周边社会物流企业紧密衔接，在保证铁路物流节点内各环节流畅衔接的基础上，与周边物流企业在物流业务上相互支撑，不来梅物流园区内部功能区布置平面示意图如图4-16所示。

园区内有一座公铁联运站，占地20万 m^2，有9条铁路线，每条长750 m。园区内铁路线共有12条，长度超过8 km，一些铁路可深入到入驻企业的场库，进出物流园区的货源50%是通过铁路运输的。仓库面积共计33万 m^2，其中铁路仓储面积20万 m^2，冷藏库面积3万 m^2，危险货物仓储面积1 100 m^2。在园区总面积中，15%的土地用于环保，20%的土地预留，60%~65%的土地用于生产用途以及出租、出售。

园区中除设有采购、生产、检验、包装、仓储、配送、运输等基本物流服务设施外，还建有综合服务中心、维修保养厂、加油站、清洗站、餐厅、驾驶员培训中心等实体，提供尽可能全面的服务。目前，不来梅物流园区成为欧洲重要的物流中转基地之一，集多式联运、仓储、统一配送等于一身。

第 4 章　物流园区规划程序、内容及方法

图 4-16　不来梅物流园区内部功能区布置

3. 园区管理

不来梅物流园区的经营管理采取股份制形式，其中州政府出资占 25%，入驻企业出资占 75%，并有高效的组织管理机构——股东大会，其下设物流园区发展公司。由经营企业选举产生咨询管理委员会，推举经理负责园区的管理活动，实际上采取了一种企业"自治"的方式。物流园区发展公司代表企业与政府及其他物流园区联系，负责园区的对外招商，但不具有行政职能。同时还负责兴建综合服务中心、维修保养厂、加油站、清洗站等公共服务设施，为成员企业提供信息、咨询、维修等服务。入驻企业的会费，车辆的加油、维修、食堂服务的盈利和州政府的补贴构成物流园区发展公司的经费。

入驻园区的企业须提交商业计划书，特别要说明在就业、税收等方面的贡献，节能环保的措施等，经批准后才能入驻。入驻企业依据自身经营需要，建设相应的仓储设施，配备相关的机械设备和辅助设施。政府按照 10%~13% 的比例，资助企业建设仓储设施。目前，作为德国入驻率最高的不来梅物流园区已有 190 多家物流企业入驻，并吸引了 50 多家生产型企业在周边进驻。园区就业人数多达 8 000 人，占不来梅市总人口的 1.6%。作为港口"延伸的手臂"，不来梅港 70% 的货物要通过不来梅货运村集散。

案例 2

传化公路港网络化布局规划

传化物流定位于公路港物流平台整合运营商，由多元化民营企业集团——传化集团投资。传化自 1997 年涉足物流行业以来，一直以创新的思维，引领我国物流业的发展。2002年首创"公路港"平台模式，并建设运营了杭州公路港、成都公路港、苏州公路港，成功打造了"以信息化为核心、以网络化为载体、以资源整合为基础、以服务创新为驱动"的公共物流服务平台，填补了行业空白，改变了公路物流"布局散、秩序乱、环境差，市场

信用缺失"的状况，显著提升了公路物流运营效率。

传化物流在全国17个省会城市，51个枢纽地级市，合计落实了68个项目，并在浙江、四川、山东、江苏、福建、重庆、天津、黑龙江、吉林、河北、贵州11个省市建立了全省网络布局。预计到2020年，传化将形成10个枢纽160个基地的全国性平台网络。目前，浙江传化物流平台上汇集超过200万人的货运司机会员，运行的大中型物流企业有420多家，小微物流企业2 000余家，形成了40万辆车源的运输网络，传化信息平台开通了100多个城市的货运班车，其中定期的零担货运班车有40多条。

未来传化物流将加速连锁复制，推进"1核10枢纽60基地600节点"的大物流战略，打造千亿物流，"1核"是指具备多重身份的萧山基地，它既是传化物流的总部、未来60个平台的管理枢纽，又是传化物流的信息化平台中心。在未来10年内，在全国范围建设60个物流基地以及600个物流节点，构建全国联网的品牌物流企业。

传化物流紧紧围绕"物流价值链"与"增值服务价值链"，逐步构建公路港平台和信息服务系统的共享平台，打造"陆鲸""易货嘀""传化运宝"等开放的物流互联网产品，形成一个"共创、共赢、共享"的传化物流创客平台。从而为货主企业、物流企业和个体货运司机等公路物流主体提供综合性物流及配套服务，共同形成"高效的货物调度平台""优质的货运生活服务圈"和"可靠的物流诚信运营体系"，发展公路物流O2O全新生态。

未来，传化公路港重点依托"物流+互联网+金融"的创新模式，致力于构建"中国智能公路物流网络运营系统"，实现港与港之间的互联互通，发挥公路港全国布局的网络效应。

第5章 物流园区物流需求调查

5.1 物流需求调查内涵

5.1.1 物流需求概念体系

1. 物流需求的概念

需求是指消费者一定时期内在各种可能的价格下愿意且能够购买的该商品的数量。物流需求是一种伴随着社会经济发展而不断发展的派生需求。这种需求不仅仅体现在物流需求规模、结构的增减与波动上，同时也体现在物流操作流程的优化与物流服务质量的提升上。目前许多的专家学者已经从不同学科以及不同角度对于物流需求进行了广泛的定义、分析和研究。因此对于物流需求的概念也随着专业和角度的不同而有所区别。

物流需求具体是指经济发展过程中各行业对物流服务的需求，是经济活动过程中对材料、成品等的配置作用在空间、时间以及效率等方面的要求。对物流服务的需求，主要包括运输、仓储、流通加工、货物配送、信息技术服务等物流活动。物流需求是伴随着产品的生产、流通等经济活动而产生的，与其他经济活动的发展程度有很大的相关性。物流需求是经济活动系统与物流系统共同作用的结果，同时需求量又反作用于物流系统和经济活动系统，具体如图5-1所示。

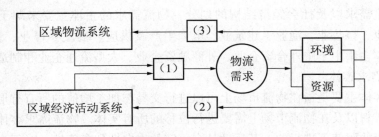

图5-1 物流需求的产生机理

其中：（1）表示物流需求取决于区域物流系统与区域经济活动系统的共同作用；

(2) 表示在物流需求实现过程中，区域物流系统可以改变社会经济活动系统，优化区域经济活动资源配置，提升区域经济活动的效率；(3) 表示在物流需求实现过程中，要求区域物流系统适应物流需求的变化，主动地做出调整和响应，以适应区域经济活动系统的不断变化。

在现实中，物流需求主要包括区域内各类生产制造业企业对产业物流的需求，包括采购物流、生产物流、销售物流、废弃物物流、回收物流等；商贸流通企业及城市居民对物资储存、运输、流通加工、包装、配送等产生的需求；建筑业等其他产业产生的物流需求。在这些基本物流需求基础上，还产生了物流一体化服务、物流与供应链金融、物流设备租赁、物流信息服务等增值服务需求。随着经济结构调整和发展方式的转变，煤炭、钢铁等大宗商品物流需求放缓，而服务制造业升级的供应链物流需求逐步增加，同时与城市居民消费相关的电商、快递、冷链、配送等物流需求也迅速发展，引发了物流产业需求结构的重大调整，也推动着物流产业供给侧的结构改革。

2. 物流需求的要素

由于物流需求与社会经济活动息息相关，因此物流需求的各种要素也与社会经济活动中的各要素有着紧密的联系。因此，根据社会经济活动的要素特点，物流需求的要素主要由主体、客体、载体、方式组成，如图5-2所示。

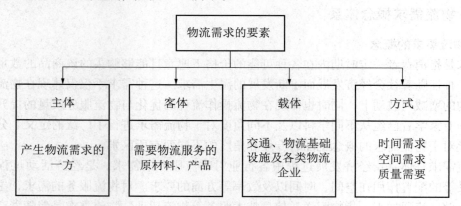

图5-2　物流需求的要素组成

（1）物流需求主体

物流需求主体主要是指产生物流需求的一方，是物流市场的关键要素。根据社会经济活动对于产生物流需求以及社会经济结构的划分，物流需求的主体主要来源于制造业、采矿业、农业、林业、畜牧业、渔业、建筑业、电力生产及供应、批发零售业、餐饮业等行业。物流需求的主体多集中于中外合资企业、外商独资企业、大型流通企业和制造业企业等。

（2）物流需求客体

物流需求客体主要是指在物流市场上可以进行交易与加工增值的所有有形商品，包括生产资料与生活资料以及在物流市场上需要进行位移的所有实体。物流需求客体的运动是在物流需求主体要素的驱使下进行的，其运动具有一定的方向性和有序性。对于生产制造业企业来说，物流需求客体包括原材料、零配件、半成品和产成品等；对于商贸流通企业来说，物流需求客体不仅仅局限于实实在在的产品，还结合了各种无形的商业服务。

(3) 物流需求载体

物流需求载体是指为物流客体服务的设施、场所或组织。第一类载体是指基础设施，如公路、铁路、航道等物流通道以及机场、港口、物流园区、物流中心、配送中心、货运场站、仓储设施等物流节点设施；第二类载体是指设备即以第一类载体为基础，直接承载并运送流体的设备，如车辆、船舶、飞机、装卸搬运设备等，它们大多是可以移动的；第三类载体是指各种类型的运输、仓储、配送、货运代理、第三方物流等物流企业。

(4) 物流需求方式

物流需求方式是指为满足不同的物流需求的主体与客体而产生的不同的服务类型需求、时间需求以及空间需求等所需要的渠道、技术、方法。根据不同的主体以及不同的客体，物流需求的方式一直呈现出纷繁复杂的特性，具有显著的专业性和共同性特征。

3. 物流需求的特点

物流需求与其他商品需求相比具有特殊性，这些特殊性是相互关联、相互影响的。

(1) 物流需求的派生性

物流需求是特定的生产、消费活动释放的一种从属性需求，尤其是制造业企业与商贸流通企业经营活动所派生的物流需求。物流需求的产生与发展与社会经济的发展密不可分，社会经济的高涨与低落、产业结构的组成、生产力空间布局、交通基础设施、消费水平等都直接或间接地影响物流需求乃至整个物流产业的发展。因此，社会经济是物流需求产生的基础，物流需求是社会经济活动的衍生产物。

(2) 物流需求的多样性

物流需求的多样性产生的最根本的原因是主体的多样性和对象的多样性。物流需求的多样性不仅在物流需求数量的变化上有所体现，也体现在物流需求服务质量以及模式的转变升级方面。例如，不同类型的生产制造业企业，对采购物流、生产物流、消费物流等需要的内容、形式和要求有所差异。生活水平的提高加速了人们对个性化消费品的需求，同样对物流服务质量和服务能力有了个性化、多样化的要求。

(3) 物流需求的时效性

物流需求的时效性表现为一定时期内的物流服务需求，任何一个物流需求都不是永恒不变的，都属于特定时间范围的物流需求。不同的经济建设和发展阶段，由于产业结构的差异以及人民消费能力、观念的不同，对物资需求的数量、品种、规模的要求是不同的。各类新型物流与供应链管理模式、业态、技术的快速涌现以及物流产业政策的不断完善，也在一定程度上增强了物流需求随时间变化的敏感性，刺激了物流需求范围和结构变化。因此要在时间、空间范围和经济环境一定的范畴下进行物流需求调查。

(4) 物流需求的不均衡性

物流需求的不均衡性主要体现为时间层面和空间层面。不同发展时期，经济社会发展、城市和企业等对物流需求的规模和要求是不一样的。同时，在同一区域的背景下，区域内部生产力的分布，资源与生产资料的分布，生产制造过程及消费的分布，交通设施资源布局等不均衡也会引起物流需求不均衡。因此，在同一区域环境中不同的地区、城市，具有不同的物流需求规模、结构和要求。

(5) 物流需求的广泛性

物流需求的广泛性体现为物流需求存在于生产和生活的各个方面，涵盖诸多国民经济行业和流通环节。从生产角度来看，由于物流需求服务的主体包含了制造业、采矿业、农业、林业、畜牧业、建筑业等行业的经济主体，其所对应的客体也广泛地包含社会各方面的原材料、半成品和产成品，因此存在广泛性的物流需求；从流通角度来看，在制造企业、批发商、零售商、消费者之间都有可能产生相应的物流需求。

4. 物流需求量的分类

物流需求量往往以运输量、仓储量等形式表现出来，它与物流服务质量、物流供给能力相互作用，如果物流服务质量、物流供给能力较强，可以有效地促进企业效率的提高和成本的降低，一些潜在的物流需求就会转变为现实物流需求。在经济活动中，可以用物流量表示物流需求。物流量一般是指运输、储存、包装、装卸搬运、配送、流通加工等物流环节中作业的数量或价值量的总和，也叫作物流强度或规模，如图5-3所示。

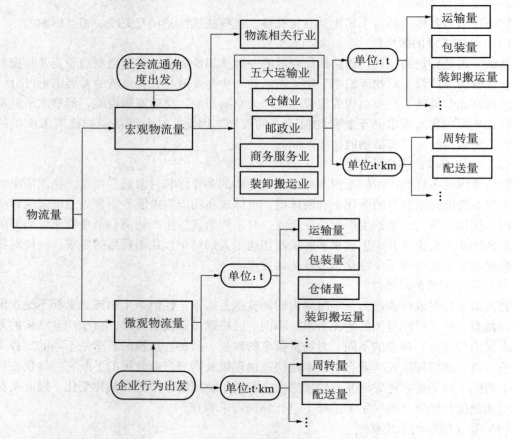

图5-3 物流量概念体系

物流量分类如下。

（1）按功能环节分类

物流量可分为运输量、包装量、仓储量、装卸搬运量、配送量与流通加工量。

（2）按物流生产过程分类

物流量可分为供应物流量（运输量、仓储量、装卸搬运量等）、生产物流量（仓储量、装卸搬运量）、销售物流量（运输量、仓储量、装卸搬运量、配送量、流通加工量）、回收和废弃物流量（运输量、仓储量、装卸搬运量、流通加工量）。

（3）按物流对象分类

物流量可分为原材料物流量、半成品物流量和产成品物流量。

在分析物流量的时候，应首先分析清楚物流系统的各个作业环节，不同的作业环节采用不同的指标测量。在调查物流园区规模时，通常需要的有关业务量有：运输量、仓储量、配送量和装卸搬运量。

（1）运输量

运输量主要包括运量、周转量两个指标，货物运输完成的运量以吨测量，周转量用吨·千米测量。

（2）仓储量

仓储量通常通过物资仓储的各项指标得以体现，最常采用的有物资的最高储备量、物资平均库存量、仓库物资吞吐量等。通常采用的单位为吨。

（3）配送量

配送量是物流量的重要组成部分，有必要进行统计及计算，同时配送量也是城市建设面向区域或市域配送的物流基础设施的重要参考指标，以吨·千米测量。

（4）装卸搬运量

装卸搬运量是指各类物流节点（如车站、港口、仓库等）的装卸搬运量，有时称为吞吐量。

5.1.2 物流需求调查的目的

1. 物流需求分析是规划建设物流园区的前提

物流园区是物流业发展到一定阶段的产物。在规划建设物流园区时，必须结合当地的经济发展状况及该地区的产业发展状况，这样才能对该区域的物流需求内容和规模有一个比较全面的把握，以便于对物流园区进行合理的定位。只有充分考虑到当地的经济和产业发展状况，才能使规划出来的物流园区所提供的服务与经济社会和产业发展相匹配，使其提供的物流服务规模和质量与当地的需求和经济发展水平相一致。因此，在规划建设物流园区的过程中，必须对当地的经济发展状况和产业发展状况有充分的了解，如果不能做到这些，规划出来的物流园区就是不科学不合理的，与当地的区域发展不一致，甚至阻碍当地经济和产业的发展。

2. 物流需求分析是规划建设物流园区的依据

通过全面的物流需求分析，可以充分把握物流需求的内容和变化趋势，因此，可以对物流园区进行合理的规模规划、功能规划和合理的物流供给，尽量保证物流供给和物流需求达到相对平衡，并提高物流运作效率，降低物流成本。

3. 物流需求分析是确定物流园区能力供给的基础

在物流业发展的初期，物流供给能力不足，无法满足物流需求，会使一部分物流需求转化为潜在物流需求，可能抑制物流需求的产生，但是，当物流业发展到一定阶段，基础设施完好，技术发达，物流供给能力可能会超过物流需求，将会造成物流资源的浪费，全社会物流成本上升。因此，进行全面的物流需求分析，有利于合理规划建设物流园区，避免重复建设带来的资源浪费，保证物流园区规划建设合理化。

5.1.3 物流需求调查的原则

1. 客观性原则

市场调查的客观性原则是指市场调查需要客观反映市场需求信息，主要体现在调研主体、调研对象、调研内容和结果等方面。物流园区市场调查由开发单位组织牵头、设计院参与，调查对象包括政府、企业、园区等各类型主体。调研的内容与结果必须客观公正，能够反映区域物流市场、行业物流市场、企业物流需求情况，为物流园区项目方案设计提供有效的决策支撑。

2. 针对性原则

市场调查的针对性原则是指市场调查要围绕企业经营活动中存在的问题，即调查的目的来进行。物流园区建设需求调查的针对性体现在几个层面：一是物流园区项目需求调查的目标是支撑项目设计与建设决策，整个需求调查与分析是以此为目标展开的；二是调查对象的针对性，主要针对的是与物流需求相关的行业、企业、园区，以明确调查范围，降低调查难度；三是调查内容的针对性，调查内容必须要紧紧围绕调查对象的现状或可能掌握的情况，以及潜在物流痛点，尤其是针对企业的调查，需要根据不同类型调查对象的情况设计调查问卷，以支撑调查结果的可靠性。

3. 科学性原则

市场调查的科学性原则是指市场调查的整个过程要科学安排，要以科学的知识理论为基础，要应用科学的方法。首先是体现在物流园区建设需求调查体系的构建上，要建立起科学的、能够指导需求调查与分析活动有序开展的方法体系。再有在项目辐射范围、需求调查、需求分析、需求预测和规模确定等环节上，要运用科学的方法和手段，以保障决策支撑的有效性与可靠性。

4. 系统性原则

市场调查的系统性原则是指要全面系统地收集企业、园区等调研对象的生产、物流活动有关的市场现象的信息资料。系统性主要表现在调查对象和调查内容两方面，一是物流园区项目需求调查的对象应当覆盖生产制造业企业、物流企业和物流园、工业园等对象，不能以偏概全而造成需求掌握不清；二是调研内容应当精炼、准确，能够反映企业的物流需求与供给现状，更进一步能够明确指出企业存在的物流痛点。

5. 经济性原则

市场调查的经济性原则是指市场调查工作必须要考虑到经济效果，要以尽可能少的费用取得相对满意的市场信息资料。经济性原则主要表现在调查对象的选取和调研主体配备两个方面，调查对象的选取以减少调研次数为目标，争取以座谈、问卷等形式开展，降低调研次数与成本。从调查主体的配备来看，应降低调查小组规模，以小规模、小批次的形式通过有效渠道展开调查，降低调查的人力成本。

5.2 物流需求调查货物品类划分

物流园区需求调查时，需要明确服务的国民经济的主要行业，在此基础上，根据区域经济结构、城乡居民消费情况，确定未来入驻的主要货物品类，从而根据不同货物品类规模、特性等，确定物流园区不同功能区规模设计及设施布置。

5.2.1 货物品类划分相关标准

国内外对货物品类的划分主要有联合国国际贸易标准分类、国家统计局统计用产品分类、中华人民共和国海关统计商品分类、中华人民共和国交通部运输货物分类四种划分标准，具体内容如下。

1. 联合国国际贸易标准分类

1951年，联合国统计委员会颁布实施了《国际贸易标准分类》（Standard International Trade Classification，SITC），作为各国际机构做贸易统计报告和对世界贸易进行系统分析的共同基础。《国际贸易标准分类》自1951年颁布实施以后，进行了数次修订，除门类框架不动以外，其他类目，随着层次的增加变动也相应扩大。

SITC采用经济分类标准，即按原料、半制品、制成品分类并反映商品的产业部门来源和加工程度，将商品分为"食品和活畜""饮料及烟草""非食用原料（燃料除外）""矿物燃料、润滑剂和原料""动物和植物油油脂和蜡""化学成品及相关产品""按原料分类的制成品""机械及运输设备""杂项制品""未分类商品"十大类。

2. 国家统计局统计用产品分类

2010年，国家统计局第1次常务会议通过了《统计用产品分类目录》，是对社会经济活动中的实物类产品和服务类产品进行的统一分类和编码，它适用于以实物类产品和服务类产品为对象的所有统计调查活动。目录的框架结构采用《国民经济行业分类》大类的框架，第一层产品及代码与行业大类原则上保持一致。

国家统计局《统计用产品分类目录》参考国家标准《国民经济行业分类》、联合国统计司制定的《产品总分类》、国家海关总署制定的《海关统计商品目录》，按产品的物理、化学、生产、材质、工艺、技术、用途、服务等属性，将商品分为"农业产品""林业产品""饲养动物及其产品""农副食品，动、植物油制品""食品及加工盐""饮料、酒及酒精""烟草制品""纺织产品""服装、鞋、帽""纸及纸制品""印刷品、记录媒介复制品""文教体育用品""医药"等33类产品。

3. 中华人民共和国海关统计商品分类

海关统计商品目录是以海关合作理事会（世界海关组织，WCO）制定的《商品名称及编码协调制度》为基础，结合我国实际进出口货物情况编制而成，自1992年1月1日起实施。《中华人民共和国海关统计商品目录》2017年版将商品分为"活动物；动物产品""植物产品""动、植物油、脂及其分解产品；精制的食用油脂；动、植物蜡""食品；饮料、酒及醋；烟草、烟草及烟草代用品的制品""化学工业及其相关工业的产品""木浆及其他纤维状纤维素浆；回收（废碎）纸或纸板；纸、纸板及其制品""纺织原料及纺织制品""贱金属及其制品""车辆、航空器、船舶及有关运输设备"等22类。

4. 中华人民共和国交通部运输货物分类

中华人民共和国交通部《运输货物分类和代码》是根据1985年交通部标准化计划的安排，由交通部标准计量研究所负责起草的。本标准现已批准发布，自1988年12月1日起正式实施。2001年4月经修订后重新颁布。

《运输货物分类和代码》中，按货物的自然属性，兼顾公路、水路运输特点及其业务管理需要，将运输货物分为"煤炭及制品""石油、天然气及制品""金属矿石""钢铁""矿物性建筑材料""水泥""木材""非金属矿石""肥料及农药""盐""粮食""机械设备、电器""化工原料及制品""有色金属""轻工、医药产品""农、林、牧、渔业产品""其他货类"。

5.2.2 社会货物品类划分方法

货物是运输生产的主要对象，在物流过程中运输的货物，品种繁多，自然属性、物流特性各异且批量不一，因此，基于货物运输生产过程中的复杂性和重要性，我们非常有必要对货物进行科学的分类。货物的用途、自然属性、物流特性等是货物最本质的属性和特征，是货物分类中最常用的分类依据。

1. 按货物的用途分类

一切货物都是为了满足社会上的一定用途而生产的，因此货物的用途是体现货物使用价值的标志，也是探讨货物质量的重要依据，因此被广泛应用于货物的研究、开发和流通。它不仅适合对货物大类的划分，也适用于货物种类、品种的进一步详细划分。

按货物的用途，可将货物分为生活资料货物和生产资料货物两大类。具体分类如表5-1所示。

表5-1 按货物用途分类

大分类	中分类	小分类
生活资料货物	食品用品	粮食及制品、食用油、肉及其制品、乳制品、水产类、罐头、食糖、冷食、饮料、蒸馏酒、配制酒、发酵酒、调味品、豆制品、糕点、消毒鲜乳
	衣着用品	衣服、裤子、鞋子、袜子、包、围巾、手套、腰带
	日用品	器皿类、玩具类、洗涤用品类、化妆品类、梳洗类、居室装饰类、床上用品类、餐桌用品类
	文化用品	办公杂品、学生用品、乐器、图书影像
	家用电器	制冷电器、空调器、清洁电器、厨房电器、电暖器具、整容保健电器、声像电器、其他电器
生产资料货物	农业生产资料	农业机械设备、中小农具、半机械化农具、种子、化肥、农药、耕畜
	工业生产资料	原材料、半成品、零部件、主要设备、次要设备

2. 按货物的自然特性分类

货物的自然特性包括货物的成分、结构、形态、化学性质、物理性质、生物学性质、生态学性质等特性，按货物的自然特性不同，可做如下分类，如表5-2所示。

（1）冻结性货物

冻结性货物是指在低温条件下，含有水分，易于冻结成为整块或产生沉淀的货物。如墨汁、液体西药受冻后会产生沉淀，影响质量；煤炭、散盐、矿石低温时易冻结成大块，造成装卸货物困难。

表5-2 按货物的自然特性分类

大分类	小分类
冻结性货物	墨汁、液体西药、煤炭、散盐、矿石等
热变性货物	石蜡、松香、橡胶等
自热性货物	油纸、棉花、煤炭等
锈蚀性货物	铁、钢材等
染尘性货物	各种纤维货物、液体货物及食品等
扬尘性货物	矿粉、炭黑、染料等
易碎性货物	玻璃及其制品、陶瓷器、精密仪器等
吸味性货物	茶叶、香烟、大米、糖、咖啡等
吸湿性货物	茶叶、糖、盐、化肥等
带虫害病毒货物	未经消毒的生牛羊皮、破布、废纸等

（2）热变性货物

热变性货物是指当所在环境的温度超过一定限值时会引起形态变化的货物，如石蜡、松香、橡胶等。

（3）自热性货物

自热性货物是指在不受外来热源影响下能够自行发热的货物，如油纸、棉花、煤炭等。

（4）锈蚀性货物

锈蚀性货物是指在环境中易于生锈导致毁损的金属类货物，如铁、钢材等。

（5）染尘性货物

染尘性货物是指容易吸收周围环境中灰尘而被污染甚至失去自身性能的货物，如各种纤维货物、液体货物及食品等。

（6）扬尘性货物

扬尘性货物是指极易飞扬尘埃且能使其他货物受到污染的货物，如矿粉、炭黑、染料等。

（7）易碎性货物

易碎性货物是指机械强度低，质脆易破的货物，如玻璃及其制品、陶瓷器、精密仪器等。

（8）吸味性货物

吸味性货物是指容易吸附外界异味的货物，如茶叶、香烟、大米等。另外，有些吸味性货物本身还具有散味性，如烟叶、糖、咖啡等。

（9）吸湿性货物

吸湿性货物是指容易吸收空气中水蒸气或水分的货物，如茶叶、糖、盐、化肥以及棉布等各类纤维织物。

（10）带虫害病毒货物

如未经消毒的生牛羊皮、破布、废纸等。

3. 按货物的物流特性分类

根据在运输、装卸、包装、保管等环节的要求各不相同，货物可以依据运输方式、装卸搬运方式、储存场所等物流特性进行分类，从而在工作中尽可能地使货物的运输条件适应货物，以保证货物运输的质量和安全，提高货物运输效率。通过分行业对货物的物流需求进行调查，以及对货物的物流特性进行分析、梳理和归类，将货物按其物流需求特性分为普通货物、特殊货物、件杂货物、散装货物四大类，如表5-3所示。

（1）普通货物

普通货物是指在运输、装卸、保管中对车辆结构和运输组织无特殊要求的货物。普通货物分为三等：一等普通货物主要有砂、石、渣、土等；二等普通货物主要有日用百货；三等普通货物主要有蔬菜、农产品、水产品等。

（2）特殊货物

特殊货物是指货物在性质、体积、重量和价值等方面具有特别之处，在积载、运输、装卸、保管中需要使用特殊设备和采取特殊措施的各类货物。特殊货物主要包括以下几种类型：木材、危险货物、贵重货物、重大件货物、冷藏易腐货物和鲜活动植物货物。

（3）件杂货物

件杂货物是指可以以件计量的货物，通常是指有包装和无包装的散件装运的货物，包括茶叶、肠衣、棉花、生丝、天然橡胶、生皮、玻璃及其制品、金属及其制品、食糖、化学肥料等。

（4）散装货物

散装货物是指呈松散的块状、颗粒状或粉末状的无包装货物。包括石油及其产品、粮谷、食盐、煤、矿石等。

表5-3 按货物的物流需求特性分类

大分类	小分类
普通货物	砂、石、渣、土、日用百货、蔬菜、农产品、水产品等
特殊货物	木材、危险货物、贵重货物、重大件货物、冷藏易腐货物和鲜活动植物货物等
件杂货物	茶叶、肠衣、棉花、生丝、天然橡胶、生皮、玻璃及其制品、金属及其制品、食糖、化学肥料等
散装货物	石油及其产品、粮谷、食盐、煤、矿石等

5.2.3 铁路货物品类划分方法

当前除了传统黑货业务外，铁路正在大力拓展白货物流业务。由于黑货品类单一，且货源集中，因此针对黑货的物流市场需求调查相当清晰，但白货种类繁多，给以白货为拓展对象的物流园区需求调查和市场营销带来了挑战。以铁路152类货物品类的分类方式为基础，以国家统计局《统计用产品分类目录》标准为依据，可以对铁路重点拓展的白货货物品类的分类进行重新划分，并根据货物的用途、自然属性和物流特性归类，将白货货物品类划分为九大板块，得出适合铁路现阶段分板块营销、白货运输组织、设施设备配置、物流质量管理的货物品类板块划分方法，从而提高铁路物流效率，降低物流成本，保障物流质量，推动铁路向现代物流企业转型。

依据以上划分原则，将白货划分为饮食品、烟草及医药，纸及文教用品，纺织服装，工业化工产品，家具及农副产品，非金属矿物制品，金属制品，通专用及交通设备，电子电气设备九个板块及27个行业，如表5-4所示。

表5-4 白货市场板块划分

序号	版块	行业	对应152品类
1	饮食品、烟草及医药	农业产品	1170 马铃薯 1170 土豆 2050 鲜蔬菜 2061 柑橘 2062 苹果 2069 其他鲜瓜果 2094 花卉、盆景、盆花 2141 油料 2142 糖料
		农副食品，动、植物油制品	2021 鲜冻肉 2022 死禽、畜、兽 2023 禽、畜、兽的部分品 2031 鲜冻鱼 2032 鱼介的部分品 2191 干蔬菜 2192 干果。子实、子仁。果核、果皮 2193 植物种子 2210 食糖 2225 水产加工品 2227 食用植物油
		食品及加工盐	1410 食盐 1592 盐卤 2221 糖蜜、糖稀、蜂蜜、糖果、蜜饯果脯、果酱 2222 方便面、饼干、蛋卷、粉条（丝）2223 挂面、糕点及其他粮食复制品 2226 酱腌菜 2229 调味品及其他食品
		饮料、酒及酒精	2231 酒 2232 茶叶 2239 其他饮料
		饲养动物及其产品	2040 鲜冻蛋、奶 2224 肉、蛋、奶制品、罐头 9931 动物的血、骨、角、蹄、甲、壳、渣
		烟草制品	2151 烟叶 2152 烟梗、烟末、烟杆（秸）2241 卷烟 2249 其他烟草制品
		医药	2510 中药材 2520 中成药、西药及其他医药品
2	纸及文教用品	纸及纸制品	2410 纸浆 2421 纸及纸板 2422 其他纸制品
		印刷品、记录媒介复制品	2432 书籍 2433 报纸、杂志 2439 其他印刷品
		文教体育用品	2491 文具、本册、教具、标本 2492 体育用品、演艺用品 2493 乐器 2494 玩具、童车 2495 磁带、软磁盘、唱片 2499 游乐用品及其他文教用品
3	纺织服装	服装、鞋、帽	2331 鞋 2332 帽 2333 服装 2334 被、褥、帐 2335 其他羽绒制品 2339 其他编织、缝纫品
		皮革、毛皮及其制品	2349 其他皮革、毛皮制品 9932 鬃、马尾、茧壳、蚕蛹、蚕沙
		纺织产品	2312 丝棉 2313 毛、绒毛、人造毛、毛条、羽绒 2314 纱 2315 毛线及其他纺线 2321 布、呢绒、绸缎 2322 毯、毡及毡制品 2329 其他针、纺织品
		化学纤维	2311 丝、化学纤维
4	工业化工产品	橡胶制品	1540 橡胶及其制品
		塑料制品、半成品及辅料	1552 塑料管 1553 塑料制箱、桶、罐、盒、瓶、壳、痰盂 1554 泡沫塑料 1555 有机玻璃制品 9951 工艺品、塑料花及其他人造花
		化学原料及化学制品	1555 有机玻璃制品 1522 纯碱、土碱 1591 硝、泡花碱、氯化镁、沥青、沥青油 1593 炭黑、炭白 1595 石蜡、地蜡 1596 日用化工品 1599 其他杂项化工品 1560 油漆、涂料、颜料、染料 9935 有机肥料及其他肥料 9936 饲料添加剂

续表

序号	版块	行业	对应 152 品类
5	家具及农副产品	家具及配件	9913 其他材料制的衣箱、家具
		木、竹、藤、棕、草制品	1030 木片 1041 胶合板 1041 普通人造板 1041 人造板 1041 纤维板 1041 竹胶合板 1049 塑料贴面板 1049 纸贴面板 2111 竹、藤 2112 棕 2113 麻 2114 草秸、芦苇、芒秆 2115 干花朵、花瓣 2119 其他植物及其纤维 2121 竹片、竹篾、竹筋、竹丝、竹刨花、竹扁担、竹抬杠、竹跳板 2122 草绳、棕线、棕绳、麻绳、笋壳绳、麻经、麻刀、纸筋、玉米芯 2123 竹草帽（笠）2124 葵扇草鞋 2125 草席、苇席、秫秸席 2126 草片、草垫、草袋、蒲包、蒲绒、芦花，竹、藤、棕、草、芦苇、树条及其他类似材料制的箱、筐、篓、篮、箩 2127 竹地板 2129 竹、藤、棕、草、芦苇、树条及其他类似材料制品 2131 杂木棍，木抬杠，木扁担，锄、镰、镐、锹、耙、权的把 2132 软木板，软木砖（塞）2133 木粉，榆皮粉 2134 栓皮，软木粉 2135 木柴、木炭，板皮，锯末，刨花，木丝，松明子，树条，树的根、枝、叶、皮 2139 其他木材加工、副产品 9911 竹、藤、树条及类似材料制的衣箱 9912 竹、藤、树条及类似材料制的家具 9922 非食用植物油 9933 植物的麸、糠、糟、粕、壳、灰、渣 9934 叶粉，叶粒，玉米芯粉，配合或复制饲料
6	非金属矿物制品	非金属矿物制品	0814 石板 0814 石制品 0840 玻璃 0850 玻璃球 0892 瓷砖 0892 卫生陶瓷 1556 塑钢及其制品 1559 其他塑料制品 1594 碳块，阳极糊，电极糊 1021 板材 9915 暖水瓶（胆），保温瓶（胆），眼镜 9916 玻璃器皿及其他玻璃制品 9919 其他陶瓷制品及日用杂品
7	金属制品	金属制品	1610 金属结构及其构 1620 金属工具、模具 1691 钢丝、铁丝，钢丝绳，钢绞线，金属紧固件 1692 铸铁管，瓦楞铁，金属接头、弯头 1631 铝锅，铝饭盒，菜盒 1632 铝壶、背壶、搪瓷壶、杯 1639 其他铝制器皿、搪瓷制品 1693 金属制箱、桶、罐、盒、瓶、壳、痰盂 1699 其他杂项金属制品
8	通专用及交通设备	通用设备	无
		专用设备	1716 医疗器械
		交通运输设备	1722 摩托车 1722 双轮摩托车 1722 三轮摩托车 1723 装自行车 1724 电动自行车 1724 三轮车 1725 拆解的运输工具，运输工具的零配件
9	电子电气设备	电气机械及器材	1715 铸、锻件，泵，普通机械零配件 1719 其他机械设备 1893 电线，电缆 1822 特定调温电器 1823 洗衣机 1829 其他日用电器 1891 灯泡、电珠、灯管，高压汞灯，电子管，显像管 1892 灯具，灯罩，日光套灯 1899 其他杂项电子、电气机械及器材
		通信设备、计算机及其他电子设备	1821 特定音像机器 1830 电子计算机及其外部设备
		仪器仪表及文化、办公用机械	1731 仪器、仪表 1732 仪器、仪表元、器件 1733 辅助玻璃仪器 1734 钟，表，定时器 1735 衡器，量具

5.3 物流需求调查程序与内容

5.3.1 物流需求调查程序

根据物流园区吸引范围内物流需求与供给情况，明确物流园区的市场定位及功能定位，合理确定物流园区建设规模，是物流需求调查的直接目标。为保证物流园区市场定位与功能规模的科学合理，通过明确项目核心区、扩展区和辐射区范围界定项目吸引范围，在对城市、行业、企业分层开展针对性市场调研的基础上，分析物流园区项目发展机遇，明确项目定位及拓展策略，结合市场竞争力，预测项目物流园区的总体物流量及各作业区的物流量，确定物流园区及各功能区规模，为物流园区选址与方案设计提供支撑，具体流程如图5-4所示。

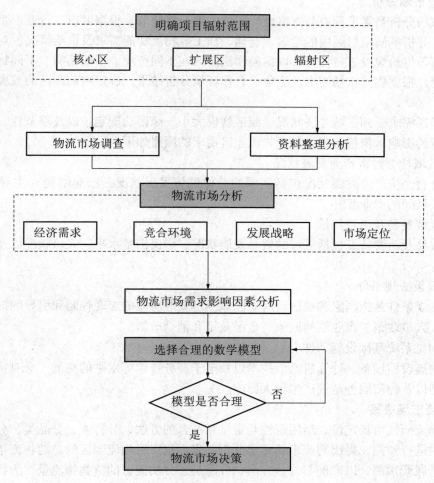

图 5-4　物流园区市场需求调查程序

1. 明确项目辐射范围

综合考虑物流园区自身资源禀赋条件，根据圈层结构理论、梯度转移理论，结合经济时效性、产业关联性等，确定区域物流的吸引范围。其中，核心吸引区是指既有客户与潜在客户所形成的货源发生区域。扩展吸引区是指与相邻区域内的物流节点存在竞争合作关系的货源重叠区域。辐射吸引区是指既有货源与潜在货源的到达地、发送地、中转地所形成的货源分布区域。

2. 物流市场调查

物流市场调查是物流园区市场需求调查体系的核心环节，是指根据城市经济发展水平及规划、产业布局现状及发展规划、综合交通和物流业现状及发展规划等内容，结合物流园区的辐射范围，采用定性判断与定量分析相结合的方法，对物流园区所在地的政府相关部门、企业、交通相关部门、其他物流节点等进行调查。在调查的过程中，以市场需求为导向，全面深入地了解城市物流政策、行业发展状况和客户需求情况等。

3. 物流市场分析

物流市场分析是需求调查与方案设计间的关键衔接环节。根据城市、行业、企业的市场调查情况，分析不同辐射圈内的运输、仓储、加工等物流功能需求及供给情况，对既有的物流需求规模与供给规模进行估算，以明确物流园区在不同行业、不同品类、不同物流功能上的市场空间。根据物流市场需求及竞争、合作环境分析结果，确定物流园区的发展战略和市场定位。

物流园区需求受到区域经济状况、园区规模大小、园区功能定位以及季节性、随机性等多方面因素的影响。概括起来，影响物流园区需求的因素如下。

（1）区域社会经济产业发展状况

区域社会经济产业发展状况包括区域的总体经济发展状况、产业结构（主导产业）及分布以及区域间的产业互补。

（2）区域贸易及消费特征

区域贸易及消费特征包括区域的贸易发展状况、居民消费水平、人口状况以及物流社会化程度。

（3）政策法规条件

政策法规条件是指国家和地区政府对区域经济发展所做的宏观控制和引导的措施，包括税收政策、人口政策、产业结构政策、金融政策和消费政策。

（4）物流系统基础设施条件

先进物流设施设备、计算机通信技术以及电子商务技术等水平的高低，会对物流需求的数量、类型以及物流服务范围产生很大影响。

4. 物流市场决策

结合物流园区市场定位，运用定性与定量相结合的方法，分行业、分品类、分功能对物流需求规模进行预测，得出物流市场需求分析结果。重点对物流园区的总的物流量及各功能区的物流量展开预测，以准确掌握分方向、分品类、分功能区的货物物流量，为物流园区项目选址、功能定位、规模确定等提供决策依据信息。

5.3.2 物流需求调查内容

物流需求调查的内容一般包括政府相关发展规划及产业布局,客户及潜在客户的数量、分布情况,企业产品的品类结构,企业物流流通渠道、流量、流向,企业库存情况,企业物流管理模式,企业物流设施设备,企业物流技术以及企业物流成本等情况,如表5-5所示。

表5-5 物流需求调查的内容

政府相关部门	物流企业	物流园区	运输相关部门	生产、制造及商贸企业
地方发展和改革委员会 地方商务局 地方经济和信息化委员会 地方规划局 地方交通运输局 地方招商局 地方邮政局 地方统计局 地方财政局	企业类型 企业服务对象 企业主要业务 企业物流设施设备情况 企业物流技术情况 企业物流运作模式 企业发展存在的问题	物流园区所属类型 物流园区服务对象 物流园区主要业务 物流园区入驻企业情况 物流园区物流设施设备 物流园区平面布局 物流园区物流技术 物流园区发展存在的问题	交通基础设施 运输服务能力 货物运输运营情况	企业产品品类结构 企业物流流量、流向、稳定性情况 企业物流业务 企业库存情况 企业物流运作模式 企业物流设施设备情况 企业物流技术情况 企业物流成本情况

根据调查的对象不同,确定具体的宏观、中观、微观等物流需求调查内容,具体如下。

1. 政府相关部门

(1) 地方发展和改革委员会

调查的主要内容包括区域经济发展规划,经济社会发展,政府工作,物流发展规划,以及相关政策等情况。

(2) 地方商务局

调查的主要内容包括支柱产业与新兴产业发展规划,历年零售、批发、物流等类型主要企业名录及主营收入,既有大型批发交易市场布局运行情况及交易额、交易量、货物流量、流向,电子商务企业数量、交易额、交易量,历年对外贸易情况及主要货物种类、贸易额、货物流量、流向,物流业发展总体情况及规划,历年社会物流总额、社会物流总费用,以及相关政策等情况。

(3) 地方经济和信息化委员会

调查的主要内容包括历年主要工业产品产值及产量,历年排名前百强工业企业名录及企业主营业务收入,货物流量、流向情况,工业及相关产业发展规划,产业园区布局、数量、基本运营情况及发展规划,以及相关政策等情况。

(4) 地方规划局

调查的主要内容包括所在城市总体规划、土地利用规划、土地基准价、土地出让金、土地投资强度要求、土地回收政策、土地指标、土地变性程序及收费标准、土地使用证交付条件。

(5) 地方交通运输局

调查的主要内容包括区域综合交通发展规划，所在地综合交通发展规划，历年各种运输方式的货运量，货运周转量，主要货源、流量、流向，公路、铁路、水路、民航、管道等行业发展规划，以及相关政策等情况。

(6) 地方招商局

调查的主要内容包括招商引资政策、办法、促进措施，所在地对外开放、投资促进工作长期发展规划和年度计划等情况。

(7) 地方邮政局

调查的主要内容包括快递业发展规划，以及相关政策等情况。

(8) 地方统计局

调查的主要内容包括历年统计年鉴及统计公报等资料。

(9) 地方财政局

调查的主要内容包括所得税、营业税、房产税、土地增值税、土地使用税等，财政补贴以及相关政策等情况。

2. 物流企业

(1) 企业类型

调查物流企业类型（综合型、仓储型、运输型、配送型）。

(2) 企业服务对象

调查企业服务对象（本市企业、本省企业、外省企业）及占比，企业服务对象所属行业（煤炭、食品、饮料、纺织、服装、家用电器、商贸等）及占比。

(3) 企业主要业务

调查物流企业从事的主要业务（运输、装卸、仓储管理、流通加工、包装、配送、物流信息技术、物流金融、物流地产、物流与供应链咨询、设计）、业务辐射范围、业务量及物流路径。

(4) 企业物流设施设备情况

调查企业的营运车辆数量及利用率、装卸搬运机械情况及利用率、企业自有仓库的面积及利用率、设施设备的机械自动化程度等。

(5) 企业物流技术情况

调查企业物流信息系统中包括的模块（运输管理，仓储管理，财务管理，设备管理，订单处理，配送管理，销售管理，采购管理，装配和包装管理，车辆监控及客户查询、管理等），以及企业采用的物流信息技术（RFID、GPS、GIS、ASS、EOS、条码技术、EDI 等）。

(6) 企业物流运作模式

调查物流企业与客户合作采取的主要合作形式（签订合同、战略联盟、客户持有本公司股份、相互持股）以及合同的期限。

调查企业与同行业其他企业是否存在合作，合作形式（签订合同、战略联盟、参股、口头约定等）以及合作期限。

(7) 企业发展存在的问题

调查制约物流企业发展的问题和困难，如资金不足、融资困难，物流专业人才匮乏，基础设施建设滞后等。

3. 物流园区

（1）物流园区类型

调查物流园区的类型（货运服务型物流园区、生产服务型物流园区、商贸服务型物流园区、综合型物流园区）。

（2）物流园区服务对象

调查物流园区服务对象（国际市场、全国市场、区域市场、省内市场、市内市场）及占比，物流园区流转商品类型（煤炭、钢材、食品、饮料、纺织、服装、家用电器、商贸、农副产品等）及占比。

（3）企业主要业务

调查物流企业从事的主要业务（运输、装卸、仓储管理、流通加工、包装、配送、物流信息技术、物流金融、物流地产、物流与供应链咨询和设计、交易、货运代理、海关报关、物流金融等）及业务辐射范围。

（4）物流园区入驻企业情况

调查物流园区入驻企业数量、入驻企业类别（物流公司、货代公司、商贸公司、生产企业、运输企业、快递企业、银行类服务机构等）及占比。

（5）物流园区物流设施设备情况

调查物流园区的营运车辆数量及利用率、集装箱堆场数量及利用率、装卸搬运机械情况及利用率、企业自有仓库的类型（立体仓库、冷库、危险货物专用库等）、面积及利用率、设施设备的机械自动化程度等。

（6）物流园区平面布局

调查物流园区的位置特点、平面布局情况，物流园区专用运输线（铁路、公路、航空、水运专用线）数目及占比。

（7）物流园区物流技术情况

调查企业物流信息系统中包括的模块，以及企业采用的物流信息技术。

（8）物流园区发展存在的问题

调查制约物流园区发展的问题和困难，如资金不足、融资困难，物流专业人才匮乏，基础设施建设滞后，物流有效需求不足，战略定位不明确，地理位置不理想，业务功能单一，物流品种混杂，征地困难等。

4. 生产、制造及商贸企业

（1）企业产品品类结构

企业产品的品类结构，指企业生产制造的产品品类及其占比，如煤炭、食品、家用电器、医药等。

（2）企业物流流量、流向、稳定性情况

调查企业的原材料供应地主要分布情况、各供应地的原材料供应量、运输方式和稳定性。

调查企业主要产品的目的地、各目的地的运输量、运输方式和稳定性。

（3）企业物流业务

调查企业的主要物流业务（运输、装卸、仓储管理、流通加工、包装、配送、物流信息技术等）及业务辐射范围。

(4) 企业库存情况

①调查企业产品的平均库存时间。

②调查生产企业采用的生产方式（大规模生产，小批量多品种即时制生产，定制化生产等）。

(5) 企业物流运作模式

①调查企业物流管理情况，包括企业是否设有独立物流管理部门，其物流管理部门具备哪些职责（仓储管理、流通加工管理、配送管理、运输管理、回收物流管理）。

②调查企业物流执行主体及所占比重，包括：调查原材料物流的执行主体（供货方、企业自营、第三方、部分自营部分外包）及比重，企业产品物流的执行主体（经销商、企业自营、第三方、部分自营部分外包）及其比重，企业经营商品仓库运用方式（利用自有仓库、利用并管理外租仓库、完全外租仓库由第三方管理）及其比重。

③调查企业选择物流外包的原因及其外包的业务情况，调查企业选择物流外包的目的（专注于核心业务、提高物流服务速度、提升物流服务稳定性、借助社会化网络资源、降低货损率、降低差错率、降低成本等）及其重要程度；目前企业外包的物流业务（仓储保管、干线运输、配送、包装与流通加工、库存管理、物流信息管理、物流系统设计等）情况，以及未来考虑增加或减少的物流外包业务情况。

④调查企业物流服务商的数量，调查企业目前委托的物流服务商的数目。

⑤调查企业物流服务商选择倾向及合作形式，包括倾向于选择的服务商类型（国有企业、股份企业、外商独资企业、中外合资/合作企业、私营企业）、一般采取的合作方式（签订合同、战略联盟、客户持有本公司股份、相互持股等）及合作时间。

⑥调查企业是否有部分物流设施或物流资源入驻物流中心（园区）内，入驻的物流设施及物流环节。

(6) 企业物流设施设备情况

调查企业的营运车辆数量及利用率、装卸搬运机械情况及利用率、企业自有仓库的面积及利用率、设施设备的机械自动化程度等。

(7) 企业物流技术情况

调查企业物流信息系统应用以及信息化功能需求。

(8) 企业物流成本情况

调查企业物流成本的构成（订货费用、订货处理及信息费用、运输费用、装卸搬运费用、储存费用、物流管理成本等），以及各部分占物流成本的比重；调查企业物流成本占其销售额的比重。

5. 运输相关部门

(1) 基础设施

调查铁路、公路、港口货运场站布局及分工、占地面积、土地可拓展性、交通状况等。

(2) 服务能力

调查枢纽能力、干线支线能力、机车运用、货运站等级、功能设置、平面布置、设备设施配置及能力、货运产品、物流产品、信息系统等。

（3）运营情况

调查分品类历年货物发到量及物流需求特征、价格及营销策略等。

5.4 物流需求调查组织实施

5.4.1 物流需求调查方法确定

物流需求调查方法很多，选用的方法是否得当，对调查结果的影响极大。物流需求调查一般包括资料收集和原始数据调查两大类方法。

1. 资料收集法

资料收集法主要采取资料检索的方式，通过互联网、杂志和期刊等获取物流园区选址的内物流企业、物流园区、生产制造企业和商贸企业的资料。通过信息检索和查询，尽可能全面地收集基本信息和相关政策。在资料汇集的基础上，列表和汇总分析各方案的基本情况。该方法成本低、效率高、受时空限制较少，但是时效性、准确性较差，一般应用于需求调查工作的第一阶段。

2. 原始数据调查法

原始数据调查法包含询问法、观察法、问卷调查法。

（1）询问法

询问法是指以询问的方式了解情况，收集资料，并将所要调查的问题以面谈、电话、书面等形式向被调查者提出询问，从而获得所需的各种情况和资料，询问法是需求调查中最常用、最基本的调查方法。具体包括以下三种。

①面谈调查法。面谈调查法是指调查者通过与被调查者面对面访谈来获取信息资料的一种调查方法。问题的询问须按事先设计好的问卷或者提纲进行，既可以按照问题顺序提问，也可以围绕问题自由交谈。该方法回答率较高、灵活性较强、调查资料质量好，但人力和物力耗费较大、对调查人员的素质要求较高、匿名性较差且时间较长，一般适用于规模以上特大型、大型企业的调查。

②电话访问。电话访问需采用精心设计的问卷进行，提问要简单明了，便于回答，要求尽可能不会引起语音上的歧义。该方法速度快、费用低、覆盖面广、被调查者心理压力小且可以访问到不易接触的调查对象，但内容难以深入、难以辨别答案的真伪、电话难以查询且拒访率较高。

③座谈会。座谈会调查法是指调查主体（调查者）通过召集一定数量的调查对象（被调查者）举行会议，或直接参加有关部门举行的一些相关会议，利用会议这种形式来收集资料、分析和研究某一社会现象（调查内容）的一种调查方法。调查会结束后，可进一步根据需要分赴各个单位采集信息、获取所需资料。此种调查形式效果较好，能够快速、高效地获取资料。

（2）观察法

观察法是指调查人员通过观察被调查客户的情况，以及事件发生场所的情况来收集所需要的资料。常用的观察法有：直接观察法、亲身经历观察法和行为记录法。调查人员可以通过四处走访、观察，了解企业的概况。另外，公司调查人员也可使用其他竞争对手提供的物流服务，了解各物流公司（园区）的服务质量，倾听客户的反馈意见。这种方法的优点是收集的资料比较客观真实，准确度高；缺点是耗费时间长，花费资金多，需要具备一定的调查工具，只能了解一些表面情况，无法深入了解问题的实质。一般适用于规模以上特大型、大型企业的设施设备、平面布局、主要业务等内容的调查。

（3）问卷调查法

问卷调查法是指以向被调查者发放调查问卷来收集所需信息的方法。采用问卷调查法可以了解客户的认识、看法和喜好程度等，并可以分析处理这些数据，得出结论。这种方法可在短期内收集大量回复，而且借助网络传播调研成本也比较低。一般适用于规模小、数量多的规模以上中小型企业的调查。

5.4.2 物流需求调查实施

1. 组织调查团队

一个优秀的调查团队应当由各方面的优秀专业人员组成，主要包括项目主管、实施主管、调查督导、调查员等。在调查项目的实施中，调查员是一个重要的信息采集主体。然而一般情况下，商业调查机构都不设立常年的调查员队伍。因为调查业务具有突发性，在没有业务的时候，调查员都是空闲的，维持成本比较大，而有的时候又可能有几个调查同时进行，需要较多的调查员。此外，有些调查业务可能涉及多个城市，任何一个调查机构都无力在每个城市设立自己的调查员队伍。因此调查机构通常都握有一份调查员的名单，或掌握一些潜在调查员的资源。调查机构可以根据调查员名单或潜在资源，在需要的时候，招聘所需要的调查员。

2. 控制现场调查质量

在调查实施过程中和调查结束后，需要对调查员的工作进行检查和监督。主要包括以下内容。

（1）检查已完成的问卷

检查已完成的问卷涉及内容包括现场的记录是否规范，字迹是否清晰，有没有缺失数据，答案之间的逻辑关系是否成立。对发现的问题，应采取及时的补救措施。

（2）严格的文档管理

对现场操作中每个阶段的实施情况，都要建立必要的文档管理。如问卷收发表、入户接触表、访谈报告、复核记录等。这些文档材料不仅有助于现场督导及时发现问题，有针对性地进行工作，同时有助于项目组对现场操作的质量进行评估。

（3）调查员的报告

随着现场调查活动的展开，调查员应定期提交工作报告，汇报调查过程中的情况，必要时督导可以将调查员召集在一起进行座谈总结，交流经验和体会，研究处理棘手问题的方法。这些报告所提供的信息，有助于提高现场工作的质量，同时也可以提示问卷中存在的某些问题。这些问题在问卷设计阶段可能没有意识到，但却是调查员在访问过程中切身体会到的。将这些信息反映到数据处理和数据审核过程中，对整个调查具有价值。这些信息可以为以后问卷设计的改进提供参考。

3. 实施过程的质量评估

实施过程的质量主要体现在以下几个方面。

（1）调查员的工作质量

确保调查员具备进行访问的素质和能力，具有较强的责任心，同时经过良好的专业培训。

(2) 调查管理工作的质量

通过一系列文档文件反映调查管理工作的质量，包括培训资料、操作控制手册、项目进度表等内容。

5.5 物流需求调查数据处理方法

5.5.1 物流需求调查资料处理

物流需求调查资料收集回来之后，必须经过处理才能进行统计分析。数据处理的步骤一般如下。

1. 对原始资料进行审核、订正

对原始资料进行审核是保证调查工作质量的关键。物流需求调查资料的审核是对回收资料的完整性和访问质量的检查，检查所有被调查单位及个人的资料是否齐全、有无差错，并对差错进行审核、订正。目的是要确定哪些资料可以接受，哪些资料需要作废。

2. 编码

编码是将调查问卷的信息转换成统一设计的计算机可识别的代码，以便于对其进行数据处理与分析。

3. 数据的录入

通过键盘录入、扫描、光标阅读器、语音、视频等方式，利用数据库技术将获得的物流需求调查数据录入到数据库中，方便保存和下一步的分析处理。

4. 数据的清洁

该阶段主要工作包括一致性检查、逻辑检查和缺失数据的处理。一致性检查的内容主要包括变量取值是否超出合理范围以及有无极端值。逻辑检查是指检查数据有无逻辑错误。

5. 进行统计预处理

如果数据空缺或无效，需要对缺失的数据进行处理，主要方法有删除个案、删除缺失值、利用其他数据代替、使用加权因子调整数据。

5.5.2 物流需求调查数据统计分析方法

物流需求调查数据统计分析方法大致可以分为以下两类。

1. 描述性统计分析

描述性统计分析将数据以表格、图形和数值方式表现出来，主要着重于对数量水平和其他特征的描述，结果重在描述数量，不在于推断性质。

描述性统计分析是物流需求调查分析中最常用的分析方法，描述性统计分析的关键是选择合适的图表或数值使数据更易于解释，适用于物流需求数据统计的方法主要分为定性和定量两大类。

（1）定性数据描述统计分析

①定性数据的频数分布。频数分布是数据表格的汇总，表示在几个互不重叠的组别中每一组项目的频数。频数分布表一般包括组别、频数、日均需求量占比、累计百分比等项

目，如表5-6所示。

表5-6 某区域物流园区日均需求量频数分布表

组别	频数	日均需求量占比	累计百分比
日均需求量低于500 t	13	43.33	43.33
日均需求量在500~2 000 t	8	30	73.33
日均需求量大于2 000 t	4	26.67	100
总计	30	100	

②定性数据的饼图、线图和条形图。饼图是以圆的整体面积代表被研究现象的总体，按各构成部分占总体比例的大小把圆面积分割成若干扇形来表现部分与总体的比例关系。

线图又称曲线图，即利用线段的升降来说明现象的变动情况，主要用于表示现象在时间上的变化趋势、现象的分配情况和两个现象之间的依存关系。线图又包括简单线图和复合线图。前者适用于描述一段时间内单个变量的历史状况及发展趋势。

条形图是利用相同宽度的条形的长短和高低来表现数据大小与变动。如果条形图横排，也可称为带形图，纵排也可称为柱形图。

（2）定量数据描述统计分析

对需求数据分布特征的定量描述，可分为三个方面。

①分布的集中趋势分析。分布的集中趋势分析用于确定数据一般水平的代表值或中心值，常用的有平均数、中位数和众数。

· 平均数。假定一个样本有 n 个观测值 $x_1, x_2, x_3, \cdots, x_n$，其简单算术平均数 $\bar{X}$ 为用观测值的个数 n 去除观测值的和，即

$$\bar{X} = \frac{x_1 + x_2 + x_3 + \cdots + x_n}{n} = \frac{\sum_{i=1}^{n} x_i}{n} \tag{5-1}$$

· 中位数。中位数就是将样本观测值 $x_1, x_2, x_3, \cdots, x_n$ 按大小排序，处于中间位置的那个数值，记为 M_e。

· 众数即出现次数最多的变量值，记为 M_o。

②分布的离散趋势分析。分步的离散趋势分析用于反应各数值远离中心的程度及数据分布的离散程度，主要指标有方差、标准差、变异系数、全距等。

· 方差和标准差。方差和标准差是反映数据离散程度最常用的指标。它们反映的是所有观测值对均值的离散关系，其数值大小与均值呈反向变化关系。方差等于标准差的平方，公式如下

$$S^2 = \frac{\sum_{i=1}^{n} (X_i - \bar{X})^2}{n-1} \tag{5-2}$$

· 变异系数。变异系数也称为离散系数，即标准差与均值的比值，主要用于不同类型数据离散程度的比较，记作CV。公式如下

$$CV = \frac{S}{\bar{X}} \tag{5-3}$$

- 全距。全距也称为极差，是一组数据中最大值与最小值之差，是描述数据离散程度最简单的方法。公式如下

$$R = \max x_i - \min x_i \tag{5-4}$$

③ 分布的偏度与峰度分析。

- 偏度是统计数据分布偏斜方向和程度的度量，是统计数据分布非对称程度的数字特征。偏度也称偏态、偏态系数。公式如下

$$\alpha_3 = \frac{n}{(n-1)(n-1)} \cdot \sum \left(\frac{X_i - \bar{X}}{s} \right)^3 \tag{5-5}$$

偏度为 0 时，表明分布是对称的；偏度为正值时，表明分布为正偏或右偏；偏度为负值时，表明分布为负偏或左偏。

- 峰度是指分布集中趋势高峰的形状，它通常是与标准正态分布相比较而言的。若分布的形状相比标准正态分布更高更瘦，称为尖峰分布；反之，则称为平峰分布。公式如下

$$\alpha_4 = \left[\frac{n(n+1)}{(n-1)(n-2)(n-3)} \cdot \sum \left(\frac{X_i - \bar{X}}{s} \right)^4 \right] - \frac{3(n-1)}{(n-2)(n-3)} \tag{5-6}$$

2. 推论性分析

推论性分析通过样本推断总体，其结果不仅可以用于描述数量关系，还可以推断总体、进行预测、揭示原因以及检验理论等。主要方法有参数估计和假设检验。参数估计是在总体分布已知的情况下，用样本统计量估计总体参数的方法。假设检验是在总体分布未知，或者已知总体分布但不知其参数的情况下，为了推断总体的某些性质，提出有关总体的假设，再根据样本信息对假设进行判断的方法。

（1）参数估计

在选择估计量来估计参数时，人们倾向于选择无偏、有效的估计量。一个样本的估计量不等于总体参数，但如果大量重复抽取样本，这样样本的估计值的均值渐进于总体均值，则这个估计量称为无偏估计量；如果样本估计值的方差在所有无偏估计量中最小，则称为有效估计量。估计量的方差和标准差用于衡量估计量的误差，所以又称为估计误差和标准误差。理论上可以证明，简单随机样本的样本均值是总体均值的无偏有效估计量。

（2）假设检验

在总体的分布函数未知或只知其形式不知其参数的情况下，为推断总体的某些性质，要先对总体提出假设，然后根据样本资料对假设的正确性进行判断，决定是接受还是拒绝这一假设。假设检验包括参数假设检验和非参数假设检验。参数假设检验是在总体分布已知的情况下，先对总体参数提出假设，然后利用样本信息去检验该假设是否成立；非参数假设检验是在总体分布未知的情况下，先对总体提出假设，然后根据样本资料对假设的正确性进行判断。

假设检验的基本思想是小概率原理，即发生概率很小的随机事件在一次试验中几乎不可能发生。根据这一原理，我们根据样本数据判断原假设 H_0 是否成立。但这种判断总有可能是错误的，可能 H_0 为真时，我们拒绝了 H_0，这类"弃真"错误称为第 I 类错误；也可能 H_0 不真时我们接受了 H_0，这类"取伪"错误称为第 II 类错误。因此，在检验时，我们应尽

量使这两类错误的概率都较小。但在固定样本量下,要减少一类错误的概率,则另一类错误的概率往往增大。要使这两类错误的概率都减小,除非增加样本容量。在给定样本容量的情况下,我们一般控制犯第Ⅰ类错误的概率,使它小于等于 α。这种只控制第Ⅰ类错误不控制第Ⅱ类错误的检验问题,称为显著性检验问题。

显著性检验分析的一般步骤如下。

①根据实际问题,对总体提出原假设 H_0 和备择假设 H_1。一般把需要通过样本去推翻的观点作为原假设,想得到的结论作为备择假设。

②确定显著性水平 α,即能容忍的最大犯"弃真"错误的概率,通常取值 0.1,0.05,0.01 等。

③确定适当的统计量。

④根据样本观察值计算检验统计量的值,计算 P 值。即计算原假设 H_0 成立的条件下,检验统计量取样本实现值或(沿着备择假设方向)更加极端值的概率。

⑤比较 P 值和显著性水平,做出决策。如果 P 值小于等于 0.05,拒绝 H_0;反之,接受 H_0。

 案例

长春物流基地市场需求调查方案

长春物流基地位于吉林省长春市高新技术产业开发区北区(东北亚物流园区内),不仅是长春铁路枢纽货运系统的重要组成部分,同时将成为长春市物流系统的重要节点。项目总占地面积约 2 546 亩,主要承担枢纽集装箱、特货、笨重货物、成件包装等货物运输,设计到发场、特货小汽车(预留)、集装箱、笨重货物、成件包装、公路港等作业区,各场区横列式布置如图 5-5 所示。

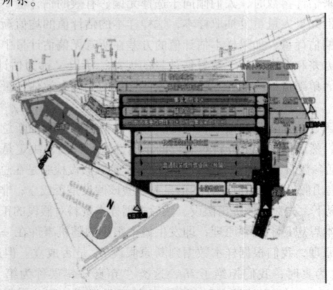

图 5-5 长春物流基地平面布置示意图

1. 需求调查技术路线

长春物流基地市场调查与需求分析采用的技术路线如图 5-6 所示。

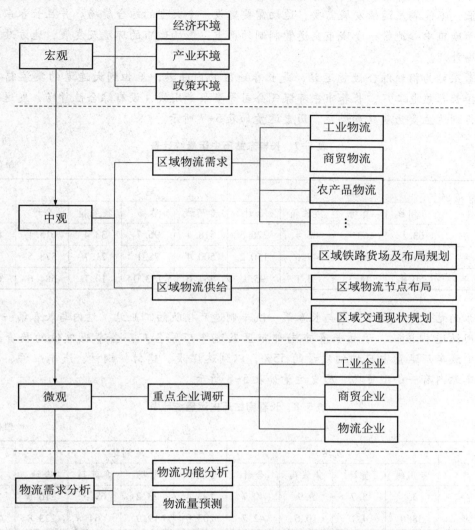

图 5-6　长春物流基地市场调查与需求分析采用的技术路线

2. 调查对象及方法

市场调查的内容包含宏观、中观和微观三个层面，宏观层面指对地区整体经济状况的把握，中观层面是对地区产业发展特点、企业构成情况、货物流量和流向等情况的分析，微观层面主要是针对物流市场的调查，各层面主要调查对象及方法如下。

（1）宏观

宏观层面主要有网上收集信息和政府部门（发改委、经信委、规划局等）调查两条途径，收集区域经济、产业、政策等现状及规划资料。

（2）中观

①铁路货运基础设施。调查对象主要为铁路局货运设施运营相关部门，调查主要内容为

区域铁路货场的基础设施、服务能力、运营等情况和未来规划。

长春枢纽货运设施分散,既有长春东、长春南、长春北均设有货场,但货场规模小,设备能力低,不能满足运输发展需要,迫切需要建设一个大型的综合货场。并且长春东、长春南均位于城市中心地带,受城市交通管制制约严重,影响城市的环境及发展,地方政府希望铁路货场外迁。

长春东站为枢纽综合性货运站,是长春地区的内陆港,承担到大连港的集装箱货物运输。衔接长春热电二厂、长春市东郊煤气公司等多条专用线,设有综合性货场,发送以集装箱为主,到达主要为矿建和煤炭。历史运量如表5-7所示。

表5-7 长春东站历史运量统计表

单位:10^4t

长春东站	发送				到达				总计
	专用线	货场	集装箱	合计	专用线	货场	集装箱	合计	
2011年	63.1	163.4	66.4	226.5	518.4	96.7	33.4	615.1	841.6
2012年	55.6	94.6	49.6	150.2	500.4	78.1	21.7	578.5	728.7
2013年	50.8	44.3	23.1	95.1	451.6	133.0	10.7	584.6	679.7

长春南站位于京哈线,是与长春第一汽车制造厂接轨的工业站,站内与长春第一汽车制造厂专用铁道相接轨,承担长春市南部市区及汽车厂等各厂、企事业单位的物资到发任务,其中汽车厂运量占日均到发量的55%,以到达煤炭、建材、钢材、汽车配件、集装箱为主。车站内有一小型货场。历史运量如表5-8所示。

表5-8 长春南站历史运量统计表

单位:10^4t

长春南站	发送				到达				总计
	专用线	货场	集装箱	合计	专用线	货场	集装箱	合计	
2011年	35	5.7	9.9	40.7	193.4	23.2	63.3	216.6	257.3
2012年	38.6	4.1	10.6	42.7	203.9	19.9	64	223.8	266.5
2013年	28.6	2.7	7.9	31.3	207.3	10.2	62.6	217.5	248.8

长春北站为枢纽主要编组站,原来不办理货运业务,在新建哈大客专长春站改扩建工程中,将在原长春站接轨的30家56条专用线改由长春北站接轨办理。2013年利用闲置的专用线修建了一个临时货场。历史运量如表5-9所示。

表5-9 长春北站历史运量统计表

单位:10^4t

长春北站	发送				到达				总计
	专用线	货场	集装箱	合计	专用线	货场	集装箱	合计	
2011年	70.5		25.1	70.5	479.2		2.6	479.2	549.7

续表

长春北站	发送				到达				总计
	专用线	货场	集装箱	合计	专用线	货场	集装箱	合计	
2012 年	64.7		21.9	64.7	475.7		0.4	475.7	540.4
2013 年	50.3	0.7	26.1	51.0	326.7	7.0	6.9	333.7	384.7

②社会货运基础设施。调查对象主要为公路物流园（货站）、配送中心、港口等节点，调查主要内容为基础设施、服务能力、运营等情况和未来规划。

（3）微观

重点企业的调研主要以调查问卷形式进行，辅以座谈等。调研表格按照工业企业、商贸企业和物流企业三个类别制定，以切实反映各类填报企业的真实情况，掌握企业产品及原材料的流量、流向，企业物流现状以及对园区服务的物流需求。

问卷调查表主要包含企业基本经营情况、企业物流现状、企业进驻物流园区情况、企业对物流园区的要求和建议以及企业情况简介五个部分。

3. 需求调查与分析结果

（1）区域物流需求分析

生产资料以输出为主，生活资料以输入为主；汽车及零部件占国际物流较大比重；工业物流需求旺盛，汽车物流供应链一体化需求程度高；商贸物流专业化需求不断提升，综合性城市配送需求强烈；电子商务发展缓慢，新兴物流市场需求不足。

（2）区域物流供给分析

物流企业深度嵌入汽车物流供应链，汽车物流专业化水平全国领先；农产品冷链、医药和快递等新兴物流企业发展迅速；运输方式单一，航空、铁路和国际物流发展滞后，高端物流服务严重缺乏；物流市场规模小、集中度低，物流企业"小、散、乱、差"现象普遍；初步形成一批物流园区、小型商贸市场、公路港。

（3）重点企业调研

所调研企业 90%选择公路运输，其次是铁路运输，说明当前铁路物流存在很大问题，也说明铁路物流发展潜力很大；未来企业对物流需求主要表现在干线运输和配送、仓储保管及库存管理，少量企业有国际物流、流通加工等增值服务；企业对物流园区的建议包括良好的基础设施，公共服务效率高，服务收费适中，拥有先进的信息服务平台、增值服务功能（报关保税等）以及优惠政策等。

（4）物流需求分析

①功能需求。根据市场调研，企业物流需求主要表现在干线运输和配送、仓储保管、冷链物流、国际中转、保税需求等。

②运量需求预测。运量需求预测应研究城市的经济水平、城市总体规划或区域规划、城市用地布局或土地规划、产业现状及发展规划、综合交通和物流业现状及发展规划、铁路货运系统布局等内容，并结合中心的辐射范围、功能定位、核心业务模式设计、重点企业调研等方面进行分析，根据总体规划和分期设计的要求，分区域、分作业类别提出物流量预测结果，具体如表 5-10 所示。

表 5-10　长春物流基地运量需求预测

单位：10^4t

年度	2020 年				2025 年				2035 年			
作业区	发送	到达	中转	合计	发送	到达	中转	合计	发送	到达	中转	合计
集装箱作业区	135	77	15	227	197	123	25	345	250	160	35	445
长大笨重货物作业区	6	22		28	9	41		50	12	60		72
特货作业区										9		9
成件包装作业区	112	114	20	246	170	174	30	374	233	237	40	510
合计	253	213	35	501	376	338	55	769	495	466	75	1 036

物流园区设施选址及规模确定

6.1 物流园区选址决策内涵

6.1.1 选址决策影响因素

对物流园区选址影响的因素分析应科学客观，尽可能全面考虑各种因素，以达到客观评价备选地址方案、提高物流园区适应性的目的。主要从城市区位条件、区域经济发展水平、市场支撑条件、土地支撑条件、综合交通运输条件和配套服务条件六个方面出发考虑物流园区选址的影响因素。

1. 城市区位条件

城市区位条件是物流园区选址必须具备的基本经济地理位置条件。从区域经济和区域物流系统层次分析，物流园区与区域物流活动紧密相关，因此，物流园区的选址必然会体现区域经济地理的特色，同时在很大程度上受到区域经济地理条件的限制。此外，从区域角度来看，规划中的物流园区服务区域应该与未来增长的中心位置一致，才能充分利用城市、枢纽或者口岸的经济、交通优势和物流组织条件，为未来园区的需求提供支撑。

2. 区域经济发展水平

区域间存在的经济发展空间差异与互补性是区域物流产生的最直接的原因，以中心城市、枢纽或者口岸为核心构筑的物流园区，与区域经济发展相互依存，是区域经济专业化分工与协作在空间上的反映。物流园区不仅是与区域经济有着相互联系的系统，而且还是城市或者区域经济大系统中的一个子系统。区域经济系统是一个与外部环境联系紧密的开放系统，相互之间存在着大量的原材料、产成品、信息、资金、人员等要素的流动，同时，区域经济系统又是一个非平衡的复杂系统，这就意味着区域内的主导产业具有比较优势，区域内可以按照地域分工与合作的原则形成能发挥区域优势的产业结构与布局，形成大、中、小相结合的企业群体和不同分工、多层次的居住群体。可见，良好的区域经济发展环境能够产生大规模的物流需求，并且能为物流园区的发展创造良好的经济布局和分工条件。因此，从区域经济发展的角度综合分析对物流园区需求产生的影响具有合理性，进而能够使物流园区的规划更符合区域经济发展的实际。

3. 市场支撑条件

物流园区的建设与发展离不开市场需求支撑，通常情况下，影响物流需求的指标包括经济和贸易规模、产业结构以及主要农产品产量、社会消费市场结构及规模、物流运输方式和流量方向、现有物流网络的物流节点分布等。城市主要工业集聚地、商贸集聚地是物流园区货运量的主要来源，货源越集中、规模越大、竞争对手越少，越利于发展物流园区。

4. 土地支撑条件

物流园区基于物流枢纽城市建设，备选地址的地理位置决定了其可获得的交通供给、土地供给等因素。地理位置靠近城市外围主要交通干线及工业集聚地、具有充足建设用地的区域较利于发展物流园区。土地支撑条件主要用物流园区所处城市区位条件以及未来建设物流中心的土地可扩展条件来体现。

5. 综合交通运输条件

由于物流园区需要各种交通运输方式的有效支撑，良好的交通运输条件有利于货物在物流园区的快速集散。备选地所处区域交通运输方式越集中、线路越密集、容量越大，发展物流园区的条件越好。利用既有货运设施改造建设物流园区，还需要考虑现有设施设备条件和运输作业条件。既有货运设施自身物流条件越好，越接近现代物流要求，越适合向现代物流园区发展。

6. 配套服务条件

配套服务条件包括政策环境条件和其他环境条件。地方政府可为物流园区的建设提供诸如财税、土地等方面的优惠政策。公共设施越好、政策支持越多，越有利于货源集聚。此外，流通体系、信息网络、外贸通关等多方面的物流配套服务条件也影响着物流园区设施的选址决策。

在确定物流园区选址的备选集后，须对备选集中的备选方案进行市场调研，以便进一步评选所需要的更具体的信息，通过调研掌握市场的现状和发展变化趋势，为物流园区的选址提供科学依据。在对具体某一类型物流园区进行设施选址时，需要针对物流园区的性质、依托交通运输方式、业务类型、功能定位、辐射范围等来具体考虑物流园区的设施选址决策因素。以铁路物流园区为例，其主要选址影响因素如图6-1所示。

6.1.2 选址决策程序和步骤

现有物流园区选址缺乏规范的方法指导，主观经验决策的比重较大，导致选址不符合市场需求，或脱离地方规划，造成较大的投资浪费。针对这个问题，急需研究建立标准的物流园区选址方法，规范选址工作。本节提出物流园区选址的基本步骤，如图6-2所示。

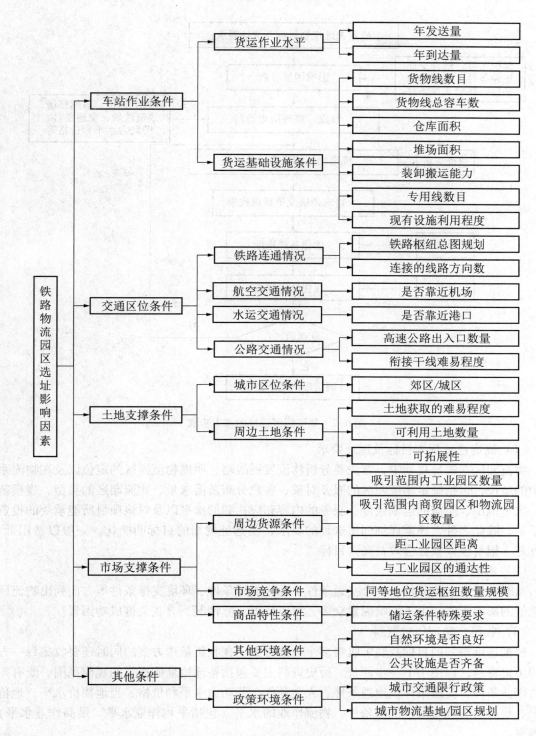

图 6-1 铁路物流园区选址影响因素

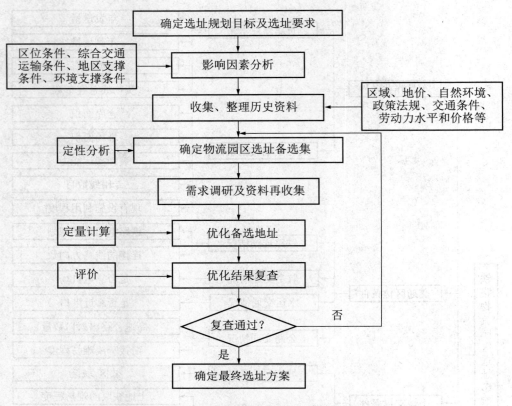

图 6-2　物流园区选址的基本步骤

（1）确定选址规划目标及选址要求

物流园区在选址规划中，首先要分析物流发展战略，明确物流园区的定位以及在物流系统中的地位，包括确定物流园区的服务对象、客户分布及需求量、物流园区的类型、规模范围、数量范围、所需的运输条件、服务的内容和应达到的水平以及对该项目所能承受的投资水平等。除此之外，还需详细列出选址的要求，使选址规划的目标明确化。一般以费用低、服务好、辐射强以及社会效益高为目标。

（2）影响因素分析

从既有城市区位条件、综合交通条件、地区支撑条件、环境支撑条件等方面列出物流园区选址的影响因素，由于影响因素众多，可以依据实际情况，寻找关键成功因素。

（3）收集、整理历史资料

根据选址规划的目标及要求收集多个备选方案。在收集备选方案的同时还要收集每一方案的历史资料，以便于下一步评价。历史资料主要包括备选地址能提供的规模范围、既有车站的作业条件、交通条件、地理条件、人文条件、劳动力水平和价格、当地物价水平、地价水平、政府的法规政策、优惠条件、物流作业的水平（包括平均作业水平、最高作业水平）等因素。

（4）确定物流园区选址备选集

根据选址的目标以及收集整理的历史资料，依靠专家或管理人员丰富的经验、知识及其综合分析能力，采用德尔菲法、头脑风暴法等定性分析法，对收集到的备选方案进行分析，初步确定物流园区选址的备选集。

备选地址的选择是否恰当，直接影响后续最优方案的确定。备选地址过多，候选优化方案的工作量将过大，选址成本则较高；备选地址过少，可能导致最终方案远离最优方案。所以合适的备选地址的确定是物流园区选址中非常关键的一步。

（5）需求调研及资料再收集

在确定选址的备选集后，对备选集中的备选方案进行调研，以便进一步评选所需要的一些更具体的信息，如各备选方案的总体客户需求预测量，各物流园区的交通运输路线和设备，各供货地到各备选物流园区供货的费用、数量，各物流园区向下游各客户供货的费用、数量，各物流园区的构建费用和建设规模以及各物流园区的存储、搬运等作业费用等。

（6）优化备选地址

针对不同情况，确定选址方法，通过定量计算，得出优化后的地址。近年来，选址理论发展迅速，计算机技术也得到了广泛应用，这些发展都为定量化选址优化方法的研究提供了有力的支撑。

（7）优化结果复查

由于在定量分析中主要考察对选址产生影响的经济因素，因此当直接应用定量计算的结果进行物流园区选址时，常常会发现在经济上最为可取的地点在实际上却行不通，因为除了经济因素外，还有很多非经济因素影响物流园区的选址，如气候、地形等因素，因此，要结合既有区位条件、交通、周边土地条件等因素，对计算结果进行评价，看优化结果是否具有现实可行性。

分析其他影响因素对计算结果的相对影响程度，赋予其一定的权重，采用加权法对计算结果进行复查。如果复查通过，则原计算结果为最终结果；如果复查发现原计算结果不适应，则返回地址筛选阶段，重新分析，直至得到最终结果为止。

（8）确定最终选址方案

在用加权法复查得到的结果通过后，则计算所得的结果即可作为最终选择地址的结果。但是所得的结果不一定是最优的解，可能只是符合条件的满意解。

6.2　物流园区选址决策方法

6.2.1　定性决策法

定性决策法主要是根据选址影响因素和选址原则，依靠专家或管理人员丰富的经验、知识及其综合分析能力，确定物流园区的具体选址方案。定性决策法的优点是注重历史经验，简单易行；其缺点是容易犯经验主义和主观主义的错误，并且当可选地点较多时，不易做出理想的决策，导致决策的可靠性不高。在实际应用当中主要有德尔菲法、头脑风暴法。

1. 德尔菲法

德尔菲法是采用匿名函询的方法，通过一系列简明的调查征询表向专家们进行调查，并通过有控制的反馈，取得尽可能一致的意见，对未来做出预测。20世纪40年代由美国兰德公司提出。德尔菲是古希腊城市，以阿波罗神而著名，传说中阿波罗常派人到各地收集聪明人的意见，德尔菲被认为是集中智慧和灵验的地方。20世纪60年代以后，德尔菲法被世界各国广泛用于评价政策、协调计划、预测经济和技术、组织决策等活动中。这种方法比较简单、节省费用,能把有理论知识和实践经验的各方面专家对同一问题的意见集中起来。它适用于研究资料少、未知因素多、主要靠主观判断和粗略估计来确定的问题,是较多地用于长期预测和动态预测的一种重要的预测方法。其具体步骤如下。

(1) 建立选址工作组

确定主持人,组建专门的工作小组。

(2) 拟订调查提纲

所提问题要明确具体,选择得当,数量不宜过多,并提供必要的背景材料。

(3) 选择调查对象

所选的专家要有广泛的代表性,他们要熟悉业务,有特长、有一定的声望、有较强的判断和洞察能力。选定的专家人数不宜太少也不宜太多,一般为 10~50 人。

(4) 轮番征询意见

通常要经过三轮:第一轮是提出问题,要求专家们在规定的时间内把调查表格填完寄回;第二轮是修改问题,请专家根据整理的不同意见修改自己所提意见,即让调查对象了解其他见解后,再一次征求他本人的意见;第三轮是最后判定。把专家们最后重新考虑的意见收集上来,加以整理,有时根据实际需要,还可进行更多几轮的征询活动。

(5) 整理调查结果,提出调查报告

对征询所得的意见进行统计处理,其表达方式取决于决策问题的类型和对决策的要求。

2. 头脑风暴法

头脑风暴法又称智力激励法、BS 法、自由思考法,是由美国创造学家 A·F·奥斯本于 1939 年首次提出,1953 年正式发表的一种激发性思维的方法。在群体决策中,由于群体成员心理相互影响,易屈于权威或大多数人的意见,形成所谓的"群体思维"。群体思维削弱了群体的批判精神和创造力,损害了决策的质量。为了保证群体决策的创造性,提高决策质量,管理上发展了一系列改善群体决策的方法,头脑风暴法是较为典型的一个。

头脑风暴法又可分为直接头脑风暴法(通常称为头脑风暴法)和质疑头脑风暴法(也称为反头脑风暴法)。前者是专家群体决策,尽可能激发创造性,产生尽可能多的设想的方法,后者则是对前者提出的设想、方案逐一质疑,分析其现实可行性的方法。

采用头脑风暴法组织群体决策时,要集中有关专家召开专题会议,主持者以明确的方式向所有参与者阐明问题,说明会议的规则,尽力创造融洽轻松的会议气氛。主持者一般不发表意见,以免影响会议的自由气氛。由专家们"自由"提出尽可能多的方案。

6.2.2 定量决策法

1. 单一物流园区的选址方法——重心法

(1) 重心法模型

如图 6-3 所示,设有 n 个物流需求点,它们各自的坐标是 $Q_j(x_j, y_j)$,需新建的物流园区坐标为 $P_0(x_d, y_d)$,现在欲求此物流园区的位置,使物流园区到各物流需求点的运输费用最小。

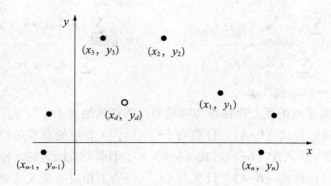

图 6-3 物流园区和物流需求点的坐标

已知条件如下：

h_j 为物流园区到物流需求点 j 的发送费率（即单位吨千米的发送费）；

w_j 为新建物流园区向物流需求点 j 的发送量；

d_j 为物流园区到物流需求点 j 的距离。

由此可得物流园区到各个物流需求点的总运输费用为

$$H = \sum_{j=1}^{n} C_j \tag{6-1}$$

而 C_j 又可以表示为

$$C_j = h_j \cdot w_j \cdot d_j \tag{6-2}$$

d_j 也可以写成

$$d_j = [(x_d - x_j)^2 + (y_d - y_j)^2]^{\frac{1}{2}} \tag{6-3}$$

把式（6-2）代入式（6-1）中，得到

$$H = \sum_{j=1}^{n} h_j \cdot w_j \cdot d_j \tag{6-4}$$

现在要求 (x_d, y_d) 为何值时 H 最小。

从式（6-3）和式（6-4）可求出使 H 为最小时的 (x_d, y_d)。解决这个问题的方法是运用下面的计算公式，令

$$\frac{\partial H}{\partial x_d} = \sum_{j=1}^{n} h_j w_j (x_0 - x_j)/d_j = 0 \tag{6-5}$$

$$\frac{\partial H}{\partial y_d} = \sum_{j=1}^{n} h_j w_j (y_0 - y_j)/d_j = 0 \tag{6-6}$$

从式（6-5）和式（6-6）中可分别求得最适合的 x_d^* 和 y_d^*，即

$$x_d^* = \frac{\sum_{j=1}^{n} (h_j \cdot w_j \cdot x_j)/d_j}{\sum_{j=1}^{n} (h_j \cdot w_j)/d_j} \qquad y_d^* = \frac{\sum_{j=1}^{n} (h_j \cdot w_j \cdot y_j)/d_j}{\sum_{j=1}^{n} (h_j \cdot w_j)/d_j} \tag{6-7}$$

采用迭代法来进行计算，其表达式为

$$x_d^{(k)} = \frac{\sum_{j=1}^{n}(h_j \cdot w_j \cdot x_j)/d_{j(k-1)}}{\sum_{j=1}^{n}(h_j \cdot w_j)/d_{j(k-1)}} \qquad y_d^{(k)} = \frac{\sum_{j=1}^{n}(h_j \cdot w_j \cdot y_j)/d_{j(k-1)}}{\sum_{j=1}^{n}(h_j \cdot w_j)/d_{j(k-1)}} \tag{6-8}$$

（2）迭代法的计算步骤

①以所有物流需求点的重心坐标作为物流园区的初始地点 $(x_d^{(0)}, y_d^{(0)})$。

②利用式（6-3）和式（6-4），计算与 $(x_d^{(0)}, y_d^{(0)})$ 相应的总发送费 $H^{(0)}$。

③把 $(x_d^{(0)}, y_d^{(0)})$ 代入式（6-3）、式（6-8）中，计算物流园区的改善地点 $(x_d^{(1)}, y_d^{(1)})$。

④利用式（6-3）和式（6-4），计算与 $(x_d^{(1)}, y_d^{(1)})$ 相应的总发送费 $H^{(1)}$。

⑤将 $H^{(1)}$ 和 $H^{(0)}$ 进行比较，如果 $H^{(1)} < H^{(0)}$，则返回③的计算，再把 $(x_d^{(1)}, y_d^{(1)})$ 代入式（6-3）和式（6-8）中，计算物流园区的再改善地点 $(x_d^{(2)}, y_d^{(2)})$；如果 $H^{(2)} \geqslant H^{(1)}$，则说明 $(x_d^{(1)}, y_d^{(1)})$ 就是最优解。

这样反复计算下去，直至 $H^{k+1} \geqslant H^k$，求出最优解 $(x_d^{(k)}, y_d^{(k)})$ 为止。

由上述可知，应用迭代法的关键是给出物流园区的初始地点 $(x_d^{(0)}, y_d^{(0)})$。

一般的做法是将各物流需求点之间的重心点作为初始地点（故叫重心法）；也可采用任选初始地点的方法；还可以根据各物流需求点的位置和需要量的分布情况选取初始地点。初始地点的选取方法可以不同。

由上述求解过程可知，该问题适合用计算机编程求解。通过计算发现，对于用式（6-9）作为最佳坐标与迭代求解结果相差无几。

$$x_d^* = \frac{\sum_{j=1}^{n} h_j \cdot w_j \cdot x_j}{\sum_{j=1}^{n} h_j \cdot w_j} \qquad y_d^* = \frac{\sum_{j=1}^{n} h_j \cdot w_j \cdot y_j}{\sum_{j=1}^{n} h_j \cdot w_j} \tag{6-9}$$

（3）重心法模型的优缺点

求解物流园区最佳地址的模型，有离散型模型和连续型模型两种。重心法模型是连续型模型，相对于离散型模型来说，在这种模型中，物流园区地点的选址是不加特定限制的，有自由选择的长处。可是从另一方面来看，重心法模型的自由度过多也是一个缺点。因为由迭代法计算求得的最佳地点实际上往往很难找到，有的地点很可能在河流湖泊上或街道中间等。此外，迭代计算非常复杂，这也是连续型模型的缺点之一。

2. 交叉中值模型

（1）模型。交叉中值模型用来解决连续点的选址问题，它使加权城市间距离最小化，其目标函数为

$$\min Z = \sum_{t=1}^{n} \omega_i \{|x_i - x_d| + |y_i - y_d|\} \tag{6-10}$$

式中：ω_i——第 i 个需求点对应的权重（如需求量）；

x_d——预建物流园区的横坐标；

x_i——第 i 个需求点的横坐标；

y_d——预建物流园区的纵坐标；

y_i——第 i 个需求点的纵坐标；

n——需求点的数量。

这个目标函数可用两个不相关的部分来表达

$$\min Z = \sum_{i=1}^{n} \omega_i |x_i - x_d| + \sum_{i=1}^{n} \omega_i |y_i - y_d| \tag{6-11}$$

式中：x_d——在 X 方向上对应所有权重的中值点；

y_d——在 Y 方向上对应所有权重的中值点。

（2）求解过程。建立坐标系，确定各个需求点的坐标。根据公式 $\overline{W} = \dfrac{1}{2}\sum_{i=1}^{n}\omega_i$ 确定中值 $\overline{W}$。寻找 X 方向的中值点，分别将需求点按 x 值从小到大、从大到小排列，并求出满足各需求点的积累量。对比两次的积累量的结果，确定 x 的值或者范围。寻找 Y 方向的中值点，分别将需求点按有 y 值从小到大、从大到小排列，并求出满足各需求点的积累量。对比两次的积累量的结果，确定 y 的值或者范围。最终确定物流园区地址的坐标点或坐标范围。

3. 鲍摩-瓦尔夫模型

（1）鲍摩-瓦尔夫模型的建立

当我们考虑从几个工厂经过几个物流园区向用户输送货物时，物流园区选址问题就由单一物流园区的选址转换为多个物流园区的选址，对此问题一般只考虑运费为最小时物流园区的选址问题。

在这里，所要考虑的问题是，各个工厂向哪些物流园区运输多少商品？各个物流园区向哪些用户发送多少商品？

规划的总费用包括下列内容：

c_{ki}——从工厂 k 到物流园区 i 每单位运量的运输费；

h_{ij}——从物流园区 i 向用户 j 发送单位运量的发送费；

c_{ijk}——从工厂 k 通过物流园区 i 向用户 j 发送单位运量的运费；

X_{ijk}——从工厂 k 通过物流园区 i 向用户 j 运送的运量；

W_i——通过物流园区 i 的运量，即 $W_i = \sum_{j,k} X_{ijk}$；

v_i——物流园区 i 的单位运量的可变费用；

F_i——物流园区 i 的固定费用（与其规模无关的固定费用）。

故总费用函数为：

$$f(X_{ijk}) = \sum_{i,j,k}(c_{ki} + h_{ij})X_{ijk} + \sum_{i} v_i(W_i)^{\theta} + \sum_{i} F_i r(W_i) \tag{6-12}$$

其中，$0 < \theta < 1$；

$$r(W_i) = \begin{cases} 0 & W_i = 0 \\ 1 & W_i > 0 \end{cases}$$

总费用函数 $f(X_{ijk})$ 的第一项是运输费和发送费，第二项是物流园区的可变费，第三项是物流园区的固定费（这项费用函数是非线性的）。

（2）鲍摩-瓦尔夫模型的计算方法

首先，给出费用的初始值，求初始解；然后，进行迭代计算，使其逐步接近费用最小的运输规划。

① 初始解。要求最初的工厂到用户间 (k, j) 的运费相对最小，也就是说，要求从工厂到物流园区间的运费 c_{ki} 和物流园区到用户间的发生费 h_{ij} 之和为最小，即

$$c_{kj}^0 = \min_i \{c_{ki} + h_{ij}\} = c_{ki}^0 + h_{ij}^0 \tag{6-13}$$

设所有的 (k, j) 取最小费率 c_{kj}^0，物流园区序号是 I_{kj}^0。这个结果决定了从所有工厂到用户间的费用。那么，如果工厂的生产能力和需要量已知，把其作为约束条件来求解运输型问题，使费用函数 $\sum c_{kj}^0 X_{kj}$ 为最小时，$\{X_{kj}^0\}$ 就为初始解。

② 二次解。根据初始解，物流园区的通过量为

$$W_i^0 = \sum \{\text{所有的 } k, j, \text{ 如 } I_{kj}^0 = i\} X_{kj}^0 \tag{6-14}$$

从运量反过来计算物流园区的可变费用，即

$$c_{kj}^n = \min_i \{c_{kj} + h_{ki} + v_i \theta(W_i^{n-1})\}^{\theta-1} \tag{6-15}$$

这是费用函数式关于 X_{ijk} 的偏微分。在这个阶段，对于所有的 (k, j) 取为

$$c_{kj}^2 = \min_i \{c_{kj} + h_{ki} + v_i \theta(W_i^1)\}^{\theta-1} \tag{6-16}$$

c_{ki}^0 的物流园区序号为 I_{kj}^2。再次以这一成本为基础，求解运输型问题，求得费用函数 $\sum_{kj} c_{ki}^2 X_{kj}$ 为最小时，$\{X_{kj}^2\}$ 就成为二次解。

③ n 次解。

设 $(n-1)$ 次解为 $\{X_{kj}^{n-1}\}$，则物流园区的通过量为

$$W_i^{n-1} = \sum \{\text{所有的 } k, j, \text{ 如 } I_{kj}^{n-1} = i\} X_{kj}^{n-1}$$

I_{kj}^{n-1} 是由 $(n-1)$ 次解得到的使用物流园区的序号。

$(n-1)$ 次解可使物流园区通过量反映到可变费用上，因此求 n 次解，就可得到物流园区的新的通过量。

④ 最优解。把 $(n-1)$ 次解的物流园区的通过量 $\{W_i^{n-1}\}$ 和 n 次解的物流园区的通过量 $\{W_i^n\}$ 进行比较，如果完全相等，就停止计算；如果不等，再继续反复计算。也就是说，当 $\{W_i^{n-1}\} = \{W_i^n\}$ 时，$\{W_{kj}^n\}$ 为最优解。

（3）鲍摩-瓦尔夫模型的优缺点

这个模型具有如下几个优点，但也有些问题，使用时应加以注意。

① 模型的优点。计算比较简单，能评价流通过程的总费用（运费、保管费和发送费之和），能求解物流园区的通过量，即决定物流园区规模的目标，根据物流园区可变费用的特点，可以采用大批量进货的方式。

② 模型的缺点。由于采用的是逐次逼近法，所以不能保证必然会得到最优解。此外，由于选择备选地点的方法有所不同，有时会出现求出的最优解中可能出现物流园区数目较多的情况。也就是说，还可能有物流园区数更少、总费用更小的解存在。因此，必须仔细研究所求得的解是否为最优解。此外，物流园区的固定费用没在所得的解中反映出来。

4. 覆盖模型

对于物流需求已知的一些需求点，可以运用覆盖模型来确定一组物流园区设施来满足

这些物流需求点的需求。在这个模型中，需要确定物流园区设施的最小数量和合适的位置。

根据解决问题的方法的不同，覆盖模型可以分为两种不同的主要模型。

（1）集合覆盖模型

它是用最小的物流设施数量的设施区覆盖所有的物流市场需求点，如图 6-4 所示。位置集合覆盖问题（location set covering problem，LSCP）的数学模型是由 Toregas 等人最早提出的，其目标是在满足覆盖所有应急点的情况下，确定建立应急服务设施的个数或建设费用最小，并配置这些服务设施使所有的应急点都能被覆盖。主要用于消防站和救护车等的应急服务设施的选址问题。C. S. Revene 和 H. A. Eiseit 认为，在应急设施的选址问题中，要求服务设施的服务半径是有标准的。如城市的普通消防站的布局，应以消防队尽快到达火场，即从接到报警起五分钟内到达责任区最远点为原则，而这一约束在 p-中心问题和 p-中值问题模型中没有体现出来，于是就有了位置集合覆盖问题，简单地说就是在一定的区域内，设置最小数量的设施来覆盖其中所有的点。

（2）最大覆盖模型

在给定数量的物流设施下，覆盖尽可能多的物流市场需求点，如图 6-5 所示。最大网络覆盖问题是 NP 困难问题。最初的最大覆盖问题是由 R. L. Church 和 C. ReVelle 提出的，他们将服务站最优选址点限制在网络节点上；R. L. Church 和 M. E. Meadows 在确定的关键候选节点集合中给出了一般情况下的最优算法，他们通过线性规划的方法求解，对于最优解不是整数的则用分支定界法求解；R. L. Church 和 M. E. Meadows 提出了最大覆盖问题的伪 Hakimi 特性，即在任何一个网络中，存在一个有限节点的扩展集，在这个集合中至少包含一个最大覆盖问题的最优解。此外，一些学者提出了最大覆盖问题遗传算法的操作策略。

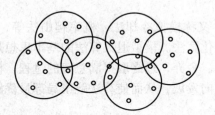

图 6-4 位置集合覆盖模型图

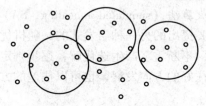

图 6-5 最大覆盖模型

5. 其他常用的方法

（1）多准则决策方法

在物流系统的研究中，人们常常会遇到大量多准则决策问题，如物流园区的选址、运输方式及路线选择、供应商选择等。这些问题的典型特征是涉及多个选择方案（对象），每个方案都有若干个不同的准则，要通过多个准则对方案（对象）做出综合性的选择。对于物流园区的选址问题，人们常常以运输成本及物流园区建设、运作成本的总成本最小化，满足顾客需求，以及满足社会、环境要求等为准则进行决策。多准则决策的方法包括多指标决策方法与多属性决策方法两种，比较常用的有层次分析法（AHP）、模糊综合评判、数据包络分析（DEA）、TOPSIS、优序法等。有关多准则决策方法，特别是层次分析法和模糊综合评判的方法，在物流园区的选址研究中有着广泛的应用。但是，这两种方法都是基于线性的决策思想，在当今复杂多变的环境下，线性的决策方法逐渐地暴露出其固有的局限性，非线性的决策方法是今后进一步研究的重点和趋势。

(2) 遗传算法

遗传算法（genetic algorithm，GA）是在20世纪60年代提出来的，是受遗传学中自然选择和遗传机制启发而发展起来的一种搜索算法。它的基本思想是使用模拟生物和人类进化的方法求解复杂的优化问题，因而也称为模拟进化优化算法。遗传算法主要有三个算子：选择、交叉、变异。通过这三个算子，问题得到了逐步的优化，最终达到满意的优化解。

遗传算法作为一种随机搜索的、启发式的算法，具有较强的全局搜索能力，但是，往往比较容易陷入局部最优情况。因此，在研究和应用中，为避免这一缺点，遗传算法常常和其他算法结合应用，使得这一算法更具有应用价值。

(3) 人工神经网络

人工神经网络（artificial neural network，ANN）是由大量处理单元（神经元）广泛互连而成的网络，是对人脑的抽象、简化和模拟，反映人脑的基本特征。可以通过对样本训练数据的学习，形成一定的网络参数结构，从而可以对复杂的系统进行有效的模型识别。经过大量样本学习和训练的神经网络在分类和评价中，往往要比一般的分类评价方法有效。

这一研究的不足之处是神经网络的训练需要大量的数据，在对数据的获取有一定的困难的情况下，用神经网络来研究是不恰当的。在应用人工神经网络时，我们应当注意网络的学习速度、是否陷入局部最优解、数据的前期准备、网络的结构解释等问题，这样才能有效及可靠地应用人工神经网络解决实际存在的问题。

(4) 模拟退火算法

模拟退火算法（simulated annealing，SA）又称模拟冷却法、概率爬山法等，是1982年由Kirkpatrick提出的另一种启发式的、随机优化算法。模拟退火算法的基本思想是从一个初始的解出发，不断重复产生迭代解，逐步判定、舍弃，最终取得满意解的过程。模拟退火算法不但可以往好的方向发展，也可以往差的方向发展，从而使算法跳出局部最优解，达到全局最优解。

(5) 仿真方法

仿真是利用计算机来运行仿真模型，模拟时间系统的运行状态及其随时间变化的过程，并通过对仿真运行过程的观察和统计，得到被仿真系统的仿真输出参数和基本特征，以此来估计和推断实际系统的真实参数和真实性能。国内外已经有不少文献将仿真的方法运用于物流园区选址或是一般的设施选址的研究，研究结果相对解析方法更接近于实际的情况。

仿真方法相对解析的方法在实际应用中具有一定的优点，但是，也存在一定的局限性。如仿真需要进行相对比较严格的模型的可信性和有效性的检验。有些仿真系统对初始偏差比较敏感，往往使得仿真结果与实际结果有较大的偏差。同时，仿真对人和机器的要求往往比较高，要求设计人员必须具备丰富的经验和较高的分析能力，而相对复杂的仿真系统，对计算机硬件的相应要求是比较高的。关于未来的研究，各种解析方法、启发式算法、多准则决策方法与仿真方法的结合,是一种必然的趋势。各种方法的结合可以弥补各自的不足,充分发挥各自的优点,从而提高选址的准确性和可靠性。

6.3 物流园区设施规模确定原则和程序

6.3.1 物流园区设施规模现状

1. 国外物流园区规模

日本自1965年建设最早的物流园区以来,目前已建成的大型物流园区有20多个,其平均规模为 0.74 km²,如今日本的物流园区要求向高层发展,规模一般集中在 0.2~0.5 km²,且大多不超过 0.35 km²;德国在 20 世纪 80 年代中期在全国范围内一次性规划了 40 个物流园区,其中绝大部分现已投入使用,而相比日本,德国物流园区的规模要大一些,其中很多园区占地面积都在 1 km² 以上。表 6-1 列出了国外部分物流园区规模的详细情况。

表 6-1 国外部分物流园区规模

物流园区名称	所属国家	规模/km²	建设时间
平和岛物流园区	日本	0.63	20 世纪 60 年代中期
板桥物流园区	日本	0.31	20 世纪 60 年代中期
足立物流园区	日本	0.33	20 世纪 60 年代中期
葛西物流园区	日本	0.50	20 世纪 60 年代中期
不来梅物流园区	德国	2.00	20 世纪 80 年代中期
纽伦堡物流园区	德国	7.00	20 世纪 80 年代中期
Cargovil 物流园区	比利时	0.75	1988 年
富谷物流园区	韩国	0.33	1995—1996 年
梁山物流园区	韩国	0.33	1995—1996 年

2. 国内物流园区规模

近年我国物流园区建设进程不断加快,现已初具规模,其中以深圳、广州、上海等南方城市发展最为成熟。就目前国内已经建成或正在规划、建设的物流园区而言,其规模差别较大,少则不到一平方公里,多则十几平方公里,甚至几十平方公里,如表 6-2 所示。目前,我国物流园区的规模呈现出逐步扩大的趋势。

表 6-2 国内部分物流园区规模

物流园区名称	规模/km²	建设时间/年
北京空港物流基地	1.55	2002
浙江传化物流基地	0.39	2003
上海外高桥保税物流园区	1.02	2004
大连保税物流园区	1.5	2004
深圳盐田港保税物流园区	0.96	2006
青海朝阳物流园区	1.45	2006
山东金兰现代物流基地	0.30	2007
乌审旗嘎鲁图镇综合物流园区	>5	2009
郑州国际物流园区	85	2010
辽宁（营口产业基地交通物流中心）	4.84	规划中
中鼎铁路物流园区	1.95	2016
重庆西部现代物流园区	33	分批建设

由于我国各地区的经济发展水平和物流发展需求差别较大，因此所建设的物流园区规模也大小不一。从总体上看，我国的物流产业还处于起步阶段，建设规模合理的物流园区能够引导所在地区的物流业快速、健康地向前发展。决定物流园区规模的主要依据是与服务地区的物流市场需求相适应。

在《物流园区分类与规划基本要求》（GB/T 21334—2017）中，给出了物流园区规模的推荐性指标，规定：单个物流园区总用地面积宜不小于 0.5 km²，物流运营面积比例应大于50%；物流园区所配套的行政办公、生活服务设施用地面积，占物流园区总用地面积的比例，货运服务型、生产服务型和口岸服务型物流园区不应大于 10%，商贸服务型和综合服务型物流园区不应大于 15%。

6.3.2 物流园区设施规模确定原则

影响物流园区设施规模确定的因素涉及多方面内容，主要由经济发展水平、空间服务范围、物流需求量的大小、物流园区类型、土地利用现状和规划等因素综合决定。特别是经济发展水平决定物流需求水平，区域生产总值总量越大、经济发展水平越高，对货物运输、仓储、配送、物流信息处理等物流服务的需求也就越大。经济增长越强劲，对物流园区需求的增长也越强劲。

结合国内外物流园区设施规模的经验总结，物流园区的设施规模应根据以下几个原则来确定。

1. 适应性原则

物流园区的选址需要与国家、省市的经济发展方针、政策相适应，与我国物流资源分布和需求分布相适应，与国民经济和社会发展相适应。通常情况下，经济发达国家/地区的物流园区服务水平较高，其单位面积的仓储、运输能力也较强，可以通过小规模、高效率的物流设施来完成。而我国目前的物流园区服务水平和运作效率与发达国家仍有差距，加上经济发展对物流需求量的快速增长，相比之下我国建设的物流园区规模要大一些。

2. 协调性原则

物流园区是为物流市场服务的，而物流市场的需求是随着经济发展不断变化的。因此物流园区的规模应与区域物流市场的需求相协调。一般可以根据物流市场的需求大小、层次、结构来确定物流园区的规模以及各功能区的面积，既要满足当前社会经济活动对物流的需求，同时也要考虑区域物流市场的未来需求变化情况。

3. 系统性原则

首先，物流园区作为区域物流系统的重要组成节点，其规模的确定应从整个区域物流系统的战略规划层次出发，充分考虑区域内物流园区的数量、空间分布、市场需求、货物种类以及各节点的服务范围等；其次，物流园区本身也是一个系统，其规模应在系统内部得到优化（即合理的功能区布局和交通组织）的前提下确定，以此达到土地效用最大化的目的。

4. 发展性原则

由于物流园区是一项投资大、建设周期长的基础设施建设项目，通常要根据市场的发展趋势进行"整体规划、分期建设"，一旦建成，物流园区内的各项设施很难变动，因此确定物流园区规模的过程应该是一个动态的规划过程，而在此过程中一定要用发展的眼光对物流园区的规模进行合理规划，为其长远经营提供可扩展的用地空间。

5. 战略性原则

物流园区的选址，应具有战略眼光。一是要考虑全局，二是要考虑长远。局部要服从全局，目前利益要服从长远利益，既要考虑目前的实际需要，又要考虑日后发展的可能。

6.3.3 物流园区设施规模确定的程序

物流园区设施是物流基础设施中的重要组成部分，其规模的设计一般是以物流量的预测作为基础，这也是物流基础设施网络规划设计的核心。物流园区设施规模的确定是一个动态规划的过程，需要进行不断的信息收集、反馈和修正，同时，将定性分析和定量分析相结合，确定出最终的规模。

1. 初步设想

初步设想是指对物流园区的建立要有明确的需求。这是规模确定的前提，也是确定的第一步。

2. 明确物流园区的辐射范围

物流园区的辐射范围是指物流园区能够影响到的周边区域的大小，是以物流园区建设地为圆点，以规划的辐射距离 R 为半径所画的圆，这个区域内的部分或者是全部物品会进入物流园区进行物流作业。

3. 经济环境分析

经济环境分析是确定物流园区规模中非常重要的一个环节，是确定物流园区规模的基础，数据包括影响物流量的各种因素，如 GDP、进出口贸易总额、历年货运量等。数据的来源包括国家有关部门发布的数据，也包括各种调研数据和二手数据等。

4. 物流状况调查

物流状况调查是指对辐射区域内的物流情况进行调查，收集辐射范围内货运物品的名称，物品的类型，物品运输的起讫点，货运量的大小，物品的流向等。在一个辐射区域内，物品的流向有两种：一为流入辐射区域，二为流出辐射区域。此外，还需要对辐射区域内进入物流园区的货物交易状况进行调查，需要获得的数据是可能在物流园区内进行交易的销售商数量、交易的货物品种、交易的货物规格、交易的频率等。

5. 物流发展预测

收集到的数据不仅要反映现有的状况，而且要反映物流发展的趋势。要以一种发展的态度看物流需求和经济在未来的变化。用收集到的数据分析现有的经济状况和物流现状，同时，根据预测结果来决定是否有必要建立物流园区，如果预测物流量的结果显示没有必要建立物流园区，那么，就取消建立的目标。

6. 功能设计与战略定位

根据数据分析的结果，明确物流园区发展的战略定位、相应的经营模式，结合进入物流园区企业及服务对象企业对物流服务的客观需求，设计物流园区的具体功能，划分物流园区内部不同功能的分区。

7. 规模初定

通过对未来发展预测中不同特性物流量的分解，结合功能设计要求，根据有关国家和行业标准，采用定量的方法初步确定物流园区的总规模和各个主要功能区的规模。

8. 方案设计

在初步确定规模的基础上，结合物流园区设计的内部工艺流程，在其指导下对各个功能区的基本位置、建设方案和作业空间布置等进行合理布局的同时，根据具体的方案不断调整预计的规模。

9. 区域物流园区总规模确定

在不断反馈和调整修正的基础上，对各个功能区空间布局进行确定，最终确定整个区域物流园区的总规模。

10. 各具体物流园区规模确定

在确定整个区域物流园区的总体规模的基础上，明确建立物流园区的数目，确定各个具体物流园区的规模。

11. 物流园区各个功能区规模确定

确定了各具体物流园区的规模之后，结合物流园区具体的类型和功能，对各个重要的功能区进行面积确定。不同的物流园区各个功能区的面积也不尽相同。

物流园区设施规模确定的具体步骤如图6-6所示。

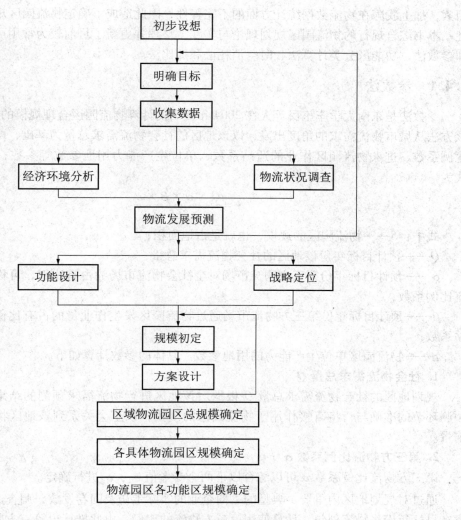

图 6-6　物流园区设施规模确定的具体步骤

6.4　物流园区设施规模确定方法

物流园区用地规模对城市与区域物流业发展具有重大影响。一个物流园区用地规模太小，则很难承担起为整个区域物流业服务的职能，无疑会阻碍该区域物流业乃至整个区域协调发展；反之，如果一个物流园区用地规模太大，又有可能导致物流园区空置率很高，物流基础设施及广泛的投资成本难以收回，物流园区难以维持运营，或者在不同物流园区之间产生恶性竞争，最终对区域物流业乃至区域经济产生负面影响。因此，科学地把握物流园区用地规模的适度性，不仅决定着物流园区自身发展，也影响着城市物流业与区域发展前景。

在实际的物流园区规划中，确定物流园区规模的方法通常要求简明、适用，具有较高的合理性，而且所推算出的物流园区规模能够与城市未来的物流产业发展相适应。然而，由于物流园区的规模受社会、经济、环境、土地等多种因素的综合影响，其中涉及了大量的主观因素，加上我国在物流数据统计方面的不完善性，因此造成了确定物流园区规模方法的多样性。本书综合现行的物流园区规划理论与实践，整理并更新了目前较为常用可行的计算方法即参数法、功能区分类计算法、时空消耗法和类比法。

6.4.1 参数法

参数法是东南大学李玉民等人在 2004 年提出的计算物流园区合理规模的重要方法之一。该方法从城市物流需求的角度出发，以该地区的社会物流需求总量为基础，配以第三方物流比例系数、进入物流园区作业的适站系数、单位生产能力用地参数等参数；其经验计算公式为

$$S = \frac{Q \times \alpha \times \beta \times \varepsilon}{365} \tag{6-17}$$

式中：S——物流园区的规模，也就是占地面积；

Q——预计目标年份该地区的社会物流需求总量；

α——预计目标年份第三方物流市场对全社会物流市场的占有比例，可称之为第三方物流比例系数；

β——预计目标年份第三方物流市场通过物流园区发生作业量的占有比例，可称之为适站系数；

ε——物流园区单位生产能力的用地参数。具体的参数计算如下。

1. 社会物流需求总量 Q

规划地区的社会物流需求总量 Q 根据对该地区进行物流需求预测的结果而获取，这个预测环节的准确与否将直接作用于物流园区的规模，以至会关系到该地区物流产业的发展前景。

2. 第三方物流比例系数 α

第三方物流比例系数 α 可以综合以下两个参考值 α_1、α_2 进行确定。

通过对规划地区内重要、典型的工商企业的实际走访及问卷发放，调查这些企业是否愿意在目标年份将物流外包，计算使用第三方物流的比例，由此推算出第三方物流比例系数 α 的第一个参考值 α_1。

第三方物流是近年来新兴的现代物流业，且发展很快，目前已经在国外的物流市场上占据比较可观的份额。据有关调查统计显示，英国第三方物流占其整个物流市场份额的 76%，美国的第三方物流每年要完成其 58% 的物流量，而在日本这一比例更是高达 80%，是世界上第三方物流比例最高的国家和地区。我国物流较西方国家落后很多，物流的社会化程度还不理想，第三方物流约占全国物流量比例为 30%。因此，第三方物流比例系数 α 的第二个参考值 α_2 将达到 30% 左右。如果规划地区的经济发展快，物流市场需求量大，则 α_2 将略高于 30%；否则，α_2 应低于 30%。

3. 适站系数 β

随着现代物流业规模化、专业化的发展，第三方物流企业在未来年份入驻已建成或在建中的物流园区经营将会成为今后的主流趋势，这也是市场竞争的必然结果，可以预计在未来年份通过物流园区完成的物流作业量将占据各类第三方物流企业的主要部分。当然也并非所有的第三方物流作业都会通过物流园区来实现，同时还存在以下几个方面的小部分分流。

① 目前还存在着一定数量的零散物流市场，如货运配载市场、交易中心等，并会在将来较长一段时间内存在，将会分流部分的第三方物流作业。

② 同时还有部分小型的物流企业并没有进驻物流园区，也会分担小部分的第三方物流量。

③ 进入物流园区的物流量也会因城市物流"短路化现象"而略有减少。

虽然如此，上述物流量的分流并不会影响未来年份进入物流园区的物流量在第三方物流市场的主体地位。

综合上述分析，给出预计目标年份第三方物流市场通过物流园区完成物流作业的经验比例即适站系数 β，其取值范围为 60%~80%。如果规划地区经济总量大，物流市场成熟度高，则 β 取较大值；否则 β 取较小值。

4. 单位生产能力用地参数 ε

由于我国自建设第一个物流园区以来只有十几年的经验积累，因此相关的参数取值可以借鉴国外物流园区的建设指标。通常情况下，物流园区的单位生产能力用地参数的取值与其单位面积处理货物的能力是密切相关的，一个物流园区建设强度越大，它处理货物的能力就越强，用地参数 ε 就越小；反之 ε 就越大。

可以借鉴公路枢纽货运站场的建设经验，在相关的公路枢纽货运站场规划中，其单位生产能力用地参数 ε 通常取值为 20~40 m^2/t，但与货运站场相比，物流园区要具备更全面、更强大的功能，因此它的单位生产能力用地参数 ε 的取值应该适当的提高一些。

综合以上两个方面分析，我国当前建设物流园区的单位生产能力用地参数 ε 取值范围为 30~50 m^2/t。如果规划地区经济发展水平高，对周边区域的辐射作用大，则 ε 取较大值；否则 ε 取较小值。

6.4.2 功能区分类计算法

根据有关调查显示，我国目前在建或者规划中的物流园区大部分为综合服务型物流园区，为此本书以综合服务型物流园区为样本，对其内部的物流设施进行功能区分类，并计算其中主要功能分区的用地面积，具体为物流仓储及配送加工区、集装箱处理区、道路交通、停车场、绿化用地、生产和生活辅助设施用地、其他功能用地及发展预留用地的面积，将这些功能分区面积相加即可得到物流园区的规模，对于其他类型的物流园区可以根据具体的建设要求和实际需要进行取舍。

1. 物流仓储及配送加工区面积

物流仓储及配送加工区主要包括各类仓库、仓库装卸站台和货物装卸场等设施，是物流园区最重要的功能区，其用地面积在一定程度上决定了物流园区的规模，一般来说，能够占据物流园区规模的 30%~40%。

由于物流园区处理的货物种类繁多、特性差异大，因此要根据物流园区所服务具体货物的密度、存储周期、仓库利用率等参数来计算仓库的需求面积，计算公式如下

$$C = \frac{Q \times \alpha \times \beta}{m \times n} \tag{6-18}$$

式中：C——物流园区内各类仓库的占地面积（m^2）；

Q——园区每天的货物处理量（t/d）；

α——货物存储周期;
β——单位货物占地面积（m²/t）;
m——仓库利用率;
n——仓库空间利用系数。

仓库装卸站台面积通常根据物流园区内所建仓库的建筑形式来确定，计算公式如下

$$Z = K \times \gamma \times (H + 1) \tag{6-19}$$

式中：Z——单个仓库装卸站台的面积;
K——单个装卸车位宽度（一般 $K = 4.00$）;
γ——装卸站台深度;
H——装卸车位数。

确定货物装卸场的面积需要分别计算运输车辆的停放区及调车通道区的面积，具体可参考停车场部分。

2. 集装箱处理区面积

集装箱处理区主要包括拆装箱库、拆装箱作业区、集装箱堆场等设施，相关面积的公式计算和参数选取可直接参考《集装箱公路中转站级别划分、设备配备及建设要求》（GB/T 12419—2005）。

3. 停车场面积

物流园区内停车场的配建可参考城市交通规划中有关停车场规划部分以及公安部、建设部颁布的《停车场规划设计规则（试行）》，如果进出物流园区的车辆种类繁多、车型大小不一、车型结构比较复杂，停车场面积还可采用如下计算公式

$$T = k \times S \times N \tag{6-20}$$

式中：T——物流园区内停车场的占地面积;
k——单位车辆系数（一般 $k = 2, 3$）;
S——停放车辆的单车投影面积（m²）;
N——园区内的日停车数。

4. 道路交通面积

物流园区内部的道路可分为主干道、次干道和辅助道路，其中主干道可按企业内部道路标准设计为双向四车道或六车道，次干道设计为双向两车道，辅助道路设计为单车道，园区内道路的车道宽设计为 3.50 m，道路两侧分别净空 0.5 m，由于出入物流园区的车流量较为密集、车型结构也比较复杂，为保证园区内有足够的运行空间，物流园区内部道路的用地面积一般应达到其规模的 12%~15%。物流园区道路交通面积计算如下

$$S_{路} = \sum_{i=1, 2, 4, 6} L_i (i \times 3.50 + 1.00) \tag{6-21}$$

式中：$S_{路}$——物流园区中道路交通的用地面积;
i——物流园区道路的车道数;
L_i——i 条车道道路的长度。

5. 绿化用地面积

物流园区内部绿化用地分为两个部分，一部分是对道路两旁、广场、建筑物周围等空余地带进行绿化的绿化带，二是设置部分地带（15%~20%）为专用绿化用地。根据国家规

定，物流园区的绿化率应达到30%，当然建设物流园区的地方政府也可能有绿化方面的要求，具体规划时会略有不同。

6. 生产和生活辅助设施用地面积

生产和生活辅助设施用地面积需要分别确定以下两个功能区域的面积。

①办公管理区的面积一般取决于物流园区内工作人员的数量和办公设施的配置，其中办公室的规模可按照人均办公面积 $4.5 \sim 7 \text{ m}^2$ 来计算。

②生活服务区的面积 $S_\text{生}$ 一般是根据物流园区内工作人员的数量 Q 和单位人均生活使用面积 $S_\text{人}$ 来确定的，计算公式如下

$$S_\text{生} = Q \times S_\text{人} \tag{6-22}$$

7. 其他功能设施及发展预留用地面积

除以上功能区用地外，根据进入物流园区企业的实际需要建设其他一些功能设施，其用地面积可通过政府拟定的入园企业调查分析得到。

根据建设物流园区的发展性原则，一般预留3%~5%的空地以应对物流园区在未来发展过程中不可预见因素的影响，当然这部分预留用地可以暂时用作绿化或其他简易设施用地。

6.4.3 时空消耗法

由于进入物流园区的货物在完成仓储、配送、加工等物流作业过程中必须占用一定的时间和空间，而物流园区则要根据货物处理的需求满足相应的时间和空间要求。时空消耗法就是按照物流园区服务的货物数量、种类将处理货物所需要的时空资源分别计算并求和，得到的结果就是该物流园区在对这些货物进行物流作业时所需要的规模。事实上，物流园区提供的时间资源是一成不变的，即 365 d/a；只有它提供的空间资源会因处理货物的种类和数量的不同而随之变化，所以运用时空消耗法确定物流园区的规模关键就在于计算这些空间资源，具体的技术路线如图6-7所示。

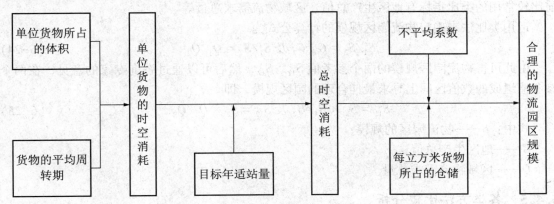

图6-7 时空消耗法确定物流园区规模的技术路线

根据时空消耗法的研究路线，给出相关的参数定义或解释，如单位货物所占的体积是指单位重量货物存储在仓库中所占有的空间。在定义之后，这些参数的标定就显得尤为重要，其标定的准确与否会直接对最终结果的精度产生重要的影响，然而要做到精确地标定这些参数也是比较困难的，如不同种类货物的平均周转期是不一样的，即便是同一种货物，它

的周转期也会随时间的变化而略有不同，这就需要一个时间相关系数来进行综合调整。时空消耗法的计算公式如下

$$S = \alpha \sum_{i=1}^{n} \left(\frac{V_i T_i Q_i F_i}{365 S_i} \right) \qquad (6-23)$$

式中：S——物流园区合理的规模；
n——物流园区所服务货物的种类数目；
V_i——单位重量货物所占的体积；
T_i——货物的平均周转时间；
Q_i——货物的周转量；
F_i——货物 i 的时间相关系数；
S_i——单位面积仓库所能够存储货物的体积；
α——物流园区中仓库设施与配套设施占地面积的比重。

另外，上述过程只计算了物流园区对货物进行直接作业的仓库设施用地的规模，除此之外，物流园区还必须建设与之相关的一些配套设施，如信息中心、会展中心、管理中心等，如果能够进一步确定物流园区中仓库设施与配套设施之间用地规模的比重，物流园区的整体占地面积就能够计算出来了，当然这个比重要综合考虑相关的规范或者标准和实际的建设需要来确定。

6.4.4 类比法

类比法是借鉴物流发展水平较高国家或地区的城市物流园区建设经验，根据参照地区物流园区规模的建设情况对规划地区的物流园区规模进行类推的方法。但由于两地区之间的城市经济规模、物流需求规模等条件存在不同，因此不能直接按照参照地区的物流园区规模来建设，要在两个城市之间找出与物流园区规模相类比的指标并按照相应的比例进行类推，目前比较常用的类比指标有地区生产总值、区域物流需求总量等。

运用类比法来确定物流园区规模的计算公式为

$$S_1/S_2 = G_1/G_2 \text{ 及 } S_1/S_2 = Q_1/Q_2 \qquad (6-24)$$

由此可得物流园区规模的两个参考值 S_{11}、S_{12}，然后可以通过咨询专家的意见，在两个参考值组成的数值区间上寻求最佳合理的园区规模，即

$$S_{11} = S_2 \times G_1/G_2 \text{ 及 } S_{12} = S_2 \times Q_1/Q_2 \qquad (6-25)$$

式中：S——物流园区的规模；
G——地区生产总值；
Q——区域物流需求总量。

6.4.5 各类方法比较分析

在我国，当前的物流园区建设通常是由政府主导规划的，其规模大多是根据政府部门的物流发展政策并参照以往的物流园区建设的成功经验从宏观层面来确定的，然而从理论上讲，目前很多计算物流园区的规模的方法还不够成熟，加上我国在物流数据统计方面并不完善等客观原因，其应用层面有所局限，前几节内容已经对确定物流园区规模的参数法、功能区分类计算法、时空消耗法和类比法进行了整理和总结，并对其进行了部分内容的补充及参

数的更新等处理,但依现有的理论基础并不能形成完整统一的计算标准或通用可行的计算方法,因此有必要对上述方法做具体的对比和分析(如表6-3所示),发现其优缺点,以便总结其中较好的计算方法,指出其方法中存在的缺陷并予以改进,并在今后的规划实践中加以推广。

表6-3 各类物流园区规模计算方法的比较分析

计算方法	优点	缺点
参数法	主观因素少,易于量化,可操作性较强	只计算物流园区内部物流作业场所的用地规模
功能区分类计算法	从工程角度计算,有相关的标准或公式可依	各功能区均需要确定,涉及公式和参数较多,计算过程麻烦
时空消耗法	有良好的理论支撑,从微观层面看是精确可行的	过于微观且参数变量过多,数据获取较为困难
类比法	简单、易行,具有较强的宏观参照性和指导性	计算过于粗糙,不能充分考虑到本地区实际的影响因素

6.5 物流园区设施适应性评价

6.5.1 物流园区设施适应性评价指标体系构建

1. 物流园区设施空间适应性

空间适应性表现在物流园区的合理选址和物流园区内部空间优化两方面。一方面,基础设施是一个有机系统,任何区域不能独自发挥出所有功能,须与周边地区协调发展,互惠互利,否则将发生区域间制约作用。另一方面,物流园区内空间布局影响物流功能拓展和功能间的衔接,影响物流园区的可持续发展。通过对物流园设施空间适应性分析,可以揭示物流节点分布及节点内部空间布局、业务运作的合理性和运行状态。

2. 物流园区设施功能适应性

物流园区设施功能是集成各作业区功能来实现的,尽管各作业区功能不同,重要程度不一,但对于整体功能实现都是不可缺少的。物流园区服务功能需要"以客户为中心",根据消费者需求的变化,在完成物流基本功能的基础上,来灵活调节生产工艺,提供个性化、一体化物流服务,包括增加便利性的服务、加快反应速度的服务、降低成本的服务、延伸服务等。不同类型的物流园区可根据进出货物的类型、流动频率建设相应的功能区,合理设置功能区的布局,保障其主要功能的顺利发挥并实现货物的有序流动和资源的优化配置。

3. 物流园区设施能力适应性

物流园区设施能力决定了物流园区服务的可靠性,表现在能够兑现承诺的服务,其主要影响因素包括准时、安全、可靠等内容。重点应以提高设施设备的自动化、智能化为手段,提高物流园区运作效率,提高物流服务质量水平。要保证物流园区目标的实现,应根据客户需求,合理改善设施、配置技术装备,优化物流业务流程,提升物流运作效率,满足不同发展阶段目标需要。

根据物流园区对全程物流业务的适应性内涵分析，构建物流园区设施适应性评价指标体系，具体如表 6-4 所示。

表 6-4　物流园区设施适应性评价指标

一级指标	二级指标	数据来源或计算方法
物流设施空间适应性	网点资源协同效率	根据节点物流资源之间流程衔接、资源运用情况，结合专家评价给出具体数值
	设施节点覆盖率	根据货场既有业务定位，结合服务半径和专家评价给出具体数值
	设施空间利用率	（物流园区设施占地面积/总面积）×100%
	内外道路通行能力	（进出站道路每小时通过车辆数+衔接城市道路每小时通过车辆数）/衔接城市道路车辆通过能力
	各功能区干扰度	不同功能区移动设备作业交叉点数、时间等
物流设施功能适应性	基本功能满足需求比例	客户问卷调查：给出全部物流功能，让客户选择所需要的功能，根据货场实际功能内容计算功能满足需求比例
	配套功能满足需求比例	
	增值服务功能满足需求比例	
物流设施能力适应性	仓库、堆场面积利用率	实际利用仓储、堆场面积/总的仓储、堆场面积
	设备利用率	阶段内设备运用时间/阶段总时间
	到发线利用率	根据到发线通过能力利用率计算公式计算
	库存周转率	（出库量/平均库存量）×100%
	运输准时率	（干线运输准时次数/干线运输次数）×100%
	盘点误差率	盘点数量误差/实际库存数
	接取送达延迟率	（接取送达延迟次数/接取送达总次数）×100%
	拣误率	拣选错误笔数/订单总笔数
	订单处理延迟率	延迟交货量/总交货量
	订单响应率	（阶段时间内订单处理数量/阶段时间内订单总数量）×100%
	物流园区坪效	物流园区经营收入/物流中心营业面积

6.5.2　物流园区设施适应性评价方法比较与选择

1. 各评价方法的比较

大部分评价方法在应用时都会涉及指标权重的赋值，其关系评价结果的科学性和准确性。按照权数产生方法的不同，可分为两种赋权方法：主观赋权和客观赋权。其中，主观赋权评价法采取定性的方法，由专家根据经验进行主观判断，采取综合咨询评分的定性方法确定权数，然后再对指标进行综合评价，主要包括层次分析法、德尔菲法、环比分析法、功效系数法、模糊评价法等。客观赋权评价法是依据决策矩阵所提供的信息来确定指标权重，主要包括主成分分析法、因子分析法、熵值法、聚类分析法、变异系数法、复相关系数法、灰色关联分析法、TOPSIS 法、神经网络分析法、判别分析法等。

这些评价方法多侧重于对系统的静态评价，且时序性评价较少，主观性强，相关约束不容检验等，而且这些方法大多仅做评价，不对结果做相应的调整。中国人民大学的魏权龄教授认为：通常使用的统计回归以及其他统计方法估计出的生产函数并没有表现出实际的生产前沿面，得出的函数实际上是非有效的，不是相对最优的。此外，这些方法大多仅限于单一输出的情况，相比之下，数据包络分析法是解决多输入输出的时序性评价问题较为有效和便捷的方法，在处理多输入、特别是多输出的问题方面具有绝对的优势，并且它能对结果进行排序和调整。区域物流生态系统是一个典型的复杂巨系统，具有多种输入和输出指标，对其协同发展评价属于典型的时序性的多层次、多目标的问题。数据包络分析（data envelopment analysis，DEA）法是评价此类多投入、多产出复杂系统效率的有效工具和理想的方法，它并不关注系统内部的具体运行过程，而主要考察系统输入输出的效率比。

数据包络分析法是运筹学、管理科学和数理经济学交叉研究的一个新的领域。它是由著名的运筹学家 A. Charnes、W. W. Cooper 和 E. Rhodes 于 1978 年首先在"相对效率评价"概念基础上发展起来的一种非参数统计方法，同时也是估计生产前沿面的一种有效方法，主要用于评价具有相同类型的多投入、多产出的决策单元是否技术有效（因此被称为 DEA 有效）。数据包络分析法既可以看作是一种统计分析方法，又可以看作是非参数的数学规划方法。数据包络分析法把单输入、单输出的工程效率的概念推广到了多输入输出的同类决策单元（decision making unit，DMU），其基本思想是把每一个被评价单元作为一个决策单元，再由众多 DMU 构成被评价群体，将决策单元视为多输入、多输出系统，通过比较不同系统之间的输出与输入的比值确定不同决策单元相对效率。此外，数据包络分析法不仅可以用线性规划来判断评价单元对应的点是否位于有效生产前沿面上，同时又可给出不位于有效生产前沿面上的评价单元如何调整输入输出使其达到有效状态的优化方向和建议，进而可帮助决策者获得许多有用的管理信息。

这一方法为实现完全意义上的相对效益评价工作提供了依据，但是，数据包络分析法只能是对同一类型的系统有效性或相对效益的好坏做出比较评价，数据包络分析法对系统本身绝对效益的评价则是无能为力的。

2. 基于数据包络分析法的评价思路

当选择数据包络分析法作为评价方法时，可以物流园区设施空间、功能、能力各子系统作为评价模型的一个 DMU，每个 DMU 都具有多个输入指标和输出指标，它们在投入产出的转换过程中相互影响、相互作用，共同提升物流园区设施的适应性。本书运用 DEA 方法，侧重于对物流园区设施的适应性效度进行评价，从而为物流园区规划布局、组织协调、管理控制等方面提供决策支持，其具体应用原理如图 6-8 所示。

基于 DEA 的物流园区设施适应性评价的技术应用步骤包括：明确评价目的、确定评价单元、建立输入输出指标体系、DEA 模型选择和建立、基于 DEA 模型进行评价分析、调整输入输出指标体系，最后得出综合评价结论等阶段。如图 6-9 所示。

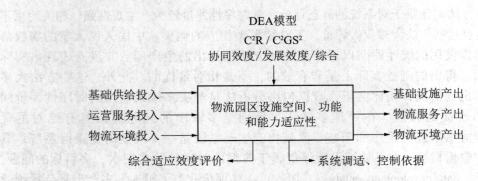

图 6-8　物流园区设施适应性的 DEA 评价原理

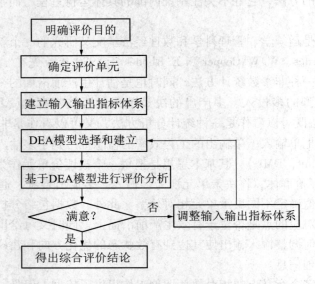

图 6-9　基于 DEA 模型评价分析步骤示意图

6.5.3　基于 DEA 的物流园区设施适应性效度评价模型

基于 DEA 方法对物流园区设施适应性进行评价具有两种思路：一是对同一时间段内相同类型的评价单元的适应性进行评价，进而做出横向比较评判；二是可以解决同一运行模式下同一评价单元的时序性评价问题，进而可以发现该评价单元适应性随时间的变化程度。假设研究对象为 n 个物流园区，那么将 n 个物流园区作为评价单元，即有 n 个 DMU，每个评价单元表示为 DMU_j ($j=1,2,\cdots,n$)。每个物流园区有 m 种类型的"投入"（对设施"资源"的消耗），s 种类型的"产出"（消耗设施"资源"之后表明"成效"的信息量），各评价单元设施的"投入"与"产出"向量具体如图 6-10 所示。

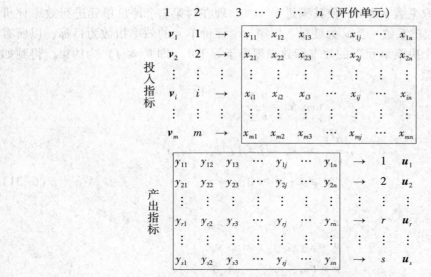

图 6-10 评价单元设施的投入与产出向量

图中：

x_{ij} 表示 DMU_j 的第 i 种投入指标值，为已知的数据，且 $x_{ij}>0$，其中 $i=1, 2, \cdots, m$，$j=1, 2, \cdots, n$；

y_{rj} 表示 DMU_j 的第 r 种产出指标值，为已知的数据，且 $y_{rj}>0$；

v_i 表示对第 i 种类型输入的一种度量（或称权重），$i=1, 2, \cdots, m$；

u_r 表示对第 r 种类型输出的一种度量（或称权重），$r=1, 2, \cdots, s$。

1. C^2R 模型

C^2R 模型是 Charnes、Cooper 和 Rhodes 运用数学规划模型将有效性度量方法推广到多输入、多输出情形，提出的第一个 DEA 模型，该模型同时对规模有效性和技术有效性进行评价。假设有 n 个 DMU_j $(1 \leqslant j \leqslant n)$，$DMU_j$ 的投入、产出向量分别为

$$\bm{x}_j = (x_{1j}, x_{2j}, \cdots, x_{mj})^T > 0, \quad j=1, \cdots, n \tag{6-26}$$

$$\bm{y}_j = (y_{1j}, y_{2j}, \cdots, y_{sj})^T > 0, \quad j=1, \cdots, n \tag{6-27}$$

其中，投入向量和产出向量都为已知数据，可以根据历史资料和预测数据得到。由于在生产过程中各种投入和产出的地位与作用不同，因此，要对 DMU 的投入和产出进行"综合"，即把它们看成只有一个总体输入和一个总体输出的生产过程。为了将不同作用、不同地位的投入向量与产出向量的各分量进行综合，需要对每一个分量赋予恰当的权重，引入变权重输入和输出向量

$$\bm{u} = (u_1, u_2, \cdots, u_s)^T \tag{6-28}$$

$$\bm{v} = (v_1, v_2, \cdots, v_m)^T \tag{6-29}$$

从而对投入产出进行"综合"，其中不事先给定输入和输出权重向量，而是先把它们看作变权重向量。定义 DMU_j 的效率指数为输出"综合"和输入"综合"之比，确定第 j 个决策单元 DMU_j 的效率评价指数为

$$h_j = \frac{\bm{u}^T \bm{y}_j}{\bm{v}^T \bm{x}_j}, \qquad j=1, 2, \cdots, n \tag{6-30}$$

总可以适当地选取系数 v 和 u，使其满足 $h_j \leqslant 1$。现在对第 j_0 个评价单元进行效率评价（$1 \leqslant j_0 \leqslant n$），为此以权重系数 v 及 u 为变量，以第 j_0 个评价单元的效率指数为目标，以所有评价单元（包括第 j_0 个决策单元）的效率指数必须小于等于 1（即 $h_j \leqslant 1$）为约束，得到如下相对效率最优化模型

$$\max h_0 = \frac{\boldsymbol{u}^{\mathrm{T}} \boldsymbol{y}_0}{\boldsymbol{v}^{\mathrm{T}} \boldsymbol{x}_0}$$

$$\text{s.t.} \quad \frac{\boldsymbol{u}^{\mathrm{T}} \boldsymbol{y}_j}{\boldsymbol{v}^{\mathrm{T}} \boldsymbol{x}_j} \leqslant 1, \quad j = 1, 2, \cdots, n$$

$$\boldsymbol{u} \geqslant 0; \ \boldsymbol{v} \geqslant 0; \tag{6-31}$$

式中：

$$\boldsymbol{x}_j = (x_{1j}, x_{2j}, \cdots, x_{mj})^{\mathrm{T}}$$
$$\boldsymbol{y}_j = (y_{1j}, y_{2j}, \cdots, y_{sj})^{\mathrm{T}}$$
$$\boldsymbol{v} = (v_1, v_2, \cdots, v_m)^{\mathrm{T}}$$
$$\boldsymbol{u} = (u_1, u_2, \cdots, u_s)^{\mathrm{T}}$$

以上分式规划是基于工程效率的比率定义得到，通过 Charnes-Cooper 变换

$$t = \frac{1}{\boldsymbol{v}^{\mathrm{T}} \boldsymbol{x}_0}, \ \boldsymbol{\omega} = t\boldsymbol{v}, \ \boldsymbol{\mu} = t\boldsymbol{u}$$

进而可以将分式规划（6-31）模型化为等价的线性规划模型：

$$\max h_0 = \boldsymbol{\mu}^{\mathrm{T}} \boldsymbol{y}_0$$

$$\text{s.t.} \quad \boldsymbol{\omega}^{\mathrm{T}} \boldsymbol{x}_j - \boldsymbol{\mu}^{\mathrm{T}} \boldsymbol{y}_j \geqslant 0 \quad j = 1, 2, \cdots, n$$

$$\boldsymbol{\omega}^{\mathrm{T}} \boldsymbol{x}_0 = 1 \tag{6-32}$$

$$\boldsymbol{\omega} \geqslant 0, \ \boldsymbol{\mu} \geqslant 0$$

式中：$\boldsymbol{\omega} = (\omega_1, \omega_2, \cdots, \omega_m)^{\mathrm{T}}$，$\boldsymbol{\mu} = (\mu_1, \mu_2, \cdots, \mu_s)^{\mathrm{T}}$

线性规划（6-32）的对偶形式表示为

$$\theta^0 = \min \theta$$

$$\text{s.t.} \quad \sum_{j=1}^{n} \lambda_j \boldsymbol{x}_j + \boldsymbol{s}^- = \theta \boldsymbol{x}_0$$

$$\sum_{j=1}^{n} \lambda_j \boldsymbol{y}_j - \boldsymbol{s}^+ = \boldsymbol{y}_0 \tag{6-33}$$

$$\lambda_j \geqslant 0, \ \boldsymbol{s}^- \geqslant 0, \ \boldsymbol{s}^+ \geqslant 0, \ j = 1, 2, \cdots, n$$

式中：$s-$，$s+$——引入的松弛变量。

2. C^2GS^2 模型

按照 C^2R 模型相同的建模方法，得到 C^2GS^2 模型的线性规划形式为

$$\max h'_0 = \boldsymbol{\mu}^{\mathrm{T}} \boldsymbol{y}_0 + \mu_0$$

$$\text{s.t.} \quad \boldsymbol{\omega}^{\mathrm{T}} \boldsymbol{x}_j - \boldsymbol{\mu}^{\mathrm{T}} \boldsymbol{y}_j - \mu_0 \geqslant 0 \quad j = 1, 2, \cdots, n \tag{6-34}$$

$$\boldsymbol{\omega}^{\mathrm{T}} \boldsymbol{x}_0 = 1$$

$$\boldsymbol{\omega} \geqslant 0, \ \boldsymbol{\mu} \geqslant 0$$

那么线性规划（6-34）的对偶规划形式表示为

$$\sigma^0 = \min \sigma$$

$$\text{s.t.} \quad \sum_{j=1}^{n} x_j \lambda_j + s^- = \sigma x_0 \tag{6-35}$$

$$\sum_{j=1}^{n} y_j \lambda_j - s^+ = y_0$$

$$\sum_{j=1}^{n} \lambda_j = 1$$

$$\lambda_j \geq 0, \ s^- \geq 0, \ s^+ \geq 0, \ j = 1, 2, \cdots, n$$

3. 模型有效性分析

如果评价单元经 DEA 模型计算得到目标函数值为 1，则称该评价单元为 DEA 有效。由于在评价时选择的 DEA 模型不同，因此 DEA 有效性的内容也不一样，C^2R 有效在评价单元"技术有效"和"规模收益不变"同时成为充分必要条件时成立，因此称 C^2R 有效为"综合有效"。而 C^2GS^2 有效仅仅说明评价单元"技术有效"成立，而没有考虑规模收益问题。规模收益存在递减、递增和不变三种情况，这里将"规模收益不变"称为"规模有效"。因此，评价单元的 DEA 有效是建立在总体有效概念的基础上，即综合反映了评价单元的规模有效性和技术有效性。C^2R 模型判断评价单元规模有效和技术有效是否同时成立，而 C^2GS^2 模型判断评价单元是否技术有效。由于与"规模有效"相对的是规模非有效，其包含两种情况，即规模收益递增或规模收益递减。

为了判断评价单元的规模有效类型和程度，充分分析评价单元有效性类型之间的关系，构造如下模型

$$\rho^0 = \min \rho$$

$$\text{s.t.} \quad \sum_{j=1}^{n} x_j \lambda_j + s^- = \rho x_0$$

$$\sum_{j=1}^{n} y_j \lambda_j - s^+ = y_0 \tag{6-36}$$

$$\sum_{j=1}^{n} \lambda_j \leq 1$$

$$\lambda_j \geq 0, \ s^- \geq 0, \ s^+ \geq 0, \ j = 1, 2, \cdots, n$$

利用式（6-33）、式（6-35）、式（6-36）这三个 DEA 模型共同构成的 DEA 有效前沿生产面来判别评价单元（DMU）的规模收益不变、递增或是递减情况。定义指标：$S^0 = \dfrac{\theta^0}{\sigma^0}$

相关文献已证明 $\theta^0 < \sigma^0$，因此有 $S \leq 1$。具体判别分析如下：

（1）若 $S^0 = 1$，则评价单元为规模收益不变，表现为 $\sum_{j=1}^{n} \lambda_j^0 = 1$；

（2）若 $S^0 < 1$，$\theta^0 = \rho^0$，则评价单元为规模收益递增，表现为 $\sum_{j=1}^{n} \lambda_j^0 < 1$；

（3）若 $S^0 < 1$，$\sigma^0 = \rho^0$，则评价单元为规模收益递减，表现为 $\sum_{j=1}^{n} \lambda_j^0 > 1$。

三者有效前沿生产面之间的关系示意如图 6-11 所示。其中 C^2R 模型的 DEA 有效前沿面处

于 OBC 段,用于判断 DEA 的综合有效,图中 B 和 C 为 C^2R 模型有效。$ABCD$ 段为 C^2GS^2 前沿生产面,即纯技术有效面,用于判断评价单元的单纯技术有效性,它将评价单元分成三个规模收益区域,其中 AB 段 C^2GS^2 前沿生产面代表评价单元规模收益递增,CD 段 C^2GS^2 前沿生产面代表评价单元的规模收益递减,而 BC 段 C^2GS^2 前沿生产面代表评价单元规模收益不变。如果评价单元不处在前沿生产面上,那么只需用投影方式将它映射到某一段 C^2GS^2 前沿生产面上进行判断,就可以确定评价单元所在的规模收益区域。对非 DEA 有效的决策单元,存在投入和产出结构的不合理,这时可以通过计算投入、产出指标在生产前沿面上的投影,来改进其非有效性。

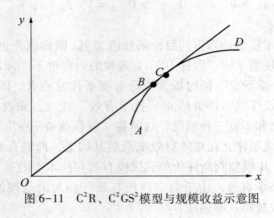

图 6-11　C^2R、C^2GS^2 模型与规模收益示意图

6.5.4　综合适应性效度的计算

DEA 方法通过对评价单元的评判向人们提供在相对有效意义下的生产过程运行信息,在一定意义上,这些信息可以看作是对评价系统模型结构和参数的描述。区域物流生态系统中各主体群的协同发展过程也可看成一个"投入—产出"系统,因而也可以运用 DEA 评判模型,从综合有效性、规模有效性及技术有效性三个方面对物流园区设施综合适应效度进行动态评价。

"技术有效性"能说明评价单元在经营过程中资源得到了充分利用,各项投入达到了最佳组合,取得了最佳的投入产出经济效果,换句话说,在所有的评价单元生产同样数量产品的情况下,该评价单元的所有生产要素配置比例是最合适的,即技术系数是最高的。从生产函数的角度来看,"技术有效性"是指评价单元的输出相对输入而言已达最大,说明该评价单元位于生产函数曲线上,即此时增加投入量,产出量也不会增加,也就是说,它反映了在给定投入的情况下各评价单元获取最大产出的能力。对于区域物流生态系统技术有效来说,就是各主体群间、主体间的配合比例是最适配的,它反映了各主体群间、主体间的协同程度。因此,"技术有效性"反映了评价系统或主体群内部各要素之间的协同有效度,代表系统内或主体群内"协同有效"。这里把 DEA 模型评判中的"技术有效性"定义为"协同有效",把评价单元协同有效的度量指标定义为"协同效度"。如果评价系统或主体群的协同效度值为 1,说明系统内或主体群内"协同有效"。也就是说,若认为某一区域物流生态系统主体群是协同有效,就意味着该主体群现行的投入要素及要素组合状况是合理的，通过现行的生产运作和组织管理可以保证该主体群协同发展到这个生产前沿面的水平，即达到最大产出。

"规模有效性"是指投入量处于合适规模，既不偏大，也不过小，是介于规模收益由递增到递减之间的状态，即处于规模收益不变的最佳状态。若产出增加大于投入增加，说明评价单元规模收益递增；若产出增加小于投入增加，或投入增加，而产出不变甚至减少，则说明评价单元规模收益递减；若产出与投入按相同比例增加或减少，即边际产出等于边际投入，则说明评价单元规模收益不变。规模有效对于区域物流生态系统或某一主体群来说，说明它的投入量与其自身或其他主体群的产出量呈比例变化关系，介于规模收益由递增到递减之间的状态，即评价单元经营活动处于规模报酬不变的最佳状态。在这种规模下，区域物流生态系统的各类资源能够得到很好的配置。由于"规模有效性"反映了评价单元的规模效益情况，体现了系统的发展有效度。因此，本书把"规模有效性"定义为区域物流生态系统或各主体群的"发展有效性"，以此说明区域物流生态系统或各主体群的运行是否在最合适的投入规模下运行。

"综合有效性"，也称综合效度、总效率或规模技术有效，代表该评价单元处于有效生产前沿面上，其内部结构、生产要素的配置比例是最适宜的，同时处于最佳规模状态，是 C^2R 模型判断的 DEA 有效。当某一被考察的物流主体群或系统总效率值为 1 时，称为综合有效，它代表被考察主体群或系统同时达到技术有效和规模有效。

案例 1

太原中鼎物流园区项目选址分析

太原中鼎物流园区由太原铁路局投资建设，主要以信息科技和智能物流为支撑，以发展现代供应链物流一体化服务为目标，整合太原、晋中的综合物流资源，对接产业园区、商贸流通市场、城市生活，拓展仓储、加工、配送、零担快运、快递分拨、商务办公、保税物流、金融物流、汽贸物流及其后市场，打造产业集聚、品牌汇集、业态丰富、功能完善的物流业核心区、现代物流服务基地。

1. 项目地理位置

太原中鼎物流园区项目基地位于晋中市榆次区、开发区与太原小店区、经济开发区的接壤地段，北六堡车站（晋中高铁站）北侧，紧邻科技创新城，距离晋中市中心约 5 km。项目依托高速路网、铁路北六堡站、国际机场，发展以铁路物流为中心的物流园区。总占地面积约为 3 746.1 亩，呈梯形，建设七大港区，分别是铁路港、公路港、综合集散港、城市配送港、国际保税港、多式联运港、信息服务港。总体功能设计及布局如图 6-12 所示。

2. 项目地自然环境

（1）地理地貌

晋中地处华北平原西侧，属于黄土高原的东部边缘，地势东及东南部高，西及西南部低，自东向西呈阶梯下降之势，依次为东部太行山地、东北部高原、中部丘陵、西部晋中盆地。山地占全市总面积的 65%，丘陵、高原占 10%，平川占 25%。汾河贯穿盆地中间，境内主要河流有萧河、松溪河、清漳河和浊漳河。

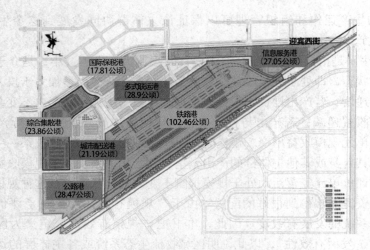

图 6-12 太原中鼎物流园区项目总体功能设计及布局

榆次区境内地形总体为东高西低,海拔 768~1 814 m,从东部的基岩山区经黄土丘陵、台塬区到平原区,依据海拔分为中低土石山区、黄土丘陵沟壑区和平川区三个类型,分别占全区总面积的 35.1%、40.6%、24.3%。

(2) 气候环境

区内气候属暖湿带半湿润大陆性季风气候,属于温带大陆性干旱气候。年平均气温为 9.5℃,最高温度为 39.4℃,绝对最低温度为 −25.5℃;年平均降水量为 479.6 mm;年主导风向为西北风,最大风速为 25 m/s;土壤最大冻土深度为 77 cm。

(3) 工程地质及地震

该项目区位于平川区上,区内地势比较平坦,但地基土层结构松散,成分复杂,且与铁路线有近 3 m 高差,需进行填土作业。

根据国家质量技术监督局《中国地震动参数区划图》(GB18306—2015)、《建筑抗震设计规范》(GB50011—2010),该地区抗震设防烈度为 8 度,设计基本地震加速度为 0.2g,设计地震分组为第一组。

3. 项目地周边交通情况

(1) 项目地周边主要道路现状

项目地周边主要道路现状有:迎宾西街,这一道路禁止货车通行;G108 路,是项目东侧南北向的主要通道;太长路,是项目南侧东西向主要通道;太太路、大运路以及其他市政道路。目前项目地对面正在修建轨道交通 2 号线。

(2) 项目地所在区域对外大通道

项目地所在区域对外大通道包含对外的高速公路以及对外的国道及相关通道,如图 6-13 所示。主要的高速公路包含:太原绕城高速、大运高速、太长高速、太旧高速;主要区域对外通道:南北向的 G108、G208、太太线、G307 以及东西向的 S306 省道。

图 6-13　太原中鼎物流园区项目周边交通状况

4. 项目地周边发展情况

项目地位于晋中市榆次区西部，目前周边主要为民居、村庄，城镇化程度较低；项目地周边布局有晋中高铁站，但人流量相对较小；项目地周边商贸业属于中低端的村镇级商业街+辐射区域，为晋中市的专业市场，缺乏大型的城市综合体，商贸服务业发展水平相对较低；项目地周边工业以传统的食品加工业、机械制造业以及医药类产业为主导，且现有企业经营状况普遍不佳，各产业属资源消耗型。同时，科技创新型产业正在逐步发展。

随着太榆经济圈的发展，太榆地区一体化发展，项目地周边地区产业转型呈现加速发展态势，榆次产业发展水平将大幅提升，科技创新产业发展加速，文化旅游、高端制造业、现代商贸物流业逐步发展壮大，资源消耗型产业逐步被取代。未来项目地周边将形成集文化创意、研发制造、科技创新于一身的产业集聚区。

案例 2

武汉东西湖保税物流园区选址分析

根据武汉市物流业未来发展格局，东西湖需要充分发挥区位交通等比较优势、物流产业快速发展的相对优势以及土地整理改造的潜力优势，以保税物流中心为地域核心，重点发展高端消费品、奢侈品与进口食品分装、储配及展示交易等，同时推进园区内商贸物流、医药物流的发展，着力将东西湖物流产业建设成为国家物流示范园区的领航者、全国性综合物流枢纽中心、华中地区商贸物流区域总部基地、武汉国家商贸物流中心的核心区以及武汉经济发展的第三增长极。

武汉东西湖保税物流园区位于 107 国道以南，汉丹铁路以北，京珠高速公路以西的区域，与武汉铁路集装箱中心站相邻，距汉口火车站 13 km，离天河机场 20 km，距离深水良港集装箱码头 64 km，区位优势明显。武汉东西湖保税物流园区范围如图 6-14 所示。

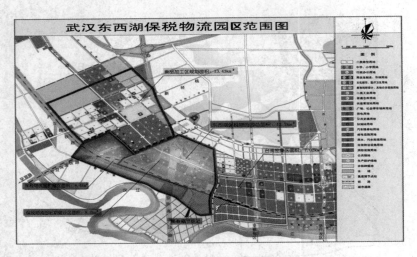

图 6-14 武汉东西湖保税物流园区范围

武汉东西湖保税物流园区的选址经验总结如下。

(1) 区位条件良好。武汉东西湖保税物流园区一要依托产业园区建设，以便更好地服务企业发展需要；二要离主城区较远，缓解城区交通压力；三要兼顾更长时间内武汉作为区域中心城市的辐射作用。

(2) 对外交通便捷。武汉东西湖保税物流园区与城市对内、对外主要交通走廊有便捷的交通衔接条件，最好有两种以上交通方式衔接。

(3) 易于近期起步。要考虑近期投入的经济性，尽可能利用现有的基础设施，便于近期启动。

(4) 有相关产业拓展的可能。武汉东西湖物流园区内建设有高桥汽车货运站（保税物流中心）、铁路集装箱中心站和公路口岸，具有货运枢纽型物流园区的特征；武汉东西湖物流园区紧邻台商密集区和食品加工区，并且园区内入驻一批先进制造业企业，具有生产服务型物流园区的特征；武汉东西湖物流园区内还形成汽配、陶瓷、石材和轮胎四大市场，具有商贸服务型物流园区的特征。因此，应充分考虑物流园区对相关产业的带动作用，应有充裕的发展预留空间。

物流园区功能区规划设计

7.1 物流园区设施布置内涵

7.1.1 设施布置规划目标

在明确物流园区选址和需求规模的基础上,需要对物流园区微观设施布局进行详细设计。根据物流园区规划的总目标,可以将物流园区内部设施布置的规划目标分为以下七个方面。

1. 最佳的工艺流程

物流园区内部设施布置要符合物流园区操作工艺流程的要求,保证工艺流程畅通,获得工艺流程时间短,连续效果好。

2. 最大限度地减少物料搬运

物流园区内部设施布置要便于货品的输入,物料搬运路线尽量便捷,缩短各功能区之间的距离,避免往返和交叉。

3. 最有效的空间利用率

物流园区内部设施布置要使各场地达到适当的建筑占地系数(即建筑物、构筑物占地面积与场地总面积的比率),使建筑物内部设备的占有空间和单位制品的占有空间最小。

4. 保持生产和安排的柔性

物流园区内部设施布置要使园区可以适应服务需求的变化、设备的更新及扩大生产能力的需要。

5. 最舒适的作业环境

物流园区内部设施布置要为员工提供方便、安全、舒适的作业环境,尽量满足员工所需,为提高生产效率和保证员工身心健康创造良好的条件。

6. 最便捷的管理

为适应组织机构的合理化和管理的方便,须将有密切关系或性质相近的作业单位布置在一个区域附近并就近布置。

7. 力求投资最低

物流园区内部设施布置要使园区所需的设备投资最小，提高资金的利用率。

7.1.2 设施布置规划原则

由于物流园区功能拓展，物流园区的功能远远超出了传统的仓储、运输等基本功能，随着商务、展示等联系的加强，在进行物流园区设施布置时应对物流园区进行准确的功能定位，合理考虑各种物流与非物流关系对物流园区功能布局的影响，从而确定合适的比例进行功能布局设计，优化整个物流园区的效率。

1. 客货分离原则

进出物流园区的货运车在运行过程中噪声大，不便在商务和办公区通过，办公人员和其他车辆混在一起，安全系数低，在功能区空间布局时，应根据各功能区交通流特点，按客货分离原则布局。

2. 土地节省节约利用原则

物流园区因规模和功能需要一般占地面积较大，而建设用地是城市的稀缺资源，高效集约化利用土地是功能区空间布局时遵循的重要原则。

3. 系统性原则

物流园区功能区域的选定必须能有效整合现有的物流资源和设施，能对原有物流系统进行补充和完善。同时功能区域在功能上必须具有互补性、协作性和整体性，并且这些功能区域能够独立承担物流服务。要重视物流园区的作业流程的优化、功能区的规模和布局的优化、各物流环节的机械化、省力化和标准化等，从而实现物流园区的整体化、合理化和系统化，使物流园区整体运作达到最优。

4. 近距离原则

在满足其他条件的情况下，尽量使物资、人员在园区内移动的距离最短，从而提高整个物流园区的运行效率和园区整体工作的有序性，使物资在各功能区之间以最少的搬运量和运输量流动，将其以最快的速度、最小的成本送达客户的手中，提高顾客的满意度。

5. 布局合理化原则

在物流园区功能区布局规划时，应尽量使综合关系密切度高的功能区邻近布置，而综合关系密切度低的功能区布置得稍微远一些。要有利于货畅其流，有利于生产和管理，有利于各环节的协调配合，使物流园区的整体功能得到充分的发挥并获得最好的经济效益。与此同时应避免物资在物流园区内运输的迂回和倒流，迂回和倒流现象对于物流园区的整体效率和效益有不良影响，甚至会影响到物流园区整体的环境。在规划设计中应将迂回和倒流降低到最低限度，以使整个物流园区的功能区布局达到整体最优。

6. 流水线平衡原则

物流时间对于平面布置的影响主要表现在局部地段采取适应物流强度的措施。由于各物流环节作业时间的差异性，容易导致流水线不平衡，出现瓶颈环节和堆积等待现象，因此需要基于物流时间匹配采取某些措施，如增加道路宽度、铁路股道数、传送带条数以扩大通过能力，或改变运输路径，甚至变更有关设施位置。

7. 便于管理原则

物流园区的功能布局应方便生产和管理，要使货物和人员能够畅其流，使各个环节能够有效衔接，充分发挥物流园区的整体功能，并且收获最大的经济效益。物流园区的建设应该完善物流的增值配套功能，完善组织、程序和业务等方面的关系，方便对其进行管理。

8. 环境友好原则

物流活动在给城市、社会的发展带来好的影响的同时，也给城市带来了交通的压力和环境的污染。物流园区的规划建设应该注重解决这些不良影响，在布局规划时要遵循环境友好原则，改变物流园区噪声污染严重、释放有害气体、破坏周边环境的现状。在物流园区的规划建设时，要秉承"生态文明""可持续发展""以人为本"的发展思路，使物流园区在为城市、社会服务的同时，能够与环境和谐共生。

7.1.3 设施布置规划步骤

1. 客户需求与系统分析

客户需求与系统分析是物流园区进行功能定位和功能区域划分不可缺少的前提条件，其内容主要是通过市场调研，如现场调查、集中访谈、表格问卷调查等方式，摸清主要客户的物流需求，包括物流服务需求功能种类、物流需求量、物流流向等基本数据。在此基础上，对所获取的数据进行相应的系统分析，以便整理出规划所需的信息。

物流园区需要依托一定的市场来规划建设，在物流园区规划建设前期的可行性论证中，其服务对象应已明确，因此，客户需求分析的主要对象是物流园区物流服务辐射范围内的各类工商企业。在各种调研内容中，物流需求量和流向以及在此基础上的预测数据是确定物流园区规模与建设地点的重要依据，而物流服务需求功能的调查是确定物流园区中所需服务功能区的重要依据。物流服务需求功能的调查可采用表格的形式，被调查企业可根据自身的需求在空格中选择。

在选择调查企业对象时，物流园区辐射范围内的大型制造业企业和大型商贸企业将是调研的主要对象。在物流服务需求功能的调查中，可事先设计好各种服务功能，且列出的服务功能应力争全面，并应留有足够的空间以便被调查对象选择或根据自身服务需求进行相应的补充。同时，由于物流园区的建设通常呈现阶段性的特点，因此，服务功能需求还应区分时间阶段，如近期、中期和远期等。对各种被调查的物流服务功能需求进行汇总后，可总结出各阶段物流服务功能设置进程表，其中近期、中期和远期的确定以所有被调查对象中所选最大比例数据为依据。

2. 功能定位和功能区确定

（1）功能定位

物流园区的功能定位是其战略定位和市场定位的外在体现，是指按照战略定位和市场定位对物流园区的物流服务能力进行规划设计，主要是为了满足目标市场客户的物流需求。为此，物流园区的功能定位主要确定两方面的内容：一是物流园区在不同规划阶段内应具有的物流服务功能；二是根据确定的物流功能进行空间分配，即划分若干物流功能区。

一般来说，通过对辐射范围内目标潜在客户的调查分析，可了解物流园区的客户物流服务功能需求类型和层次。但是从调查本身分析来看，通常存在一定的局限性，主要表现在以下两个方面。

①调查样本的广泛代表性受到一定制约，不可能对所有客户进行调查。

②抽样调查以现有的客户为主，对潜在物流客户的调查通常不足。

因此，物流园区的功能定位在调查结果分析的基础上，还应结合权威专家的相关经验与知识，同时还要体现下列原则。

①前瞻性原则。指物流园区的功能定位既要满足现在客户的需求，又要满足未来客户的需求。

②综合性原则。指物流园区的功能定位应综合调查的结果、物流产业的发展趋势、经济结构的调整以及外来竞争压力等许多因素综合确定。

③阶段性原则。指物流园区的功能应体现不同规划阶段的特点，能根据不同阶段内的需求变化进行扩展。

④层次性原则。指物流园区的功能应体现出层次性，在发展建设初期应以物流基础性的服务功能为主，而在发展成熟期应逐步拓宽到增值服务层次的功能。

（2）功能区确定

从目前物流园区的规划情况看，物流园区中的功能区通常包括运输区、仓储区、集散配送区、流通加工区、商务办公区、生产服务区、生活服务区等。但对于一个特定的物流园区究竟需要规划哪些物流服务功能区，应该以其腹地范围内的市场需求分析为依据，以该物流园区所在地的现有物流资源和设施的整合、优化为依托，在明确其物流服务对象、服务内容及服务方式的基础上，通过调查所需的物流服务功能，结合规划的基本原则来确定。

功能区的确定对物流园区的规划具有决定性意义。一方面，确定功能区也就大体确定了物流园区的内部总体结构；另一方面，功能区是物流园区内部布局的基本空间单元。确定功能区主要有四个方面的内容：一是确定功能区的数目；二是确定每个功能区的面积；三是确定功能区的类型、承担的功能、主要服务对象；四是确定功能区内部的细部组成和相互关系等。其基本方法就是将功能类型相同或相近的各个单一服务功能进行归并，整合为一个物流区域，从而得到所需的物流功能区数目和类型，如图7-1所示。

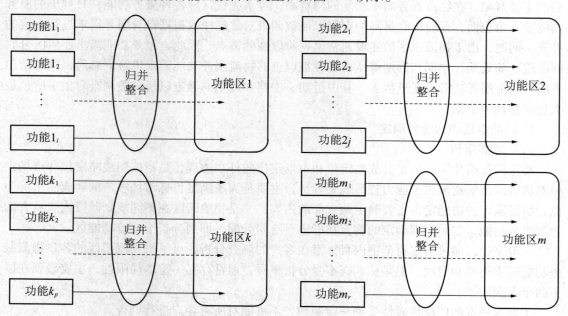

图7-1 物流园区功能区确定程序

3. 物流园区内部功能区平面布局规划

在借鉴传统的系统布置设计方法的基础上,结合物流园区的实际情况,并参考国内外的研究成果,物流园区内部功能区平面布局规划流程如图7-2所示。

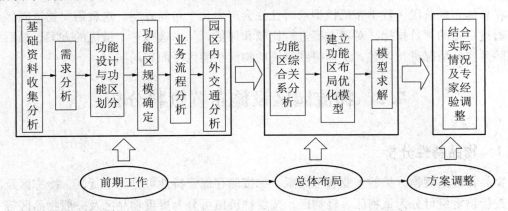

图7-2 物流园区内部功能区平面布局规划流程

物流园区内部功能区平面布局规划流程主要分为三个阶段,分别是前期工作阶段、总体布局阶段、方案调整阶段。

（1）前期工作阶段

在物流园区规划之前,首先要做好基本规划物流资料的收集工作,明确物流园区内部功能区平面布局规划的目标;之后对所收集的资料进行详细的分析,主要是明确物流园区的需求量以及客户的功能需求;在资料分析之后,对物流园区所需功能进行分析,确定出功能区;然后完成物流园区作业流程设计以明确功能区之间的物流关系;接着是功能区空间需求分析,确定合理的功能区面积大小;最后是物流园区内外交通分析,以确定物流园区主要道路和出入口大致位置。

（2）总体布局阶段

在前期工作的基础上,从各功能区间的物流关系和非物流关系综合分析其密切程度并量化,根据物流园区的布局形式,分析物流园区布局的影响因素,考虑约束条件,建立相应的数学布局模型,选择合适算法求解。

根据对国内主要物流园区功能区布局的分析,物流园区的功能区平面布局形式大致有三种：独立集中式、分散混合式和综合式。

①独立集中式布局。指基础物流服务区与综合物流服务区独立分开设置,内部设置各自的环形通道,两通道之间利用道路将各区域相连,既相互独立,又相互联系,分工明确,道路交通负荷比较均匀。这样的布局利于管理,业务组织流程流畅,而且受外部交通的影响也比较小,适用于道路贯通式布置的物流园区。

②分散混合式布局。指依据各物流功能区的作用及货物品类的要求,将综合物流服务区穿插布置在货场装卸区之间,整个物流园区利用环形道路系统连接,物流服务区与货场装卸区间物流搬运简单,联系紧密,合作性强。但是这样的布局不利于管理,主题不够明确,产生的交通负荷不均匀,受外部交通影响也比较大,故一般适用于道路尽头式布局的物流园区。

③综合式布局。指采用集中与分散两种布局的优点,远期发展适应性强,适应混合式布局的物流园区。

(3) 方案调整阶段

在总体布局阶段,数学布局模型求解往往会产生几个布局方案,这就需要物流园区规划专家通过一定的评价指标,对各方案进行比较和评估,从中选择一个最优的方案,最后根据物流园区实际情况进行调整,从而得到最终的物流功能区平面布局图。

7.2 物流园区设施布置资料分析

7.2.1 物品特性分析

物品特性是货物分类的重要参考因素,如按储存保管特性可分为干货区、冷冻区及冷藏区;按货物重量可分为重物区、轻物区;按货物价值可分为贵重物品区及一般物品区等。因此,物流园区规划时首先需要对货物进行物品特性分析,以划分不同的储存和作业区域。表7-1为一般商品基本特性与包装单位分析表。

表7-1 一般商品特性与包装单位分析表

特性	资料项目	资料内容			
物料特性	1. 物态	□气体	□液体	□半液体	□固体
	2. 气味特性	□中性	□散发气体	□吸收气体	□其他
	3. 储存保管特性	□干货	□冷冻	□冷藏	
	4. 温湿度需求特性	℃	%		
	5. 内容物特性	□坚硬	□易碎	□松软	□其他
	6. 装填特性	□规则	□不规则		
	7. 可压缩性	□可	□否		
	8. 有无磁性	□有	□无		
	9. 单品外观	□方形	□长条形	□圆筒形	□不规则 □其他
单品规格	1. 重量	(单位:)			
	2. 体积	(单位:)			
	3. 尺寸	长×宽×高(单位:)			
	4. 物品基本单位	□个	□包	□条	□瓶 □其他
基本包装单位规格	1. 重量	(单位:)			
	2. 体积	(单位:)			
	3. 外部尺寸	长×宽×高(单位:)			
	4. 基本包装单位	□箱	□包	□盒	□捆 □其他
	5. 包装单位个数	(个/包装单位)			
	6. 包装材料	□纸箱	□捆包	□金属容器	□塑料容器 □袋 □其他

续表

特性	资料项目	资料内容
外包装单位规格	1. 重量	（单位：）
	2. 体积	（单位：）
	3. 外部尺寸	长×宽×高（单位：）
	4. 基本包装单位	□托盘　□箱　□包　□其他
	5. 包装单位个数	（个/包装单位）
	6. 包装材料	□包膜　□纸箱　□金属容器　□塑料容器　□袋　□其他

7.2.2 储运单位分析

储运单位分析就是考察物流园区各个主要作业（进货、拣货、出货）环节的基本储运单位。一般物流园区的储运单位包括 P（托盘）、C（箱子）和 B（单品），而不同的储运单位，其配备的储存和搬运设备也不同。因此物流过程中的单位转换相当重要，需要将这些包装单位（P、C、B）纳入分析范围，即所谓的 PCB 分析。

在企业的订单资料中常常同时含有各类出货形态，包括订单中整箱与零散两种类型同时出货，以及订单中仅有整箱出货或仅有零散出货。为使仓储与拣货区得到合理的规划，必须将订单资料按出货单位类型加以分析，以正确计算各区域实际的需求。物流园区中常见的储运单位组合形式如表 7-2 所示。

表 7-2　物流园区储运单位组合形式

入库单位	储存单位	拣货单位
P	P	P
P	P, C	P, C
P	P, C, B	P, C, B
P, C	P, C	C
P, C	P, C, B	C, B
C, B	C, B	B

7.2.3 销售额变动趋势分析

物流园区物流能力的规划目标，需利用过去的经验值来预估未来趋势的变化。因此在对物流园区进行规划时，首先需针对历史销售资料或出货资料进行分析，以了解出货量的变化特征与规律。订单分析过程的时间单位视资料收集范围及广度而定。对于预测未来发展趋势，以一年为单位；对于季节变化预测，则以月为单位；分析月或周内变化倾向，则以天为单位。常用的分析方法有时间序列分析法、回归分析法和统计分析法等。

例如，分析一个年度订单量变化，选月份为时间单位，取为横轴，而纵轴代表销售量，对此按时间序列进行分析，包括长期渐增趋势、季节变化、循环变化和不规则变化 4 种情况。根据不同的变化趋势，预测市场情况，从而制定销售计划。

1. 长期渐增趋势

如图7-3所示，长期渐增趋势应结合更长周期的成长趋势加以判断，规划时以中期需求量为依据，若需考虑长期渐增的需求，则可预留空间或考虑设备的扩充弹性，以分期投资为宜。

2. 季节变化趋势

如图7-4所示，如果季节变动的差距超过3倍，可考虑部分物品外包或租赁设备，以避免过多的投资造成淡季的设备闲置，另外，在淡季应争取互补性的物品业务，以增加设备的利用率。

3. 循环变化趋势

如图7-5所示，其变化周期以季度为单位，若峰值与谷值差距不大，可以对峰值进行规划，后续分析仅以一个周期为单位进行。

4. 不规则变化趋势

如图7-6所示，系统较难规划，宜采用通用设备，以增加设备的利用弹性。

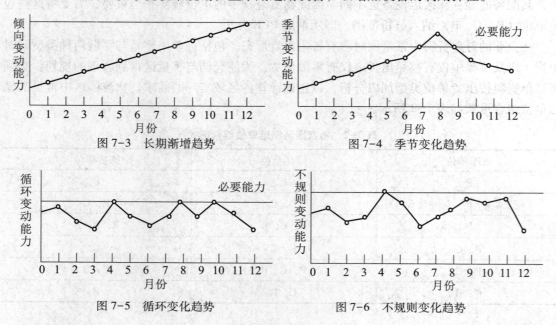

图7-3　长期渐增趋势　　　　　图7-4　季节变化趋势

图7-5　循环变化趋势　　　　　图7-6　不规则变化趋势

7.2.4　订单品项和数量分析

众所周知，订单是物流园区的生命线，如果没有订单，物流园区就失去了存在的意义，掌握了订单就能了解物流园区的特性。然而订单的品种、数量、发货日期差别很大，其在不断变化，它既是物流园区的活力表现所在，又是难以把握的不确定因素，也就是说物流园区作业随订单变化而波动。

这样往往使物流园区的规划人员，无论规划新系统还是改造旧系统，都感到无从下手。若能掌握数据分析方法，对资料进行归类处理，简化分析过程，再进行相关分析，得出有益的规划结果，这将对规划人员提供有益的帮助。

日本的铃木震先生倡导 EIQ 分析法用于物流配送中心的设计规划，颇有成效。EIQ 分析法就是利用订单（entry）、品项（item）和数量（quantity）这三个物流关键要素，来研究物流配送中心的需求特性，也为物流园区这类设施的规划提供依据。由此可见，EIQ 是物流特性的关键因素。

EIQ 分析法是针对不确定和波动状态的物流系统的一种规划方法。其意义在于根据物流园区设置的目的，掌握物流特性，并依据物流状态（如从物流园区到用户的物流特性）和运作方式，规划出符合实际的物流系统。这种 EIQ 分析方法能有效地规划出系统的大略框架结构，从宏观上有效掌握系统特色。

在进行订单品项数量分析时，首先应考虑时间范围和单位。在以天为时间单位的数据分析中，主要订单、发货、资料可分解为表 7-3 的格式。在资料分析时，必须注意统一数量单位，应把所有订单品项的发货量转换成相同的计算单位，加重量、体积、箱或金额等单位。金额单位和价值功能分析有关，多用在货品和储区分类等方面。重量、体积等单位与物流作业有直接密切关系，它将影响整个系统的规划。

表 7-3 EIQ 资料分解格式

发货订单	发货品项						订单发货数量	订单发货品项
	I_1	I_2	I_3	I_4	I_5	...		
E_1	Q_{11}	Q_{12}	Q_{13}	Q_{14}	Q_{15}	—	Q_1	N_1
E_2	Q_{21}	Q_{22}	Q_{23}	Q_{24}	Q_{25}	—	Q_2	N_2
E_3	Q_{31}	Q_{32}	Q_{33}	Q_{34}	Q_{35}	—	Q_3	N_3
⋮	—	—	—	—	—	—	—	—
发货量	$Q_{.1}$	$Q_{.2}$	$Q_{.3}$	$Q_{.4}$	$Q_{.5}$	—	$N_.$	
发货次数	K_1	K_2	K_3	K_4	K_5	...	$K_.$	

注：Q_1（订单 E_1 的发货量）= $Q_{11} + Q_{12} + Q_{13} + Q_{14} + Q_{15} + \cdots$

$Q_{.1}$（品项 I_1 的发货量）= $Q_{11} + Q_{21} + Q_{31} + Q_{41} + Q_{51} + \cdots$

N_1（订单 E_1 的发货项数）= 计数（$Q_{11}, Q_{12}, Q_{13}, Q_{14}, Q_{15}, \cdots$）>0 者

K_1（品项 I_1 的发货次数）= 计数（$Q_{11}, Q_{21}, Q_{31}, Q_{41}, Q_{51}, \cdots$）>0 者

$N_.$（所有订单的发货总项数）= 计数（$N_1 + N_2 + N_3 + N_4 + N_5 + \cdots$）>0 者

$K_.$（所有产品的总发货次数）= $K_1 + K_2 + K_3 + K_4 + K_5 + \cdots$。

要了解物流园区实际运作的物流特性，只分析一天的资料是不够的。但若分析一年的资料，往往因资料数量庞大，分析过程费时、费力而难以做到。为此，可选取具有代表性的某个月或某个星期为样本，以一天的发货量为单位进行分析，找出可能的作业周期和波动幅度。若各周期中出现大致相同的发货量，则可缩小资料范围。如一周内发货量集中在星期五和星期六，一个月的发货量集中在月初或月末，一年的发货量集中在某一季度发货量最大。这样可求出作业周期和峰值时间。总之，尽可能将分析资料缩到某一个月份、一年中每月的月初第一周，或者一年中每周的周末，如此取样可节省许多时间和人力，又有代表性。

1. 订单量 EQ 分析

通过对订单量的分析可以了解每张订单的订购量分布情况，从而可以决定处理订单的原

则、拣货系统的规划、发货方式和发货区的规划。一般是以对营业日的 EQ 分析为主，表7-4 为对订单量分析后的统计规则及相应的规则要点。

表 7-4 EQ 订单统计规则及相应的规则要点

订单统计规则	订单量分布趋势两极化	大部分订单量相近，仅少部分有特大量或特小量	订单量分布呈递减趋势，无特别集中于某些订单或范围	订单量分布相近，仅少量订单量较少	订单量集中于特定数量而无连续性渐减，可能为整数（箱）发货，或为大件、少量发货
规则要点	规则时可采用 ABC 分类，少数而量大的订单可作重点管理，相关拣货设备使用也可分级	可以对主要量分布范围进行规划，少数差异较大者可以特例处理，但必须规范特例处理模式	系统较难规划，宜规划通用设备，以增加运用的弹性，货位也以易调度为宜	可区分为两种类型，部分少量订单可以批次处理或以零星拣货方式规划	可以较大单元负载单位规划，而不考虑零星发货

EQ 分布图形对规划储存区的拣货模式都有重要参考价值。订单量分布趋势越明显时，分区规划越容易。否则应以柔性较强的设计为主。EQ 量很小的订单数所占比例大于 50% 时，应把这些订单另外分类，以提高效率。

2. 品项数量 IQ 分析

通过对品项数量分析，可以知道各种商品发货量的分布情况，有利于分析商品的重要性和运输情况，同时可应用于仓储系统的规划选用、储位空间的估算、拣货方式及拣货区规划。在设计储区时多以采用时间周期为一年的 IQ 分析为主。表 7-5 为对品项数量分析后的统计规则及相应的规则要点。

表 7-5 IQ 统计规则及相应的规则要点

品项数量统计规则	订单量分布趋势两极化	大部分订单量相近，仅少部分有特大量或特小量	订单量分布呈递减趋势，无特别集中于某些订单或范围	订单量分布相近，仅少量订单量较少	订单量集中于特定数量而无连续性渐减，可能为整数（箱）发货，或为大件、少量发货
规则要点	规划时可将商品分类按储区储存，各类商品储存单位、存货水平可设定为不同的水平	可以采取同一规格的储存系统及定位储存系统，少数差异较大者可以特例处理	系统较难规划，宜规划通用设备，以增加运用的弹性，货位也以易调度为宜	分为两种类型，部分少量物品可用轻型存储设备存放	可以较大单元负载单位规划，或重量型储存设备规划，但仍需配合商品特性加以考虑

EQ 分布图形和 IQ 分布图形的类型分析十分相似，常见 EQ 和 IQ 类型分析如下。

① Ⅰ 型：EQ 和 IQ 的分布类型图如图 7-7 所示，为一般物流园区的常见模式。

EQ 分析：由于订货量分布趋于两极化，可利用 ABC 分析法作进一步分类。规划时可将订单分级处理，少数量大的订单可进行重点管理，相关拣货设备的使用亦可分级。

IQ 分析：由于订货量分布趋两极化，可利用 ABC 分析法作进一步分类。规划时可将物品按储存区分类储存，不同类型的物品可设不同水平的储存单位。

② Ⅱ型：EQ 和 IQ 的分布类型图如图 7-8 所示，该类型的特点是大部分订单量（或发货量）相近，仅少数有特大量及特小量。

EQ 分析：可以主要量分布范围进行规划，少数差异较大者进行特例处理。

IQ 分析：可以同一规格的储存系统和定址型储位进行规划，少数差异较大者进行特例处理。

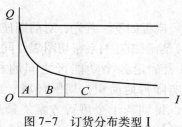

图 7-7　订货分布类型Ⅰ　　　　　图 7-8　订货分布类型Ⅱ

③Ⅲ型：EQ 和 IQ 的分布类型图如图 7-9 所示，该类型的特点是订单量（或发货量）分布呈渐减趋势，无特别集中于某些范围的订单。

EQ 分析：系统较难规划，宜规划通用设备，以增加设备柔性。

IQ 分析与 EQ 分析相同。

④Ⅳ型：EQ 和 IQ 的分布类型图如图 7-10 所示，该类型的特点是订单量（或发货量）分布相近，仅少数订单量（或发货量）较少。

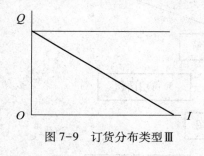 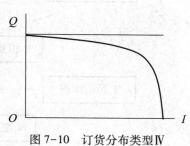

图 7-9　订货分布类型Ⅲ　　　　　图 7-10　订货分布类型Ⅳ

EQ 分析：可区分为两种类型，部分少量订单可以批次处理或零星方式拣货规划。

IQ 分析：可区分为两种类型，部分少量物品可用轻型储存设备存放。

⑤Ⅴ型：EQ 和 IQ 的分布类型图如图 7-11 所示，该类型的特点是订单量（或发货量）集中于特定数量，且为无连续性渐减。

EQ 分析：可以较大单元负载单位规划，而不考虑零星发货。

IQ 分析：可以较大单元负载单位或重量型储存设备规划，但仍需考虑物品特性。

一般来说，在规划储存区时多以采用时间周期为一年的 IQ 分析为主，在规划拣货区时还要参考单日的 IQ 分析。通过对单日和全年旧数据的分析，结合发货量和发货频率的相关分析，使整个仓储拣货系统的规划更符合实际情况。

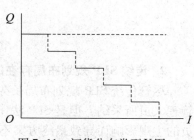

图 7-11　订货分布类型Ⅴ图

7.3 物流园区设施系统布置方法

7.3.1 传统SLP规划布局方法

1. 传统SLP规划布局流程

SLP即系统布置设计的简称。传统SLP规划布局流程如下。首先，对前期搜集的基础资料进行整理，分析和确定物流园区的五个基本要素，绘制相互关系密切图表，同时对物流园区的功能区进行划分。其次，根据综合相互关系表确定各个功能区之间的相对位置关系，初步确定功能区位置相关图。在考虑功能区实际占地面积、周围环境、成本等现实条件的基础上，再对位置相关图进行一定的调整，得到若干个可行方案。最后，对上述若干个方案从技术、成本等方面进行全面评价和考量，确定最佳方案。传统SLP规划布局流程如图7-12所示。

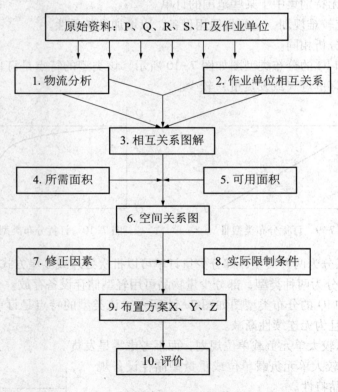

图7-12 传统SLP规划布局流程图

2. 传统SLP规划布局存在的不足

尽管传统SLP规划布局长久以来因其具备较强的可操作性和逻辑性被众多设计人员和管理人员所采纳，但是SLP法作为一种手工布局方法，不免会在设计过程中因受到设计人员的主观影响而导致最终方案不够合理，随着人们对布局规划问题不断的研究和科学技术的逐步发展，SLP法在布局规划问题中的缺陷也逐渐显露，具体体现在物流园区功能区布局规划过程中的不足有以下几个方面。

①SLP法是一种人工布局方法，易受设计人员主观因素如自身知识水平、经验、能力等的约束，最后的布局方案往往难以令人满意。同时，在布局设计的过程当中，还需要人为的对原来的方案进行调整修正来满足现实条件的约束，但当功能区的数量较多时，布局的工作量往往会很大，使得布局的难度陡增。

②对功能区之间进行密切相关性分析时只考虑了物流和非物流两种因素的影响，但非物流关系本身就包含了很多复杂的因素，这些因素在布局过程中很难被完全考虑到，所以导致最后的布局方案不够理想。

③物流园区内部通常已经拥有了既有的交通设施，包括铁路线、港口、公路线等，虽然它们不像物流园区内部功能区一样具有独立的服务功能，但它们与内部的各个功能区存在着一定的联系。传统SLP法缺乏对这些影响因素的考虑，通常只是在对功能区布局完成的基础上，进行交通组织的分析，这在一定程度上影响了布局方案的精度。

7.3.2 改进的SLP规划布局方法

针对SLP法在布局规划设计当中存在的问题，本书对SLP法进行了适当的改进，以期能在物流园区功能区布局规划当中发挥更好的效果。具体的改进方案如下。

1. 非物流因素的细化

SLP法在进行功能区之间非物流因素分析时，对其影响因素划分简单，使得最后的布局结果不够理想。对此，考虑物流园区实际情况，对影响布局结果的非物流因素进一步细化，研究分析各种非物流因素对布局的影响，得出最理想的布局方案。

2. 考虑既有交通因素的影响

在运用SLP法进行物流园区内部功能区相关性分析时，将外部主要交通设施作为控制线或者控制点加入各单位相关性分析图中，与内部功能区一起进行相关性分析，并绘制总相关图，得出内部各单位之间的关系和内部与外部交通设施的关系，从而进行物流园区内部功能区的平面布置。

3. 建立布局求解数学模型

传统SLP法容易受到设计人员主观因素的影响，为了降低该方法对设计员的依赖，以及降低布局过程中手工调整的工作量，应构建平面布局求解数学模型，并与SLP法相结合，在采用SLP法进行功能区相关性分析之后，以构建数学模型的方式，描述布局规划目标及相关约束，通过求解该模型完成物流园区内部功能区的平面布局规划。也可以通过建立仿真模型，进行不同参数条件下设施功能布局分析，得到优化布局方案。

用改进后的SLP法进行物流园区规划布局流程如图7-13所示。

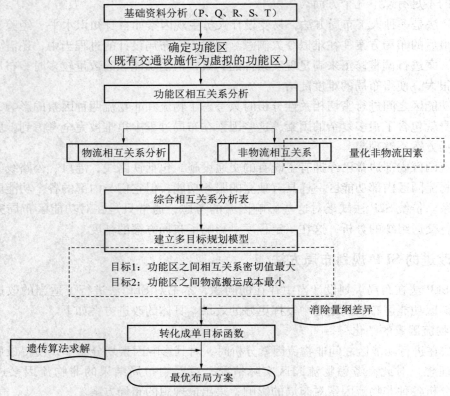

图 7-13 基于改进后的 SLP 法的物流园区规划布局流程

7.4 仓储功能区规划设计

7.4.1 仓储功能区概述

仓储功能是物流园区所具有的基本功能，仓储功能区是仓储货物的场所，在这个区域内一般都建有专用仓库，并且配置各种设备，其中包括各种货架、叉车、吊车等。仓储功能区属于静态区域，该区域是物品储存或分类储存的场所。和不断进出的接货区相比，该区域所占面积较大，在许多物流节点里往往占总面积的一半左右。对某些特殊物流节点而言（如水泥、煤炭物流节点）而言，甚至占总面积的一半以上。仓储功能区主要构成要素如下。

1. 仓储区的构成

（1）储存空间功能

储存空间是物流园区内的仓储保管空间。在进行储存空间规划时，必须考虑到空间大小、柱子排列、梁下高度、通道宽度、设备回转半径等基本规划要素，再配合其他相关因素的分析，做出完美的设计方案。

（2）物品

物品是物流园区仓储功能区的重要组成因素之一。物品的特性、物品在储存空间的摆放方式及物品的管理和控制，是仓储功能区需要解决的关键问题。

(3) 人员

人员包括库管人员、搬运人员、拣货人员和补货人员等。库管人员负责管理和盘点作业，搬运人员负责入库作业、出库作业、翻堆作业等。拣货人员负责拣选作业，补货人员负责补货作业。

(4) 物流设备

当物品不是直接堆叠在地面上时，必须考虑使用托盘、货架等储存设备。当操作人员不是以手工操作时，必须考虑使用运输机、笼车、叉车等运输与搬运设备。

2. 摆位与储存作业流程

货物接收入库之后，就将货物放入储位进行储存保管。摆位过程通常采取三种形式，即按收货顺序摆位、按货物分类摆位和按目的地摆位。

7.4.2 仓储功能区布局设计

1. 仓储功能区面积确定方法

在进行仓储系统的仓储功能区的规划时，应先求出存货所需占用的面积的大小，并考虑货物的尺寸及数量、堆码方式、托盘尺寸、货架货位空间等因素，再进行仓储功能区的规划。

因为仓储功能区的规划与具体的储存策略和方法有着密切的关系，下面针对不同的存储策略和方法，分别进行介绍。

(1) 托盘平置堆码

所谓托盘平置堆码就是将物品码放在托盘上，然后以托盘为单位直接平放在地面上（只放一层托盘）的储存方式。托盘平置堆码示意图如图7-14所示。

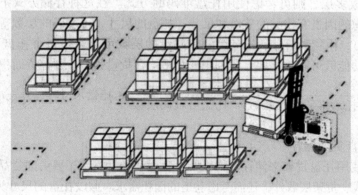

图7-14 托盘平置堆码示意图

如果物流园区的货物多为大量出货，且物流园区面积充足，现代化程度不高，货物怕重压，则可考虑托盘平置堆码的方式。在这种存储方式下，计算存货面积所需要考虑的因素有物品的数量和尺寸、托盘的尺寸、通道的面积。假设托盘的尺寸为 $L \times W$（m²），由货物尺寸及托盘尺寸和码盘的层数可计算出每个托盘可以码放 N 箱货品，若利用托盘平均存货量为 Q，则存货面积需求量（D）为：

$$D = \frac{平均存货量}{平均每托盘堆码货品箱数} \times 托盘尺寸 = \frac{Q}{N} \times (L \times W) \tag{7-1}$$

实际仓储功能区需求面积还需考虑叉车存取作业所需面积。若以一般中枢通道配合单位通道规划，通道约占全部面积的 30%~35%，故实际仓储区域的最大面积需求量 A 为

$$A = \frac{D}{1-35\%} = 1.54D \tag{7-2}$$

（2）使用托盘堆码

所谓使用托盘堆码就是将物品码放在托盘上，然后以托盘为单位进行码放，托盘货上面继续码放托盘货（>1 层）的储存方式。使用托盘堆码示意图如图 7-15 所示。

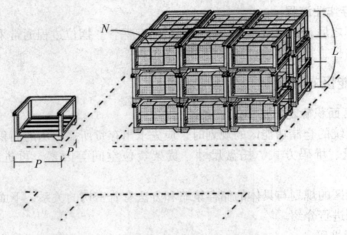

图 7-15 使用托盘堆码示意图

如果物流园区的货物多为大量出货，且物流园区面积不算太充足，货物不怕重压，可用装卸搬运工具码放多层，则可考虑使用托盘堆码的方式。在这种存储方式下，计算存货的理论面积所需要考虑的因素有物品的数量和尺寸、托盘的尺寸、可堆码的层数等因素。假设托盘尺寸为 $L \times W$（m^2），由货物尺寸、托盘尺寸和码盘的层数可计算出每个托盘可以码放 N 箱货品，托盘在仓储功能区可码放 S 层，若利用托盘平均存货量为 Q，则存货面积需求量 D 为

$$D = \frac{平均存货量}{平均每托盘堆码货品箱数 \times 托盘可堆码层数} \times 托盘尺寸 = \frac{Q}{N \times S} \times (L \times W) \tag{7-3}$$

（3）使用托盘货架储存

若物流园区使用托盘货架来储存货物，则存货面积的计算除了要考虑货品尺寸和数量、托盘尺寸、货架型式、货架层数外，还需考虑巷道的面积需求。假设托盘的尺寸为 $L \times W$（m^2），货架为 S 层，每托盘约可码放 N 箱，若利用托盘的平均存货量为 Q，则存货面积需求量 D 为

$$D = \frac{平均存货量}{平均每托盘堆码货品箱数 \times 货架层数} \times 托盘尺寸 = \frac{Q}{N \times S} \times (L \times W) \tag{7-4}$$

由于货架系统具有区域特性，每区由两排货架及存取通道组成，因此基本托盘占地面积需换算成仓库功能区面积加上存取通道面积，才是实际所需的仓储工作空间，其中存取通道空间需视叉车是否做直角存取或仅是通行而异。而在储存货架内的空间计算，以一个货格为计算基准，一般的货格通常可存放两个托盘。图 7-16 为使用托盘货架储存的俯视图。

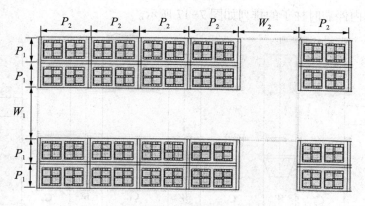

图 7-16　使用托盘货架储存的俯视图

在图 7-16 中：

P_1：货格宽度；

P_2：货格长度；

Z：每货格区的货位数（每个货格含两个托盘）；

W_1：货叉直角存取的通道宽度；

W_2：货架区侧向通道宽度；

A：货架使用平面面积；

B：储区内货架使用平面的总面积；

S：总库存区平面面积；

Q：平均存货需求量；

L：货架层数；

N：平均每托盘码放货品箱数；

P：存货所需的基本托盘地面空间。

则货架使用平面面积

$$A = (P_1 \times 4) \times (P_2 \times 5) = 20 P_1 P_2 \qquad (7-5)$$

货架使用平面的总面积

$$B = 货架使用平面面积 \times 货架层数 = A \times L \qquad (7-6)$$

总库存区平面面积

$$\begin{aligned} S &= 货架使用平面面积 + 叉车通道 + 侧向通道 \\ &= A + [W_1 \times (5P_2 + W_2) + (2P_1 \times W_2 \times 2)] \end{aligned} \qquad (7-7)$$

2. 仓储区柱子间距设计

一方面，柱子的间距会影响到货架的摆放、搬运车辆的移动、输送分类设备的安装；另一方面，物流园区的柱子间距设计的主要依据包括建筑物的楼层数、楼层的高度、地面承重能力、抗震能力等。以储存空间来讨论，除了上述基本建筑设计条件外，还需考虑物流园区内的保管效率及作业效率。影响物流园区仓储空间柱子间距设计的因素主要有以下三个。

（1）进入仓库内停靠的卡车台数及种类

不同型式重量的载货卡车会有不同的体积长度，对停靠所需的空间和柱子间距均有不同规格的需求。

卡车在仓库内停靠时柱子的排列如图 7-17 所示。

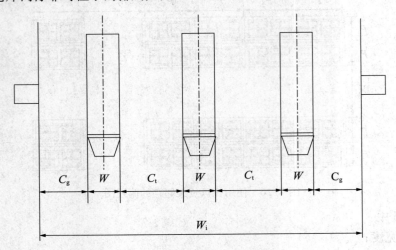

图 7-17　卡车在仓库内停靠时柱子的排列

在图 7-17 中，W_i：柱子间距；W：货车宽度；C_t：货车间距；C_g：侧面间隙尺寸；N：货车数量。则柱子间距的计算公式为

$$W_i = W \times N + (N-1) \times C_t + 2 \times C_g \tag{7-8}$$

（2）保管区存放设备的种类和尺寸

保管区的设计以选用保管设备的布置效率最为优先，其空间的设计尽可能大而完整，以供储存设备的安置，配合储存设备的规划来决定柱子的间距。

① 托盘货架深度方向柱子的排列，如图 7-18 所示。

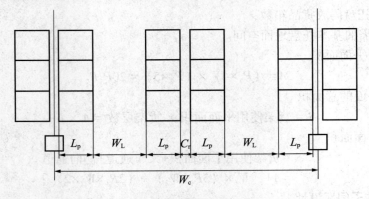

图 7-18　托盘货架深度方向柱子的排列

在图 7-18 中，W_c：柱子间距；L_p：货架深度；W_L：通道宽度；C_r 货架背面间距；N 货架巷道数。则柱子间距的计算公式为

$$W_c = (W_L + 2 \times L_p + C_r) \times N \tag{7-9}$$

② 托盘货架宽度方向柱子的排列，如图 7-19 所示。

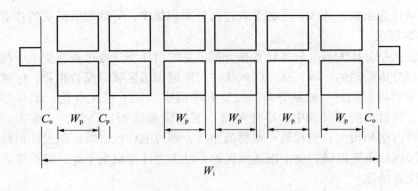

图 7-19 托盘货架宽度方向柱子的排列

在图 7-19 中，W_i：柱子间距；W_p：货架宽度；N_p：货架列数；C_p：货架间距；C_o 侧面间隙间距。则柱子间距的计算公式为

$$W_i = W_p \times N_p + C_p \times (N_p - 1) + 2 \times C_o \tag{7-10}$$

3. 仓储功能区高度规划

在储存空间中，库房的有效高度也称为梁下高度；理论上是越高越好，但在实际的应用中，梁下高度受货物所能堆码的高度、叉车的扬程、货架高度等因素的限制，太高反而会增加成本及降低建筑物单位高度的楼层数。在进行库房的有效高度设计时，应从以下四个方面考虑。

（1）保管物品的形态、保管设备的形式和堆码高度

由于所保管物品的形态及所采用的保管设备形式均与高度有关，采用托盘地面堆码或采用高层货架时，两者所需的堆码高度差距非常大，耐压的坚硬货物及不耐压的货物两者在采用地面堆码时，对梁下高度的需求也有很大差距。因此，必须根据所采用的保管设备与堆码方式来决定库内的梁下高度。

（2）所使用堆垛搬运设备的种类

由于各类堆高机、吊车等对梁下高度有不同的需求，需要根据具体的堆垛搬运设备的起升参数和梁下高度进行计算。

（3）所采用的保管设备对高度的要求

由于各类货架都有其基本设计高度，装设货架时必须达到此高度才能有经济效益。因此，梁下高度的设计必须符合所采用保管设备的基本高度要求。

（4）梁下间隙尺寸

在梁下，为了满足消防、空调、采光等要求，必须放置一些配电、风管、消防设备、灯光照明设备等，需要预留这些设备装设空间，在梁下高度的计算中必须把梁下间隙尺寸考虑进去。

7.5 分拣功能区规划设计

7.5.1 分拣功能区概述

1. 分拣作业

分拣作业是指依据订单要求或物流园区的送货计划，尽可能迅速、准确地将物品从其储

位或其他区域拣选出来,并按一定的方式进行分类和集中,等待配装送货的作业过程。

2. 分拣功能区

分拣功能区是分拣人员、分拣设备在分拣信息的引导下,通过查找货位、拣取和搬运货物,进行货物分拣活动的区域,这一区域往往与流通加工区联通配合作业。区域面积随物流园区不同(主要根据用户、物品分类、发货频率而定)而有较大变化,如对多用户、多品种、少批量、多批次配送(如中、小件杂货)的物流园区而言,分货、拣货、配货工作复杂,该区域所占面积很大;但在另一些物流园区,则可能将该区域面积设计得较小。分拣功能区是配送园区的重要区域,整个配送园区的吞吐能力往往取决于此区域的作业流程及设施设备、人员配置情况。

7.5.2 分拣功能区布局设计

在物流园区整体规划中,分拣功能区布局设计是最关键的内容之一。因为物流园区的主要任务是在有限的时间内将客户需要的物品组合送达,而客户多品种、小批量的需求使得拣选作业的难度升高,如果作业时间限制不变,必定要在分拣功能区规划上作更大的努力。此外,决定物流园区规划规模大小、功能、处理能力等最主要的输入条件就是物品订单资料,而分拣功能区布局的起始步骤也是从物品订单资料分析开始的。因此,分拣功能区布局是物流园区总体规划工作的重心,而且主导其他规划环节的进行。由于分拣功能区与仓储功能区的关联性很紧密,使用的空间及设备有时也难以明确区分,所以将两个功能区的布局组合在一起。物流园区分拣功能区规划程序如图 7-20 所示。

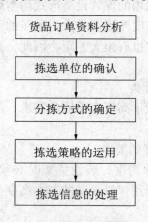

图 7-20 物流园区分拣功能区规划程序

1. 货品订单资料的分析

规划设计程序的第一步就是货品订单资料的分析,通过对订单资料进行详细分析后可得出订单数分布、包装单位数量、出货品项数分布、季节周期性趋势、货品订购频率等内容。这些分析出来的信息可在分拣系统规划设计过程中得到不断应用。

分拣功能区布局设计的第一步是进行物品订单资料的分析,对物品订单资料进行详细分析后可得出订单数分布、包装单位数量、出货品项数分布、季节周期性趋势、物品订购频率等内容。这些分析出来的数据可在分拣功能区布局设计过程中得到不断应用。

总体来说,分拣功能区布局设计的内容包括拣选单位确认、分拣方式确定、拣选策略运用、拣选信息的处理等内容。

2. 拣选单位的确认

确定拣选单位的必要性在于避免拣选及出货作业过程中对物品进行拆装甚至重组，以提高分拣系统的作业效率，同时也是为了适应拣选自动化作业的需要。

（1）基本拣选模式

拣选单位基本上可分为托盘、箱、单品三种，同时还有一些特殊物品。其基本拣选模式如表7-6所示。

表7-6　基本拣选模式

拣选模式编号	储存单位	拣选单位	记号
1	托盘	托盘	P→P
2	托盘	托盘+箱	P→P+C
3	托盘	箱	P→C
4	箱	箱	C→C
5	箱	箱+单品	C→C+B
6	箱	单品	C→C
7	单品	单品	B→B

物流园区中分拣功能区的拣选单位是通过对客户订单资料的分析确认的，即订单决定拣选单位。而拣选单位又进一步决定储存单位，再由储存单位协调供应商物品的入库单位。通常物流园区的拣选单位在两种及以上。

（2）拣选单位的决策过程

拣选单位的决策过程如图7-21所示。首先，进行物品特性分类，即必须将物品进行分类，分别进行储存，如将体积、重量、外形差异较大者，或有互斥性的物品分别进行储存；其次，由历史订单资料统计结合客户对包装单位的要求，与客户协商后将订单上的单位合理化；历史订单资料主要是算出每一出货品种以托盘为单位的出货量，以及从托盘上以箱为单位拣取出货的数量，作为拣选包装单位的基础；将订单资料合理化，目的是避免过小的单位出现在订单中，若过小的单位出现在订单中，必须合理化，否则会增加作业量，并且引起作业误差。将合理化的物品资料归类整理，最终确定拣选单位。

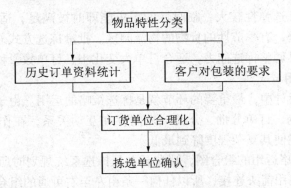

图7-21　拣选单位的决策过程

(3) 储存单位的确定

拣选单位确定之后,接下来要决定的是储存单位,一般储存单位必须大于或等于拣选单位,其步骤如下。

①订出各项物品的一次采购最大批量、最小批量及提前期。

②设定物流园区的服务水平,订单到达后几日内送达。

③若服务水平时间>采购提前期+送达时间,且物品每日被订购量在采购最小批量和采购最大批量之间,则该项物品可不设置存货位置。

④通过 IQ-PCB 分析,如果物品平均每日采购量×采购提前期<上一级包装单位数量,则储存单位=拣选单位,反之,则储存单位>拣选单位。

(4) 入库单位的确定

储存单位确定之后,物品入库单位最好能配合储存单位,可以凭借采购量的优势要求供应商配合。入库单位通常设定为最大的储存单位。

3. 分拣方式的确定

分拣方式分为按单拣选和批量拣选。通常,可以按出货品项数的多少以及物品周转频率的高低,确定合适的分拣方式。该方法需配合 EIQ 的分析结果,按当日 EN(出货品项数)值及 IK(品项受订次数)的分布判断物品品项数的多少和物品周转率的高低,确定不同分拣方式的区间。其原理是:EN 值越大表示一张订单所订购的物品品项数越多,物品的种类越多越复杂,批量分拣时分类作业越复杂,采取按单拣选较好。相对地,IK 值越大,表示某品项的重复订购频率越高,此时采用批量拣选可以大幅度地提高拣选作业效率。分拣方式确定对照表如表 7-7 所示。

表 7-7 分拣方式确定对照表

		物品重复订购频率(IK 值)		
		高	中	低
出货品项数 (EN 值)	多	按单+批量拣选	按单拣选	按单拣选
	中	批量拣选	批量拣选	按单拣选
	少	批量拣选	批量拣选	批量+按单拣选

总的来说,按单拣选弹性较大,临时性的需求能即时被满足,适合于订单大小差异较大,订单数量变化频繁,有季节性的货物的物流园区。批量拣选方式通常采用系统化、自动化设备,从而使得较难调整拣选能力,适合订单大变化小、订单数量稳定的物流园区。

4. 拣选策略的运用

分拣功能区布局设计中,最重要的环节就是拣选策略的运用。由于拣选策略的四个主要因素(分区、订单分割、订单分批、分类)之间存在互动关系,在作整体规划时,必须按一定的决定顺序,才能使其复杂程度降到最低。

图 7-22 是拣选策略运用的组合图,从左至右是拣选系统规划时所考虑的一般顺序,可以相互配合的策略方式用箭头连接,所以任何一条由左至右可通的组合链就表示一种可行的拣选策略。

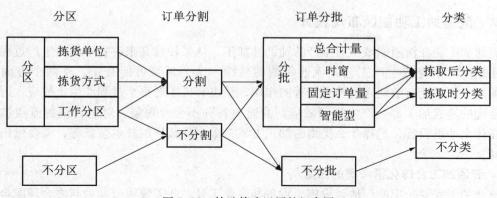

图 7-22 拣选策略运用的组合图

5. 拣选信息的处理

一般来说，拣选信息与拣选区的规模及自动化程度有着密切的关系。通常物品种类数少，自动化程度较低的拣选系统以传票作为拣选信息，其拣选方式偏向于按单拣选。拣选单是目前最常采用的一种拣选信息，与拣选方式配合的弹性较大。拣选标签的拣选信息除了与下游零售商的标价适应外，也常与自动化分类系统配合。电子信息最主要的目的就是与计算机辅助拣选系统或自动拣选系统相互配合，以追求拣选的时效性，达到及时管控的目的。表 7-8 是拣选信息适合的拣选作业特性，可作为拣选方式决定后选择拣选信息的参考依据。

表 7-8 拣选方式与拣选信息配合的情形

拣选信息	适合的拣选方式
传票	按单拣选、订单不分割
拣选单	适合各种传统的拣选方式
拣选标签	批量拣选、按单拣选
电子信息	分拣时分类、工作分区、自动拣选系统

7.6 流通加工功能区布局设计

7.6.1 流通加工功能区概述

流通加工是在物品从生产领域向消费领域流动的过程中，为促进销售、维护产品质量和提高物流效率，对物品进行加工，使物品发生物理、化学或形状的变化。流通加工区是根据客户需要对一些物品进行流通加工作业的场地，通常有零部件组装、产品分割、打印条码、销售包装等作业。流通加工区包括一般加工区、特殊加工区和包装区等。影响流通加工区空间需求的因素主要是作业量、加工作业方式、加工设备规格等。流通加工区所占的面积一般较大，尤其是煤炭、水泥木材等生产资料加工区，所占用的面积会更大。

7.6.2　流通加工功能区布局设计

流通加工是在流通领域中对生产的辅助性加工，从某种意义来讲它不仅是生产过程的延续，还是生产本身或生产工艺在流通领域的延续。这个延续可能有正、反两个方面的作用，即一方面可能有效地起到补充完善的作用，但也有可能对整个过程产生负效应，因为各种不合理的流通加工都会产生抵消效应。为避免各种不合理现象，对是否设置流通加工环节，在什么地点设置，选择什么类型的加工方式，采用什么样的技术装备等，需要做出正确的抉择。

1. 流通加工合理化需考虑的因素

流通加工需要一定的产地、设施、设备和专业工具，并需要将劳动力与之合理配合。在设置流通加工时，需要进行可行性分析，并掌握流通加工的基本技术和方法。流通加工合理化可根据流通加工物品、销售对象和运输作业的要求，考虑以下几个方面的因素：选择流通加工场所与分析流通加工过程的安全性与经济性；流通加工机械的配置与空间组织；流通加工的技术与方法；流通加工作业规程；流通加工保障体系；流通加工对象如产品的销售渠道与销售市场情况；满足客户需要的指标及考核；降低流通加工费用；流通加工组织与管理等。

2. 流通加工合理化原则

（1）流通加工与配送相结合

将流通加工设置在配送点中，一方面按配送的需要进行加工，另一方面加工又是配送业务流程中分货、拣货、配货之一环，加工后的产品直接投入配送作业，这就无须单独设置一个加工的中间环节，使流通加工有别于独立的生产，而使流通加工与中转流通巧妙结合在一起。同时，由于配送之前有加工，可使配送服务水平大大提高。这是当前流通加工合理化的重要形式，在煤炭、水泥等产品的流通中已表现出较大的优势。

（2）流通加工与配套相结合

在对配套要求较高的流通中，配套的主体来自各生产单位，但是，完全配套有时无法全部依靠现有的生产单位实现，进行适当的流通加工，可以有效促成配套，大大提高流通作为桥梁与纽带的能力。

（3）流通加工与合理运输相结合

流通加工能有效衔接干线运输与支线运输，促进两种运输形式的合理化。利用流通加工，在进行支线运输或干线运输转支线运输本来就必须停顿的环节时，不进行一般的支转干或干转支，而是按干线或支线运输合理要求进行适当加工，可以大大提高运输及转载水平。

（4）加工和合理商流相结合

通过加工有效促进销售，使商流合理化，也是流通加工合理化的考虑方向之一。加工和配送的结合提高了配送水平，强化了销售，是加工与合理商流相结合的一个成功例证。此外，通过简单加工改变包装，方便用户购买，也是有效促进商流的例子。

（5）倡导绿色流通加工

政府要对物流企业加以适当引导，使企业具有"绿色"意识，从而调整自己的行为，使流通加工向绿色化发展。而且，政府带头建设物流园区，就可以使物流企业集中起来，实行流通加工的集中处理，进而产生规模效益，同时，又保护了环境。

3. 流通加工功能区的具体布局

流通加工功能区的布局设计比较复杂，由于不同的行业对流通加工的要求有所不同，所以应首先充分对物流园区的定位以及客户的需求进行调查。对不同的加工需求做出不同的布局设计，确定流通加工的项目、流通加工的程度和设备需求。明确需求之后，根据此行业的流通加工的相关设计要求，进行设备的选择以及房屋的建设。

7.7 配送功能区布局设计

7.7.1 配送功能区概述

1. 配送功能区的构成

（1）配送的主体

配送的主体是指实施配送的组织，如从事专业配送的企业或企业的配送部门。要提高配送效率，达到既定的服务水平，实现配送的合理化，必须发挥配送主体的主观能动性，也就是发挥从事配送管理工作和执行工作的人的主观能动性。

（2）配送的客体

配送的客体是指配送的对象，即为客户配送的产品。配送的对象不是独立的产品，而是有特定指向的产品，即为哪个客户配送的哪种产品。客户的需求和产品的特性共同决定了配送模式的选择、配送计划的制定、运输工具的选择等配送作业问题。

（3）配送的环境

配送的环境是指实施配送所面对的客观环境，如城市交通状况、现有车辆、人员、交通法规等。任何系统都是在一定的客观环境中运行的。配送是物流服务中一个外向的环节，是直接面对客户、直接与外界环境发生相互作用的环节，环境对配送系统运行的影响不可忽视。

（4）配送的设备

配送的设备是指在配送中具体使用的各种设备，如运输车辆、装卸搬运设备、分拣设备等。配送设备的选择需要根据配送对象的特点和客户的需求加以选择。

2. 配送功能区的功能

（1）备货

备货是配送的准备工作或基础工作，备货工作包括筹集货源、订货或购货、集货、进货及有关的质量检查、结算、交接等。配送的优势之一，就是可以集中用户的需求进行一定规模的备货。备货是决定配送成败的初期工作，如果备货成本太高，会大大降低配送的效益。

（2）储存

配送中的储存有储备及暂存两种形态。配送储备是按一定时期的配送经营要求形成的对配送的货源保证，这种类型的储备数量较大，储备结构也较完善，视货源及到货情况，可以有计划地确定周转储备及保险储备结构、数量。配送的储备保证有时间在配送中心附近单独设库解决。另一种储存形态是暂存，是具体执行日配送时，按分拣配货要求，在理货场地所做的少量储存准备。由于总体储存效益取决于储存总量，所以这部分暂存数量只会对工作方便与否造成影响,而不会影响储存的总效益,因而在数量上控制并不严格。还有另一种形式的暂存,即在分拣、配货之后形成的发送货物的暂存,这类暂存主要是调节配货与送货的节奏,暂存时间不长。

(3) 分拣及配货

分拣是指按用户的要求对货物进行分类和拣选的作业,配货是对不同用户进行货物的配备。分拣和配货是配送不同于其他物流形式的功能要素,也是配送成败的一项重要支持性工作。分拣及配货是完善送货、支持送货的准备性工作,是不同配送企业在送货时进行竞争和提高自身经济效益的必然延伸,是送货向高级形式发展的必然要求。有了分拣及配货就会大大提高送货服务水平,所以分拣及配货是决定整个配送系统水平的关键要素。

(4) 配装及配载

在单个用户配送数量不能达到车辆的有效载运负荷时,就存在如何集中不同用户的配送货物,进行搭配装载以充分利用运能、运力的问题,这就需要配装;和一般送货不同之处在于,通过配装送货可以大大提高送货水平及降低送货成本,所以,配装也是配送系统中有现代特点的功能要素,也是现代配送不同于以往送货的重要区别之处。

(5) 配送运输

配送运输是指将被订购的货物使用汽车或其他运输工具从供应点送至顾客手中的活动。

配送运输通常是一种短距离、小批量、高频率的运输形式,它以服务为目标,以尽可能满足客户要求为优先。如果单从运输的角度看,它是对干线运输的一种补充和完善,属于末端运输、支线运输,主要由汽车运输进行,具有城市轨道货运条件的可以采用轨道运输,对于跨城市的地区配送可以采用铁路运输进行,或者在河道水域通过船舶进行。配送运输过程中,货物可能是从工厂等生产地仓库直接送至客户,也可能通过批发商、经销商或由配送中心转送至客户手中。

(6) 送达服务

配好的货运输到用户还不算配送工作的完结,这是因为送达货和用户接货往往还会出现不协调,使配送前功尽弃。因此,要圆满地实现运到之货的移交,并有效地、方便地处理相关手续并完成结算,还应讲究卸货地点、卸货方式等。送达服务也是配送独具的特殊性。

(7) 配送加工

在配送中,配送加工这一功能要素不具有普遍性,但是往往是有重要作用的功能要素。主要原因是通过配送加工,可以大大提高用户的满意程度。配送加工是流通加工的一种,但配送加工有它不同于一般流通加工的特点,即配送加工一般只取决于用户要求,其加工的目的较为单一。

7.7.2 配送功能区布局设计

配送功能区布局设计是一项系统工程,其基本布局程序如图 7-23 所示。

第7章 物流园区功能区规划设计

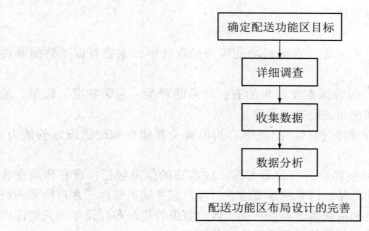

图7-23 配送功能区布局程序

1. 确定配送功能区目标

在开始布局设计或重新布局设计一个配送功能区之前，首先应明确功能区的目标。配送功能区的目标在前文中已经述及。在配送功能区布局设计中，需要将配送功能区的目标进一步明确、量化。比如顾客的订单传输时间不超过24小时，接收到的订单要在12个小时内处理完毕；85%的顾客订货时间不超过24小时，所有订货要在48小时之内送到；送达货物的可用性不低于99%。

2. 详细调查

详细调查是指要对现有配送功能区的组织结构、功能体系、业务流程以及制约因素等方面进行调查分析。在调查分析的过程中，尽可能使用各种形象和直观的图表，帮助管理人员描述功能区、记录要点和分析问题。

（1）组织结构调查

组织结构调查要对配送功能区的组织结构状况，也就是部门划分以及它们的相互关系进行调查。调查中应详细了解各部门人员的业务分工情况和有关人员的姓名、工作职责、决策内容、存在的问题和对功能区改进的要求等。将配送企业的部门划分以及它们的相互关系用图形表示出来，就构成了一个功能区的组织结构图。

（2）功能体系调查

配送功能区的总目标，必须依赖于各子功能区功能的完成，而各子功能区功能的完成，又依赖于各项更具体的操作。功能结构调查的任务，就是要了解进而确定配送功能区的各种功能构造。因此，在掌握配送功能区组成体系的基础上，以组织结构为线索，层层了解各个部门的职责、工作内容和内部分工，就可以掌握配送功能区的功能体系。

（3）业务流程调查

通过对组织结构和功能体系的调查，可以看出配送功能区的部门划分以及这些部门的主要职能。进一步的任务就是要弄清这些职能在有关部门具体完成的情况，以及在完成这些职能时信息处理工作的一些细节，即完成对管理业务流程的调查与分析。

（4）制约因素分析

在进行配送功能区布局设计时，必须对配送功能区的制约因素加以分析。这些因素在布局设计时需要作为约束条件进行处理。

3. 收集数据

数据是配送功能区布局设计的基础，在配送功能区布局设计中，主要有以下数据需要收集。

（1）配送的产品。关于产品的数据需要收集的有：产品的种类、包装状况、数量、地理分布、生产或销售的季节性和使用的配送方式等。

（2）现有的设施。这方面的数据包括：配送中心的位置及其储存和配送设施的能力、订单处理的速度和准确性等。

（3）客户。对现有客户和潜在客户进行分析考察，应收集的信息包括：现有和潜在客户的地区分布、每位客户订购的产品、订货的季节性、对客户服务的重要性、客户所需的特殊服务、对每位客户的销售数量和可获得的销售利润。客户数据收集是布局设计的关键性内容，因为配送功能区布局设计最终的目的就是满足客户的需求。

4. 数据分析

通过上述步骤，将配送功能区的信息资料汇总后，就可以进行数据分析。简单的局部布局分析可以采用图表的方式，如某些配送线路的分析。但是对整个配送功能区进行分析时，数据量通常很大，需要采用比较复杂的技术，一般有模拟法、SAD法和PERT法。

（1）模拟法

在设计配送系统时，应用最为广泛的就是计算机模拟法。模拟法通常的模式是建立一个表达系统的一系列数学关系的模拟模型，有选择地改变特定的参数来观察这个配送系统的运行情况。模拟的可靠性依赖于建立的模型要尽可能地接近现实世界。

（2）SAD法

当分析的问题涉及人们感觉的、抽象的、模糊的定性因素时，如企业出现各部门间的利益冲突、矛盾涉及面广、关系复杂、感性的和理性的因素混杂在一起或某个经济活动过程发生恶性循环时，采用SAD法较为有效。SAD法是一种一方面对配送系统进行调查和调整，另一方面对配送系统进行开发的系统分析与设计方法。它通过数学分析方法，并借助计算机，将混杂在一起的各种问题加以整理，并对它们之间的相互关系及其各自的重要程度加以分析，从而求出配送系统改善步骤。

（3）PERT法

当分析人员需要确定配送系统应该完成的所有任务之间的时间关系时，采用PERT法十分有效。它的基本思路是：某些任务需要按一定的先后顺序依次完成，如订单处理与货物分拣；而另一些任务则可以并行处理，如货物分拣与车辆调配；完成每一项任务都需要一定的持续时间。PERT法通过分解全部任务，确定每一项任务的作业时间，分析任务之间的逻辑关系，绘制网络图，对配送系统进行分析和优化。具体的PERT法的原理和运用，可参照有关管理科学或运筹学方面的书籍。

5. 配送功能区布局设计的完善

配送功能区布局设计的最后工作是对研究结果进行完善。配送功能区的改进不是一次就可以解决的，而是一个持续的递进的过程。配送功能区的全面变革对于大多数配送中心来说影响都很大，往往无法承受，而且也可能导致对客户服务功能的中断，如订单遗失、配送货物数量被搞错、缺货现象频繁发生，这些都是一个配送功能区在短期内变化太快而可能引发的典型问题。此外，配送功能区的工作人员也可能抵制这些变革。一般来说，大多数配送功能区倾向于使用模拟法和 PERT 法寻找那些首先应该改革的领域。因为这些领域的功能是提高效率的最大的瓶颈，并且费用支出也可能比较高。

7.8 基础设施布局设计

7.8.1 库房设计

1. 库房类型

库房是任何物流园区都必不可少的组成部分。物流园区的库房主要用于货物的保管、拣选、包装等。不同的配送物品特性、不同的配送经营方式、不同的配送服务对象，对仓储系统有不同的要求，因而就需要各种各样的库房以满足不同的配送需求。根据货物的形态和物流园区的主要功能不同，库房主要分为以下几类。

（1）按仓库保管条件分类

①普通仓库，指在常温条件下，用于存放无特殊要求的物品的仓库。

②冷藏仓库，主要有冷藏库、冷冻库及恒温库。冷藏库的温度在-5~10℃之间，冷冻库的温度在-5℃以下。冷藏库多用于储备食品、果蔬、粮食，要求有较好的封闭性，同时要有换气功能，有的果蔬、粮食还需要药物熏蒸，消灭病虫害。图 7-24 和图 7-25 分别为保温库内部、外部结构。

图 7-24 保温库内部结构

图 7-25 保温库外部结构

③恒温仓库，指能够调节温度的仓库（一般在 10~20℃ 之间）。

④特种仓库，指用于存放易燃、易爆、有毒、有腐蚀性或辐射性物品的仓库。

⑤气调仓库，指用于存放要求控制库内氧气和二氧化碳浓度的物品的仓库。

（2）按使用范围不同分类

①自用仓库，指生产企业或流通企业为了本企业经营的需要而修建的附属仓库，完全用于储存本企业的原材料、燃料和产成品等。

②营业仓库，指某些企业专门为了经营储运业务而修建的仓库。

③公用仓库，指由国家或主管部门修建的为社会服务的仓库，如机场、港口、铁路的货场、库房等。

④出口监管仓库,指经海关批准,在海关监管下,存放已按规定领取了出口货物许可证或批件,已对外买断结汇并向海关办完全部出口海关手续的货物的专用仓库。

⑤保税仓库,指经海关批准,在海关监管下,专供存放未办理关税手续但已入境或过境货物的场所。

（3）按保管物品种类多少分类

①专业型仓库,指存放一种或某一大类物品的仓库。

②综合型仓库,指用于存放多种不同属性物品的仓库。

（4）按货物在库内的储存位置分类

①地面型仓库,指单层地面库,多使用非货架型的保管设备。

②货架型仓库,指采用多层货架保管的仓库。在货架上放着货物和托盘,货物和托盘可在货架上滑动。货架分为固定式货架和移动式货架。

③自动化立体仓库,指由立体货架、有轨巷道堆垛机、出入库托盘输送机系统、尺寸检测条码阅读系统、通信系统、自动控制系统、计算机监控系统、计算机管理系统以及其他如电线电缆桥架、配电柜、托盘、调节平台、钢结构平台等辅助设备组成的复杂的自动化仓库系统。其运用集成化物流理念,采用先进的控制、总线、通信和信息技术,通过以上设备的协调动作,按照用户的需要完成指定货物的自动有序、快速准确、高效的入库出库作业。

（5）按建筑结构分类

①平库。平库是指平面布局的仓库,是一层式库房,如图7-26所示。一般有钢筋混凝土结构、钢架金属屋面结构等。它主要包括基础、站台、骨架、柱、顶、墙、地面、门、宙、装卸平台、雨棚、通风装置、防潮、防火、电气、照明、保温等设施。在平库中进行收发保管,具有地面单位面积承载能力大、货物进出库作业方便等优点,但是平库占用土地面积大。在平库中,货物可以堆码存放,也可以用货架存放。使用货架存放的仓库,如果配备自动化存取分拣设施,又被称作自动化立体仓库。自动化立体仓库由货物存储系统、货物拣选系统、传送系统、自动控制系统构成。存储系统由高层货架和托盘、货箱组成。高层货架有固定式货架、通廊式货架、悬臂式货架、垂直旋转式货架、水平旋转式货架、垂直重力式货架、水平重力式货架等,它们有各自的储物特点,如悬臂式货架适合于存储长条形货物等。

图7-26 平库外景

②楼库。楼库是立体布局的仓库即立体库，是多层式库房，多适用于土地紧缺地区。它利用仓库的高度使单位面积储存的货物量增大，可节省用地。由于楼库柱距较小，柱的数量增加，从而减少库房的储存面积，影响搬运车辆的行走。升降货梯常常是楼库物流的瓶颈，将影响货流速度，货梯增加又会减少储存面积。每楼层高度一般不超过 5 m，随楼层增加地面负荷会逐层减少。楼库占用土地较少，但造价较平库高。日本物流园区多采用楼库，图 7-27 为东京货运中心楼库外景。

图 7-27　东京货运中心楼库外景

③高层货架仓库。高层货架仓库是指在作业方面，主要使用电子计算机控制，能实现机械化和自动化操作的仓库。

④罐式仓库。罐式仓库是指结构特殊，成球形或柱形的仓库，主要用于储存石油、天然气等。

⑤简易仓库。简易仓库是在仓库不足而又不能及时建库的情况下采用的临时代用办法，简易仓库的构造简单、造价低廉，包括一些固定或活动的简易货棚等。

2. 库房结构设计

（1）结构形式

库房的建设可根据实际要求，结合建筑设计规范，采用相应的结构形式。目前，随着现代物流的发展及要求，流行的库房结构形式为门式钢架结构和拱形彩板结构。

门式钢架结构是一种建筑钢结构，具有强度高、自重轻、造价低、跨度大、抗震性能好、施工速度快、周期短、投资回收快、地基费用省、占用面积小、工业化程度高、维护费用低、施工污染环境小、外形美观、可拆迁等一系列优点。无论是结构性能、使用功能及经济效益上，钢结构都有一定优越性，与混凝土结构相比它是环保型的和可再次利用的。轻钢结构中门式钢架最受人们的青睐，因柱子与梁连在一起，形成一个门字形状，故称门式钢架结构。一般跨度 18~36 m 比较经济，必要时可超出此范围。业主可根据需要选择是否需要吊车和通风气楼等其他辅助设备。图 7-28 为门式钢架结构库房场景。

图7-28 门式钢架结构库房

拱形彩板结构是直接将彩板根据跨度及荷载的要求制成拱形，做成库房的屋顶，墙体采用混凝土或砖墙。其主要技术特点是：无梁无檩，空间开阔，跨度在8~42 m任意选择；造价低，投资少；设计施工周期短，10 000 ㎡屋顶建筑25d即可完成；彩色镀锌钢板，机械锁边连接，自然防水，没有渗漏。图7-29为拱形彩板结构库房外景。

图7-29 拱形彩板结构库房

（2）库房层数与库房面积

库房可采用单层库房也可采用多层库房，但必须与库房的结构形式相匹配。根据目前物流发展的方向，货架和托盘的广泛应用，从便于理货分拣角度出发，宜采用单层的高架库房。

库房的长度和宽度应由库房所存储的货物类别、搬运方式及建筑构造选型等因素确定，库房的长宽比例应适当，一般采用矩形，长度为宽度的3倍左右比较合适，高架库房的最小宽度与长度不宜小于30 m×60 m，不宜大于90 m×180 m，但可根据货物的储存需要建成超大型库房。

（3）库房高度

在储存空间中，库房的有效高度也称梁下高度，理论上是越高越好，但实际上受货物所能堆码的高度、叉车的扬程、货架高度等因素的限制，库房太高有时反而会增加成本及降低建筑物的楼层数，因此要合理设计库房的有效高度。在进行库房的有效高度设计时，应从以下三个方面进行考虑。

①保管货物的形态、保管设备的形式和堆码高度。由于所保管货物的形态及所采用的保管货架形式均与梁下高度有关，当采用托盘地面堆码或采用高层货架时，两者所需的堆码高度差距非常大，耐压的坚硬货物及不耐压的货物在采用地面堆码时，其对梁下有效高度的需求也有很大差异，故必须根据所采用的保管设备与堆码方式来决定库内的有效高度。

②所使用堆垛搬运设备的种类。储存区内采用不同的作业设备，如各类叉车、吊车等，对梁下间隙有不同的要求，需要根据具体的堆垛搬运设备的起升参数和梁下间隙进行计算。这里，梁下间隙是为了消防、空调、采光等因素而必须预留的装设空间。

③所采用的储存保管设备的高度。由于各种货架都有其基本设计高度，装设货架时必须达到此高度才有经济效益，因此有效高度的设计必须能符合所采用的保管储存设备的基本高度要求。

在实践中，一般单层高架库房的净高不应小于7 m，如采用门式钢架结构，考虑钢架结构特点及经济性，净高取8~10 m，采用拱形彩板库房，净高为8~12 m比较适合。

（4）库房门窗与进出口的布局

①门窗。库房门的设置应考虑货物流量的大小和货物对环境条件的要求。

库房门高度与宽度应视作业机械和储存货物的外包装尺寸而定，宜按表7-9所示确定库房门高度与宽度（单位：m）。

表7-9　物流园区库房门参考尺寸表　　　　　　　　　　　　　单位：m

作业机械	铲车、汽车	手推车、电瓶车
门高	3.9~5.4	2.1~2.4
门宽	3.3~4.5	1.8~2.1

库房门宽不大于3.3 m时，宜用双扇外平开门，并在适当的位置设置定门器。库房门宽大于3.3 m时，宜用双扇推拉门。

门上方设置雨罩，雨罩比门洞每边应宽出500 mm，伸出墙外的长度不应小于900 mm，门外有站台时，按站台设计。

库房的窗地面积比宜为1:10~1:18。窗的功能以采光为主的库房，宜用固定窗，窗地面积比应取大值；窗的功能以通风为主的库房，宜用中悬窗，窗地面积比应取小值，但应按自然通风换气次数验算核定。

库房的通风口面积应通过计算确定，单个通风口的面积不宜大于0.2 m²，且应设置安全防护措施，通风口底部距库房内地面的高度差不应大于250 mm。

②进出口的布局。通常，库房设有两个站台，各位于一端，一个收货站台，一个发货站台。货物在两个站台之间移动。另一种布局是只有一个站台，规定时间来分别进行收货和发货工作。前一种布局货物的移动路线是直线，而后一种布局货物的移动路线是U形的。前一种布局多占用一个站台的空间，而后一种布局货物的分拣和作业效率相对较低。

(5) 仓库主要地面形式的选择

随着现代化工业生产的迅速发展,物流仓储业得到了空前的繁荣,同时随着企业对产品包装、储存要求标准的提高,物流仓储业对库区地面也提出了更高的要求。

①传统地面形式。目前物流园区的地面基本以普通水泥混凝土地面为主,部分条件较好的库区采用水磨石或地板砖,经过多年使用证明,这些地面分别存在着不同的问题。

普通水泥混凝土地面一般采用 C20 以上强度、15~20 cm 厚的混凝土直接收光做面层,或在混凝土垫层上再做 3~5 cm 厚、C30 以上强度的水泥砂浆罩面层。这种地面形式是最便宜的地面形式,但并不是最经济的地面形式,一般使用两年以后,在叉车的作用下地面会出现不同程度的翻砂起尘现象。随着使用年限的延长,加上碳化、水侵蚀和风化的作用,地坪表面会继续粉化,影响正常使用。具体表现在货物堆放无论时间长短,上面总是布满灰尘。

水磨石地面和地板砖地面,根据不同材质的选择,一般每平方米造价比普通混凝土地面增加 30~60 元。这两种地面形式在使用功能上基本解决了混凝土地面的翻砂起尘问题,但其面层本身与混凝土基层是剥离的,所以在重车的作用下,极容易造成水磨石或地板砖面层起壳、空鼓、碎裂、脱落现象,不但影响了库区的整洁、平整,随着使用时间的推迟,破坏区域会越来越大,使用寿命也很短。

②新型地面形式。对于物流园区仓库地面的要求,实际上需要解决的最关键的问题是抗叉车碾压和抗车轮摩擦,同时尽可能提高地面的装饰性,达到耐用、美观的效果。目前存在三种新型地面形式适应这些要求,分别是耐磨地坪、环氧涂装地坪和水泥地坪涂刷耐磨增硬剂。

耐磨地坪是新建物流园区库区和站台地面最佳的选择,是所有地面形式中最耐用、最经济的一种地面方案。选择耐磨地坪,不但彻底解决了地面的翻砂起尘问题,使用寿命可达到 20~30 年以上,而且地面施工速度快、周期短,与混凝土摊铺施工同步进行和结束,地面完工以后还可以承受重荷载车辆的碾压。耐磨地坪是在新浇筑水泥混凝土并摊铺平整的表面,均匀撒布一层耐磨地坪材料,运用专业的抹光机进行提浆和收光作业,利用基层混凝土的浆将耐磨材料润湿后与基层混凝土形成一个整体,并在表面形成一个防滑耐磨面层,明显提高了混凝土的表面强度,增强了耐磨性能,最大限度地解决了库区地面的翻砂起尘问题。耐磨地坪材料是由含有不同精选(石英砂、金刚砂、金属、合金)骨料、特种水泥、聚合物添加剂、颜料等均匀混合而成的。耐磨地坪可以做成本色、灰色、红色、黄色、绿色等。为了提高耐磨地坪的美观程度,可以对耐磨地坪进行上蜡处理,使地坪表面形成一层无色透明的蜡膜。蜡膜可以对地坪表面的微细孔洞进行封闭,隔绝水气、污渍、灰尘对地坪的渗透和污染;同时更有利于防止地坪的粉化和起灰。采用封闭打蜡的方法可以在几个小时之内完成对地坪的护理,在防滑要求上能够保证叉车、运输车的正常运营,使用过程中蜡面本身不黏附灰尘,整个封闭区域易于清理。

环氧涂装地坪面层采用双组分、含溶剂彩色环氧涂料,是环氧地坪的一种,具有良好的耐久性、耐化学性、防尘、易保养、色泽鲜艳等特点,适用于旧仓库地面的改造,更适用于有耐酸、耐碱等抗化学腐蚀要求的库区地面,能够承受叉车和小轮车的碾压。环氧涂装地坪的颜色比较丰富,可以进行电脑任意调色。环氧涂装地坪一般由底涂、中涂和面涂三部分组成。环氧底涂易渗入混凝土表面,有极好的附着力,可以密封混凝土表面,起到坚固基底的作用。环氧中涂含有适量的溶剂和砂粉,主要起到封闭混凝土表面砂眼和局部找平的作用。环氧面涂耐久性极好,并具有良好的耐化学性和耐磨性。对于一般的普通混凝土地面,整个环氧涂装地坪的厚度为 0.4~0.6 mm,对于表面条件较差的旧混凝土面层,可以达到 1 mm 的厚度。

直接在混凝土地面表面涂刷水泥地坪耐磨增硬剂,是最便宜的一种地面护理方案。水泥地坪耐磨增硬剂是一种高分子聚合物,含有独特的网状交联树脂,本身透明无色,具有超强渗透作用,可以渗透至混凝土内部 3 mm,在混凝土内部及表面形成坚固持久的保护膜,可有效防止地坪粉化,延长地坪的使用寿命。水泥地坪耐磨增硬剂可以单独在混凝土表面使用,也可以在耐磨地坪的表面配套使用,能达到更好的效果。

综合以上新推荐的三种地坪方案,根据物流园区的新建或改造项目的不同,可以采用不同的地面形式。对于新建的物流园区,应该考虑采用经济、实用的耐磨地坪;对于改造的物流园区,在考虑采用耐磨地坪的同时,可以在原地面的基础上考虑环氧涂装地坪和使用水泥地坪耐磨增硬剂进行处理。

3. 库房设施空间的利用

(1) 影响储存空间的主要因素

储存空间主要包括物理空间、潜在利用空间、作业空间和无用空间。物理空间是货物实际上占有的空间;潜在利用空间是指储存空间中没有充分利用的空间,一般物流园区中至少有10%~30%的潜在利用空间可加以使用;作业空间是为了作业活动顺利进行所必备的空间,如作业通道、货物之间的安全间隙等。无用空间是指库房设施角落、上层空间中无法利用的空间。

影响储存空间的主要因素有 8 项,在人为因素上有作业方法及作业环境,在货物因素上有货物特性、货物存量、出入库量等,而在设备因素上有保管设备及出入库设备。各项因素对储存空间的影响程度如表 7-10 所示。

表 7-10 影响储存空间的因素及其影响程度

影响的储存空间	人	物				设备	
	作业方法作业环境	货物特性	保管货物量	出入库量	出入库件数	保管设备	出入库设备
物理空间	—	很大	很大	—	—	很大	—
潜在利用空间	—	很大	很大	—	—	很大	—
作业空间	很大	大	—	很大	很大	—	很大

(2) 储存空间的有效利用策略

在储存空间中,不管货物是地面直接堆码还是以货架储存,均得占用保管面积。在地价日益昂贵的今天,若能有效利用空间,可以大大地降低仓储成本。除了合理地布局柱、梁、通道外,储存空间的有效利用策略主要有以下三种。

①向上发展。当合理化设置好梁、柱后,在有限的立体空间中,面积固定,要增加空间利用率就要向上发展。是当前堆高的方法是多利用货架,例如,驶出/驶入式货架便可高达 10 m 以上,而窄道式货架可高达 15m 左右。利用这些高层货架把较轻的货物储存于上层,而把较重的货物储存于下层,或使用托盘来多层堆放以提高储物量,增加库房的利用空间。

②平面区域的有效利用。

·非储存空间宜设置于角落。所谓非储存空间如厕所、楼梯、办公室、清扫工具室等，应尽量设置在储存区域的角落或边缘，以免影响储存空间的整体性，这样可以提高储存空间的利用率。

·减少通道面积。减少通道面积相对就增加了保管面积，但可能会因通道变窄、变少而影响作业车辆的通行及回转，因此需要在空间利用率与对作业的影响两个条件中根据需求取得均衡，不能因扩展储存空间而影响了整个作业的方便性。一般的做法是把通道设定成保管区中行走搬运车辆的最小宽度，再于适当长度中另设一较宽通道区域以供搬运车辆的回转。

货架的安装设置应尽量采取方形配置，以减少因货架安置而剩下过多无法使用的空间。
储存空间顶上的通风管路及配电线槽，宜安装于最不影响存取作业的角落上方，以减少对货架安置的干涉。这样，可以增加货架数量，从而提高保管使用空间。

③采用自动化仓库。自动化仓库在空间的使用率上是最高的，但并不表示其就是最适合的。自动化仓库的选用必须先经过评估，了解物流园区的货物特性、量的大小、频率的高低以及单元化处理的程度，再行决定是否适合采用自动化仓库。

7.8.2 收发站台设计

1. 收发站台设计原则

站台有时也称"月台""码头"，是线路与仓库的连接点，是仓库进出货的必经之路。站台主要包括收货站台、发货站台及收发货共用站台。典型的物流仓库站台如图7-30所示。收发站台的基本作用是提供车辆的停靠、货物的装卸暂存，利用站台能方便地将货物装进或卸出车厢。物流园区作为一个重要物流集散节点，货物进出频繁，需要专门考虑系统进出两端，即收发站台的设计。通过收发站台的设置，可以使货物装卸作业高效、有序、省力，可大幅提升物流园区进出货作业的顺畅性。

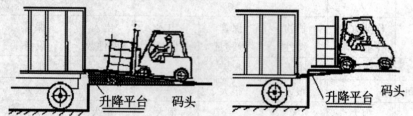

图7-30 典型的物流仓库站台

为使搬运作业达到安全高效的目的，须遵循以下设计原则。

①站台设施位置能使车辆快速安全地进出配送中心，不产生交叉会车。
②站台尺寸须尽可能兼顾主要车辆规格。
③选用站台设备使作业员能安全地装卸货物。
④规划站台内部暂存区使货物能有效地在码头与存储区之间移动。

2. 站台规划与设计要素

站台规划与设计涉及的相关要素主要包括货车尺寸规格、站台设施、车辆转弯作业空间、进出道路、进出货作业区及站台设备等，如图7-31所示。

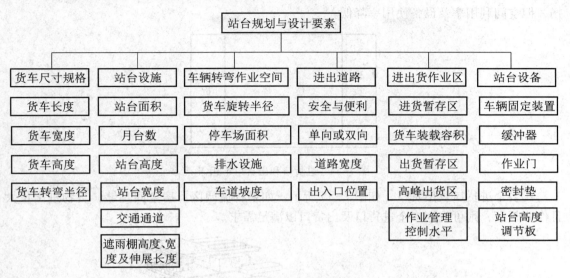

图7-31 站台规划与设计要素

3. 站台规划与设计内容

进出货站台的设计主要包括站台的布置形式，站台的布置方向，进出货站台是否分开设置，站台的宽度、深度和高度尺寸，门的类型、大小和数量等。

（1）进出货站台位置关系设计

进出货站台位置关系设计可根据作业性质、厂房形式和厂房内物流的动线来决定站台的形式。为使物料顺畅进出仓库，进货站台与出货站台的相对位置是很重要的。

进出货站台的位置关系决定了物流的方向，站台位置的布置合理程度将直接影响物流园区进出库效率、作业的差错率。两者相对位置关系有如下几种。

①进货及出货共用站台，如图7-32所示。这种设计可以提高空间利用率和设备利用率，但在进出货的高峰期容易造成进出货相互牵绊，不利于管理。所以，在管理上一般安排进货作业和出货作业错开。

②进货口、出货口独立但相邻，如图7-33所示。此种安排的进货作业和出货作业空间分隔，便于管理，设备仍然可以共用。这种安排方式适于库房空间适中，进货和出货常易互相干扰的情况。

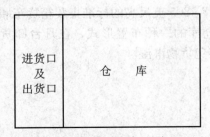

图7-32 进货及出货共用站台

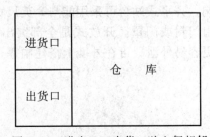

图7-33 进出口、出货口独立但相邻

③进货口及出货口不相邻，分别使用站台，如图7-34所示。物流园区仓库的进货口和

出货口不相邻，进、出货作业空间独立，设备也是专用的，这种安排使进货与出货迅速、顺畅，但空间利用率及设备使用率降低。

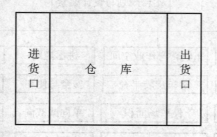

图7-34 进货口和出货口不相邻

④多个进货口及出货口，如图7-35所示。如果物流园区厂房空间足够，货物进出量大且作业频繁，则可规划多个进货口及出货口以满足需求。

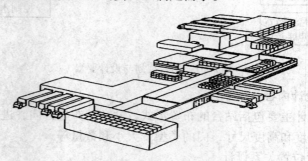

图7-35 多个进货口及出货口

（2）站台布置形式

进出货空间的设计除考虑效率及空间利用率外，安全性的考虑也是决定因素之一，尤其是车辆与码头之间的连接设计，为了能防止大风吹入仓库内部、雨水进入货柜或仓库，以及避免库内空调冷暖气外泄等灾害损失及能源浪费，站台布置形式一般有四种，即直接式（flush dock）、内围式（drive-in dock）、穿过式（drive-through dock）和伸出式（finger dock）。

①直接式是最常见的站台布置形式，其可分为齐平式和开放式，如图7-36所示。齐平式站台门开在外墙上，货车后部只要靠上门，即可卸货。因为货车厢底面与站台高度可能有差距，故需要站台登车桥。齐平式也有货车侧面靠门的，这时货车厢侧面开门装卸货。为防止风雨影响，齐平式站台可采用能与8英尺宽、8~8.5英尺高的标准集装箱货车厢后门无缝对接的密封门封或门罩。开放式是全部突出于仓库的一种布置形式，在月台卸货时，库内冷、暖气更容易外泄，可在外墙上搭建雨篷，避免货物淋湿。

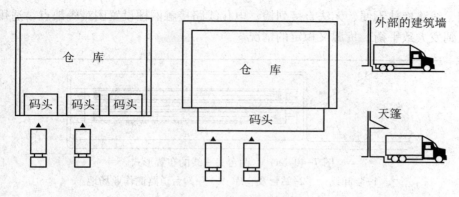

图 7-36 直接式站台布置

②内围式站台布置形式如图 7-37 所示。采用内围式站台布置形式，货车可以由门倒进室内，进出货车辆在围墙内，安全性好，大风和雨水不容易进入货柜或仓库，还能避免库内空调冷暖气外泄。

③穿过式站台布置形式如图 7-38 所示。

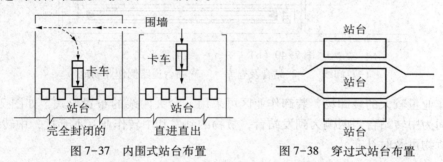

图 7-37 内围式站台布置　　　图 7-38 穿过式站台布置

④伸出式站台一次可由很多辆车装卸作业，货车可停靠伸出式站台的两边，可沿伸出方向布置输送机，加快货物入库的速度。为防雨雪，伸出式站台上可以搭建雨篷。伸出式站台布置图如图 7-39 所示。

图 7-39 伸出式站台布置图

对于铁路物流园区而言，其装卸作业区内装卸线和站台数量及相互位置，主要根据作业量、作业性质确定。

作业量较大且到发大致平衡，货源又稳定的装卸场，装卸作业区可采用两台夹一线的布置形式，如图 7-40（a）所示。这种布置形式具有布置简单，卸货后可原位通过另一站台立即组织装车、避免调车，从而缩短车辆在站时间的优点，但存在线路排水设施设置困难需设跨线雨棚、线路换枕不便、无法直接列检、电化线路接触网柱设置困难等缺点，适用于作业量较大且到发大致平衡，货源又稳定的情况。

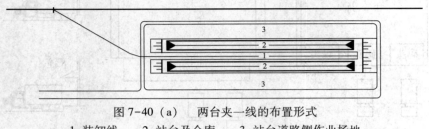

图 7-40（a） 两台夹一线的布置形式
1-装卸线　2-站台及仓库　3-站台道路侧作业场地

作业量小的装卸，装卸作业区可参考一台一线的布置形式，如图 7-40（b）所示。一台一线的布置形式，具有布置简单，适应性强的特点，宜在货运量不大的物流中心采用或货物到发量不很平衡或货源不稳定时采用。

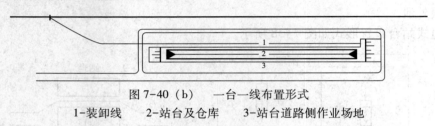

图 7-40（b） 一台一线布置形式
1-装卸线　2-站台及仓库　3-站台道路侧作业场地

中转作业量较大的装卸场，装卸作业区可采用三台夹两线的布置形式，如图 7-40（c）所示。中间为中转站台，两侧为到发站台，货物的到发和中转作业互不干扰，中转货物不足时，到发货物可及时补充。

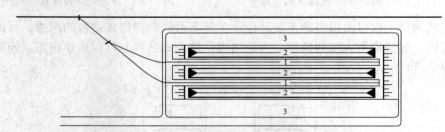

图 7-40（c） 三台夹两线的布置形式（零散货物快运中心站采用）
1-装卸线　2-站台及仓库　3-站台道路侧作业场地

到发作业量较大、中转作业量较小的装卸场，装卸作业区可采用两台夹两线的布置形式，如图 7-40（d）所示。两台夹两线的布置形式，具有适应性强、用地省、线路排水及接触网柱设置方便、线路换枕容易、可在一侧进行列检作业、调车方便等优点。但存在不能直接利用卸后空车、需调车转线的缺点。适应货物运量较大、品名多或到发分区的情况，一般在较大物流中心内采用。

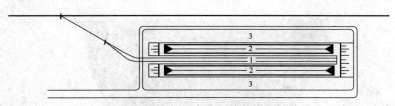

图 7-40（d） 两台夹两线的布置形式
1-装卸线　　2-站台及仓库　　3-站台道路侧作业场地

作业量较大，且货源稳定，能组织不落地装卸配送的装卸场，装卸作业区可采用两台一平货位夹两线的布置形式，如图 7-40（e）所示。两台一平货位夹两线布置形式，可以满足当靠站台侧车门无法打开时，在平货位一侧进行掏卸作业，还能在货源稳定、作业量较大的情况下，组织不落地装卸配送作业，但组织严格，必须到位，否则无法发挥作用，造成能力浪费。

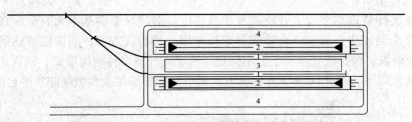

图 7-40（e）　两台一平货位夹两线布置形式
1-装卸线　　2-站台及仓库　　3-平货位　　4-站台道路侧作业场地

（3）站台附属设施设备

由于站台装卸货操作平台的高度固定，但来往运输车厢的厢底高度不一，运输车辆与装卸货站台之间总是形成一定的高度落差或间隙，造成搬运叉车不能进出运输车辆，因此物流园区站台需要附属设备配合作业，同时车辆也需固定防撞装置。

①站台登车桥。站台登车桥又称站台平台高度调节板，它提供可靠的连接，使搬运叉车能够安全、快速地进出运输车辆进行装卸货作业。它分为嵌入式、台边式和移动式三种类型。

·嵌入式登车桥。如图 7-41 所示，嵌入式登车桥是指嵌入装卸货操作平台中的登车桥，安装好的登车桥主板面与装卸货操作平台的上平面呈水平，完全融合于平台中，在没有进行装卸车作业时，不会影响到平台上的其他作业任务。此种类型结构的登车桥最为广泛运用，也是相对最为快捷的一种站台辅助设备。它的设计通常在建筑物结构设计时通盘规划其中。嵌入式登车桥调节范围大，承重量高，使用寿命长，斜板长度可达 1.8~3.6 m，站台登车桥最大承重量可达 40 t。按嵌入式站台登车桥长度的不同，调节的范围可从站台水平面以上 45 cm 到以下 30 cm 之间。

图 7-41 嵌入式登车桥

· 台边式登车桥。如图 7-42 所示，台边式登车桥是指直接安装于装卸货平台前端边沿位置，无须在装卸货操作平台上开挖或者预留坑位，对建筑结构基本无改动。在建筑施工时没有考虑到登车装卸作业因素，台边式登车桥作用一种替代方案，同样能够达到进出卡车车厢装卸货作业要求。台边式登车桥根据不同现场情况设计有多种结构形式。同样可以在一定范围内向上（货台以下）或是向下（货台以下）调节，能够满足大多数装卸货平台的安装使用。

图 7-42 台边式登车桥

· 移动式登车桥，又称地面登车桥，如图 7-43 所示。其主要用于现场无装卸货平台或需要流动装卸货的作业场所。如果物流现场没有既定的装卸货平台，作为补救措施，移动式登车桥是非常适用的解决方案。若站台与货车车厢底高度相差太大，也可采用升降式的地面登车桥。移动式登车桥相当于一个移动的、可调节自身高度的钢结构斜坡，手动操作液压杆可轻松实现登车桥的坡度调整，达到灵活搭接不同高度的卡车车厢，叉车同样能直接进出卡车车厢进行批量装卸作业。移动式登车桥配备两个货柜车支撑腿，在需要移动登车桥时，收起支撑腿，借助于叉车从登车桥尾部将登车桥拖行到指定位置即可完成登车轿的移动任务。移动式登车桥操作简单，只需单人操作，不需动力电源，即可轻松实现货物的安全快速装卸。

图 7-43 移动式登车桥

②防撞胶。货车靠泊在站台平台前时，需要有防撞胶保护平台不受撞击损坏。防撞胶可减少货车冲击力达 90%~95%，防止在装卸过程中出现货车上下左右晃动对平台造成的可能损坏。同时防撞胶限制了货车与平台之间的距离，保障站台登车桥的活页搭板和门封、门罩的正常使用。

由于防撞胶吸收大量冲击力，故需与装卸站台牢固地安装在一起。防撞胶有注塑橡胶和层压式橡胶两种。标准厚度为 10 cm，层压式还有 15 cm 的厚度。通常选用 10 cm 的防撞胶可使货车车厢底板与站台之间的空隙不致过大，并防止操作人员将脚或其他物件插入空隙的危险。

③门封和门罩。门封和门罩用来封闭货车和建筑物之间的间隙，控制装卸环境，保护货物。封闭系统还能提高运作效率，减少能量消耗（尤其是对冷藏车和保温车），提高安全性。

门封由海绵外包工业纤维材料及一边加底板组成，环绕门洞安装在建筑物墙壁上，以密封货车车厢后部与墙壁间的间隙。门罩外圈是一固定的框架，环绕门洞安装在建筑物墙壁上，框架内安装软帘，在货车退靠站台前，软帘可以包住货车车厢的外侧。因此门罩比门封更可应对不同的车辆，但价格较高。

常见门封和门罩有挤压式海绵门封和固定框架货车门罩。由于货车在装卸货过程中会上下左右移动，因此门封和门罩与货车接触部位都使用了防擦损的工业纤维材料。

7.8.3 通道设计

物流园区除了需要仓库、站台之外，还要有通道及道路与内外进行连接。对于物流园区厂房内的作业来说，通道设计的合理性会对物流园区运作流程、作业效率和空间布置产生很大的影响，因此通道设计相当重要。通道设计应提供正确的物品存取、装卸货设备进出路径及必要的服务空间。

1. 通道设计原则

①流向原则。在物流园区通道内，人员与物品的移动方向要形成固定的流通线。
②空间经济原则。以功能和流量为设计依据，提供空间利用率，使通道的效益最大化。
③安全原则。通道必须随时保持通畅，遇到紧急情况时，便于人员的撤离和逃生。
④交通互利原则。各类通道不能互相干扰，次要通道不能影响主要通道的作业。

2. 厂房内通道

空间分配最重要的因素是通道的设置及宽度大小。因此，良好的通道设计要点如下。
①流量经济。让所有厂房通道的人、物移动皆形成路径。

②空间经济。通道通常需占据不少厂房空间，因此需谨慎地设计以发挥空间运用的效益。需要考虑托盘尺寸、货物单元尺寸、搬运车辆型号及其转弯半径的大小等参数，同时，还要考虑货物堆存方式、车辆通行方式等因素。

③设计顺序。首先是以主要通道配合出入大门的位置进行设计，其次为出入仓库及作业区间的通道设计，而后才是服务设施、参观走道等通道的设计。

④危险条件。必须要求通道足够空旷，以适应遇到危险时尽快逃生的目的。

各通道宽度的参考值如表 7-11 所示。

表 7-11 物流园区厂房内通道宽度参考值

厂房内通道种类	宽度/m	厂房内通道种类	宽度/m
主通道	3.5~6	侧面货叉型叉车	1.7~2
辅助通道	3	直线单行堆垛机	1.5~2
人行通道	0.75~1	直角转弯堆垛机	2~2.5
小型台车	车宽加 0.5~0.7	直角堆叠堆垛机	3.5~4
手动叉车	1.5~2.5	伸臂、跨立、转柱堆垛机	2~3
重型平衡叉车	3.5~4		
伸长货叉叉车	2.5~3	转叉窄道堆垛机	1.6~2

3. 厂区通道

厂区通道是联系仓库及其内外交通运输的线路，是实现正常生产和组织人流、物流的重要组成部分，按其用途可分为以下五类。

①主干道。主干道是指物流园区主要出入口道路，包括货运车流频繁的道路，人流、自行车流及载人汽车流集中的道路，以及兼有上述两种情况的道路。大、中、小型物流园区主干道一般宽度分别为 7~9 m、6~7 m 和 4.5~6 m。

②次干道。次干道是指仓库与仓库、仓库与码头等主要交通运输的道路。大、中、小型物流园区次干道一般宽度分别为 6~7 m、4.5~6 m 和 3~4.5 m。

③辅助道路。辅助道路是指车辆和行人通行都较少的道路（如专供通往厂内外水泵站、变电所等的道路）及消防道路等。辅助道路一般宽度为 3~4.5 m。

④仓库引道。仓库建筑物出入口与主干道、次干道、辅助道路相连接的道路称为仓库引道。

⑤人行道。人行道是指单独的只能供人行走和自行车行驶的道路以及汽车道路两边的道路。

以上各类道路可根据物流园区生产规模和交通运输等需要，全部或部分设置。厂内道路影响车辆及人员的进出、车辆回转和上卸货等动线，一般要考虑道路直线性、整齐性、安全性和车辆回转空间等问题。

根据物流园区生产工艺特点、交通运输量大小、总体规划、建筑物相互关系以及厂区、地形地质条件等因素，一般可将厂内区通道布置成环状式、尽端式和混合式三种基本形式。

厂区通道布置基本要求如下。

①通道布置应适应生产工艺流程需要，符合货物流转特征，保证内外运输畅通与人行方便，力求运距短捷、安全，联系方便，工程量小，并尽可能一线多用。

②通道系统应与物流园区总平面布置、竖向设计、铁路、管线、绿化与环境布置相协调。

③满足生产、安全、卫生、防火及其他特殊要求。储存危险品的物流园区，其道路布置应严格执行有关安全距离的规定，并避免由于运输线路布置不合理而使危险品运输通过安全生产区。

④主要货运线路和主要人流线路应尽可能避免交叉，合理地组织货流与人流，并尽量避免与运输繁忙的铁路相交叉。

⑤厂内道路系统一般宜采用正交式和环状式布置，其交叉路口和转弯处的视距通常不应小于30 m；当为尽端式布置时，应在道路尽头设置回车场，在满足交通运输要求的前提下，应力求缩减厂内道路敷设面积，以节约建设投资和厂区用地。

⑥车辆转弯时，司机驾驶位应处于内圈位置，使司机视野良好，便于控制车辆。因此在设计厂区内道路时，应使车辆在转弯时，司机处于内圈位置。即在中国这种右行道国家，车辆行驶路线应设计成逆时针方向。

7.8.4　其他建筑公用设施规划

在进行物流园区规划的时候，除了要规划物流园区的作业区域及建筑设施外，还需要对物流园区的公用设施进行规划。一般来讲，物流园区的公用设施包括给排水设施、电力设施、供热与燃气设施等。对公用设施进行规划，除了考虑物流园区的实际需要外，还要与物流园区所在地的市政工程规划相一致。

案例 1

定州铁路物流基地平面布局优化方案

定州铁路物流基地位于定州市区西部的定州市经济技术开发区内，京广铁路西侧，位于定州站北端，铁路运输条件极好。物流基地出口折向东可到达京港澳高速、石港高速，向南通过博陵街可到达国道G107，向西通过军工路可到达国道G337，向北通过北外环路、旭阳路、学院西路到达国道G107、曲港高速，公路运输条件良好。定州铁路物流基地区位图如图7-44所示。

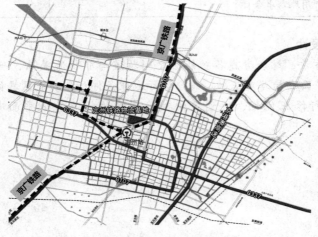

图7-44　定州铁路物流基地区位图

定州铁路物流基地规划总计占地 1 856.4 亩，基本可以满足定州市和辐射范围内的物流需求。定州铁路物流基地的建成使用，将充分发挥定州市的区位、交通和产业优势，整合优质物流资源，建设以公铁联运为特色的现代铁路物流基地，以先进的信息平台、高效的服务体系、健全的政策结构、良好的投资环境吸引国内外企业入驻，使定州市成为服务京津冀区域乃至全国的重要物流节点。

1. 功能区规模确定

根据定州铁路物流园区吸引的各类物流需求规模，综合考虑各功能区各类设施布局要求，对各功能区面积可以参考前文中的方法确定。定州铁路物流基地规划总计占地 1 856.4 亩，即 123.8 万 m^2，各个功能区依据物流需求和现有规划得出，然后利用预测模型进行调整，得到最终结果；其他道路景观等用地依据相应规范并结合不同功能区生产和物流组织实际情况进行综合计算后得到。定州铁路物流园区各功能区用地需求规模预测结果如表 7-12 所示。

表 7-12　定州铁路物流园区各功能区用地需求规模预测结果

序号	功能区	功能分区	占地面积/万 m^2
1	铁路作业区	集装箱作业区	5.4
2		商品汽车作业区	7.0
3		包装成件作业区	8.0
4		长大笨作业区	1.7
5	综合物流区	仓储区	23.0
6		内陆港区	4.5
7		公路港	7.0
8		综合服务区	3.6
9		商贸展示交易区	5.2
10	用地需求合计		65.4

2. 功能区布局设计

基于 SLP 理论方法，综合考虑各功能区之间物流与非物流关系，确定各功能区相互位置关系，为最终的平面布局奠定基础。结合实际地理条件和各功能区具体面积需求，对各功能区位置相关图进行修正优化，得到定州铁路最终的物流基地平面布局图，如图 7-45 所示。

第 7 章 物流园区功能区规划设计

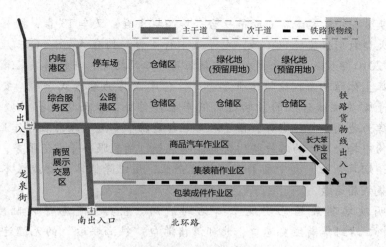

图 7-45 定州铁路最终的物流基地平面布局图

铁路集装箱中心站功能区平面布局

铁路集装箱中心站是按照集装箱发展趋势和现代化物流发展要求建设的专业化、现代化、对周边地区集装箱运输具有较强辐射作用的特大型集装箱办理站,是全国和区域铁路集装箱运输的中心。目前已有昆明、上海、重庆、成都、郑州、青岛、大连、武汉、西安等铁路集装箱中心站投入运营,初步形成了覆盖全国的铁路集装箱运营网络。

1. 昆明铁路集装箱中心站

昆明铁路集装箱中心站于 2004 年 7 月开工建设,2006 年 11 月 4 日正式开通运营。铁路集装箱中心站投资总额 3.4 亿元,占地面积 1 223 亩,堆场 56 处,占地面积 305 900 m², 整体容箱能力在 10 000 TEU 以上。其中,发送箱容箱能力 3 828 TEU,到达箱容箱能力 4 168 TEU,冷藏箱、清洗箱、修理箱容箱能力 800 TEU,空箱容箱能力 1 632 TEU。已建成作业线 4 股,到发线 2 股,存车线 2 股,如图 7-46 所示。

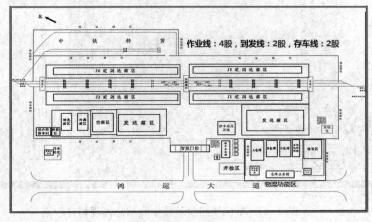

图 7-46 昆明铁路集装箱中心站平面示意图

昆明铁路集装箱中心站配备正面吊9台,堆高机1台,叉车13台,搬移车7台,电瓶工作车2台,大型放射性安检仪1座,电子汽车秤4台。拥有A、B、C三座仓库,总面积26 407 m^2,于2010年投入使用,紧邻铁路集装箱中心站场站,与铁路集装箱中心站主场区无缝连接。仓库主体结构为钢结构体平层仓库,仓库A库为站台式仓库,安设有汽车作业装卸平台,便于需要机械作业的货物进行汽车装卸作业,双面均设有斜坡供作业机具上下,B库和C库为地面平货位仓库,便于人工装卸货物卡车进入库内装卸作业。

集装箱货物中转仓库,为客户提供仓储、掏装箱、物流服务等增值服务,主要服务大型白糖贸易企业、烟草企业、大中型第三方物流企业,用以降低客户物流成本,提高物流效率,带动提升集装箱运量。

目前,昆明铁路集装箱已实现中心站到泸州、宜宾、贵港等内陆港口"铁水联运",已实现中心站到华南主要港口、北部湾诸港口"铁海联运"的无缝连接,是云南省对外开放的重要物流节点。

2. 重庆铁路集装箱中心站

重庆铁路集装箱中心站于2007年10月开工建设,2009年12月10日正式开通运营。一期投资4.4亿元人民币,二期投资1.7亿元人民币。已建成一条线束两条装卸线,近期将建为二线束四条装卸线,如图7-47所示,年作业能力60万TEU。远期规划建设五线束,十条装卸线,远期作业量150万TEU。总占地面积2 154亩,东西长1 600 m,南北长900 m。

重庆铁路集装箱中心站设计和运营充分借鉴国际先进技术标准和成熟经验,场地面积大,集装箱按功能实现分区码放,具备良好的海关监管、检验检疫条件;线路条件好,可满足集装箱班列整列到发的要求;装卸设备先进,率先在中国铁路实现了龙门吊作业半自动化;信息系统完善,场站作业组织实现信息化,具备与港口、海关等系统进行数据交换的条件,智能大门实现了箱号识别、箱体验残、箱位自动分配、自动验放等功能。重庆铁路集装箱中心站的规模优势、技术优势、能力优势极大地提升了中国铁路集装箱场站的现代化水平。

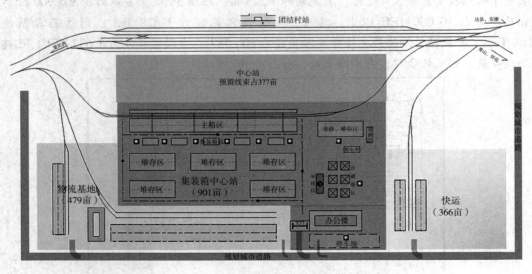

图7-47 重庆铁路集装箱中心站总体规划

重庆铁路集装箱中心站服务项目已开通铁路集装箱到、发办理和装箱服务，集装箱运输/班列运输、多式联运服务，海关监管集装箱堆存、堆场服务，集装箱修理、集装箱清洗、海关/商检场内服务；拟开通服务项目有冷藏箱运输、仓储服务。

随着西部大开发以及"一带一路"倡议实施，重庆集装箱中心站凭借规模优势、技术优势、能力优势，将成为贯通全国主要港口、国际口岸，辐射全国各大城市的重要物流枢纽节点。特别是"渝新欧"铁路联运大通道这条"新丝绸之路"的开通及铁路口岸的成立，将为重庆、西部地区的经济发展带来新的增长动力。

第8章

物流园区设备配置分析

8.1 物流设备配置技术规范分析

目前,物流园区设备配置缺少专门技术规范。相关行业在设施设计规范中,对行业物流设备配置提出了相关要求,为物流园区各功能区设备配置提供了参考借鉴。

8.1.1 散堆装货物物流

《铁路物流中心设计规范》《海港煤炭、矿石专业化码头建设标准》《化工固体物料堆场及仓库设计规定》等考虑了散堆装货物的运量以及货物的属性条件,并给出了对应的设备配置方案。通过梳理分析可以看出,除了海港特有的一些装卸船机外,铁路、港口、化工固体堆场所用装卸机械设备大致相同。铁路、海港、化工行业设计规范共有的设备有各式起重机、卸车机、装载机、堆取堆料机、抓料机、翻车机、输送机、装车筒仓等,实际应用中按作业量、货物特性及其他具体情况选择不同的设备类型。

8.1.2 冷链物流

冷链物流规范标准的制定是食品冷链物流服务行业发展的需要,也是保证冷链食品品质安全的需要,有助于规范冷链技术发展,从物流环节保证冷冻食品安全。已出台的冷链物流相关规范对冷库设计以及从事农产品、食品冷链服务的物流企业所应具备的特定的温度控制能力、冷链物流信息采集、监控与追溯能力等提出了相关要求。目前,冷链物流主要规范标准如表8-1所示。

表8-1 冷链物流主要规范标准

序号	标准名称	标准编号	实施时间
1	食品冷链物流技术与管理规范	DB31/T 1177—2010	2010-01-29
2	冷藏食品物流包装、标志、运输和储存	GB/T 24616—2009	2010-03-01
3	冷冻食品物流包装、标志、运输和储存	GB/T 24617—2009	2010-03-01

第8章 物流园区设备配置分析

续表

序号	标准名称	标准编号	实施时间
4	冷库设计规范	GB 50072—2010	2010-07-01
5	冷链物流分类与基本要求	GB/T 28577—2012	2012-10-01
6	药品冷链物流运作规范	GB/T 28842—2012	2012-12-01
7	水产品冷链物流服务规范	GB/T 31080—2014	2015-07-01
8	低温仓储作业规范	GB/T 31078—2014	2015-07-01
9	物流企业冷链服务要求与能力评估指标	GB/T 31086—2014	2015-07-01

8.1.3 快递物流

在行业整体环境日趋完善、电子商务强劲发展的刺激下，快递业出现迅猛发展的势头。由于快递服务发展历程较短，目前有关主要标准较少，具体如表8-2所示。

表8-2 快递相关标准

序号	标准名称		标准编号	实施时间
1	快递服务	第1部分：基本术语	GB/T 27917.1—2011	2012-05-01
		第2部分：组织要求	GB/T 27917.2—2011	2012-05-01
		第3部分：服务环节	GB/T 27917.3—2011	2012-05-01
2	快递业务操作指导规范		—	2011-08-11
3	快递营业场所设计基本要求		YZ/T 0137—2015	2015-05-01
4	快递封装用品	第1部分：封套	GB/T 16606.1—2009	2009-12-01
		第2部分：包装箱	GB/T 16606.2—2009	2009-12-01
		第3部分：包装袋	GB/T 16606.3—2009	2009-12-01

《快递服务》从服务层面给出了相关设备的配备要求，如配备一定数量的封装用品、通信设备、办公设备、计算机管理系统、有国家计量检定合格证书的电子磅秤、电子台秤等计量器具、数据采集设备，包括手持终端、手持终端接收器等；运输工具应使用封闭式的运输车辆，车辆宜有组织标识等。《快递业务操作指导规范》给出了快件处理场所面积和设施设备的规范。

快件处理场所的面积和设施设备配置宜参照如下标准，如表8-3所示。

表8-3 快件处理场所的面积和设施设备配置参考表

年快件处理量/（万件）	面积	设施设备
50	不少于200 m²	分拣格、称重台、工具架、托盘、电脑、视频监控系统
500	不少于2 000 m²	除上述设备外，还应具备：货物搬运设备（如手推车）、条码识读器、安全检查设备（如X光机）
1 000	不少于4 000 m²	除上述设备外，还应具备：门禁系统、半自动皮带输送系统
2 000	不少于8 000 m²	除上述设备外，还应具备：快件半自动或自动分拣系统、远程影像监控系统

续表

年快件处理量/（万件）	面积	设施设备
3 000	不少于 10 000 m²	除上述设备外，还应具备：叉车、快件分拣系统、场所统一指挥调度系统
4 000 以上	不少于 15 000 m²	等同于年处理量 3 000 万件的处理场所

注：所有快递处理场所面积不得小于 50 m²。

8.1.4 危险货物物流

危险货物主要包括九大类：爆炸品，压缩气体和液化气体，易燃液体，易燃固体、自燃物品和遇湿易燃物品，氧化剂和有机氧化物，毒害品和感染性物品，放射性物品，腐蚀品，杂类。由于危险货物的特殊性，在储存、装卸、运输过程中使用的设施设备都是专用的，而且在一系列过程中必须要做好防护措施。目前有关部门出台了危险货物物流相关标准，具体如表 8-4 所示。

表 8-4　危险货物物流相关标准

序号	标准名称	标准编号	实施时间
1	常用化学危险品贮存通则	GB 15603—1995	1996-02-01
2	危险化学品包装物、容器产品生产许可证实施细则	（X）XK12—001	2016-10-30
3	危险货物运输包装通用技术条件	GB 12463—2009	2010-05-01
4	易燃易爆性商品储存养护技术条件	GB 17914—2013	2014-07-01

8.2　物流园区设备配置原则和程序

8.2.1　物流设备的地位和作用

物流活动由运输、储存、包装、装卸搬运、配送、流通加工等环节构成，物流活动的实现需要相应的劳动手段，而这种劳动手段就是物流设备。物流设备是指进行各项物流活动所需的机械设备、器具等，可供长期使用并在使用中基本保持原有实物形态的物质资料。物流设备是现代化物流园区的主要作业工具之一，是合理组织批量生产和机械化流水作业的基础，是组织物流活动的物质技术基础，是物流能力大小的体现。

1. 物流设备是物流园区运作的物质技术基础

物流设备是物流园区运作的物质技术基础，也是物流服务水平高低与物流现代化程度的重要标志。物流设备作为生产力要素，对于发展现代物流，改善物流状况，促进现代化大生产、大流通，强化物流系统能力，具有十分重要的地位与作用。

2. 物流设备是物流园区中的重要资产

物流设备造价昂贵，物流设备投资往往占物流园区投资总额的较大比重。在购置物流设备后，为了维护设备的正常运转、发挥设备效能，在长期使用设备过程中还需要不断地投入大量的维护资金。

3. 物流设备涉及物流园区作业活动的每一环节

在整个物流过程中，货物通常需要经过包装、运输、装卸、储存、流通加工、配送等众多作业环节。每一个作业环节都需要不同类型、不同规格和型号的物流设备。

4. 物流设备是物流园区技术水平高低的主要标志

随着生产的发展和科学技术的进步，物流技术体现在物流设备上。物流设备是物流技术的载体和具体的体现。

8.2.2 物流设备配置原则

1. 系统性原则

按系统性原则配置与选择物流设备，不仅要求物流设备与整个物流园区作业系统相适应，各物流设备之间相匹配，而且还要求全面、系统地分析物流设备单机的性能，进行综合评价，做出决策，使设备配置达到整体最优。

2. 适用性原则

适用性是指物流设备满足使用要求的能力，包括适应性和实用性。在配置与选择物流设备时，应充分注意到与物流园区作业的实际需要和发展规划相适应，应符合货物的特性和作业量的需要，适应不同作业条件和多种作业性能要求，操作使用灵活方便。因此，首先应根据物流作业特点，分析其必要功能，再根据物流园区各功能区选择相应的物流设备，使物流设备配置具有针对性。

3. 先进性原则

先进性是指配置与选择的物流设备能够反映当前科学技术先进成果，在主要技术性能、自动化程度、结构优化、环境保护、操作条件、现代新技术的应用等方面具有技术上的先进性，并在实效性方面能满足技术发展要求。物流园区设备的技术先进性是实现物流现代化所必备的技术基础。但先进性是以物流作业适用为前提，以获得最大经济效益为目的，绝不是不顾现实条件和脱离作业的实际需要片面追求技术上的先进。

4. 经济性原则

经济性是指所选择的物流设备应是寿命周期费用最低、综合效益前景好的设备。在实际工作中，应将生产上适用、技术上先进和经济上合理三者结合起来，全面考查物流设备的价格和运行费用，选择整个寿命周期费用低的物流设备，才能取得良好的经济效益。在充分进行技术经济论证的基础上，合理确定物流园区各种设备的比例，使有限的投资发挥最大的技术经济效益。

5. 可靠性和安全性原则

可靠性是指物流园区设备在规定的使用时间和条件下，完成规定功能的能力。它是物流设备的一项基本性能指标，是物流设备功能在时间上的稳定性和保持性。安全性是指物流设备在使用过程中保证人身和货物安全以及环境免遭危害的能力。它主要包括设备的自动控制性能、自动保护性能，以及对错误操作的防护和警示性能等。在配置和选择物流设备时，应充分考虑物流设备的可靠性和安全性，以提高物流设备利用率，防止人身事故发生，保证物流作业顺利进行。

8.2.3 物流设备配置程序

物流设备配置程序应该是一个动态的规划过程，即需要以市场需求为导向，利用定性和定量结合的方法，通过不断的信息反馈和修正，最终得出设备配置优化方案。具体内容如下。

1. 物流园区基础资料分析

物流园区规划设计、运营基础资料等是设备配置设计的参考依据。要根据物流园区基础资料分析和现场调研工作，明确设备具体功能、作业性质、工艺要求等，分析作业流程，确定设备配置规划的目标和方针。

2. 物流园区各功能区作业量预测

基于未来需求分析和预测，确定物流园区总的吞吐量，基于作业流程的分解，对物流园区各类设备所需完成的物流作业量进行估算。

3. 结合物流设备配置影响因素，构建设备能力计算模型

综合考虑物流园区功能定位、市场需求、装备参数等因素，针对各功能区重点设备，构建其能力计算模型。

4. 物流设备配置量计算

物流园区同类型的设备有许多规格、型号，其基本参数和由此所决定的适用工作条件通常有很大差异，为此必须在明确规格选型基础上，才能确定具体设备的配置量。

5. 物流设备配置方案决策

在设备配置过程中一般可以得到若干个满足基本要求的备选方案，为实现物流园区设备的优化配置，需综合考虑技术性、经济性等因素，对备选方案进行综合评价比较，得出优先推荐方案。

6. 物流设备配置方案持续优化

由于现代科学技术的进步，物流设备加速更新，同时，物流园区的市场需求和功能也可能发生变化，因此，可能需要对作业流程、设备规格选定和设备配置进行动态修正，以便持续优化设备配置，提升作业效率和服务质量。

8.3 物流园区设备类型划分

8.3.1 装卸搬运设备

根据搬运物品的特征、作业量、作业条件等多种因素，配置不同类型的装卸搬运设备。装卸搬运设备根据安装后是否能够移动到其他作业地点分为固定式装卸搬运设备和移动式装卸搬运设备，按照不同货物品类和包装类型等划分，分为专用和通用装卸搬运设备。

1. 固定式装卸搬运设备

固定式装卸搬运设备。包括：装船机、装车机、门式起重机、翻车机、桥式起重机、卸船机、卸车机、铲斗装载机、堆包机、轨道式集装箱专用门式起重机、悬臂起重机。

2. 移动式装卸搬运设备

移动式装卸搬运设备。包括：轮胎起重机、堆料机、链斗卸车机、抓斗门式起重机、抓料机、扒料机、电瓶和内燃叉车、搬运机器人等。

3. 通用装卸搬运设备

通用装卸搬运设备。包括：多功能装卸机，电瓶和内燃叉车、皮带输送机、通用门式起重机、抓料机、扒料机等。

4. 专用装卸搬运设备

专用装卸搬运设备。包括：煤炭装卸货场配置专用的翻车机，散堆装货物配置专用的快速定量装车系统（筒仓），集装箱货场配置专用的集装箱正面吊、轨行式门式起重机和集装箱空箱堆高机等。

不同种类货物应选用的装卸搬运设备如表8-5所示。

表8-5 不同种类货物应选用的装卸搬运设备

装卸搬运的货物种类	装卸搬运设备种类	适用范围
长大笨重货物	轨行式起重机（包括门式起重机、桥式起重机、轨道起重机等）	货物运量较大，货流稳定的货场、仓库
	自行式起重机（包括汽车起重机、轮胎起重机、履带起重机等）	运量不大或作业地点经常变化时
散装货物	抓斗起重机、装卸机、链斗装车机、输送机等	装车时
	链斗卸车机、螺旋卸车机、抓斗起重机等	卸车时
成件包装货物	叉车配托盘、牵引车、挂车	一般情况都适用
集装箱货物	内燃机叉车或者电瓶叉车等	小型集装箱或者空箱
	门式起重机或者旋转起重机等	大型集装箱

8.3.2 输送机设备

输送机是以连续的方式沿着一定的路线从装货点到卸货点均匀输送货物和成件包装货物的机械，主要分为带式输送机、螺旋输送机、气力输送机和斗式提升机等。带式输送机分为钢丝绳芯带式输送机、花纹输送带和金属网芯输送带。各种类型的连续式输送机设备特点和应用范围如表8-6所示。

表8-6 连续式输送机设备特点和应用范围

设备名称	特点	应用范围
带式输送机	1）运送距离长、输送能力强、生产率高； 2）结构简单、基建投资少	1）水平方向和坡度不大的倾斜方向连续运输散粒货物； 2）重量较轻的大宗成件货物
螺旋输送机	1）结构简单紧凑； 2）装卸物料灵活； 3）消耗功率大，物料易碎	1）距离小于50 m的水平输送和高度在10 m以内的垂直输送； 2）输送量为20~40 m/h； 3）粉状、颗粒状和小块物料，如粮食、水泥、黄沙、煤等

续表

设备名称	特点	应用范围
气力输送机	1) 有利于实现自动化； 2) 减少货损； 3) 有利于实现散装运输； 4) 动力消耗大、噪声大	1) 输送量为 4 000 t/h，距离达 2 000 m，高度达 100 m； 2) 不宜输送潮湿、黏性和易碎的物料
斗式提升机	1) 外形尺寸小，占地面积少； 2) 提升速度快，输送能力强； 3) 动力消耗少	适宜输送潮湿、流动性不良的粉状物料，如煤粉、石灰等

8.3.3 存储设备

存储设备是指在储存区进行作业活动所需要的设备器具，在物流园区设施设备投资中占有很大比例。存储设备的种类主要包括各种类型的货架、仓库、商品质量检验器具和商品保管维护工具等。仓库按照结构和构造的不同可分为平房仓库、立体仓库。按照技术处理方式及保管方式的不同可分为普通仓库、冷藏仓库、恒温仓库、危险仓库。

货架是主要的存储设备，货架在存储设备中的投资比例最大，占总投资的一半左右，货架的选择与存储物品的特性是分不开的，根据存储物品的形状、体积等特性对货架进行不同分类。表 8-7 为货架的分类。

表 8-7 货架的分类

分类依据	货架种类
货架发展	传统货架（架、层格式货架、抽屉式货架、形架、悬臂式货架、栅形架、鞍架、气罐钢筒架和轮胎专用货架等）
	新型货架（旋转式货架、移动式货架、装配式货架、调节式货架、托盘式货架、进车式货架、高层式货架、阁楼式货架、重力式货架等）
货架载重	重型货架（每层货架载重在 500 kg 以上）
	中型货架（每层货架载重在 150~500 kg）
	轻型货架（每层货架载重在 150 kg 以下）
货架适用性	通用货架
	专用货架
货架高度	低层货架（高度在 5 m 以下）
	中层货架（高度在 5~15 m）
	高层货架（高度在 15 m 以上）
货架构造	组合可拆卸式货架
	固定式货架
货架制造材料	钢货架；钢筋混凝土货架；铜与铜筋混凝土组合式货架；木质货架；钢木合制货架

续表

分类依据	货架种类
货架的卸载方式	悬臂式货架；橱柜式货架；棚板式货架
货架结构	整体结构式：货架作为仓库的一部分支撑屋顶和围棚
	分体结构式：货架与建筑物分为两个独立系统
货架可动性	固定式子货架、移动式子货架、旋转式货架、组合式货架、可调式货架和流动储存货架

存储设备的选择须考虑商品特性、存储要求、出入库数量、搬运设备、建筑结构等相关要素，如图 8-1 所示。因此，需要对各种要素做深入的分析和调查，并通过比较和权衡各种要素，确定存储设备的最佳方案。

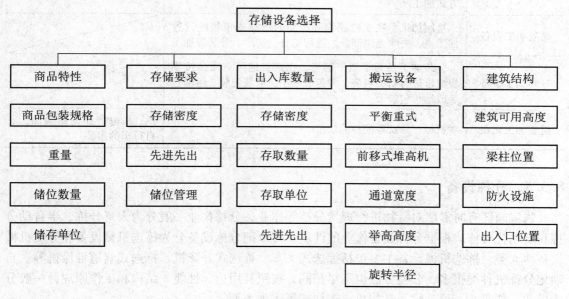

图 8-1 存储设备选择考虑因素

8.3.4 流通加工设备

流通加工是指对货物进行简单的初级加工，流通加工的货物品种繁多，因此流通加工设备的类型也很多。按照加工形式不同，流通加工设备分类如表 8-8 所示。

表 8-8 流通加工设备分类

流通加工设备名称	流通加工形式	常见设备举例
剪切加工设备	剪切加工：在固定地点设置剪板机进行下料加工，或切割设备将大规格钢板裁小或切裁成毛坯的流通加工	圆盘剪板机、多功能剪板机、摆式剪板机、振动剪板机、机械剪板机
集中开木下料设备	集中开木下料：在流通加工点，将原木锯裁成各种锯材，同时将碎木、碎屑集中加工成各种规格板材，甚至还可进行打眼、凿孔等初级加工	带锯机、框锯机、圆锯机、锯板机

续表

流通加工设备名称	流通加工形式	常见设备举例
配煤加工设备	配煤加工：在使用地区设置加工点，将各种煤及一些其他发热物资，按不同配方进行掺配加工，生产出各种不同发热量的燃料	除矸加工、煤浆加工、配煤加工等设备
冷冻加工设备	冷冻加工：为解决鲜肉、鲜鱼或药品等在流通中的保鲜及搬运装卸问题，采取低温冷冻方式进行加工。冷冻设备包括冷源制作（制冷）、物料的冻结、冷却三个部分	常用冷链设备有冷库、冷藏车及一些保冷容器（如冷藏箱、保冷背包）等
分选加工设备	分选加工：针对农副产品规格、质量离散较大的情况，为获得一定规格的产品而采取的人工或机械分选方式加工	自动分选机
精制加工设备	精制加工：在农牧副渔等产品的产地或销售地设置加工点，去除无用部分，进行切分、洗净、分装等加工	
分装加工设备	分装加工是为了便于销售，在销售地区对商品按零售要求进行新的包装，大包装改小、散装包装、运输包装改销售包装等	
组装加工设备	对机械产品及零配件的加工	例：机电产品的组装加工、自行车的组装

8.3.5 分拣设备

物流园区有时需要对货物进行理货分拣等作业，分拣作业一般分为人工分拣、半自动分拣和自动化分拣。根据分拣设备作业的性质，可以把分拣设备分为拣选机械设备和分货机械设备两大类。拣选机械设备主要包括拣选式叉车、拣选式升降机、拣选式巷道堆垛机等。自动化分拣机种类很多，分类方法也不尽相同，按照其用途、性能、结构和工作原理，一般分为带式、托盘式、浮动式、悬挂式、滚柱式等多种类型。

8.3.6 包装设备

普通件货的包装设备主要包括包装容器和包装机械。常用的包装设备有填充机、灌装机、裹包机、封口机、贴标机、清洗机、干燥机、杀菌机、捆扎机及多功能包装机等。包装设备的使用应利于实现货物完整、增值，为货物运输提供便利条件。

8.3.7 信息处理设备

物流信息处理设备主要包括条码、RFID标签、手持阅读终端、计算机配套设备等硬件，以及仓储管理、配送管理、订单管理、温湿度监测、安防监控等信息系统。

除上述设施设备外，物流园区还要求配有货车洗刷、消防安保、货场用具，以及安检、视频监控、计量设备等其他设施设备。

8.4 物流园区主要功能区设备配置

每个物流园区办理各类货物的属性、外形状态等不尽相同，对物流园区功能区设备配置需求不同。本节选取散堆装货物、长大笨重货物、成件包装货物、冷链货物的功能区对装卸、搬运、流通加工、包装等设备配置条件进行分析。

8.4.1 散堆装作业区设备配置技术条件

散堆装货物由于物理形态呈块状或颗粒状的分散状态，其相关的作业设备类型也具有特殊性。

1. 散堆装货物装卸搬运设备

（1）装卸设备

为了适应现代物流发展需要，应提高物流园区装卸机械配置标准。综合性货区，散堆装货物宜使用链斗式装卸机、螺旋式卸车机、门（桥）式起重机、轮式装载机、输送机、抓料机、装车筒仓、输送机群、斗轮堆取料机、翻车机等装卸搬运设备；对货源充足稳定的散堆装货物作业区，可采用皮带机或漏斗仓装车。散堆装货物卸车，以移动式卸车机或门式起重机抓斗为主。装卸长大笨重货物，应以双梁门式起重机为主。其他件杂货物装卸，以叉车为主，适当增加移动式装卸机械数量。作业量小时可以借助带抓斗的门式起重机，作业量大时则有专用的设备和装卸方法。

（2）输送设备

输送机是以连续的方式沿着一定的路线从装货点到卸货点均匀输送货物和成件包装货物的机械。主要分为带式输送机、螺旋式输送机、气力输送机和斗式提升机等。

煤炭、矿石、粮食、水泥、原盐等散堆装货物配置专业化装卸机械。煤炭、矿石等散堆装货物使用翻车机、扒料机、抓料机、抓斗门式起重机等设备卸车的工艺，以及使用快速定量装车系统、装载机、抓斗门式起重机等装车的工艺，要因地、因量（作业量）制宜，合理选用。

此外，散堆装货物装车，应配置符合国家规定计量精度要求的计量称重装置。

2. 散堆装货物包装设备

（1）包装容器

物流包装容器是指为了满足包装内商品的销售、仓储和运输要求而使用的包装制品，散堆装货物的包装容器涉及包装袋、包装桶等。

（2）包装机械

·填充机械装备是用于将数量精确的包装品装入各种容器内的机器，适用于包装粉状、颗粒状的固态物品。

·罐装机械装备是用于将液体产品按预先订好的量填充到包装容器内的机器，适用于包装液态物品。

·封口机械装备是指在包装容器内盛装产品后，用于将容器的开口部分封闭起来的机器，分为有辅助料的封口机和无辅助料的封口机。

·贴标机械装备是指用于将事先印制好的标签粘贴到包装容器特定部位的机器，由于所贴标签的种类和贴标工艺特征不同，贴标机械种类很多，应根据货物特点、包装规格选择合适的装备。

3. 散堆装货物流通加工设备

根据流通加工的货物种类及特性，可选择不同的流通加工机械，如水泥加工机械、商品混凝土搅拌机械。不同的散堆装货物流通加工工序不同，其设备类型也不同。如煤炭，其流通加工主要是筛选、洗煤和配煤，筛选和洗煤在入煤仓前都有专门的筛分机和洗煤机进行操作，配煤则是通过不同煤仓按比例下放煤炭到传送带完成。矿石的加工设备有破碎机、振动筛、洗砂机等。粮食加工的工艺流程可分为两大类：一类是把稻谷、高粱、粟、黍稷等原粮脱壳、去皮，碾成粒状成品粮；另一类是把小麦、玉米、大麦、荞麦、莜麦等原粮去掉皮层和胚芽，研磨成成品粉。相应的流通加工设备有粮食清理机械、砻谷机、谷糙分离机、脱皮机、粉碎机、榨油机等。物流园区可根据需要配置相应的设备。

4. 计量设备

物流园区应根据其运量和办理品类设置轨道衡，轨道衡安设地点应该选在能够进出物流园区的货车全部实现过衡检测的位置。

物流园区应根据其运量和办理品类设置汽车衡，汽车衡的位置宜设于物流园区内通往主要货区道路的入口处附近，并设有企业检斤时所需的停车场地，且不影响主要道路上其他车辆通行。汽车衡应符合国家标准《固定式电子衡器》（GB/T 7723—2017）要求。

大中型物流园区出入口应设置不小于100 t的电子汽车衡，称重台面与地面平齐，称重信息纳入物流园区生产管理信息系统。汽车衡前端控制室应与货场门卫室合建。

大中型装卸搬运机械上应安装电子秤等检测设备。门式起重机钩头应设钩头秤；装载机应安装电子秤。

5. 其他设备

物流园区应配备超偏载仪，办理超限货物较多的，应配备超限检测仪；办理危险货物运输业务的，应配备危险品检测仪。

此外，物流园区还应配备火灾检测设备，常用的火灾探测设备有感烟探测器、感温火灾探测器、感光式火灾探测器。

对于煤炭货物来说，北方寒冷地区物流园区宜配有防冻、解冻设施设备。对于煤炭物流园区来说，还要有防尘设备。办理粮食类货物的物流园区对于粮食有特殊要求时，还应配置检验化验设备和通风装置、烘干、熏蒸、冷却等设备。

8.4.2 长大笨重作业区设备配置技术条件

长大笨重货物主要指超长、超高、超宽和重量较大的货物，在物流作业过程中均需借助于相关设备。由于长大笨重货物的外形尺寸较大，给装卸搬运带来了较大的难度，在装卸搬运过程中就必须综合考虑货物特性、装卸条件、设施布局等情况，合理配置设备，从而达到安全装卸、提高效率的目的。

1. 装卸搬运设备

（1）起重设备

普通件货的起重设备包括门式起重机、桥式起重机、轮胎起重机、悬臂起重机等。

①门式起重机，又称龙门起重机。门式起重机主要用于室外货场的装卸作业，广泛应用于火车专用线上的货物装卸作业。按主梁结构形式分为单主梁和双梁门式起重机。

②桥式起重机。桥式起重机是横架于车间、仓库和料场上空进行物料吊运的起重设备。由于它的两端坐落在高大的水泥柱或者金属支架上，形状似桥而得名。桥式起重机的桥架沿铺设在两侧高架上的轨道纵向运行，可以充分利用桥架下面的空间吊运物料，不受地面设备的阻碍。它是使用范围最广、数量最多的一种起重机械。

③轮胎起重机。轮胎起重机是指利用轮胎式底盘行走的动臂旋转起重机，是把起重机构安装在加重型轮胎和轮轴组成的特制底盘上的一种全回转式起重机，其上部构造与履带式起重机基本相同，为了保证安装作业时机身的稳定性，起重机设有四个可伸缩的支腿。

④悬臂起重机，分为立柱式、壁挂式、平衡起重机三种形式。可用于普通件货的悬臂起重机有立柱式和壁挂式。立柱式悬臂起重机适用于重量不大的普通件货，适合作业服务范围为圆形或扇形的场合，一般用于机床等的工件装卡和搬运。壁挂式悬臂起重机使用场合为跨度较大、建筑高度较大的车间或仓库，靠近墙壁、吊运作业较频繁时最适合。

（2）搬运设备

①叉车。叉车按举高能力可分为低提升和高提升两类。托盘叉车为低提升叉车，坐立式叉车的搬运距离长，负载较重，提升高度较高。按动力装置可分为：内燃式叉车、电动式叉车、步行操纵式叉车；按结构特点可分为：平衡重式叉车、插腿式叉车、前移式叉车、侧面式叉车；按用途不同可分为：通用叉车、专用叉车、集装箱叉车、箱内作业叉车等。

②大型或专用汽车。某些场地较大的物流园区，需要针对长大笨重货物配置大型或专用汽车，用于接取送达短途运输或涉及在多个功能区间的货物移动。

2. 装载加固设备

运送长大笨重货物，必须进行必要的装载加固，使货物均衡、稳定、合理地分布在货车上，不超载，不偏载，不偏重，不集重；能够经受正常调车作业以及列车运行中所产生的各种力的作用，在运输全过程中，不发生移动、滚动、倾覆、倒塌或坠落等情况。主要考虑的因素如下。

①全面了解货物情况。充分了解掌握制定方案时依据的有关货物的所有技术数据，如重量、结构特点、外形尺寸、重心位置、支重面尺寸、加固作用点位置等。

②察看装卸场地及设备。察看附近是否有电缆、水管、电话线、煤气管道、沟管及其他地下建筑物，车辆能否进入装卸场地，现场是否适合机械装卸。

③综合考虑运输路线情况。对承运路线的道路和桥梁的宽度、弯道半径、承载能力以及其他车辆的流通情况，必须进行充分的调查研究。

长大笨重货物装车后，必须用垫木、铅丝或钢丝缆绳固定好，以防滑动。货物长度超过车身时，应在后栏板用坚固方木垫高或呈前低后高状；对于圆柱体及易于滚动的货物，如卷钢、轧辊等，必须使用座架或凹木加固。综合考虑货物特性，选择货物加固材料，具体如表8-9所示。

表8-9 各类货物加固材料适用范围

货物种类	防止货物不稳定状态	可使用的加固材料
有平支承平面的货物	纵向或横向倾覆	拉牵铁线、绞棍、钢丝绳、紧固器、拉杆
	纵向或横向位移	挡木、拉牵铁线、绞棍、钢丝绳、紧固器、钉子或扒锔钉

续表

货物种类	防止货物不稳定状态	可使用的加固材料
圆柱形货物	纵向或横向滚动	凹形垫木、掩木、三角挡、钉子或扒锔钉
	顺装时纵向位移	拉牵铁线、钢丝绳、横腰箍、绞棍、紧固器
	横装时横向位移	拉牵铁线、钢丝绳、绞棍、紧固器、挡木、钉子或扒锔钉
带轮货物	纵向或横向滚动	三角挡、掩木、拉牵铁线、钢丝绳、绞棍、紧固器、钉子或扒锔钉、轮挡
	纵向或横向位移	挡木、拉牵铁线、钢丝绳、绞棍、紧固器、钉子或扒锔钉
轻浮货物	倒塌	支柱（侧、端）、铁线、绳子、绳网、U形钉

8.4.3 包装成件作业区设备配置技术条件

包装成件货物尺寸较小，规格较统一，可以使用通用标准设备进行作业。普通包装成件货物涉及装卸搬运、仓储、输送、分拣、包装、流通加工、称重、安检等作业，需要配置相应专业设备。

1. 装卸搬运设备

装卸搬运设备应根据货物品类、运量、集疏运方式、运营费用、物流园区条件等因素进行配置，并纳入物流园统一设计，其规模应与物流园区的相关作业需求匹配，并保证同步选型、同步采购、同步安装、同步建成、同步投用。成件包装货物宜使用叉车（配托盘）、输送机（带）等装卸搬运设备。

（1）装卸设备主要选用悬臂起重机。

悬臂起重机中有一种平衡起重机，俗称平衡吊，是一种理想的吊运小件物品的起重设备，被广泛用于工厂车间的机床上下料，工序间、自动线、生产线的工件、砂箱吊运，零部件装配，以及车站、码头、仓库等各种场合。

（2）搬运设备主要有叉车、手推车、小型货车、无人搬运车、传送带、堆垛起重机等。

· 叉车。叉车主要用于举高和搬运货物。可根据实际具体作业需求，进行相应的叉车选择。

· 手推车。手推车是以人力推、拉的搬运车辆，虽然手推车物料搬运技术不断发展，但手推车仍作为不可缺少的搬运工具而沿用。手推车造价低廉、维护简单、操作方便、自重轻，能在机动车辆不便使用的地方工作，在短距离搬运较轻的物品时十分方便。

· 小型货车。某些场地较大的物流园区，货物通常涉及在多个功能区间的移动。小型货车是由电力或燃油驱动的小型货运机动车辆，用于满足物流园区内部货物运输的需要。

· 无人搬运车。指装备有电磁或光学等自动导引装置，能够沿规定的导引路径行驶，具有安全保护以及各种移载功能的运输车。根据导引方式的不同，AGV可分为固定路径导引和自由路径导引。固定路径导引包括电磁导引、光导导引和磁带（磁气）导引，自由路径导引包括激光导引、惯性导引等。

· 传送带。为实现货物在分拨区与车辆之间装卸作业，需要在站台配置可伸缩输送带，装卸人员配备扫描阅读器。输送带可直接伸入车辆内部，装卸人员在车内装卸货物，通过输送带将货物输送至分拨区，以提高作业效率。在装车过程中扫描集装袋上的货物标签,记录货物装车信息。

装卸搬运设备技术条件如表 8-10 所示。

表 8-10 装卸搬运设备技术条件

作业	物的运动	货物种类/kg	移动距离/m	部分装卸搬运设备											
				手车	手推车	搬运车	电动搬运车	手推平板车	电动平板车	电动步行叉车	叉车	侧面升降叉车	电动自卸车	引力牵引车	卸货汽车
搬运、移送	水平	50~100	5~15	*											
			15~50		*										
		100~250	5~50		*	*									
			50~100		*	*	*	*							
		250~500	5~15			*	*		*		*				
			50~200				*	*	*	*	*	*			
			200以上				*		*	*	*	*			
		500~1500	5~15				*		*		*				
			50~200						*	*	*		*	*	
			200以上						*		*	*	*	*	*
		1500~3000	15~200											*	*
			200以上											*	*

· 堆垛起重机是一种用货叉或串杆进行攫取、搬运和堆垛,或从高层货架上存取单元货物的专用起重机。它是立体仓库中最重要的起重运输设备。它在立体仓库的通道内运行,将存放在货格中的货物取出,运送到巷道口。在立体仓库中运用的堆垛设备主要有:普通叉车、无轨巷道堆垛起重机、有轨巷道堆垛起重机。堆垛设备类型及适用条件如表 8-11 所示。

表 8-11 堆垛设备类型及适用条件

设备名称	巷道宽度	作业高度	作业灵活	自动化程度
普通叉车	最大	<5 m	任意移动,非常灵活	一般为手动,自动化程度低
无轨巷道堆垛起重机	中	5~12 m	可服务于两个以上的巷道,并完成高架区外的作业	可以手动、半自动、自动以及远程集中控制
有轨巷道堆垛起重机	最小	>12 m	只能在高层货架巷道内作业	可以手动、半自动、自动以及远程集中控制

物流园区应根据货物品类以及仓库面积、空间大小,选择合适的堆垛起重机。

以铁路物流园区为例,库台成件包装物品作业区宜配置具有静液压传动系统和集中式液压操纵系统、额定起重量为 1 t 及 1.5 t 以上的叉车。集装化成件包装物品,棚车装卸作业时,当配置具有全自由行程额定起重量为 1~3 t 的叉车,起升高度达到 3 m 及以上,满足装卸汽车的高度要求，提高作业适应能力。作业量较大的，宜优先配置性能稳定、高效、节能环保的电瓶叉车。敞车装卸作业时，年装卸作业量在15万t以下的，宜配置汽车式起重机、技术先进的轮胎式起重机、大型叉车等流动式装卸机械。年装卸作业量在15万t及以上的，宜优先配置门式起重机。非集装化成件包装货物，宜配置起重量在1~3 t的叉车和托盘，或配置皮带输送机。叉车配置夹包器快速装卸棉包、配置专用属具装卸卷纸及桶装、箱装、集装袋（网）等物品。铁路行包作业场所，宜配置与行包作业需求相适应的牵引车和拖车，优先配置电动牵引车。根据行包作业量，经技术经济分析具备条件的，可配置相应的自动化传输系统等成套设备。

2. 仓储设备

普通件货仓储场地设备主要包括货架和托盘。

（1）货架

货架根据结构和存取货方式不同，分为托盘式货架、倍深式货架、驶入式货架、驶出式货架、流动式货架、移动式货架（动力货架）、后推式货架、旋转式货架、轻型货架等多种不同类型。存放普通件货宜选用托盘式货架和倍深式货架。

·托盘式货架用于存放托盘装运的货物，可用作重型货架，存放单元重量为300~500 kg的货物。其优点是存取方便，拣取效率高，一般的叉车都可以使用；但是存储密度低，需要较多的通道。适用于品种中量、批量一般的货物的储存，通常高度在6 m以下的3~5层。

·倍深式货架与托盘式货架结构基本相同，只是把两排托盘式货架结合起来增加储位而已。当存储密度增加1倍，但存取性和出入库方便性略差时，必须采用倍深式货架。

·驶入式货架是指托盘由里向外逐一存放，叉车进出使用相同通道。驶入式货架存储密度非常好，但是存取性差，不易做到先进先出的管理。叉车在整个货架中行走时要求操作者必须小心作业，以4层3~5列为宜，最高可达10 m。适用于品种少、批量大的货物储存，不宜仓储太长、太重的物品。

·驶出式货架与驶入式货架不同之处在于驶出式货架是通的，没有拉杆封闭，前后均可安排存取通道，可实现先进先出管理。

·流动式货架分为托盘用和容器用两种，货架的一侧通道作为存货用，另一侧通道作为取货用，物品放在滚轮上。货架向取货的方向倾斜一个角度，利用货物重力使货物向出口方向自动下滑。适用于大量存储短时发货的货物的存储，适用先进先出，用普通叉车存取，但高度受限，一般在6 m以下，费用大、施工慢。其中，容器箱流动式货架适用于少量、多品种、小批量货物的拣取作业，其特点为货物先进先出、安装快、易搬动、人工拣取方便，可安装显示器实现计算机辅助拣货。

·移动式货架（动力货架）通过货架底部的电机驱动装置，在水平直线导轨上移动。一般设有控制装置和开关，在30 s内使货架移动，叉车可进入存取货物。特点是比一般固定式货架存储量大、地面使用率达80%、高度可达12 m，其单位面积存储量是一般托盘货架的2倍，但成本高、施工慢。适用于少品种、大批量，低频率保管的货物。

·后推式货架是指叉车把后到的货物由前方存入货架时，货物便把原先的货物推到后方。当从前方取货时，由于货架滑轨向前方倾斜，所以后方的货物自动滑向前方。这种货架的特点：存储密度高但存取性差，一般深度方向达3个储位，最多达5个储位，比一般托盘货架节省1/3空间。适用于一般叉车存取，适用于少品种、大批量货物的存储，不适宜太重货物的存储和可实现先进先出方式的管理。

·旋转式货架操作简单、存取作业迅速、空间利用率较高、货物不易丢失，适用于电子元件、精密机械等少批量、多品种、小物品的储存及管理。货架转动很快，速度可达 30 m/min。存取效率很高，通过计算机控制实现自动存取和自动管理。储存物可以是纸箱、包、小件物品，但需要电源，且维修费用高。

·轻型货架设计和托盘货架相同，只是结构轻量化。适用于存储箱品和散品等重量轻、体积小的货物。特点是价格便宜、组装快速、式样变化多、拆装容易、防震、耐用，货架高度一般在 4 m 以下。

（2）托盘

托盘是用于集装、堆放、搬运和运输的放置单元负荷的货物和制品的水平平台装置（GB/T4122.1—2008）。托盘的种类繁多，结构各异，常见的托盘主要有平托盘、柱式托盘、箱式托盘、轮式托盘和特种专用托盘。普通件货需要选用尺寸较大和承重较强的托盘。

3. 输送设备

包装货物可根据需要选用带式输送机、螺旋式输送机、气力输送机，托盘、箱包件或者其他有固定尺寸的集装单元物品，还可以选用间歇性输送机。物流园区应根据输送距离、货物性质、与其他设备及工艺的衔接性等因素选择适宜的输送设备。

①带式输送机的特点是运送距离长、输送能力强、生产率高、结构简单、基建投资少，适合重量较轻的大宗成件货物。

②间歇性输送机。间歇性输送机常用的有重力式输送机和动力式输送机。重力式输送机又可分为滚筒式、滚轮式、滚珠式等；动力式输送机又可分为链条式、辊子式、悬挂式等。

③连续式输送机械设备主要设置在进货场、检验场、分类场、配货发送场、仓库和流通加工车间之间，其作用是将各区域连成一个相互贯通的物流网络。

④相关的检测计量机械设备主要以电子检测装置为主导，它们可以与计算机连接并运行，随时记录检测结果。相关设备包括电子台秤、地中衡、光电检测装置、电子流量计、电子计数装置等。

4. 分拣设备

物流园区可视需求情况配备不同类型的自动分拣机，分拣设备的选择宜根据货物性质、平均处理量、分拣出口数量、分拣位置的场地布局、识别方法等因素确定。分拣机械设备主要是按照用户的订货要求，完成货物的拣选、分货、分放等配送作业。

（1）人工分拣设备

人工分拣设备包括输送机、手推车、笼车、电子标签辅助拣选设备等。人工分拣方式广泛应用于超市零售商品配送，适用于种类多、质量小、价值高的货物。

（2）自动分拣设备

分拣系统就是货物通过输送设备顺序进入识别区域，经过识别后送入分拣机构，在控制系统的自动控制下，由分拣机构根据识别信息将货物分类后分别送入相应指定位置的机器，主要包括带式高速分拣机、大托盘高速分拣机、鳞片式传输分拣机、滑靴（推块）式、塔式、旋转式、皮带式分拣机等。下面对带式高速分拣机、大托盘高速分拣机、鳞法式传输分拣机进行介绍。

带式高速分拣机大量采用标准化、模块化及先进的计算机控制技术，具有灵活的系统布局、高可靠性、维护方便。具有低机械磨损、低运行中断、准确的入格率及低噪声、自动制单系统，具有对物件自动检测、称重、物件自动对中功能，同时能实现货物的无落差分拣，处理效率可达到 10 000 件/h 以上，可处理的货物重量达到 50 kg，最大货物尺寸可达 1 m，是物流分拣装备中的高端系统。

大托盘高速分拣机采用先进的可编程控制，可实现上位机联网、条码扫描、故障显示，能翻盘，可配置气动系统，可分拣大重包裹（最大重量可达 28 kg）。该分拣机是发展较为成熟的产品，分拣效率高，功能齐全，性能稳定。

鳞片式传输分拣机是对大型货物进行输送分拣的设备，适用于机场行李、大包、商包和其他货物输送分拣。该设备采用十字链带动大间隙链板以及半重叠鳞片组成运载机构，采用气缸推拉摆动式皮带机组成分拣机构，分拣储存容器为大格距长坡段滑槽，并用可编程控制器，具有上位机联网、数据统计管理、条码扫描和按键输入、分拣等功能。整机具有运行平稳、空间布置灵活、可靠性高等特点。

5. 包装设备

根据货物的性质和特点，分别采取货捆、托盘、集装袋、集装网等单元装卸方法，实现成件包装货物的运输集装化、装卸机械化。

普通件货的包装设备主要包括包装容器和包装机械。

（1）包装容器。

物流包装容器是指为了满足包装内商品的销售、仓储和运输要求而使用的包装制品，一般有包装袋、包装盒、包装罐、包装箱、包装桶等基本的包装容器，有些普通件货在运输过程中会装入特制的木箱。

（2）包装机械。

常用的包装机械有填充机、灌装机、裹包机、封口机、贴标机、清洗机、捆扎机及多功能包装机等。包装机械的使用应利于实现货物完整、增值，为货物运输提供便利条件。对普通件货进行全部的封闭式包装难度较大，也没有必要。有些普通件货局部需要包好，会涉及包裹机械装备；另外，由于存在贴签的需要，会涉及贴标机械装备。包装机械主要有以下几种。

·包裹机械装备是用挠性材料全部或局部裹包产品的机械，适用于对块状或具有一定刚度的物品进行包装。相关设备有防潮包装机、防锈包装机、充气包装机等。

·封口机械装备是在包装容器内盛装产品后，将容器的开口部分封闭起来的机器，分为有辅助料的封口机和无辅助料的封口机。

·贴标机械装备是将事先印制好的标签粘贴到包装容器特定部位的机器，由于所标签的种类和贴标工艺特征不同，贴标机械种类很多。

·捆扎机械装备是采用柔软的线材对包装进行自动捆结的机器，主要用于食品、化工产品以及各种零件、部件和整件的包装。

6. 流通加工设备

流通加工大多是对货物进行较为简单的多规格、多用户、小批量的初级加工，其中大部分需要借助机械加工设备。由于流通领域货物的品种繁多，因此，流通加工设备的类型也很多。根据货物的类型、加工要求、加工方法不同，所需配备的流通加工机械设备也不同。相关设备包括加工工具、封包机、切割机、裹包机、装盒机、订箱机、打带机、条码打印机、拆箱机及拆箱工具等。

7. 称重设备

仓库应配备电子秤,便于库内计量检斤等作业;散堆装作业区应配备轮重仪;每个仓库应至少配备一台电子秤,成件包装区应配备台秤,场区进出咽喉地段应安装动态轨道衡或汽车衡。

8. 安检设备

为保障货物在物流园区内的作业安全,物流园区应设置大型安检系统,安检系统由安检仪设备室、操作控制室、扫描检测设备及辐射防护设施等四大部分组成。可利用X射线、CT、光中子等的穿透能力,不开箱即可对货物进行检查。

物流园区内仓库、雨棚、营业大厅、进出大门等重点作业区域,需安装视频监控设备,监控系统应覆盖整个物流园区,重点部位应使用高清设备。

办理超限货物运输业务较多的,物流园区应配备超偏载仪;办理危险货物运输业务的,还应配备危险品检测仪1~2套。

此外物流园区还应具备火灾检测设备,常用的火灾探测设备有感烟探测器、感温火灾探测器、感光式火灾探测器。

8.4.4 冷链物流作业区设备配置技术条件

冷藏物品的作业过程主要体现出冷链物流的特征。冷库储存主要物品类型及储存条件见表8-12。

表8-12 冷库储存主要物品类型及储存条件

序号	冷库	储存物品	储存条件
1	水产品超低温库	冷冻水产品	温度-24℃,湿度95%~100%
2	速冻食品超低温库	冷饮食品、速冻面点	温度-25℃,湿度95%~100%
3	果蔬冷冻库	各类速冻水果、速冻蔬菜	温度-18℃,湿度95%~100%
4	肉制品冷冻库	各类冻结肉	温度-18℃,湿度95%~100%
5	水产品冷冻库	鱼类、甲壳类、贝壳类、海藻类	温度-18℃,湿度95%~100%
6	速冻食品冷冻库	饺子、混沌、汤圆	温度-18℃,湿度95%~100%
7	肉制品冷藏库	冷却肉、肉类加工速食品	温度0~4℃,湿度95%~100%
8	水产品冷藏库	冰鲜肉、甲壳类、贝类、海藻类	温度0~4℃,湿度95%~100%
9	奶制品冷藏库	鲜牛奶、酸奶、乳酪、蛋品	温度2~10℃,湿度95%~100%
10	即食食品冷藏库	巧克力、奶粉、罐装食品、酒类	温度2~10℃
11	待处理区	退货等待处理商品	温度10℃
12	不合格储区	不合格的商品	温度10℃

所需要的主要设施设备及配置原则如下。

1. 冷库制冷保鲜设备

冷库制冷保鲜设备配置需要考虑以下原则。

(1) 根据冷冻货物生化特性，提供不同的库温。

例如，高温区（-5~+5℃）主要储存果蔬、药材等；中温区（-18~10℃）主要储存肉类、水产品等；低温区（-28~-23℃），又称冷冻冷库，主要是对食品进行冻结；超低温区（≤-30℃），主要储存速冻食品、医疗及工业试验品等。

(2) 针对果蔬货物，需要配置气调功能。

(3) 制冷保鲜设备应符合经济效益最优原则，从能耗、寿命、技术先进性、投资风险等角度综合考虑。

2. 装卸搬运设备

装卸搬运设备种类繁多，例如，起重机、叉车、手动叉车、托盘、牵引车、托盘搬运车、堆垛机等。装卸搬运设备选择需考虑以下原则。

(1) 应配备成件物品装卸机械和集装箱装卸机械。

(2) 成件物品装卸机械主要是叉车，装卸的物品重量多在 50~100 kg，无须专门布置场地，在仓库必须留有叉车通道，一般为 3.5 m；集装箱装卸机械主要为起重机以及正面吊运机。起重机需要作业场地，门式起重机与场地设备之间需保持一定的距离。

(3) 根据装卸搬运的实际需要，设备要符合物品的重量、搬运距离、作业量等多种因素。应确保选配的装卸机械有足够的装卸车能力、作业效率高、环境污染小、流动性强、经济实用。

(4) 手推车轻便灵活，广泛用于仓库、物流中心、货站、机场等。一般手推车没有提升能力，其承载能力通常在 500 kg 以下。

3. 检测计量设备

检测计量设备既包括对库内环境的监测，也包括入库、出库时的计量。常见的检测计量设备有电子台秤、地中衡、光电检测装置、温度传感器、湿度传感器、气体成分自动检测仪等。选择检测计量设备需要与冷库整体设计及库内其他设备相匹配，并在技术先进性、准确率、投资成本等多方面进行权衡选择。

4. 分拣设备

分拣设备可以分为拣选机械设备和分货机械设备两大类。拣选机械设备主要包括拣选式叉车、拣选式升降机、拣选式巷道堆垛机等。自动化分拣机按照其用途、性能、结构和工作原理，一般分为带式、托盘式、浮动式、悬挂式、滚柱式等。

5. 储存设备

储存设备主要指货架及配套设备。在选择具体货架时，至少需要考虑以下原则。

(1) 货架材质与物品生化特性相匹配，避免货架材质对物品产生污染。

(2) 与库房结构相适应，包括库房的大小、容积、可用高度、通道宽度、消防要求、照明、地面平整度等。

(3) 与储存物品的体积、重量、价值等相匹配。例如，果蔬类物品可选择中型或轻型货架，深冷高价值物品可选择橱柜式货架等。

(4) 与储存物品的存储量、存取频率、搬运及堆放设备要求、作业复杂度等相匹配。

(5) 货架储位数量应留有裕量，移动式保温箱是在冷库环境中特别使用的一种储存及搬运设备，由底部带有滑轮的储物筐和外层保温材料构成，移动式保温箱既可以在库内暂时储存小批量物品，又可以在出库作业中充当搬运设备，尤其是对温度有特殊要求的多品种、小批量物品出库时应用频率非常高。

6. 流通加工设备

流通加工设备包括冷冻加工设备、分选加工设备、精制加工设备和分装加工设备等。选择流通加工设备时，应根据冷链货物流通加工的实际需要，从冷链作业区所要实现的流通加工工序，冷链物品的加工种类、加工量和经济效益综合考虑。

7. 包装设备

包装设备主要是针对客户需求对货物进行集装、分装、保温等，相应的设备主要包括防潮包装机、防锈包装机、充气包装机以及各种包装箱体、容器等。选择包装设备需要考虑以下原则。

（1）与包装需求规模相匹配。包装业务量越大，需要购买的包装设备自动化程度越高。

（2）与物品生化特性相匹配。针对果蔬、冷冻食品，可能需要分别选购不同类型的包装设备。

8. 辅助设施设备

（1）可调式装卸货月台。可调式装卸货月台是一种能够实现物品快速装卸的、以液压为动力源的物流设备，其高度调节灵活，可使装卸搬运车直接进入不同高度的货车车厢装卸货物，能成倍提高工效和充分保障作业安全。冷链物流设施选用可调式装卸货月台是为了使货物运输车辆装卸货门与冷库门更加严密对接，提高装卸货的效率，保证全程温控。

（2）卷帘门。冷库进出作业频繁时，会使内部冷气外泄。为了防止温度大量散失，可以加装卷帘门。卷帘门可根据货运车辆货门大小来改变开关程度，门上装有密封小窗，能够确认车辆装卸货门与卷帘门是否完全密合，最大限度地减小内外部空气交换。

另外在冷库中，灯具需使用耐冻的防爆灯；为确保冷冻库的温度，冷冻库门必须有最佳的隔温效果；地层隔热板要保证质量，不因传热而变形，低温库房必须在地板及库房各个角落安装温度感测器，以监测库内实时温度。

8.4.5 集装箱作业区设备配置技术条件

集装箱货物作业过程的特殊之处是涉及集装箱的运输、装卸、掏装箱业务，需要各类设施之间的相互协调配合。集装箱作业区主要的设备如下。

1. 集装箱

集装箱是为了便于物品运送而专门设计的，在多式联运中无须中途换装。集装箱按用途分为干货集装箱、保温集装箱、罐式集装箱、通风集装箱、散装集装箱、动物集装箱、汽车集装箱、服装集装箱等。适箱物品根据货类和运输需求进行相应的集装箱选择。集装箱的基本参数如下：高度2.438 m，宽度2.438 m，长度6.058 m，码放间距0.5 m。

2. 集装箱运输设备

集装箱的铁路运输设备有专门的集装箱运输车辆，公路运输设备也有专门的集装箱运输车辆。在物流园区内部，一般使用灵活性好的集装箱门式起重机和正面吊运起重机进行场内短途运输。

3. 集装箱装卸设备

集装箱装卸设备主要是轨道式起重机、轮胎式集装箱门式起重机、桥式起重机等可以负荷大重量的升降设备。其中，轮胎式集装箱门式起重机是定型产品，标准跨距为

23.47 m，在港口堆场定型的布置为跨6排集装箱箱位和1条集卡通道。各类设备需要根据物流园区的实际生产规模逐步采购配置。

现行《通用门式起重机》（GB/T 14406—2011）有关跨度、有效悬臂的规定见表8-13和表8-14。

表8-13 通用门式起重机的跨度系列表

起重量 G_n/t	跨度 S/m							
5~50	10	14	18	22	26	30	35	40	50
63~125	—	—	18	22	26	30	35	40	50
160~250	—	—	18	22	26	30	35	40	50

表8-14 通用门式起重机的有效悬臂长度表

跨度 S/m	有效悬臂长度 L_1或L_2/m
10~14	3.5
18~26	3~6
30~35	5~10
40~50	6~15

案例 1

九华物流园区设备选型配置

九华物流园区是《长株潭城市群现代物流业规划》所确定的湖南省四大省级物流园区之一。物流园区位于长株潭半小时经济圈中心位置，坐落在湘潭市湘潭县境内，南接湘潭市，距湘潭市中心仅2 km；北连长沙，经长潭西线（27 km）到长沙约10分钟车程；东临株洲，距株洲约半小时车程。九华物流园区近期和中期发展主园区和九华码头区，其中主园区设置的功能区包括停车场、仓储中心区、物流中心、流通加工区、包装区、转运中心、货代区。九华码头区设置的功能区包括堆场、保税仓库、公水联运中心。

九华物流园区近期所处理的物品主要是以汽车及零部件、机电、冶金、新材料等行业的原材料和产成品为主。各功能区物流设备的规划必须与该功能区主要处理的货物特性相符合。物流园区主要规划的物流设备有运输设备、装卸搬运机械设备、包装设备、流通加工设备、输送设备、集装单元设备等几大类。

1. 仓储中心区装卸设备选型

仓储中心区预期处理的物品种类以汽车及零部件、矿建、化工、机电等行业的原材料及产成品为主，主要是为物流园区所在区域的汽车及零部件、机电、冶金、新材料生产制造企业提供原材料和产品的仓储地。从物品特性考虑，主要具有密度较大、质量比较重及品种规格较多等特性。应用设备选型模型，得出所需设备的类型见表8-15，主要是设备额定起重量的确定。

表 8-15　设备类型需求

设备名称	额定起重量/t	性能特点及适用范围
平衡重式叉车	1.0　2.5	平衡重式叉车是搬运车辆中应用最广泛的一种，它可以由司机单独操作完成物品的装卸、搬运和堆垛作业，并且可以通过变换工属具扩大叉车的使用范围和作业效率。动力较大，底盘较高，具有较强的地面适应能力和爬坡能力，适用于室外作业
前移式货架叉车	3.0　5.0	前移式货架叉车具有平衡重式叉车和电动堆垛机的共同特征。具有操作灵活性高和高载荷的优点，适用于通道较窄的室内仓库作业
桥式起重机	8.0　10.0 20.0　30.0 40.0　63.0	本产品标准化水平较高，并采用了一些降低起重机振动和 20.0、30.0 噪声的措施，加强了运行、检修时的安全防护，适用范围较 40.0、63.0 更广。跨度包括 10.5 m、13.5 m……31.5 m 共 8 种

2. 配送中心装卸设备选型

九华物流园区配送中心主要处理的物品为轻工、日用品等物品。配送中心所处理的物品品项数差异性非常大，多则上万种以上，如书籍、医药及汽车零件等配送中心，少则数百种甚至数十种，如制造商型的配送中心。由于品项数的不同，其复杂性与困难性也有所不同。例如，所处理的物品品项数为一万种的配送中心与处理物品品项数为一千种的配送中心是完全不同的，其物品储放的储位安排也完全不同。

配送中心所处理的物品种类不同，其特性也完全不同。如目前比较常见的配送物品有食品、日用品、药品、家电品、3C 产品、服饰、录音带、化妆品、汽车零件及书籍等。它们分别有其物品的特性，配送中心的厂房硬件及物流设备的选择也完全不同。例如，食品及日用品的进出货量较大，物品的尺寸大小差异性非常大，家电物品的尺寸较大。一般配送中心主要物流设备包括自动化立体仓库货架和堆垛机、托盘货架、箱式货架、流动货架、各种输送机、分类机械及无人台车。配送中心设备的规划应以规划面积和预期处理货物量及货物特性为依据。

配送中心装卸搬运设备主要包括手推车、叉车、堆高车等，与仓储中心装卸搬运设备具有相似性，不同之处在于配送中心不需配置起重设备，其他装卸搬运设备选型可以参照仓储中心的选型方案。

3. 堆场物流设备选型

九华物流园区堆场规划在九华码头区，主要堆放的物品为矿石、钢材等大宗、散装货物，同时根据物流需求开展集装箱运输。堆场由散货堆场、重件堆场及集装箱堆场组成。其中散货堆场主要处理的物品为矿石，重件堆场处理的物品为钢材，集装箱堆场主要处理集装箱物品。

大宗散货堆场设备规划：前沿码头区规划配置 10 t-25 m 浮式抓斗起重机卸船，皮带运输至堆场，堆场配置堆取料机、单斗装载机装汽车。

重件堆场设备规划：泊位配置额定起重量为 8 t、10 t、20 t、30 t、40 t、63 t 的龙门式起重机。拖车配平板车用于场内运输，与泊位的起重机起重量对应。

集装箱堆场设备规划：配置 5 t 叉车，用于 5 t 以下集装箱装卸；对于 5 t 以上集装箱，配置 10 t、16 t、35 t、40 t 龙门式起重机。

4. 其他物流园区设备选型

九华物流园区其他功能区包括流通加工区、零担区、货代区、保税区、转运区等，这些分区占地面积相对较小，主要为装卸搬运设备，配置型号可参照仓储中心和配送中心。

5. 物流园区内各功能分区之间的搬运设备选型

物流园区内各功能分区之间的搬运设备配置需根据搬运距离来确定，从而选择合理的搬运工具。一般情况下，当搬运距离小于 50 m 时，应该选择堆垛用起升车辆，如巷道堆垛机和叉车的选用；当搬运距离在 50 m~300 m 时，一般应选择堆垛用起升车辆和非堆垛用搬运车辆相搭配，如叉车和平台搬运车的搭配使用；当搬运距离超过 300 m 时，应选用牵引车、平台搬运车或各类型货车进行搬运作业。具体情况如表 8-16 所示。

表 8-16 物流园区各功能分区之间的搬运设备配置

	转运中心	仓储中心	包装区	流通加工区	物流中心
转运中心		<50 m	200 m	300 m	200 m
		叉车	平台搬运车	平台运输车	平台搬运车
仓储中心			<50 m	<50 m	<50 m
			叉车	滚筒输送机	叉车
包装区				<50 m	>300 m
				滚筒输送机	各类型货车
流体加工区					200 m
					平台搬运车
物流中心					

案例 2

美国 BNSF 芝加哥物流园区布局及设备配置

芝加哥是美国最重要的交通枢纽和货物集散中心。该地区汇集了 1 448 km 铁路线、125 处铁路交会点，Ⅰ级铁路密度高于全美其他任何城市，每天到发 1 300 次铁路货运班列、3.9 万节货车、2 500 t 货，超过 75% 的美国铁路货运量途经此地。同时芝加哥也是美国最大的内陆港口和空运中心，多达十多条国家干线公路穿越此地。得益于独特的交通区位优势，芝加哥地区现已发展起多达 28 个大型多式联运枢纽站，吸引了全球众多大型物流运输企业到此经营。BNSF 是美国现有Ⅰ级铁路货运公司中具有代表性的龙头企业，其投资近 10 亿美元建设芝加哥物流园区，该物流园区已经成为北美最大的内陆铁路货运站之一，是 BNSF 在芝加哥区域最新建造、规模最大的多式联运枢纽。

1. 物流园区选址

BNSF 芝加哥物流园区具备良好的铁路枢纽资源，与 BNSF 干线相衔接，距离芝加哥约 64.36 km，具备良好的铁水多式联运优势。同时距离 55 号与 80 号州际公路仅有 5 min 车程。55 号公路是美国南北向的交通干线，80 号公路是美国东西向的交通干线。

2. 功能布局

芝加哥物流园区主要服务其周边物流及生产企业，可进行接取送达及仓储、运输服务，货物的仓储、包装加工、分拨等服务由企业提供。

该物流园区内主要由多式联运区、辅助场和小汽车场三部分组成。三部分场区沿装卸线南北方向并列分布，多式联运区提供集装箱的装卸、搬运、堆存等服务。辅助场主要分担多式联运区与小汽车区的列车接发作业。

芝加哥物流园区为各物流及生产企业提供物流服务，并不是将各企业引入铁路作业区，各物流企业与生产企业的仓库及分拨中心均位于铁路作业区的外部并紧密衔接，如图 8-2 所示。芝加哥物流园区服务于嘉吉公司、乔治亚—太平洋公司、ITL、沃尔玛分拨中心等仓库及分拨设施，铁路作业区主要提供小汽车和集装箱的仓储作业，各物流及生产企业的仓库办理货物的分拨、仓储、包装等各项作业。通过集装箱卡车的短驳运输，将铁路作业区和周边企业仓库紧密联系，服务企业距离物流园区最近距离为 600 m，最远距离为 4 km，实现多方共赢。

图 8-2　BNSF 芝加哥物流园平面布置示意图

3. 设备设施

BNSF 芝加哥物流园区可提供接取送达及仓储、运输服务，BNSF 芝加哥物流园区和主要西海岸港口合作为客户提供国际多式联运服务，以及现场自动混装设施。物流园区长宽均为 1.5 英里，共占地 621 英亩，其中多式联运区占地 309 英亩，调车场占地 190 英亩，小汽车场占地 106 英亩。车站内线路为贯通式，线路两端均可进出列车，通过环形牵出线实现列车进出物流园区。

（1）多式联运区

多式联运区建筑包括多式联运区管理楼、汽车修理维护处、起重机维护处和司机服务区等。多式联运区配有 4 条装卸线，装卸线有效长度均超过 2 400 m，如表 8-17 所示。配备 360 个 89 英尺汽车泊位，拥有 6 000 个可堆放集装箱和 5 200 个滚轮式集装箱堆位，4 212 个机架式底盘，充足的装卸线有效长为 LPC 提供整列装卸条件，减少了列车在站停留时间。

区域内通过 Oasis 软件实时跟踪每个集装箱，站内服务车辆都装有 Oasis 无线通信终端，能够保证员工及时接受指令，并且准确定位集装箱位置，便于进行库存检查。

表 8-17　多式联运区装卸线有效长度情况表

装卸线编号	装卸线有效长/m
4801-4811	2 496.9
4802-2812	2 493.0
4803-4813	2 466.4
4804-4814	2 460.0

为了减少列车在站停留时间，在提高装卸线有效长度的基础上，配备 Mi-Jack 1000R 和 1200R 龙门吊进行装卸作业。LPC 同时拥有芝加哥地区最大的多式联运轨道吊——Mi-Jack 850R，多式联运区配备的设备情况如表 8-18 所示。

表 8-18　BNSF 芝加哥物流园多式联运区设备情况表

设备名称	单位	数量
门式起重机 1000R	台	7
门式起重机 1200R		11
门式起重机 850R		6
门式起重机 900R		2
侧卸式装载机	辆	2
底盘旋转器		5
集装箱空箱堆高机		9
底盘升降机		4
站场维修设备		125

(2) 小汽车区

小汽车区的建筑物主要包括管理楼、维护处、卡车服务区等部分。小汽车区拥有装卸线 3 条，装卸线有效长度均为 1 381.7 m。区域拥有 6 个可移动楔块供小汽车装卸作业。小汽车泊位有 4 404 个，为 89 英尺卡车提供 108 个泊位。出站铁路载重线有 972 条。卡车装卸点有 65 个。

每天约有 120 辆卡车服务 LPC，通过 5 条调拨车道进入大门，使用 AutoTrack-BNSF 仓储管理软件，司机可以实时找到需要装载的小汽车。AutoTrack 也管理所有到发车辆的车辆识别代号（VIN）。这些信息都将自动发给制造商和分销商。列车到站后，AutoTrack 就会发布汽车仓储位置信息，这些仓储位置宽为 10 英尺 6 英寸、长为 20 英尺，且小汽车均靠左侧停放，防止小汽车开门时与相邻汽车产生摩擦。

(3) 辅助场

在 LPC 的多式联运和小汽车货场之间是辅助场，包括 17 条轨道以满足繁忙情况下更快的接发列车。辅助场与小汽车区毗邻，拥有 1 292 辆货车泊位，辅助场中的牵出线或铁路线路，连接了计划中的 1 200 英亩工业仓储园区，保证 BNSF 为其提供物流服务。LPC 配备了自动化门禁系统（AGS），卡车进入 LPC 首先需要通过光学识别器，识别器能够捕捉牵引车、集装箱和底盘的电子图像。

第9章

智慧物流园区信息平台建设

9.1 智慧物流园区信息平台内涵及特征

9.1.1 智慧物流园区信息平台内涵

智慧物流是一种以信息技术为支撑，在物流的运输、仓储、包装、装卸搬运、流通加工、配送、信息服务等各个环节实现系统感知、全面分析、及时处理及自我调整功能，实现物流规整智慧、发现智慧、创新智慧和系统智慧的现代综合性物流系统。

智慧物流园区以"智慧"理念，以"网上交易、业务管理、商务协同"为核心，通过系统集成、平台整合以及物联网、云计算、大数据等新技术应用，面向物流产业链，整合上游客户及合作伙伴，有效提供物流园区智能化管理和产业链的全程服务，全面提升物流园区价值及竞争力。智慧物流园区依托全程物流电子商务平台，物流园区与平台双向协调，物流园区与物流园区信息共享，以"平台构造节点化、园区管理智能化、业务服务全程化、行业效益长远化"特色为核心，打造高效智慧物流节点，是云物流的强力保障。具体可以将信息化管理覆盖到物流园区每个角落、每个控制点，使人、车、物从入园到离开都实现数字登记、网络查询、数据库管理；支撑物流园区各类业务的开展，满足和适应入驻企业生产运营，实现物流园区运营智能化、机械化、信息化；促进入驻企业群体间协同经营机制和战略合作关系的建立；为支撑政府部门间的行业管理、市场规范管理等协同工作机制的建立及科学决策提供依据；基于大数据挖掘分析，提供多样化的物流信息增值服务。

9.1.2 智慧物流园区信息平台总体目标

智慧物流园区信息平台是由政府多个部门、物流园区企业、金融机构、商务部门等多方参与，以云计算、大数据、物联网为核心的物流园区公共信息平台。根据系统用户主要信息需求情况，其战略目标主要分为以下几点。

1. 物流信息资源的整合和共享

通过智慧物流园区信息平台的建设，将物流园区和客户的各类信息资源进行整合，在一定程度上对分类信息进行共享,同时物流园区企业和客户可以实现对各种信息进行跟踪及挖掘利用。

2. 社会物流资源的整合

据报道,国内物流成本占成品总成本的20%以上,而发达国家的比例为10%~15%。通过智慧物流园区信息平台的建设,可以有效整合物流园区及社会物流资源,向客户提供快速、优质、高效、低耗的多样化服务,同时提高资源利用效率,降低社会物流成本。正是由于智慧物流园区信息平台整合了社会资源,从而很好地解决了社会物流资源充分利用的问题。

3. 供应链的优化

在信息系统信息共享的背景下,供应链的各个环节得到了有效优化,提高了生产效率,降低了仓储、运输成本。通过智慧物流园区信息平台,可以加强物流企业与上下游企业之间的合作,形成并优化供应链。当合作企业提出物流请求时,物流企业可通过物流信息系统迅速建立供应链,提供相关物流服务,从而提高社会大量闲置物流资源的利用率,起到调整、调配社会物流资源,优化社会供应链、理顺经济链的重要作用,不但会产生很好的经济效益,而且会产生很好的社会效益。

4. 客户满意度提高

通过友好型界面登录到信息平台,客户可查询到企业级商品信息,及时追踪货物,全程保障货物安全,在指定时间内按照客户要求送达指定地点,同时也为客户提供一对一服务,满足其个性化要求。

9.1.3 智慧物流园区信息平台的特征

1. 前瞻性和先进性

智慧物流园区信息平台的设计和实施在理念上要适度超前,保证战略定位、业务功能、组织模式是领先的,不仅要考虑当前园区的发展所需要的信息化支撑,更要满足未来新业务模式发展的需要。智慧物流园区的基本理念是把信息平台打造成物流园区的核心竞争力,因此在信息化技术的应用上要保证其先进性和领先性,用最先进的信息技术来促进、引导、规范、创新园区的业务发展模式。

2. 管理性和服务性

智慧物流园区信息平台的目的是辅助管理者进行物流运作的管理和决策,提供与此相关的信息支持。因此,智慧物流园区信息平台必须同物流园区的管理体制、管理方法、管理风格相结合,遵循管理与决策行为理论的一般规律。同时,智慧物流园区信息平台能根据消费需求"多品种、小批量、多批次、短周期"的特色,支撑企业灵活组织和实施物流作业。在设计信息平台时,应充分考虑入驻企业管理及多元化业务发展的需要,兼顾系统用户和客户两个方面的需求,以便能在原有系统基础上建立更高层次的管理模块。

3. 适应性和易用性

物流园区是一个实时更新的系统。反馈是实现系统修正、系统完善必不可少的环节。反馈贯穿于智慧物流系统的每一个环节,为物流相关作业者了解物流运行情况,及时解决系统问题提供强大的保障。

根据系统的一般理论,一个系统必须适应环境的变化,当环境发生变化时,系统不需要经过太大的变化就能适应新的环境。这主要体现了系统的适应性,便于人们根据外界环境的变化对系统进行相应的调整。因此，智慧物流园区信息平台也要具有较好的适应性和易用性。

4. 集成化和模块化

集成化是指智慧物流园区信息平台将各个物流环节联结在一起，为物流园区进行集成化的信息处理工作提供平台。智慧物流园区信息平台各个子系统的设计将遵循统一的标准和规范，便于系统内部实行信息共享。模块化系统设计的一个基本方法就是将一个大系统根据功能的不同，分成相互独立的各个子系统。各个子系统分别遵循统一的标准进行功能模块的开发，最后再按照一定的规范进行集成。

5. 网络化和智能化

随着互联网技术的迅速发展，在物流信息系统的设计过程中也广泛地应用了网络化技术。智慧物流园区信息平台建构在计算机通信网络之上，物流园区与供应商或制造商的联系通过计算机网络完成，与上下游合作伙伴、顾客之间的联系也通过计算机网络实现。智能化是智慧物流园区信息平台的重要特征，也是物流园区自动化进程中必须解决的问题，这就要求智慧物流园区信息平台必须具备处理大量物流数据和信息的能力，具备各种分析物流数据的方法，拥有各种数学和管理工程模型，拥有所需要的物流知识、专家决策知识和经验知识等，为管理者提供决策支持服务。

6. 开放性和安全性

物流园区中的信息流贯穿于物流企业、物流需求企业、政府部门及平台其他用户之间，这些企业或组织属于不同的行业。为实现物流园区管理一体化和资源的共享，智慧物流园区信息平台不但应具备与入驻企业信息系统相连接的性能，以实现物流园区内部数据的整合和信息的畅通，还应具备与企业外部供应链、政府管理部门等各个环节进行数据交换的能力，实现各方面的无间断连接。同时，智慧物流园区信息平台应具备足够的安全性，保证数据、单证、网上支付等的安全。可通过用户授权、设置操作人员登录系统的密码、对操作人员的操作进行记录、对数据通信链路进行加密和监听、设计互联网与内联网之间的防火墙等措施来提高系统安全性。

7. 可靠性和扩容性

智慧物流园区信息平台功能强大、结构复杂，充分利用现代通信技术快速及时进行数据传输的特点，支持各种开放的标准，系统软件（操作系统、数据库管理系统、应用开发平台等）和硬件（工作站、服务器、网络等）符合当前主流的计算机软硬件标准、国家标准和行业标准；支持多种通信协议，并提供方便、灵活、充足的网络接口，为与相关主管部门、物流服务供应商、伙伴企业、物流枢纽节点等信息系统的联结，提供了高速、大容量的数据传输通道。同时，平台的设计要具备可扩展性，要满足未来物流园区新系统、新业务的扩展需求，保证平台建设投入有效发挥作用，避免重复投资。

9.1.4 智慧物流园区信息平台的定位

1. 智慧物流园区信息平台用户主体定位

智慧物流园区信息平台应以公路、铁路、仓储、配送、配装和货代等物流资源为中心，通过整合物流园区范围内的生产制造企业群、商贸企业群、金融群、政策决策群和生产生活服务群实现资源集群，构建高端区域物流生态圈，打造生态圈内各主体的持续盈利能力。其中，生产制造企业群包括装备制造、建材生产、日用品、汽车制造和白色家电等生产制造企业；商贸企业群包括超市、批发商、经销商、零售商和电商企业等商贸企业；金融群包括银行、保险等在内的金融企业；政策决策群包括发改委、经信委、交通、工商、税务等政府部门；生产生活服务群包括餐饮、维修和休闲等服务在内的生产生活服务企业。

2. 平台市场类型定位

智慧物流园区信息平台是运用了信息技术的虚拟市场，需借鉴传统物流园区市场交易的成功经验，实现市场功能的跨越，打造OTO互动的交易生态体系。从线下货物类型角度，可以发展钢铁、煤炭、电子产品、农产品等专门货市场；从物流功能类型角度，可以发展联合运输、多式联运、航运、配送、仓储等功能型市场；从电子商务交易角度，可以发展BTB、物流车货匹配、物流SaaS等服务交易类型。

3. 平台服务功能定位

智慧物流园区信息平台总体需求是支撑物流园区的物流业务模式创新，满足物流园区内部管理、物流园区智能管理、智慧物流服务、电子商务服务、公共服务管理和增值创新服务的需要，以实现物流园区的智能感知、可视化监控、高效协同运营。在智慧物流园区信息平台的服务功能定位中，整体考虑服务功能的相互支撑作用，形成紧密联系的有机系统；同时，必须要有相应的辅助手段、配套体系，使智慧物流园区信息平台逐步良好运行起来。可积极利用电子政务、电子商务、电子银行等多个信息化成果，将市场监督管理、法律、银行、公证等多种交易服务引入物流园区信息平台，从而增强市场功能、完善市场机制、建立诚信体系，从而确立市场优势。

9.2 智慧物流园区信息化需求分析

9.2.1 智慧物流园区信息平台用户物流信息需求

1. 政府职能部门和公共服务机构对物流信息的需求

与物流相关的政府职能是指对物流运作提供业务支持的部门，包括口岸、工商税务、交通部门、航空港口等。政府职能部门需获得诸如企业信息、需求总量、供给能力、运营状况等信息。公共服务机构主要包括银行、保险及证券外汇等机构，主要提供各企业的财务信用信息、企业信用信息、货物托运保险、上市公司的股市及外汇牌价等信息。

相关政府职能部门和公共服务机构都要求通过智慧物流园区信息平台，使各政府职能部门的业务子系统互连，实现系统的集成与信息的共享，加强部门间的协调与合作，简化相关审批审核手续，提高政府职能部门和公共服务机构的工作效率。

2. 物流园区管理对物流信息的需求

物流园区管理对物流信息的需求主要包括物流园区运营商对物流园区内部智能化、信息化管理的需要，也包括物流园区网络化经营需求。如物流园区需要仓储、加工、配载、道路路况、货运车辆使用状况等信息，也需要与其他物流园区、物流（配送）中心、货运站点等进行信息交互，实现网络化经营。特别是智慧物流园区信息平台的建设是物流园区突破单点经营、实现协同运营的基础，其服务水平影响着整个物流园区的运行质量和运行效益。

3. 入驻企业对物流信息的需求

入驻企业是物流园区信息平台服务的主要对象，主要包括入驻智慧物流园区的物流企业和关联生产企业、流通企业。

（1）物流企业

物流园区的主要客户为物流企业，包括入驻物流园区的第三方物流企业、运输企业、货运代理企业、仓储企业、咨询服务企业等。

（2）生产企业

生产企业对物流信息的需求主要包括政策法规信息、物流市场供求信息、公共物流基础设施资源信息等；还包括企业自身管理的信息需求，包括数据统计汇总、成本管理、财务管理以及物流运作过程中的若干关键绩效指标考核等。

（3）流通企业

流通企业对于物流信息的需求包括物流供应商、物流业务交易管理、专项及其他增值服务等方面的相关信息。需要物流供应商提供物流企业的资质、特色服务、信誉评估、资源及规模功能、物流服务报价和服务范围等详细信息；在物流业务交易管理方面，需要物流业务交易方式、物流供应商辅助选择、物流合同公证和法律保护、合同执行质量跟踪、违约赔偿及补救处理等信息；同时需要物流电子数据交换（物流 EDI）、物流知识普及、物流市场状况介绍等专项及其他增值服务信息。

第三方物流企业对信息的需求主要体现在希望通过智慧物流信息平台的高速网络与企业网络系统连接，实现数据的传输；通过智慧物流信息平台提供的数据交换和结算功能，与银行、海关、检验、检疫部门实现外部数据交换；通过智慧物流信息平台实现在节点内与仓储、运输、加工等企业进行内部数据交换与共享。

运输企业和货运代理企业需要车辆状况、货运单价、运输路线、道路、仓储等物流基础设施信息，同时需要企业基本信息、企业物流经营状态等物流市场信息，政府对物流业的政策、行业标准等物流行业信息。

仓储企业主要需要货品管理、出入库、库存、盘点等基础信息。

咨询服务企业对于信息的需求主要包括物流客户资质管理、物流市场调查研究与预测、物流行业发展咨询、地区经济发展咨询、物流决策支持、物流相关政策、行业标准和法律法规等信息。

智慧物流园区信息平台的不同用户涉及的各类信息汇总和分类如表 9-1 所示。

表 9-1　智慧物流园区信息平台的不同用户所需信息表

信息种类		信息内容	信息需求对应的主体
物流基础设施信息	仓储信息	仓储分布、面积、类别、单价、保税仓库	仓储企业、运输企业、货主企业、分销商、口岸办等
	公路信息	车辆情况、货运单价、运输路线、道路收费	运输企业、货运代理、货主企业、分销商、零担货运站等
	铁路信息	车次、里程、货运单价、车站货场等信息	运输企业、货运代理企业、铁路口岸、铁路货站、铁路车务段等
	航空信息	航班、航线、运价、机场货场等信息	运输企业、货运代理企业、分销商等
	港口信息	航班、集装运价、港口货场与仓储等信息	运输企业、货运代理企业、分销商等

续表

信息种类		信息内容	信息需求对应的主体
物流需求信息	农业信息	农产品情况、对物流设施设备的要求、流向及流量	政府管理部门以及相关职能和公共服务机构、流通企业等
	工业信息	制造业分布、企业情况、原材料及成本需求	政府管理部门以及相关职能和公共服务机构、流通企业等
	服务业	流通、餐饮等企业基本情况、物流需求状况	政府管理部门以及相关职能和公共服务机构、流通企业等
物流服务信息	自营物流	企业物流经营状态、对物流的需求等信息	物流企业、增值服务企业等
	第三方物流	物流企业,企业基本信息,物流资源、特色、价格等信息	运输企业、货运代理企业、货主企业、分销商企业、增值服务企业等
行业信息	行业政策法规	政府对物流业的政策、行业标准、法律法规,以及国内外物流产业发展情况等	铁路货场、公路货场、物流中心、配送中心、生产企业、流通企业、物流企业等
	人才供求	物流及相关专业人才供求信息	物流中心、生产企业、流通企业、物流企业等
相关信息	政府职能	与物流业相关的政府机构设置、办事程序	平台用户
	行政管理信息	街区、小区等电子地图、国土总体规划信息,进出口报关通关数据、贸易额、动植物检验检疫及食品卫生检查等商检信息	平台用户
	宏观统计信息	行业统计信息、企业统计信息、市场统计信息	平台用户
	金融信息	财务信用信息、货物托运保险、上市公司股价、外汇牌价	平台用户
	其他信息	教育、法规、新闻信息	平台用户

9.2.2 业务信息化管理需求

按照基本物流需求、增值及延伸服务需求划分,业务需求包括智能物流业务管理需求、物流园区智能化物流管理需求、电子商务业务需求、公共信息综合服务需求和增值与创新服务需求。

1. 智能物流业务管理需求

智能物流业务管理是实现对核心物流业务的智能化、现代化管理,需求主要体现为智能运输、智能仓储、智能配送等管理需求。智能运输要求解决传统运输运力资源整合程度低、运输过程不透明、多种运输方式无缝衔接等问题,满足可视化追踪、运输路径全局优化、运输设备的智能调度等需求;智能仓储要求满足现代仓储管理需要,提供"多人+异地+同时"

的动态盘点、重现历史时段的实时库存控制、全局库存可视化，实现库存账单可监控、可追溯；智能配送要求满足城市智能配送的要求，提供货物智能配载、车辆全程监控，精确的环节控制，统筹安排配送时间、次数、路线。

2. 物流园区智能化管理需求

为营造安全、有序的物流园区环境，按照管理对象划分，物流园区智能化管理应实现对人员、设备、设施三大要素的管理。人员管理要求实现物流园区内人员轨迹、作业行为等全方位监控，保证物流园区内人员、货物安全；设备管理要求提高物流园内装卸设备、载运设备等运用效率，对物流园内移动设备异常情况提供报警，要求设备按照引导走行，保证物流园区与移动设备的安全；设施管理要求实现物流园区内办公楼、仓库等设施安全、高效低碳运营。

3. 电子商务业务需求

电子商务业务需求突出表现在线上产品展示、物流供需撮合、电子支付结算和线下物流服务四个方面。线上产品展示要求客户通过 PC 门户、移动 App 门户、微信门户实现浏览登录，商家实现企业产品线上管理；物流供需撮合要求实现车源信息、货源信息、仓储信息等资源信息的匹配、撮合；电子支付结算要求实现客户及商户安全的在线支付，提供线上资金结算、转账等服务；线下物流服务要求按订单指令对商品进行拣选、配送等物流服务，提供安全、可靠的线下物流保障。

4. 公共信息综合服务需求

公共信息综合服务是指面向物流园区经营管理和社会公益的公共服务，需求包括支付结算、营销管理、监测及指数发布、诚信管理服务四个方面。支付结算服务要求实现商品交易中及时的商品配送和资金结算，降低买卖双方非面对面交易的信用风险；营销管理服务要求实现目标客户个性化营销、降低不同主体签订合同的风险，提高园区营销能力和水平；监测及指数发布服务要求实现物流市场监测及预警，通过物流指数反映物流业发展运行的总体情况，弥补既有区域物流统计不足；诚信管理服务要求实现参与经营企业及个人的信用记录，融入社会征信体系，营造公平竞争、诚信经营的市场环境。

5. 增值与创新服务需求

增值与创新服务是智慧物流信息平台的重要盈利点，需求包括供应链金融服务、大数据增值服务和物流综合创新服务三大服务的管理方面。供应链金融服务要求提供供应链金融解决方案，满足仓单质押、订单融资、设备融资租赁、物流授信金融等业务需求，合理管控风险；大数据增值服务要求挖掘大数据价值，满足市场需求预测、经营风险预警、客户资信评估、精准营销、物流体系优化等业务需求；物流综合创新服务要求支持物流服务模式创新，满足供应链总包、第四方物流、集采代理、人才培训、创业孵化、SaaS 服务等业务需求。

9.3　智慧物流园区信息平台总体架构

9.3.1　逻辑架构

智慧物流园区信息平台是基于计算机通信网络技术，提供物流信息、技术、设备等资源共享服务的信息平台，其服务体系架构主要分为应用扩展层、服务支持层和平台基础层，各层可调用下层提供的数据、功能或者服务机制，同层模块、系统可互相调用。智慧物流园区信息平台体系架构如图9-1所示。

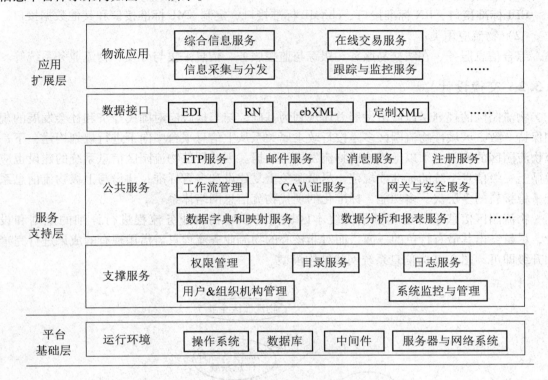

图9-1　智慧物流园区信息平台体系架构

1. 平台基础层

平台基础层是体现物流园区信息平台技术及其公共服务的重要支撑，所有底层系统应构成一个服务集群运行的基础设施。本层各系统应具备稳定性和可靠性，对各类软件有较好的兼容性和高性能支持，并在升级操作时不影响上层软件的运行。

平台基础层主要包括服务器与网络系统、操作系统、数据库、中间件等硬件与软件设施。

2. 服务支持层

服务支持层主要是为应用扩展层提供所需的部署、集成支持系统，以及提供平台管理所需的公共服务软件。服务支持层包括以下内容。

·支持服务类。权限管理、目录管理、用户和组织机构管理、日志服务、系统监控与管理。

·公共服务类。FTP服务、邮件服务、消息服务、注册服务、CA认证服务、数据字典和映射服务、数据分析和报表服务、网关与安全服务、工作流管理等。

3. 应用扩展层

应用扩展层提供与物流业务相关的共性功能的软件系统，以及系统交互的数据接口软件。应用扩展层可以不断地扩充应用和接口以满足需要。

构建于平台上的物流业务应用系统是某一领域内或行业内通用的应用系统,并具有与平台交互的开放性以及基本业务功能脱离于平台运行的独立性。应用扩展层包括以下内容。

（1）数据接口类

EDI 标准接口、RN 标准接口、ebXML 标准接口、定制 XML 标准接口和其他数据接口。

（2）物流应用类

综合信息服务、在线交易服务、跟踪与监控服务、信息采集与分发、物流业务系统等。

9.3.2　交换设计

物流园区的规划是以城市发展总体规划为基础,与当地政府对国民经济和社会发展的规划保持一致。区域性物流园区多是按行政隶属关系从上信息平台中向下进行规划构建,下一级物流园区的发展必须以上级地区物流发展为依据。因此智慧物流园区信息系统的建设也应遵循上一级信息系统的标准或规范,尽量避免重复建设和多重标准,建设与上级物流信息系统平稳接轨的多层次、多功能、标准化的现代物流信息网络体系。

物流园区信息系统也应紧紧围绕本区域内的核心物流业务流程进行详细的规划和设计,尽量突出其最有特色的一面,而对非核心的物流业务流程只需借用现有的成果进行完善和升级即可。图 9-2 为信息系统网状结构模型。

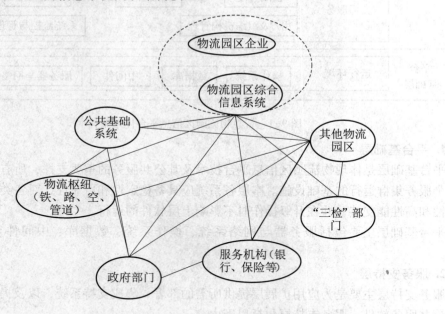

图 9-2　信息系统网状结构模型

9.4　智慧物流园区信息平台功能设计

结合智慧物流园区需求分析、总体结构分析结果及智慧物流园区信息平台的核心信息流程,以满足政府部门、物流节点层、企业层对信息服务的需求为出发点,围绕物流园区功能定位以及平台基础层、服务支持层、应用扩展层的层次体系规划各功能,具体如图 9-3

所示。

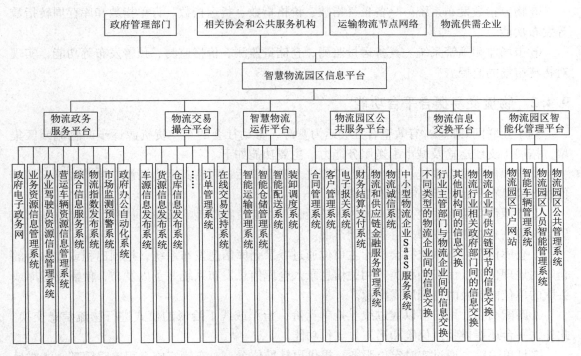

图 9-3　智慧物流园区信息平台总体功能规划

9.4.1　物流政务服务平台功能

1. 政府电子政务网

政府电子政务网主要包括行业主管部门的政务公开、政策法规全程办事代理、公告信息、信息查询和网上办公。

2. 政府办公自动化系统

政府办公自动化系统主要包括个人办公、文档及公文、人事管理、资产管理、事务处理和公告管理。

3. 物流服务网

物流服务网是行业主管部门引导扶持、监管物流企业的基础性公益网络平台，主要包括以下内容。

①业户资源信息管理系统。业户涉及四大行业：货运、维修、搬运装卸和运输服务。系统处理业户档案、业户资质审查和年度审验等。

②从业驾驶员资源信息管理系统。涉及从业资格申请、培训考试、收费、资格证管理等，其中主要包括个人基本情况、信息查询、个人信息黑名单等。

③营运车辆资源信息管理系统。包括车辆档案管理、车辆营运管理、车辆年度审验等。系统将实现省内联网，形成全省营运车辆档案管理库，并以此建立营运车辆信息体系。主要内容有营运车辆基本情况、资信记录、特别记录、资信查询、车辆信息黑名单公告。

④综合信息服务系统。提供公益服务，满足物流企业增值需求，如电子地图、高速信

息、交通气象、出行提示等。

⑤物流指数发布系统。具备景气指数、价格指数、货运指数、订单指数和库存周转指数等发布功能。

⑥市场监测预警系统。具备运量监测、仓储量监测、价格监测、预警发布等功能，实现对物流市场的监控。

9.4.2 物流交易撮合平台功能

基于互联网+理念，有效整合社会运力资源，带动社会的车、货资源逐步向物流园区集聚，拓展干支线运输及城市配送服务能力。主要功能如下。

①车源信息发布系统。社会运力资源进入资源库后，可将其运力资源、经营线路、基础价格等信息在平台发布，寻找匹配货源。

②货源信息发布系统。客户通过审核后，可将其货物类型、重量、体积、包装方式、期望运价等信息在平台发布，寻找匹配车源。

③仓库信息发布系统。会员库主单位通过登录仓库信息发布系统，把预出租或预出售的仓库的地理位置、面积和种类等相关信息录入仓库信息发布系统并予以发布，使需要租库或买库的单位能够及时得到所需库源。

④匹配交易。用户可以通过线上抢单竞价、指派或线下洽谈的模式进行物流信息交换。此外，平台还提供物流保险和第三方支付功能。

⑤订单追踪。通过实时定位服务，提供更精准位置，对车辆实施全程追踪管理，实时反馈在途信息。托运方可以全程在移动端 App 或者网页端运单管理界面实时查看物品现况。

⑥异常报警。通过对车辆轨迹进行追踪，与车辆计划行驶路线进行比对分析，并设置一系列的异常预警，保障车辆与货物全程安全。

⑦保险服务。引入保险机构或担保制度，建立陌生人之间的信任关系，减少被骗派车、放空、结不到运费、货主无故拖欠运费的风险。

⑧订单管理系统。该系统功能包括检查订单要求是否全部有效，确认订单信息是否完全；根据货物描述及客户要求，进行服务的合理策划与设计；调用运输管理子模块的相应功能，安排运输计划。

⑨在线交易支持系统。该系统功能包括物流服务的电子询价与报价；物流业务的网上谈判、议价、合同签订与管理；电子支付与资金结算；网上报关、交税功能；网上办理保险业务；网上办理工商注册申请；网上办理银行账户申请、电子账户管理等功能。

9.4.3 智慧物流运作平台功能

1. 智能运输管理系统

对托运合同、承运合同的信息管理及数据传递，对运输过程中的集货、配送、城间运输管理及其所涉及的信息传递和费用记录。

2. 智能仓储管理系统

具备入库管理、库存盘点、退货管理、废弃处理、出库管理等功能，管理范围涵盖到货至出货全程过程，配合部署在仓库内部的湿度、温度感应器，自动对仓库进行湿度、温度调节，保证原材料及产品良好的储存状态。

3. 智能配送系统

即利用地理信息技术、多目标决策技术、路径优化模型、数据库技术等，依托高精度电子地图，对物流配送调度业务进行订单处理、优化分析、可视化调度报表输出、订单动态查询等，而建立的智能化、可视化的新型配送系统。

4. 装卸调度系统

具备车辆引导、设备管理、装卸计划、质量监控和油耗管理等功能。

9.4.4 物流园区公共服务平台功能

1. 合同管理系统

合同管理系统具备预算查询、标准文本、合同起草、合同审批、进度管理、合同纠纷和合同评价功能。

2. 客户管理系统

客户管理系统主要内容包括：客户基础信息维护、合同管理、往来数据统计分析、客户行为分析、客户服务中心投诉及相关处理管理。

3. 电子报关系统

利用该系统，进出口货物收发货人或其代理人可先向海关计算机系统发送电子数据报关单，接收到海关计算机系统发送的"接受申报"电子报文后，凭以打印纸质报关单，并随附有关单证向海关提交。

4. 财务结算支付系统

财务结算支付系统具备电子支付、网络转账、信用卡还款、收集充值、物业缴费、票据交换、汇票管理等功能，实现对客户关键业绩指标的分析，实现运营成本收益分析，实现与财务系统的对接。

5. 物流和供应链金融服务管理系统

具备存货类融资、预付款融资、应收账款融资、产品管理和风险管理功能，为供应链上下游企业提供金融服务和融资产品的管理。为供应商提供收取货款、定期对账、账款催收、销售分户账管理、应收账款融资等金融服务，以及应收账款质押融资、应收账款池融资、国内保理、国际保理等产品；为核心企业提供在线收款、应付账款管理、在线付款、到期自动付款、定期对账、企业资金管理和上下游企业担保融资等服务；为经销商提供支付贷款、定期对账、预付款融资、存货融资等金融服务，以及差额回购、阶段性回购、厂商担保、现货质押融资和仓单质押融资等融资产品。

6. 物流诚信系统

具备诚信度查询、诚信度评级、诚信列表、信用公示投诉管理和投诉审核功能。

7. 中小型物流企业 SaaS 服务系统

具备应用软件租赁、软件管理、用户管理、在线协作等功能。

9.4.5 物流信息交换平台功能

物流信息交换平台是以标准化工作为基础，实现物流及其相关行业的数据交换，应实现以下功能。

1. 不同类型的物流企业间的信息交换

满足不同类型的物流企业因业务交叉而产生的对信息交换的需求，通过建立物流企业间信息交换的标准，实现物流企业整体信息化水平的提高，促进协同运作和资源共享。

2. 行业主管部门与物流企业间的信息交换

建立行业主管部门与物流企业间的信息交换机制，改善监管力度，加快政务处理，提高信息来源的可靠性。

3. 物流企业与供应链环节上的信息交换

建立物流企业与供应链环节上的客户、供应商、采购商等因供求关系产生的信息交换，让信息在整个供应链上流动，促进整体协同发展。

4. 物流行业相关政府部门间的信息交换

信息平台与海关、口岸、商检等部门进行信息共享和交换，促进进出口贸易的通关效率。

5. 其他机构间的信息交换

涉及支撑物流服务的其他相关行业，比如金融、保险、电信气象等，通过对它们信息化成果的对接和应用，增强信息平台的全程信息服务能力。

9.4.6 物流园区智能化管理平台功能

物流园区智能化管理平台包括物流园区门户网站、智能车辆管理系统、物流园区人员智能管理系统、物流园区公共服务管理系统等。

1. 物流园区门户网站

门户网站具备 PC 门户、移动 App 门户、微信门户和呼叫中心等部分；同时为合作公司、客户提供网上查询、网上委托、网上交易等服务。

2. 智能车辆管理系统

智能车辆管理系统目标是实现车辆管理的信息化、数字化和智慧化，保证车辆在物流园区内安全走行，具备自动识别、信息统计、自动引导、异常告警等功能。智能车辆管理系统采用射频识别技术，对进入物流园区的车辆进行全程监控和追踪；通过自动引导和提示显示屏，指导入场车辆进入指定车位和仓库，并显示入场超时等违规车辆信息；充分利用互联网+和自动定位技术，实现建立和维护物流园区车辆的整合优化、定位追踪、"车""货"核查等功能，有效地提升整体运营效益；车主、司机、车辆基础档案，对车主、司机、车辆的相关证件进行记录和审验提醒，保存车辆、司机的年审及相关情况记录，管理车辆相关费用的缴纳情况。

3. 物流园区人员智能管理系统

物流园区人民智能管理系统还具备智能感应、人员追踪、质量分析等功能，实现人员在物流园区内空间位置、作业内容及质量等全方位的监测与控制。如利用部署在整个物流园区的视频监控、射频卡、指纹机、门禁及人脸识别等多种感应手段，对进出物流园区人员跟踪管理，及时反馈；运用大数据，对人员行为轨迹、作业质量进行分析，实现考勤考核智能化；结合"智能车辆管理系统"，保障人员安全。

4. 物流园区公共管理系统

物理园区办公管理系统具备网上办公、资源共享、企业 OA 等功能；物流园区生活配套管理系统具备一卡通管理、自助终端、信息发布等功能；视频云监控系统具备监控全覆盖、人脸检索、视频追踪和集中监控等功能，实现物流园区内安全监控；物流园区资产管理系统具备信息化管理、资产管理、自动识别、智能提醒等功能，实现对物流园区内固定设施、移动设备的监控管理；跨物流园区云视讯系统具备电话会议、视频会议等功能，方便不同物流园区间交流与通信。

9.5 智慧物流园区信息平台安全技术保障体系设计

9.5.1 物理安全

按照物理安全防护标准，落实恰当的信息系统运行环境、保障措施，尽可能降低或避免自然因素、环境威胁、人员恶意破坏等对物流园区信息系统可能造成的影响。从监控、访问控制、防盗窃、防破坏、防雷击、防火、防水、防潮、防静电、温湿度控制、能源保障和电磁防护等方面，采取有效的措施保护物流园区信息系统运行。

9.5.2 网络安全

网络系统是智慧物流园区信息平台的重要组成部分，承担着数据传输和通信的重要功能。对于部分业务处理量大的公共物流园区，可通过建设云平台网络结构，有效部署访问控制、入侵防范、边界防护、恶意代码防护等设备和技术，有效实施网络安全审计、网络设备管理，具体安全技术保障体系如图9-4所示。在传统安全策略的基础上，突出云平台特有的安全策略，特别注重网络安全的云接入安全和租户安全的安全策略设计，确保云平台网络能够安全、有效运行。

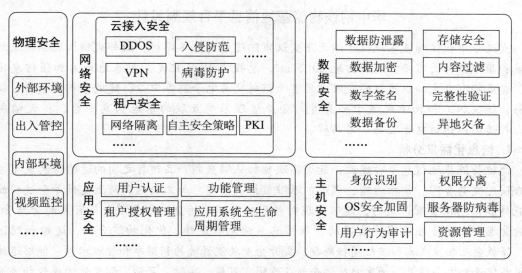

图9-4 智慧物流园区信息平台安全技术保障体系设计

9.5.3 应用安全

以应用系统全生命周期管理为依托，开展应用安全统一管控。对物流园区应用系统，实

9.5.4 数据安全

数据资产是平台安全体系重点保护的无形资产。构建物流园区数据资产防护体系,从数据完整性、保密性和可用性三个方面,统一采取数据加密、数字签名、数据备份和恢复等技术,实现物流园区数据的全方位保护。

9.5.5 主机安全

主机是物流园区信息系统中的重要节点,是信息数据存储的主要方式,构建完善的主机身份鉴别平台、访问控制平台,部署入侵防护系统、恶意代码防范系统,推进主机安全审计系统,实现物流园区信息系统主机的安全运行。

9.5.6 边界安全

明确系统边界,确定平台内外相关系统间的互信机制,制订边界安全方案;采用可靠的、符合国家相关安全规范的软硬件产品;自行软件开发环境应与实际应用系统分开;外包软件开发应用应深度测试,避免恶意代码和后门隐蔽信道。

案例 1

华中钢铁物流基地信息平台规划设计

武汉华中钢铁物流基地位于湖北省武汉市阳逻开发区界埠村,毗邻武钢江北钢材深加工基地和华中钢材大市场。规划占地 80 万 m^2,总投资 17.3 亿元。该基地着力加强信息化投入,建成拥有自主知识产权的武汉地区首个钢材交易电子商务中心,建成集钢材仓储、钢材交易、钢铁加工和物流配送于一身并与企业管理系统互联的基地信息平台,扩大辐射范围,打造国内钢材电子交易知名品牌。

1. 信息化需求分析

通过物流基地信息平台建设,能够实现货物从供应到产品销售之间的运输信息发布、业务洽谈、交易合同、货物运输、调度、跟踪监控、仓储、加工配送和网上支付等全过程的单证流转和信息化管理。同时,能够实现对整个物流环节的全过程管理,与有关的仓储管理、运输管理和配送管理及客户自身的管理信息系统无缝连接,优化物流仓储、运输和配送服务,降低企业物流成本和缩短周转周期,提升企业物流资源的利用率和管理水平;能够迅速反馈服务信息和服务结果,为客户提供全新、透明、可视、实时、互动、形象化的现代物流业务管理信息系统。

华中钢铁物流基地信息平台的服务对象主要有华融物流公司、钢铁生产厂商、钢铁经销商、钢铁终端用户、钢材加工企业、钢铁运输商、结算银行、信贷银行、政府监管部门等。如图 9-5 所示。

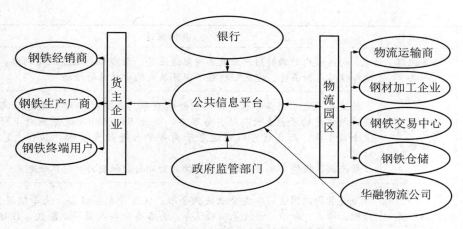

图 9-5 华中钢铁物流基地信息平台服务对象

物流基地的信息平台为钢铁生产厂商、钢铁经销商、钢铁终端用户提供了在线物流交易的环境和政府各职能部门"一站式"服务的集成环境。进驻钢铁物流园区的生产加工配送企业利用信息平台接受货主的物流服务委托，完成与货主企业之间的物流信息数据交换，向市场提供物流服务信息等物流基地利用信息平台实现办公自动化和信息的无纸化处理，为管理决策提供必要的支持，实现高效率的物流作业管理。华融物流公司作为物流基地运营主体是进驻企业的后勤保障部门和基地物流市场的组织者和协调者，物流基地信息平台首先要满足其运营与管理的需要。对于与物流管理相关的政府各职能部门来说，物流基地信息平台是收集物流管理信息的有效渠道，是进行行业管理决策的有力支持。

华中钢铁物流基地公共信息平台服务功能如表 9-2 所示。

表 9-2 华中钢铁物流基地公共信息平台服务功能

功能性质	服务名称	具体描述
核心服务	钢铁交易服务	钢铁交易服务由实地现货交易、网上电子交易和零售买卖交易等三种交易形式组成。网上电子交易实现买卖双方在网上的电子交易。对卖方而言，可享受网络挂牌、销售、回款服务；对买方而言，可享受查询、挑选货品、发出订单、锁定资源、网上支付货款、网络获得货权凭证等服务
基本服务	钢铁仓储	物流基地本身也是一个区域性库存中心，仓储是库存中心的主要功能。物流基地建设多种类型的钢材仓库，为各种型号、规格的钢材，以及其他金属材料提供储存场所，提供保管和入出库等作业服务
	流通加工服务	钢材使用领域广泛，不同领域对钢材的下料、粗加工等有不同的要求；钢材加工需要特殊的设备。为满足中小用户对于钢材加工服务的需求，物流基地为客户提供钢材流通加工服务。物流基地引进包括分条、平直、横切、冲片、套裁、激光拼焊、折弯、成形以及汽车零部件加工配套等钢材粗加工项目
	信息服务	电子商务平台适时发布库存信息、交易信息、价格信息，为卖方订货、销售决策提供服务，为买方查询资源提供服务；卖方可自行发布供应信息，进行产品展示；买方可发布求购信息；为企业提供运输信息、加工信息等服务

续表

功能性质	服务名称	具体描述
增值服务	物流配送服务	面向区域内的钢材用户开展钢材配送业务，形成钢材物流配送网络。利用水运和铁路运输条件，完成钢材在不同区域间的中转运输活动
	金融支持服务	物流基地电子商务平台支持网上金融业务，为钢材相关企业进行网上交易提供所需要的资金支付与结算等服务。企业不仅能在物流基地电子商务平台上洽谈生意，而且还可以通过电子商务平台进行资金账户转移，完成商流活动。 物流园区提供仓单质押服务，将物流功能与金融支持功能结合起来
	辅助服务	为进驻物流园区的各类企业提供金融、保险等配套服务，为车辆提供停车、修理、检测、加油、清洗等辅助服务，为各类业务人员提供餐饮、住宿、理发洗浴、简单医疗等服务

华中钢铁物流基地信息平台对基地的买方和卖方客户采用"会员制"的服务方式，实行"透明式"交易，实现资源共享。客户可以在该平台上每天查询来自国内外的钢铁行情信息。

该平台的电子交易系统具有电子合同交易、钢铁超市、竞买竞卖等多种不同的交易模式，并具有以下主要特点。

（1）采用电子商务的交易模式。

（2）涉及行业内各层面、多角度的信息发布，且更新及时，可以避免传统信息渠道所导致的信息滞后、信息不对称等情况的出现。

（3）价格公开、透明，杜绝损害企业利益的行为发生，省却不必要的流通环节，使物流成本变得更低廉、实惠。

（4）引入各种质量管理认证体系，确保进出的货物质量令人放心。

（5）与银行形成合作关系，方便商户融资，消除资金周转难的烦恼。

（6）货源广泛、充足，采购商挑选钢材的空间增大，容易选择到合适的钢材商品。

（7）买卖自由、公平，有国家法规和内部严密的制度作为良好的履约保障。

2. 物流基地信息平台的总体结构设计

物流基地的目标客户定位于中小型钢材经销企业与用钢企业，由于其初期建设资金以项目业主自筹为主，设计开发时可分阶段设定系统目标，一次规划，分步实施。从长远建设和运行成本来看，物流基地信息平台的建设需充分考虑灵活性、开放性及可扩展性等特点，因此其应用体系结构宜选择前台（B/S）和后台（C/S）的混合模式。华中钢铁物流基地信息平台体系结构如图9-7所示。

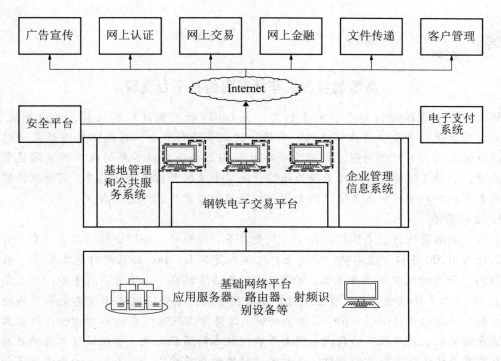

图 9-7 华中钢铁物流基地信息平台体系结构

华中钢铁物流基地信息平台主要包括基础网络平台、电子商务平台、基地管理和公共服务系统、企业管理信息系统、安全平台、电子支付系统等。

(1) 基础网络平台

基础网络平台是物流基地信息平台的基础构件,包括应用服务器、路由器、射频设备等。

(2) 钢铁电子交易平台

钢铁电子交易平台是依托互联网进行钢铁交易的虚拟场所,是物流基地信息平台的核心部分,是物流园区提供的主要服务。

(3) 安全平台

安全是网络交易的基础,是物流基地信息平台正常运行的保证。安全平台主要包括网络安全技术与安全认证,其中安全认证包括对注册权利和用户权利的认证。

(4) 企业管理信息系统

企业内部开展业务过程中所使用的管理信息系统,主要包括生产控制系统、人力资源管理、客户关系管理、集团控制和财务管理等功能模块。同时,物流园区向入驻钢铁物流企业提供基于公共信息平台的通用系统,主要包括仓储管理系统、交易中心、加工管理系统、物流配送系统和电子商务系统等。

(5) 电子支付系统

电子支付系统是以金融专用网和基地公共网为基础,以商用电子化设备和各类交易卡为媒介,以计算机和通信技术为手段,通过计算机网络系统以电子信息传递形式实现流通与支付的系统。

 **案例2**

典型物流园区车货匹配信息平台发展

物流园区车货匹配信息平台主要利用"互联网+物流园区"的优势,通过物流App、Web或其他系统的开发,将线下车源、货源、设施等进行整合,在线上发布信息并精确匹配,解决物流信息不对称问题。目前,一些大型3PL企业,以多年的线下物流园区节点网络为基础,以雄厚的资金和风险管控为保障,依靠专业的营销团队和渠道,用互联网思维改造目前自身相对封闭的信息系统,打造出一批优质的车货匹配信息平台。

1. 发展背景

当前,公路货运经营主体规模较小、数量众多。据统计,全国公路物流企业有750多万户,共计有1 200万辆货运车辆,平均每户仅拥有货车1.6辆;经营运作基本处于"散兵游勇"状态,产业的组织化水平很低,90%以上的运力掌握在个体运营司机手中,行业集中度仅有1.2%左右。传统模式下,货主通过中介寻找司机,中介通过实体信息交易市场把信息卖给司机,并将运费的10%~30%作为中介费。这种货运物流信息的不对称性,造成目前公路货运资源错配、效率低下的局面。随着互联网技术的迅猛发展、手机通信工具的日益普及以及有关身份认证信息服务的开放、各种定位技术的成熟应用,越来越多的物流园区加强了车货匹配信息平台的建设。其中,以宝供为代表的合同物流企业推出的"一站网",以中储为代表的仓储型物流企业推出的"中储智运"(见图9-8),以传化为代表的平台型物流企业推出的"易配货",最为吸引人们视线。

图9-8 "中储智运"车货匹配信息平台界面

2. 平台功能

·货源信息发布。货源方在线发布货物信息,包括货物的名称、类型、照片、运输信息和结算信息,其中运输信息包括重量、车型、装货地、卸货地、装卸货时间等,结算信息包括意向价格、结算方式等。

·公平竞价接单。车源方一旦参与竞价,就承诺以该价格执行,如果不履行、不签单，平台方将扣除其竞价保证金以补偿货源方。平台方提交最低价的前几名竞价方给货源方选择。车源方在搜索货源信息的同时可以看到回程货源，方便车源方合理提交竞价。

·在线签署运输协议。在线签署的电子协议作为交易依据，明确了路线、价格，划清了双方权责，提前规避风险，以确保货车双方的利益。货源方也可以通过电子协议对货品运输过程中注意的相关事项和要求进行个性化定制。

·在线安全支付。货主、车主根据车货匹配物流信息平台的信息发布进行车货匹配之后，货主和车主可进行线下交易。此外，车货匹配平台大多支持使用网银、支付宝以及银行的担保支付交易平台来支付信息费、运费和货款等，方便客户线上支付，降低了支付风险。

·货物在途管理。部分平台依托GPS/北斗系统随时跟踪货物运输情况，掌握货物在途信息。车源方可随时登录定位平台，掌控车辆运行及位置信息。

·交易诚信评价。平台大多提供车、货双方信用互评及点赞、拉黑等功能，在实现交易记录保存的同时，通过货车司机服务的透明化和公开化为其他货主的交易选择提供参考，从而提升行业服务及诚信水平。

3. 运作特点

·起到信息中介作用。平台采用会员制管理，会员多为中介机构和货代，也服务于货源方（货主）和车源方（司机、物流公司）。部分平台不确保信息的有效性，撮合交易但不保证交易的成功，对于信息所造成的后果平台也不承担任何责任。出了问题只能协调司机和货主双方，承运人仍是个人司机，风险并未转嫁。

·提供多维度匹配撮合。运用数据挖掘技术、搜索匹配技术和移动互联网技术，并在货物与车主之间进行多维度匹配，除了基于地理位置的距离匹配，还有路线、时间、载重量等多维度匹配。

·盈利模式逐渐多元化。信息交易服务型平台必须达到一定规模，否则很难在市场中单纯依靠交易信息服务而生存。因此，这类平台除了提供车货匹配服务外，还尝试拓展盈利渠道。主要包括：通过会员制收取会费盈利，为货主、车主、物流企业、司机推送收费信息，为部分运输企业、物流设备制造企业、物流管理软件企业等提供广告服务，帮助会员代办车辆审验、保险、贷款等事项，收取一定服务费。

第10章

物流园区开发与运营管理

10.1 物流园区开发模式

物流园区的开发模式是指在物流园区的前期规划建设和运行准备阶段,各个主体所承担的功能的组合。开发模式的选择是现代物流发展的关键,不仅影响物流园区的规划和建设,更是物流园区功能发挥的保证。物流园区的开发主体,决定着物流园区的开发模式。物流园区的开发主体主要包括政府、开发企业、入驻企业和管理企业。

1. 政府

作为公共管理部门,政府是宏观把握物流园区开发的核心主体,其具体任务视不同情况而定。物流园区开发所需土地一般由政府管理,土地出让所得是政府的短期利益。政府具有公共性特点,不同于其他利益主体,要切实保障公共利益的实现,物流园区高效运行所带来的城市交通改善、就业机会增加以及区域经济结构优化和经济发展等一系列社会收益是政府追求的长远利益,也是物流园区开发的长远利益。

2. 开发企业

开发企业具体指负责物流园区土地征用和开发,进行物流园区内各项交通、市政基础设施建设的企业主体。开发主体呈现多元化的趋势,它可以是一家企业,也可以由多家企业共同组成;可以是国有及国有控股企业、民营企业,也可以是外商投资企业;开发企业的利益最终体现在开发资金的资产升值上,具体通过对外租赁、物流园区土地或设施转让等手段实现。

3. 入驻企业

入驻企业指在物流园区开发完成后进驻物流园区内的具体生产企业,既包括物流企业也包括与之相关的工商企业。

4. 管理企业

管理企业指物流园区建设完成、开始投入运行后,具体负责物流园区日常运行中各项事务的管理和为入驻物流商提供服务的企业。

10.1.1 国外物流园区的开发模式

国外物流园区发展比较早,相对来说具有比较成熟的物流园区开发模式,其中日本、德国和美国的模式最具代表性,在这其中开发的主体就是政府和企业,但是各国国情的不同导致政府和企业两个主体在物流园区的规划和建设方面的作用、地位和角色不尽相同。

1. 日本物流园区的开发模式

日本是全世界最早建设物流园区的国家之一,开始于 20 世纪 60 年代,被称作物流基地或物流园地。日本一度城市结构混乱,商流与物流融为一体,交通混杂。为了缓解城市交通压力,提高交通通行效率,日本政府从 1965 年开始着手物流园区的建设,分别在东京的四周建设了葛西、平和岛、板桥和足立四个现代化物流园区。总结日本物流园区的开发模式,主要有以下特点。

(1)政府组织确定产业规划

由于日本的物流园区一般规模较大,因此,日本政府在城市的市郊边缘带、内环线外或城市之间的主要交通干道或附近,规划有利于未来具有配套设施建设的地块作为物流园区的建设位置。

(2)政府扶持企业开发物流园区

将物流园区内的地块以生地价格出售给不同类型的物流行业组织,这些组织再以股份制的形式在其内部会员中招募资金,用来购买土地和建造物流设施及设备。若资金不足,政府可提供长期低息贷款。

(3)完善配套设施

政府对已确定的物流园区积极加快交通设施的配套建设,在促进物流企业发展的同时,促使物流园区的地价和房产升值,使投资者得到良好的回报。

2. 德国物流园区开发模式

德国是欧洲物流发展最好的国家,也是全世界最早发展物流园区、收效最为显著的国家之一。20 世纪 80 年代初,德国就开始规划建设发展物流园区,并逐渐使其承担起促进区域内商品顺畅流动、助推东西欧经贸交往的角色。德国物流园区的建设与当地交通政策以及经济发展政策密切相联,因此,政府对物流园区的规划建设给予经济资助,由当地政府具体实施。由于物流园区投资数量较大,不可能由少数机构完成,最典型的做法是采用 PPP 模式进行公私合作。合作中,政府对物流园区基础设施建设提供资金,私人公司则投资自己所需的物流设备。

(1)联邦政府统筹规划

联邦政府在统筹考虑交通干线、主枢纽规划的基础上,通过广泛调查区域产业布局、物流节点和物流企业分布现状,根据各种运输方式衔接的可能,在全国范围内规划物流园区的空间布局、用地规模与未来发展趋势。为引导各州按统一规划标准建设物流园区,德国交通主管部门还对符合规划的物流园区给予资助或提供贷款担保。

(2)州政府和市政府扶持建设

物流园区对区域经济有明显的带动和促进作用,物流园区所在地主管政府总是希望规划建设的物流园区更多地实现其公共服务职能,而并非单纯以盈利为目的。因此,在物流园区的建设和运营过程中,州及地方市政府是物流园区的主要投资人。

(3) 企业化经营管理

物流园区的运营管理由当初的政府组织管理，逐步过渡到由企业自主管理阶段，经过多年的发展经营，德国总结出企业化的管理方式，比行政化的管理方式更为有效率。管理物流园区的有限公司受投资人的共同委托，负责物流园区的生地购买、基础设施及配套设施建设，以及物流园区建成后的地产出售、租赁、物业管理和信息服务等。例如，图林根物流基地管理有限公司的业务包括销售、宣传和物业管理三大块，公司还负责代表企业与政府打交道，负责兴建综合服务中心、维修保养厂、加油站、清洗站等公共服务设施，为成员企业提供信息、咨询、维修服务等。物流基地内的道路、下水等市政工程设施的维修、养护由市政公司负责，享受与普通市区同等的公共服务并缴纳相关费用。

入驻企业自主经营、照章纳税，依据自身经营需要建设相应的库房、堆场、车间、转运站，配备相关的机械设备和辅助设施。每一个物流园区由一家有限责任公司负责经营，这些公司的股东中，不仅有所在城市和州政府部门，也有地区经济促进会、工商会等公益性组织，当然还有私营物流企业，由不同股东共同参与。物流园区有限公司作为所有股东利益的代表，公平公正地开展物流园区内企业之间的协调发展以及与政府等部门之间的协商对话工作。

3. 美国物流园区开发模式

在美国，物流园区的发展大多采用自由化的市场经济模式，其在物流园区的投资开发方面也积累了丰富的经验。

(1) 政府的优惠政策

为支持物流园区的开发和建设，美国当地政府提供许多政策上的优惠以吸引各种投资和各类物流企业进驻。以得克萨斯州的圣安东尼奥市为例，该区以物流园区规划建设为依托，通过吸引大量的物流资源在该市集聚，促进该市尽快成为北美自由贸易区的贸易走廊，为此，该市政府制定了前10年免征财产税、销售税返还、对从事中转货运的企业免征财产税等一系列税收优惠政策。

(2) 物流资源整合

州政府和市政府为了达到物流资源的优化组合，出台了一些优惠政策，鼓励物流企业及物流相关企业并购和建立战略合作伙伴关系，并利用并购后的优势对国内外各地的物流节点进行合并优化，将各种物流业务在时间、空间上运作到最佳状态，形成了"快速、优质、高效、安全"的物流服务体系。

10.1.2 国内物流园区的开发模式

从我国物流园区发展的良好势头看，总体上采用的是"政府支持、企业合作、市场化运作"的基本模式。具体有两类模式。一是政府、大型企业作为独立的开发模式。由于物流园区具有开发投资大、周期长、效益回收慢等特点，政府、大型企业作为独立的开发建设主体，风险较大，不利于政府或企业的正常运作，同时也会由于资金不足等原因造成物流园区建设期过长、入驻企业流失、经营管理脱节等现象，使得物流园区缺乏竞争实力。二是政企联合模式。这种模式与政府、大型企业作为独立的开发建设主体比较，有其独到的优点：政府从独资转化为多家合资就可以有效地降低风险；在政府进行征地之后，由政府与一家或多家企业成立开发建设股份公司进行统一的规划开发，这样就减轻了政府的财政负担，也减少了企业的征地费用。但这种模式存在的问题是土地的所属关系混淆不清，而且由于直接涉及政府利益，政府给予的优惠较多，可能会影响市场公平竞争。

10.1.3 物流园区开发模式比较分析

根据国内外物流园区开发案例的梳理分析，总结物流园区开发模式主要有经济开发区模式、主体企业引导模式、工业地产商主导模式、PPP模式和综合运作模式。

1. 经济开发区模式

经济开发区模式，是从宏观发展政策的角度，将物流园区作为一个类似于目前工业开发区、经济开发区或高新技术开发区的项目进行有组织开发和建设的模式，在特定的开发规划、政策下，由政府设立专门的开发部门，制定统一的物流园区开发战略方案，通过招商引资等方式进行经济项目开发。

由于物流园区不仅具有物流组织管理功能，对入驻的物流企业进行统一的组织和管理，而且具备经济发展的功能，对经济发展有一定的促进和推动作用，因此依托经济开发区的物流园区建设项目，本质上就是在新的经济发展背景下全新的经济开发区项目。

以此模式进行的物流园区开发，实际上是建立在复合产业概念下的"物流经济开发区"。政府通过制定相应的政策进行引导，使物流园区的运作以市场为导向、以企业为主体，有利于物流园区内企业公平、公开和公正竞争经营环境的形成，能调动团体中各个企业开发物流园区的积极性。该模式的突出优势在于它将整个物流园区紧密地定位在现代化物流园区的概念上，依靠具有现代化物流思维的专业物流企业团体和以物流为主的产业分工协作，使物流园区具有高度整体性，物流业务经营具有高度专业性。

但该模式使作为物流园区开发建设的专业物流企业团体同时又处于相互竞争状态。因此，当开发利益冲突时，物流园区内各企业开发团体难以协调处理好彼此之间的利益冲突。各企业可能会为了追求自身利益，各自为政，最终导致物流园区整体布局比较混乱，使开发结果与物流园区的规划建设目标背道而驰。

2. 主体企业引导模式

主体企业引导模式是从市场经济发展的角度，由在物流技术、企业供应链管理、企业经营以及资金方面具有领先优势的大型物流企业牵头，根据市场需求自行征用土地，开发物流园区，有效配置物流资源和产业资源的一种模式。在宏观政策合理引导下，通过带动和引导那些依托物流园区进行发展的其他物流企业或相关工商企业入驻，逐步实现物流产业的集聚，从而达到物流园区开发和建设的目的。

主体企业引导模式对城市经济管理体制提出了巨大挑战，要求能从中心城市发展和区域经济发展的高度，培育一个适宜物流园区发展所需的良好市场环境。同时该模式对开发企业实力和规模也有较高要求，在目前我国大多数物流企业发展不够成熟的情况下，其适用范围受到很大限制。

该模式以市场需求为立意点，采用了自下而上的"拉动"方式，主导企业是未来物流园区管理运营的主体，又引导物流园区的开发。从市场配置资源的角度来看，主体企业本身具有丰富的物流经营管理经验和较高的专业技术水平，因此该模式降低了物流园区因功能定位不合理和需求不足等因素造成的投资风险。该模式下，整个物流园区由一个主导企业或几个优势企业来规划，从而能够保证在整个前期规划、功能定位、开发建设过程、营运过程具有一致性和统筹性,这样既避免了整个物流园区功能上的单一或重合,同时又避免了过度竞争,确保实际效率,因此这一开发模式恰好弥补了经济开发区模式的不足。

但是获得自主开发权的物流企业从规划开发到建设、营运都占主导地位,它们有可能凭借自己强大的资金实力以及先入优势,限制后进入的物流相关企业或者是占有资产相对较少的弱势企业发展,以此来扩大自己的市场份额,达到行业垄断的目的。

3. 工业地产商主导模式

工业地产商主导模式是指将物流园区作为工业地产项目,政府给予开发者适宜的土地政策、税收政策和优惠的市政配套等相关政策,由工业地产商统一投资开发,建设物流园区道路、仓库以及其他物流基础设施、基础性装备,然后以租赁、转让或合资、合作经营的方式进行物流业务操作,走专业化服务运作之路。物流地产开发核心流程如图10-1所示。

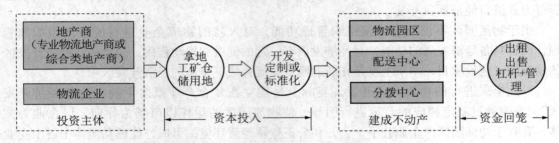

图10-1 物流地产开发核心流程

该模式某种程度上结合经济开发区模式和主体企业引导模式的优势,由政府来为物流园区开发者提供相应综合性配套政策,由工业地产商而不是以单个具有物流竞争优势的大型物流相关企业进行物流园区道路、仓库和其他物流基础设施及基础性装备的建设和投资;在整个物流园区基础设施建设前期开发结束后,入驻物流园区的所有企业都站在同一起跑线上,同时又有一定的专业分工和适当的专业竞争,这样就限制了主导企业开发模式中先进入企业对整个物流园区的行业垄断性控制。

该模式将物流用地的属性归为工业用地,从一开始就获得了土地价格优势。由于物流园区建设具有投入高、回报期长、回报率低但比较稳定的特性,作为工业地产项目进行开发,可以实行分期建设,在建设物流园区的同时留足配套项目工程用地,实行市场化建设及运营。

4. PPP模式

PPP(public-private partnership)模式,又称公私合营模式,指在公共服务领域,政府采取竞争性方式选择具有投资、运营管理能力的社会资本,双方按照平等协商原则订立合同,由社会资本提供公共服务,政府依据公共服务绩效评价结果向社会资本支付对价。这里指政府及其公共部门与企业之间结成伙伴关系,并以合同形式明确彼此的权利与义务,共同承担公益性物流园区基础设施的投资、建设、运营,共担风险、共享收益。

PPP开发模式有两大类。一是合资模式,政府部门和私营企业共同参与物流园区项目,共担责任、共担风险、共同分担项目产生的损失或盈利。在合资项目中,参与各方对项目的目标一致,各方都将贡献自己的专业知识,以使项目运行更好。二是特许模式,政府部门将某公益性物流园区项目特许权授予某个实施方,实施方负责在特许经营期内项目的建设、运营、管理、维护,独享收益。特许经营期结束后,项目转交给负责方。特许方式包括：

①BOT 模式（建设—运营—转让），特许期结束后，应将项目无偿地移交给政府；

②BOO（建设—拥有—运营），投资者获得所有权，根据可修改的特许权永久经营；

③DBOT（设计—建设—运营—转让），比 BOT 更进一步，投资者在设计阶段就参与项目运作；

④BOOS（建设—拥有—运营—剥离），在特许经营期末，政府部门支付项目的残值；

⑤BOOT（建设—拥有—运营—转让），在特许经营期末，政府部门不必支付项目的残值，直接接收；

⑥BOTT（建设—运营—培训—转让），在设施转让之前，私营投资者需要为政府部门的接受方提供培训。

5. 综合运作模式

综合运作模式是指对上述经济开发区模式、主体企业引导模式和工业地产商主导模式进行混合运用的物流园区开发模式。

由于物流园区项目的建设规模较大、涉及经营范围较广，既需要土地、税收等政策的有力支持，也需要投资方面能跟上开发建设的步伐，还要求具备物流园区经营运作能力的保证，因此，单纯采用一种开发模式，往往很难使物流园区建设顺利推进，需要根据不同功能区需求综合运用经济开发区模式、主体企业引导模式、工业地产商主导模式和 PPP 模式。

该模式不是前述四种模式的简单重叠，而是在考虑前四种模式特点的基础上，确定一种主导模式。由于各种开发模式均有相应的开发制度及运作机制，采用综合运作模式对物流园区整体制度设计和建设期的管理提出了较高要求，对物流园区开发建设承担者的综合能力也提出了较大挑战，而且有可能存在相关政策冲突。故该模式往往以一种相对固定的模式为主，对物流园区的一些特殊开发项目，有选择地采用其他模式作为辅助来保证物流园区开发建设的顺利进行。

总结物流园区五种开发模式的优缺点和适用条件，如表 10-1 所示。

表 10-1 物流园区五种开发模式优缺点及适用条件比较

开发模式	优点	缺点	使用条件
经济开发区模式	容易获得相关优惠；有充足的资金来源	政治色彩较为浓厚；政府部门承担的风险较大	在本区域内有大量的物流量需求，有明显的区位地理优势的情况下采用
主体企业引导模式	能够获得政府提供的优惠政策扶持	主导开发的企业独立承担投资建设的风险	主导开发的企业资金实力雄厚；开发区域内的物流需求量较大；缺少竞争企业；相关企业的互补特征明显；政府所提供的优惠政策较为充裕
工业地产商主导模式	租赁房降低经营风险，能够较少租赁资金获得物流园区内设施的使用	建设方可能承担设施及装备闲置的风险	有实力强大的物流地产商存在

续表

开发模式	优点	缺点	使用条件
PPP模式	提高物流园区工程建设效率和降低工程造价费，减轻政府财政预算，避免项目资金风险	特许经营导致的垄断性、长期合同缺乏灵活性等	公益性物流园区开发或物流园区公共配套基础设施开发
综合运作模式	多种投资主体共同开发，组成物流园区组织管理机构对物流园区的经营工作进行规范的管理，共同承担可能出现的风险和收益，符合市场竞争的需要	政府的监管职能削弱	存在多元化的投资主体共同投资

10.2 物流园区运营模式

物流园区运营模式是指物流园区在规划、建设完成后，在政府相关政策支持下，通过建立适当的组织管理体系，对物流园区主要战略和经营层面的活动进行设计，为实现物流园区社会效益和经济效益最大化目标而采用的经营方法。

10.2.1 国外物流园区的运营模式

国外物流园区的运营模式多种多样，各具特色。例如，日本采用"官民协办"的方式，欧洲采用"多元化"策略，而美国采用"市场化运营"策略。

1. 日本物流园区运营

日本现存的物流园区运营模式大体上可分为协同组合方式、半官半民方式、共同出资方式、个别方式等，主要采用"官民协办"的方式，政府宏观统筹调控，企业自由竞争。政府对已确定的物流基地积极建设配套交通设施，在促进物流企业发展的同时，促使物流基地地价和房产升值，使投资者的投资得到回报。有时政府可能完全放开，放给企业去经营。例如，日本东京的四大物流园区共占地近3 000亩，由东京团地仓库株式会社经营，该公司成立于1966年，现有资本2.8亿元，由112家股东组成，主要从事土地的购置和租赁、仓储业务、装卸业务、设施设备的租赁以及相关附属业务，同时在四大物流园区内设有事务所。以东京的筑地物流园区为例，由政府委派官员担任市场董事长，指导、监督经营，供应端由大批发商10家公司负责，中间环节由中间批发商组织实施，运用电子拍卖等技术，在短时间内实现当天对城市日常用品的配送，既保证了商品供需的有效利用，又保证了居民日常生活用品的价格和供应稳定，还减少了大量流动资金的积压。

时至今日，日本全国已形成了一个巨大的系统的物流体系。高速公路遍布日本四大岛屿各个地区，新干线纵横本州、南下九州，延伸到北海道，各大岛屿之间全部由跨海大桥和海底隧道相连，无数近海定期航班穿梭往来。信息化网络覆盖全国各个角落，为各种配送中心、物流节点、循环配送线路所组成的物流体系奠定了基础，加上先进的电子商务配套，使得日本物流效率迅速赶超欧美，成为世界第一。

2. 德国物流园区运营

德国政府在物流园区的规划和建设上与日本存在一定区别，也是近几年国内较为推崇的物流园区发展经验。德国物流园区运营模式的特点是采取联邦政府统筹规划，州政府、市政府扶持建设，公司化运营管理，入驻企业自主经营。由于物流园区项目的特殊性，联邦政府和地方政府在促进物流园区发展上都发挥了重大的作用。联邦政府在战略层面对物流园区的布局、用地规模与未来发展进行合理科学的规划；州政府、市政府作为规划的执行者，引导物流企业进驻，并对其提供资助和政策上的支持。德国政府扶持物流园区发展的重要原因是对物流园区公共服务职能的定位，认为物流园区建设并非单纯的为了追求盈利。在物流园区的建设和运营过程中，州及地方市政府扮演主要投资人的角色。

负责管理物流园区的企业受投资人共同委托，负责物流园区的生地购买、基础设施及配套设施建设以及物流园区建成后的地产出售、租赁、物业管理和信息服务等。由于物流园区的投资人主要是政府或政府经济组织，所以物流园区经营企业不以盈利为主要目标，主要侧重于实现管理和服务职能。以图林根物流园区为例，其管理企业的业务包括销售、宣传和物业管理三大部分。管理企业还负责代表物流园区企业与政府交涉，负责兴建综合服务中心、维修保养厂、加油站、清洗站等公共服务设施，为成员企业提供信息、咨询、维修服务等。物流园区内的道路、下水等市政工程设施的维修、养护由市政公司负责，享受与普通市区同等水平公共服务并缴纳相关费用。

此外，在欧洲其他国家，物流园区的运营工作一般由中立机构来组织，并由这些机构地为入驻企业提供全面完善的服务。欧洲物流园区联合会将中立的运营机构称之为业主，即独立经营、自负盈亏的实体。这个实体既可以是公共机构，也可以是私人性质的企业。而在一些国家则将中立的运营机构称为物流园区管理企业。

10.2.2 国内物流园区的运营模式

目前，中国物流园区运营模式现状用十六个字来概括："政府搭台，企业唱戏""行业铺路，市场经营"。具体可以解释为政府对物流园区的运营机制进行前期规划，由进入物流园区的企业进行自主经营、照章纳税，并根据物流园区发展的需要，配备相关辅助设施。现有运营模式主要有政府派出机构运营模式、投资企业运营模式、完全托管模式、入驻企业共同经营模式等。前两种均为物流园区投资开发建设方委派人员，组织建立管理机构，负责物流园区招商引资，并对入驻企业进行统一管理。完全托管模式是指由各种投资主体开发建设的物流园区，委托专业的物流管理机构进行物流园区管理，管理机构通过契约或合同的方式对物流园区的入驻企业进行专业化、社会化管理。物流园区由各入驻企业通过建立物流园区管理委员会或者行业协会对物流园区进行共同管理，称为入驻企业共同管理模式。现有的几种运营模式大部分来源于发达国家物流园区的管理经验及我国现有经济开发区的运营模式。从物流园区出现到快速发展的这十几年里，还没有形成公认最合理的物流园区运营模式。

10.2.3 物流园区运营模式设计

1. 物流园区运营模式的影响因素

物流园区采用何种运营模式，受多种因素的影响和制约，但每种影响因素对物流园区运营模式选择的重要程度并不相同。从目前情况来看，物流园区运营模式的选择主要取决于物流园区的投资主体、建设目标、客户定位、建设过程、政策影响、内外部环境等诸多因素。具体来说，主要受以下几个因素影响。

（1）物流园区的建设目标

物流园区发展是政府推动型还是市场需求型，即政府是出于形象工程或政绩工程的目的，还是依据现有物流市场需求的要求而建；是长期发展还是短期行为，这些因素会影响物流园区管理的方式。

（2）投资主体

政府与企业扮演着不同的投资主体，其建设物流园区的主要目的也不同，因而对物流园区管理模式有很大影响。

（3）政府与行业协会的角色定位

政府是政策制定者，还是物流园区的直接经营者和实际操纵者；行业协会是松散型组织，但是具备较强的凝聚力，这些因素会影响物流区管理模式。

（4）物流园区功能

物流园区功能较为单一，则可以采取较为简洁的管理方式；物流园区如果综合功能强，服务范围很宽，则管理模式相应不同。

2. 典型物流园区运营模式

（1）租赁运营模式

地方政府、各种类型企业、社会资本纷纷进入物流行业，物流产业园建设热潮也随之兴起。然而，从遍地开花的物流园区运营模式来看，大多数是以租赁为主的运营模式。该模式是典型的地产商开发模式，能够很好地利用地产商在地产开发项目运作上的经营优势和资金优势，使入驻物流企业将有限的资金资源投入业务管理，较好地解决了物流企业的资金问题。

目前，这种运营模式以工业地产巨头普洛斯为代表，其运营模式是：在全球范围内投资建设物流设施，建立涵盖全球范围的强大物流配送网络，通过为物流企业提供出租及物流服务，获得租金和管理费。未来租赁运营模式应由"先规划再招商"向"招商先行、定制规划"的工作思路转变，即先根据区域产业结构、市场需求、竞争情况等因素确定物流园区的基本业态范围，再通过与入驻物流园区企业直接对接，逐步调整整体方案和定位，在需求、意向明确后再组织招商选定合作伙伴，最终由合作伙伴根据自身需求量身定制各个功能区域的规划方案。这样确保最终物流园区的开发和经营均可以落地。

（2）自主运营模式

这种模式是中国目前物流园区发展中最常见、最主要的运营方式。物流企业是相关物流设施投资建设的主题，建成后也是自己经营、自己管理。这种模式的优点是物流企业比较熟悉自己所需要的物流设施，建成后可以节约一部分租金，而且物流折旧费用可以享受到税收减免的好处。物流企业的收入主要来源于物流服务的经营收入，以及国家拨款或土地增收带来的隐性利益。

（3）合资合作运营模式

地产开发商在物流园区建设完成后，不是将地产简单地采用租售的方式交予物流企业经营收取租金，而是通过成立合资公司或签订协议、合同等方式，与物流企业共同经营、合作经营，地产开发商与物流企业共享物流经营收入。例如，当前我国铁路正在加大对外开放力度，探索采用合资经营方式建设现代铁路物流园区，即由铁路局与国内知名电商、物流企业合作，铁路局以物流基地土地评估作价入股，合作公司以现金出资入股，成立物流基地运营管理的合资公司，或采用项目合作经营方式，吸引社会电商、快递、第三方物流等企业入驻建设区域仓储分拨中心，推动铁路与社会物流设施的无缝衔接、融合发展。这既可以充分发挥铁路在干线运输中的骨干性作用和低成本优势，减少两端的装卸和短驳成本，又可以发挥社会企业的集散网络点多、灵活等优势，从而降低社会物流成本。

该模式的优点是可以发挥地产商在拿地、设施建设等方面的优势，同时发挥物流企业在物流方案设计、业务流程优化、业务运作管理等方面的优势，实现共赢。

（4）委托第三方运营模式

由于投资主体本身物流经营水平的限制，物流园区建成后独自经营不具优势，可以通过成立子公司或委托第三方物流管理机构对物流园区进行管理。第三方物流管理机构通过契约或合同的方式对物流园区的入驻企业进行专业化、社会化的管理，实现低成本快速扩张。例如上海天地汇投管理公司基于"互联网+物流园区"理念，采用托管模式，在全国各地选择物流园区合作，对整合的物流园区实行全方位的管理。目前已整合超过 20 000 亩土地、200多亿元资产，物流园区数量达 59 家。

不管采用何种运营模式，物流园区都应该根据所在城市和区域的经济发展水平、产业特征和物流园区自身特点，合理确立经营战略定位和经营业态，选择合适的经营策略，如"物流+地产""物流+商贸""物流+供应链""物流+金融""物流+互联网"等。

10.2.4 物流园区网络协同运营模式

1. 物流园区网络协同运营内涵

物流园区网络协同运营是我国现代物流成功发展的关键要素。随着我国物流园区大规模建设，物流园区以投资、托管、加盟等方式形成网络，物流园区网络协同运营将是必然的发展趋势。只有改变物流园区"孤岛式"经营方式，进行管理模式的创新，通过物流园区的网络化协同经营，才能促进物流园区之间资源整合与共享，实现有序竞争与共生发展。如果各个地方政府各自为政，不按照网络运营的思想进行散点布局建设，会造成重复建设的局面，导致财力、物力上的浪费。

物流园区网络协同运营的实质，是将网络集成思想创造性地应用于物流园区经营管理的过程，即在经营思想上以网络组织、协同论、系统优化等理论为指导，在管理行为上以资源整合、协同运作为核心，在管理方式上以"互联网+物流园区"搭建协同信息平台为支撑，促进物流园区间的相互链接、信息共享、资源整合，实现标准化运作、规范化管理、品牌化发展。通过优化各物流园区节点业务定位，促进物流园区网络协同运营，一方面便于物流设施的集中布局和城市的规划建设，突破资源瓶颈，抑制不良竞争，实现规模经济和集约化经营；另外可以最大限度地减轻物流产业给城市带来的负面影响，缓解交通压力。

2. 物流园区网络协同运营过程

物流园区不应是仅仅为物流园区内企业提供服务的平台，它应成为更大范围乃至全国范围内物流企业进行物流运作、为生产企业提供生产性服务的平台，物流园区建设更应注重网络协同运营，其交互关系如图 10-2 所示。

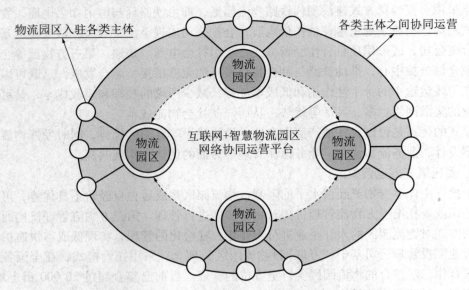

图 10-2　物流园区平台之间协同运营对接示意图

物流园区网络协同运营以"立体连接"的方式沿着物流链的方向协商各类物流微观主体和物流群体组织，促进主体无缝衔接、相互协作，进而分阶段、多步骤共同完成各类物流任务，具体实现过程如图 10-3 所示。

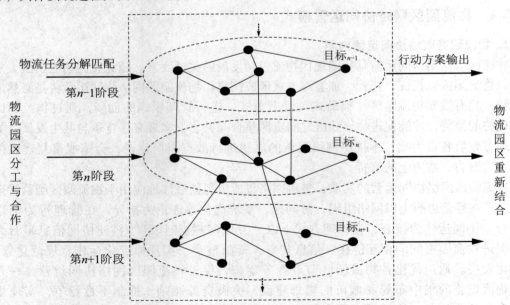

图 10-3　物流园区网络协同运营中任务分解与实现过程

从整个物流系统的价值实现角度来看，物流园区网络协同运营可以获得协同竞争效应和协同互补效应。协同竞争效应是指物流园区通过协同运作，加大了地区物流市场的竞争范围和开放程度，促使物流企业获得了依靠自身力量或局部市场无法实现的价值提升，包括自身服务效率的提高、运营成本的降低以及服务创新能力的提升等；协同互补效应是基于资源上的互补性，物流园区间通过资源的开放和共享，使得入驻物流企业能够获得额外的价值收益，包括业务范围的扩大、服务能力的提升以及新产品的开发等。

物流园区网络协同运营效益的实现，源自对网络内信息资源的共享，通过信息资源共享，物流企业可以在较低的信息获取成本及交易成本下，取得资源整合的协调效应。同时，信息资源的共享也让物流企业集中精力发展本企业具有核心竞争力的业务，并在协同网络运营的发展中产生深度的专业化分工，从而为资源的专业化利用创造条件。

3. 物流园区网络协同运营体系建设

为了能够高效发挥物流园区的作用，使之对我国经济产业发挥重大作用，有效支撑其他产业的发展和提升配套企业的经济效益，我们要充分借鉴国内外发展模式，在现有物流园区基础上合理规划物流园区网络节点，统一协调物流园区服务项目，有效整合现有物流园区资源，充分发挥基于资源共享的物流园区网络协同运营模式效应。我国物流园区网络协同运营体系应主要从仓储物流网络、物流信息网络和金融网络平台共享等几个方面进行建设，如图10-4所示。

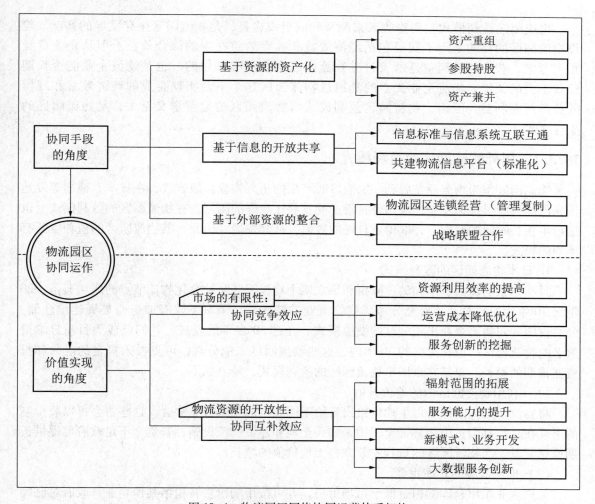

图10-4　物流园区网络协同运营体系架构

另外，我国的物流园区应该加强政府引导，加大招商引资力度，扶持吸引众多物流服务企业和商贸企业进驻物流园区，产生集聚效应。物流园区要服务于当地经济发展全局，使物流的运输、管理服务由单一化、分散化向多元化、集成化、网络化方向发展。整合全国物流园区的物流资源，集成产业链中原料采购、商品销售和客户售后服务等各项功能，实现物流和商贸的良性互动和协调发展。明确物流园区的建设原则，统一规划，明确发展定位，处理好当前利益与长远利益的关系，采用先进科学的管理信息技术，制定物流园区优惠政策和适合物流园区发展的管理体制。对物流园区内企业的物流基础设施进行现代化升级改造，将现行管理体制信息化升级，对业务流程和业务模式进行再造，建立一个集商品交易、物流运输、电子商务及其他配套服务于一身的综合性物流园区，保证物流园区服务能力。加强各部门间协调机制和各种运输方式的配合能力，整合各个物流园区网点、仓储物流网点、物流信息网点和金融平台网点，充分利用现有资源，提升物流园区网络的整体功能，保证全国物流网络的竞争力和可持续发展。

10.3 物流园区盈利模式

物流园区盈利模式主要指收入来源及利润形成途径，是物流园区生存发展的基础。建设物流园区的目的是为了获得包括经济效益和社会效益在内的综合效益。但从企业自身角度考虑，获取经济利益是所有进驻物流园区企业的唯一目的，也是物流企业能否长期经营下去的关键。物流企业关心的是通过物流园区这个平台实现企业的经济效益和规模效益等短期利益。因而，物流园区盈利模式对物流园区的运营意义重大，是物流园区的生存之本。

10.3.1 国外物流园区的盈利模式

物流园区作为物流业发展到一定阶段时产生的新兴物流集散方式，在日本、德国等发达国家已经得到了快速发展，但国外物流产业发展比较好的国家，在物流园区的盈利模式上也进行了较长时间的探索，并取得了良好的效果，从其发展经历看，其物流园区的盈利也各有不同的模式。

1. 日本物流园区的盈利模式

日本东京的葛西、平和岛、阪桥和足立四个物流园区是社会化物流节点的成功典范，20世纪 70 年代始建时，政府充分考虑到物流业的特殊性，采取了政府加企业集资建设仓储、公共设施并向物流企业出租分红的发展模式。经过 30 多年的发展，它们已成为目前日本最著名的物流园区。但在过去的 30 年内，这些物流园区未能分红，可见投入资金的巨大和投资回报期的漫长。总结东京四个物流园区的盈利模式，特点如下。

（1）利用物流园区内的地价升值

将物流园区内的地块以生地价格出售给不同类型的物流行业协会，这些协会再以股份制的形式在其内部会员中招募资金，用来购买土地和建造物流设施，若资金不足政府可提供长期低息贷款，而物流园区的盈利主要来自土地价值的增长。

（2）提供低廉的仓库租金

集资企业租用仓库的租金低于市场价格，并可按市场价格转租给其他企业。政府对已确定的物流园区积极加快交通设施的配套建设,以吸引其他物流相关企业入驻物流园区,从而使物流园区投资者的投资得到回报。

2. 德国物流园区的盈利模式

德国政府对物流园区这类公共物流节点的规划和建设遵循"联邦政府统筹规划,州政府、市政府扶持建设,公司化经营管理,入驻企业自主经营"的发展模式,因而德国物流园区的盈利模式与日本物流园区的盈利模式有所不同。

(1)出租收入

德国政府在规划建设物流园区的基础上,将物流园区的场地向运输企业或与运输有关的企业出租,承租企业则依据自身的经营需要建设相应的库房、堆场、车间,配备相关的机械设备和附属设施,并交纳相关费用。

(2)服务费

物流园区通过提供良好的公共设施和优良的服务并收取一定的服务费来盈利。德国的物流园区一般都兴建有综合服务中心、维修保养厂、加油站、清洗站、餐厅、娱乐中心等,有的还开办有驾驶员培训中心、物流管理人员培训中心等实体,尽可能提供全面的服务。这些实体都作为独立的企业实行经营服务。良好的设施,优质的服务,使一些物流园区不仅取得了显著的社会效益,而且取得了巨大的经济效益。如不来梅物流园区的投入产出比为1∶6,投资2.03亿德国马克,而实现的效益为12.15亿德国马克。

10.3.2 国内物流园区的盈利模式

根据国外物流园区的发展经验,一般类型的物流园区项目投资回收期大约在十年左右,其主要原因是项目投资大、盈利途径有限、投资回报缓慢。在我国,由于地价相对更为低廉,同时物流园区大多利用了原来的仓储设施存量,因此,理论上来说,其盈利前景应该更为看好。

随着物流地产热,物流园区加速建设,物流园区运营竞争越发激烈,以往重价格轻服务的做法早已不能适应市场需求。物流园区必须针对客户多元化需求积极发展有特色的增值服务项目,不断拓宽业务范围,优化经营模式设计,逐步提高增值服务能力。只有这样,才能提高物流园区的核心竞争力,赢得客户满意的同时,提高利润并获得持续竞争优势。

物流园区应围绕入驻企业多元化物流需求,向上下游物流链、产业链、价值链拓展、延伸,通过搭建高效的货物集散平台、现代仓储平台与物流信息平台,为运输企业、仓储企业、电商企业以及工商企业等提供优质高效的一体化物流服务。物流园区的盈利点即价值创造主要体现在基本物流、配套服务及增值服务等,进而通过网络化、联盟化、品牌化运营,拓展物流园区市场辐射范围,树立物流园区产品品牌和价值。其具体盈利模式如图10-5所示。

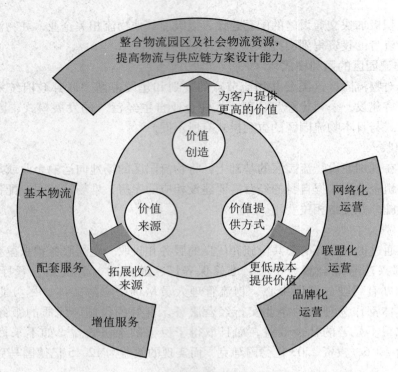

图 10-5　国内物流园区盈利模式设计

由于投资主体不同（有的以政府为主，有的以企业为主），以及物流园区功能不同，各物流园区投资者有着不同的盈利能力，回报率也不一样。总的来说，物流园区的盈利主要来自五个方面，如图 10-6 所示。

1. 基础物流服务收入

物流园区的目的就是发挥集约和规模的效应，以最低的物流成本为客户提供最好的物流服务，所以基础物流服务自然就是物流园区盈利的一个主要手段。基础物流服务收入主要包括物流运作及租赁收入。

部分物流园区参与实际物流业务运作，主要收入包括运输服务、仓储服务、装卸搬运服务、包装服务、流通加工服务、配送服务、交易展示等取得的收入。出租是物流园区另一个重要的收入来源。物流园区所有者与经营者按一定比例对出租收入进行分配。租赁收入有以下几种。

（1）仓库租赁收入

经营者将物流园区内所修建的大型现代化仓储设施租给一些第三方物流商、生产型企业等，从中收取租金，这是租赁收入的主要来源之一。

（2）设备租赁收入

将物流园区内一些主要的交通设施如铁路专用线、物流设备如堆垛机、起重机、叉车、运输车辆等租给物流园区内企业使用，收取租金。

（3）房屋租赁收入

房屋租赁收入主要包括物流园区里面一些办公大楼及用作各种其他用途的房屋租金。

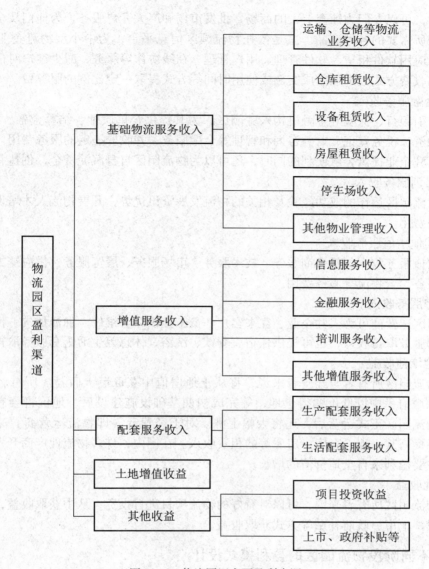

图 10-6　物流园区主要盈利来源

（4）停车场收入

物流园区凭借强大的信息功能，吸引众多运输企业入驻，物流园区内修建现代化停车场，也将收取一定的停车费用。

（5）其他物业管理收入

包括物业管理费等其他收入。

2. 增值服务收入

（1）信息服务收入

这是最主要的服务收入之一。一是提供车辆配载信息，帮助用户提高车辆的满载率和降低成本，并从节约的成本中按比例收取一定的服务费。二是提供商品供求信息，可以为物流园区内的商户提供服务，从本地和周边地市配送他们所要进的各种商品，以降低他们的经营成本；同时，可以专门为社会上大的商场、批发市场和广大客户服务，为他们从全国各地集中配送他们所需要的各种商品。三是依托物流园区信息平台，为中小型物流企业提供 SaaS 服务，包括应用软件租赁、软件管理、用户管理、在线协作等服务，减少客户对信息化建设的投入。在收费方式上采取按成交额或使用时间等方式提取一定比例的服务费。

（2）金融服务收入

积极吸引银行、保险等金融机构入驻园区，为其提供仓单质押、结算金融、授信金融、银行投资融资、税务登记、财务咨询和管理等金融服务，并收取一定的服务费用。此外，在更好地为入驻企业提供金融便利的同时，还可以为物流园区自身沉淀资金，创造新的增值。

（3）培训服务收入

利用物流园区运作的成功经验及相关的物流发展资讯优势，开展物流人才培训业务，从中收取培训费用。

（4）其他增值服务收入

其他增值服务收入包括咨询服务、技术服务、市场服务、展览服务、供应链方案设计优化、托管服务、云物流等服务费用。

3. 配套服务收入

物流园区运营商可为入驻企业、往来客户、员工提供综合维修、加油加气、供电、供水等生产辅助服务取得收入，也可提供住宿、餐饮、洗浴、休息等生活配套服务取得收入。

4. 土地增值收益

对于物流园区所有者与经营者来说，将从土地增值中获取巨大收益。所有者（即初期投资者）从政府手中以低价购得土地，等完成初期基础设施建设后，地价将会有一定的升值，而到物流园区正式运营后，还将大幅上涨。对于经营者（即物流运营商）来说，土地的增值将能提高其土地、仓库、房屋等的租赁收入。在国内，许多物流地产商开发运作的物流园区的主要盈利来自土地价值的增长。

5. 其他收益

对于物流园区所有者来说，可以对看好的物流项目进行投资，从中获取收益，还可以通过增资扩股、上市、政府补贴等方式获取收益。

10.3.3　不同阶段物流园区的盈利模式设计

物流园区发展一般要经历初创期、成长期、成熟期三个阶段，其盈利模式在不同发展阶段各有所侧重。初创期主要发挥基础服务功能，成长期着重提升增值服务功能，成熟期则注重拓展智慧供应链和大数据服务功能。因此，其盈利模式也可以按照三个阶段来进行改进。

1. 初创期——完善基础服务功能

良好的区位优势、便利的交通条件和丰富的物流资源是物流园区发展的基础条件。在盈利模式的选择上，立足物流园区现有能力，合理确定业务模式，提供基本物流服务和配套服务。

该阶段物流园区需要做好以下三点。

（1）提升物流服务功能

转运型物流园区可以利用地理优势，提供仓储、多式联运等物流服务。仓储型物流园区应充分利用仓库集聚效应，配以相应的运输、配送及其他配套服务设施，吸引大型客户入园以积累资金和经验。综合型物流园区由于规模大、功能全、投资周期长的特点，市场培育也需要时间，因而所有业务不可能一蹴而就。在初创期应结合区位优势，选择好盈利点：物流园区管理公司应加大招商宣传力度，完善基础设施及生产生活配套服务设施，吸引区域物流企业总部、创业成长型中小物流企业和上下游企业以及相关的融资、保险等服务机构进驻。将基础设施和专业物流服务结合起来，以物流产业促进物流园区繁荣，以物流园区服务来带动物流产业的快速发展。

（2）建设专业交易市场

通过利用自身的地理和经营优势对现有闲置设施进行改造，并将其建设成专业交易市场。尤其是以现货批发交易为主的主题交易市场，不仅可以直接带动综合物流、配套服务的发展，而且能够通过系列主题产品交易，获得商流、物流和信息流的集成，为增值服务拓展奠定基础。此外，可以建设货物集散中心和信息交易中心，发展物流配载业务，从场地出租费和货物交易费中盈利。

（3）优化物流资源配置

目前，小规模物流企业仍占多数，其整合社会资源和市场资源的能力因为资金和人才等多方面因素比较有限，因此物流园区在担当资源共享平台上的作用非常重要。物流园区必须在物流网络、市场资源和交通条件等各方面进行规划和整合。首先，各个经济中心城市和物流园区必须实现网络上的整合，通过网络化的运输系统和配送合作，实现各区域物流园区间的合作，加快运输速度，缩短供应链的响应时间。其次，要整合需求链与供给链，使供应链能够灵活准确地反映供需之间的关系。再次，不同的货物要求不同的运输方式，因此物流园区必须整合各种交通资源，在铁路、公路、空运、水运、管道运输等多种运输方式中进行有效整合和衔接，尽可能地减少运输费用，降低成本。

2. 成长期——提升增值服务功能

处于成长阶段的物流园区管理者，要树立市场意识，强化现代物流技术应用，完善公共服务体系，不断提升物流资源整合能力，拓展电子商务服务，采取市场细分策略来培育物流园区产业集群，针对不同物流客户需求提供差别化增值服务功能。具体来说，要做好以下三点。

（1）强化现代物流技术应用

物流园区只有强化现代物流技术的应用，完善专业化设施设备配置，才能提升物流服务功能，更好满足客户一体化、个性化、柔性化的市场需求。一方面，完善物流管理信息系统，形成运输配置、仓库管理、流通加工、包装储运等物流一条龙网络服务体系。另一方面，应以信息技术为核心提升物流装备现代化水平，引进先进物流技术装备，改进物流服务质量，提高作业效率。

（2）强化物流资源整合功能

现代物流盈利的最大特点是资源配置最优化和成本控制最小化，物流园区对于物流企业来说，吸引力不仅仅是交通枢纽的地理位置优势，还有强大的整合社会资源功能。尤其是目前我国物流企业仍以小规模企业为主体，它们整合社会资源的能力有限，而又迫切需要共享社会资源，因此物流园区扮演资源共享平台角色所带来的物流经营优势是任何企业无法担当的，其资源整合功能越强，吸引企业集聚的效应就越大，带动的物流需求也就越大。重点要整合交通资源，使不同运输方式有效衔接，入驻物流园区的企业才能为客户提供综合服务，降低运输费用，提高自身的利润率；整合网络资源，实现物流园区内企业之间网络、与物流园区外企业网络合作，创造更大的物流经营空间；整合信息资源，加强物流信息化方面的合作，建立资源整合和资源共享的信息系统和网络平台，提供物流信息发布、物流交易、物流载配、物流跟踪、远程车辆监控等服务功能；同时利用资源整合优势，实施区域合作和联盟，建立网上"虚拟仓库"和"虚拟车队"，形成更大的运输配置、仓库管理、流通加工、包装储运等一体化物流网络服务体系。

(3) 建设电子商务平台

在大宗商品、专业商品交易市场基础上衍生的挂牌交易、竞价交易、远期交易、专场交易等电子交易模式为物流园区拓展电子商务提供了良好的经验借鉴。物流园区依托已有物流运作平台，可以探索为某一种产业的集中采购和分销建设电子商务网站和实体的展示交易平台，将分散交易复杂的交易程序和操作过程转化为集中化、规模化和程序化的运作，使货物流通更加快捷和顺畅。利用电子商务信息资源，形成覆盖全国的网上分销系统，并最终形成一定规模和统一服务标准的社会化物流大系统。

此外，还可以建立物流服务电子商务平台，拓宽信息及交易渠道，为货主、物流企业提供现场交易与网上交易相结合的综合服务平台，提高物流效率和经营效益。通过网上交易，带动物流园区的物流链纵向延伸、产业链横向拓展和价值链高端提升，促使传统物流向现代物流转变，提升产业集聚效应。

3. 成熟期——拓展智慧供应链和大数据服务

进入成熟期的物流园区应该向高质量发展、提供更高层次服务水平的目标迈进，通过对"需求链、供应链、信息链、管理链"的有序整合，以需求链为主线、供应链为配套、信息链为手段、管理链为核心，构建智慧物流信息平台，提供供应链一体化管理和大数据服务，打造以物流园区为核心的产业生态圈，进一步提升盈利能力和空间。

(1) 建设智慧物流园区信息平台

以推进"智慧物流园区信息平台"建设为契机，加大"互联网+高效物流"的进程，加强物流信息化和标准化建设，推广应用云计算、大数据、物联网、移动互联网等新兴信息技术，推动智慧仓储、智慧运输、智慧配送等服务体系建设，提升物流园区智慧化水平。依托"实体平台+互联网平台"，升级互联网线上交易平台，形成"O2O线上与线下"资源互补交易模式。

(2) 优化供应链资源配置

物流园区是供应链中的枢纽节点，资源整合作用非常明显。物流园区可通过智慧物流体系，优化供应链管理和资源配置，加快全程物流速度，缩短供应链响应时间，适应柔性制造，提升供应链运行效率；通过对多种运输方式进行有效整合和衔接，优化企业供应链服务模式，尽可能降低物流和供应链运营成本；吸引生产商、渠道商、物流服务商、客户等企业集聚，整合物流链、需求链、供应链，实施资源互动、产业嫁接，推动物流业与制造业、商贸业的融合发展，搭建物流园区产业生态圈，提升集约化运行水平，进一步发挥规模效应、协同效应和聚合效应。

(3) 强化个性化增值服务

不同类型的物流园区可以挖掘分析大数据价值，提供一站式及个性化增值服务。仓储配送型物流园区成熟后，可以代替顾客进行需求分析、订货管理、库存监管及供应商管理。流通中转型物流园区，不仅可提供基本运输和仓储以外的包装、分拣、流通加工、再包装和信息处理及反馈等服务，还可以开发网络化的商务平台，从而提供银行支付、保险、通关代理等信息服务。综合型物流园区提供一站式物流和供应链管理解决方案，同时可根据客户需要制定多样化的增值服务，实现与客户深度融合，增强客户黏性。

物流园区还可以根据实际条件，探索拓展贷款、担保、保险、融资租赁、仓单质押等供应链金融业务，直接解决生产流通、物流企业的资金短缺问题，从而带动物流园区和物流企业的发展；开发短期或常年的物流机械装备展览和专业商品展览；设计物流旅游节目，开发特色旅游功能；成立物流方案设计优化团队，提供物流咨询和管理模式输出；开展物流教育培训，提供实习培训基地等。这些衍生性服务功能的开发将大大增强了物流园区的盈利能力，同时也进一步提高了物流园区的社会影响力。

10.4 物流园区运营管理

10.4.1 物流园区运营管理内容

物流园区运营管理内容主要包括物流园区开发前期运营规划管理、物流园区市场招商推广、物流园区投入运营后经营管理及配套服务以及物流园区运营管理配套制度设计。

1. 物流园区开发前期运营规划管理

物流园区要成功运营，前期的运营规划管理十分重要。物流园区前期运营规划管理主要包括物流园区发展环境分析、物流园区定位分析、物流园区功能设计、物流运营合作伙伴选择等。其中，发展环境分析包括区域宏观经济环境、物流市场需求环境、交通区位条件、物流供给资源分布、政策环境等；物流园区定位关系到物流园区的设施建设、组织架构、经营模式设计等，关系到物流园区的经营效果。物流园区定位要依据产业条件、城市规划、服务对象、辐射范围、竞争情况等综合确定。一般来说，要依托项目区位、交通、竞争、需求等条件，合理确定目标定位、市场定位、业务定位、客户定位、功能定位、品牌形象定位等；物流园区功能设计是指根据市场需求对物流园区准备承担的业务功能及作业流程等进行设计，包括运输、仓储、配送、流通加工、增值服务功能等。物流运营合作伙伴的选择是物流园区开发建设的保障。选择好的战略合作伙伴，对加快物流园区开发建设速度、降低风险、提高物流园区成功率具有非常重要的意义。

2. 物流园区市场招商推广

招商推广是推动物流园区快速发展的重要手段和有效途径。物流园区市场招商推广工作主要包括招商策划书、招商宣传、引进客户三个阶段内容。招商策划书是指导整个招商推广工作的策略性文件，对整个招商工作来说十分重要，是招商推广时期各项工作开展的重要依据，通常由专门咨询机构来完成。招商宣传过程中，可以采取如下措施：对客户需求进行分类分析，对一部分潜在客户进行重点推广；物流园区广告的发布区域亦应具有较强的针对性；举办各种不同形式的招商会、物流园区项目推介会；通过与相关行业协会、商会合作的方式，向相关企业推介物流园区项目；有选择地参与国内国际影响较大的物流行业活动、展览会、论坛，以提升物流园区知名度等。引进客户是通过客户甄别、挖掘和筛选，确定潜在入驻客户，通过进一步洽谈沟通，全面做好营销和服务工作，把握投资者的业务需求、心理预期以及进驻意向等，直到签署协议、入驻园区为止。

为了更好地吸引和留住企业客户，物流园区会综合运用政府提供的各种相关优惠政策，切实考虑入驻企业在基础设施建设、设备配置、资金、用工、信息服务等多方面的需求，灵活制定招商措施。常见的具体措施如下：积极协助入驻企业开展市场调查，做好需求分析，为企业提供强大的公共信息和大数据服务支撑，挖掘潜在客户信息；引导政府部门加大对入驻物流企业的扶持力度，帮助物流企业申请国家、地方税收优惠政策，对国家扶持和鼓励发展的物流企业、新入驻的企业等给予特殊扶持和奖励政策；搭建物流资源整合平台，帮助入驻企业优化物流服务体系，完善物流服务方案，扩大服务市场范围；改善商务环境，吸引工商、税务、海关等政府部门入驻，提高办事效率；为入驻企业提供方便的交通设施和办公环境，为入驻企业提供配套的生活、娱乐、教育、培训等设施和服务等。

3. 物流园区投入运营后经营管理及配套服务

物流园区投入运营后，应在供应链管理、客户关系管理、企业资源计划、运筹管理等先进管理理念的指导下，时刻了解物流服务市场的变化，分析市场需求，发展恰当的物流服务内容、物流服务模式，改变传统经营方式，优化配套服务，降低经营成本，提高经营收入，从而实现比较稳定的利润以支撑物流园区的正常运行。物流园区投入运营后经营管理及配套服务内容繁多，主要包括经营模式的调整优化，物流设施设备及客户资源整合，协调物流园区与政府之间的关系，完成物流园区信息网络平台的建立，发展规划的制定，客户关系管理，物业管理，为入驻物流园区的企业提供各种配套服务等。

4. 物流园区运营管理配套制度设计

各地政府都十分重视物流园区的规划建设，较少关注物流园区运营管理配套制度建设。针对物流园区运营管理存在的问题，应加快完善物流园区运营管理配套制度，保障物流园区生产经营活动顺利开展。

（1）建立现代企业制度和清晰产权制度

物流园区的企业性是指物流园区的经营管理是企业行为。物流园区将物流设施和物流企业集聚在一起，通过资源共享和优势互补方式降低运营成本，促进物流专业化和规模化经营，促进物流技术和服务水平提高。可见，物流园区经营管理就是提供服务、协调各方面利益关系，包括政府、投资人、入园企业、客户和消费者，创造良好的营商环境，促进经济效益和社会效益的实现和提高；对入驻物流园区的企业而言，物流园区是物流供应链上极为重要的节点，其运作效率的高低直接影响企业经营成本和利润水平的高低。因此，物流园区必须遵循企业规律进行运作，按照现代企业制度建设成为适应市场经济的产权清晰、权责明确、政企分开、管理科学的独立的经济核算组织，通过创新经营方式、提高管理水平，满足市场需求，实现物流园区高效、有序、协同运转。

（2）企业入园准入制度

选择合适的、有利于物流园区发展的企业参与物流园区的经营是物流园区运营成功的关键，对促进物流园区集约化、规模化和专业化发展具有重要意义。因此，有必要加强企业入园制度建设，为物流企业营造一种公平、公正、规范的市场准入环境。该制度通过对入园企业的资质、经营范围、资产设备数量、经营模式、营业收入等方面做出限定，以利于物流园区的规范化管理以及服务环境的改善。目前，各物流园区企业准入制度尚未形成统一的标准，大多依据自身实际条件来设定。

（3）日常管理制度

日常管理制度主要是关于物流园区以及入驻企业围绕各项业务经营、设备管理、物资采购、车辆管理、员工管理、安全管理等出台的工作管理制度，以保障物流园区有一个良好的运营环境。

10.4.2 物流园区运营组织管理模式

物流园区运营组织管理模式主要有管理委员会制组织管理模式、公司化组织管理模式、业主委员会组织管理模式、协会制组织管理模式、物业管理公司组织管理模式等。

1. 管理委员会组织管理模式

管理委员会组织管理模式是由政府派遣人员组建管理委员会，全面负责物流园区的规划建设、招商引资等各项工作的管理，并为入驻物流园区内企业提供工商、税务等配套服务，将物业管理交给专门的公司。物流园区管理委员会在身份上是行政管理主体，是政府在物流园区内的派驻机构，行使行政管理职能，为物流园区内企业提供政府服务，方便物流园区企业办事。特点是优惠政策的落实比较到位，但行政色彩较浓，缺乏灵活性。如厦门象屿保税物流园区就是由象屿保税区管理委员会作为市政府派出机构负责物流园区行政事务的日常管理，配合和协调其他行政管理部门对物流园区进行业务管理，并为企业提供必要的服务，通过物流企业的活动获得税收、物业费用、管理费用等收入；秦皇岛临港物流园区管理委员会对物流园区进行整体规划的基础上，主要负责招商引资、项目建设、基础设施建设、土地集中经营管理和新民居建设等重点工作。

2. 股份公司组织管理模式

股份公司组织管理模式是由多方出资建立物流园区开发股份公司，负责筹资建设，并成立专门的经营管理公司，全面开展物流园区的总体策划、物业管理、项目管理、市场招商以及为入驻物流园区的企业提供各种配套服务，主要侧重经营和服务。物流园区经营管理公司负责物流园区总体平台的经营管理，为入园物流园区的企业提供良好的发展平台。其特点是专业化程度高、运营效率高、经济效益好，但操作难度较大。

在物流园区的建设筹备期，关于工程建设、设备采购和招商引资的工作量巨大，因而此阶段需单独设立工程建设办公室、采购办公室和招商引资办公室。而伴随物流园区的建设完成，此类工作量明显减少，可以对此类部门的组织机构予以简化，以节约运营和管理成本。物流园区建设筹备期的组织架构设计形式如图 10-7 所示。

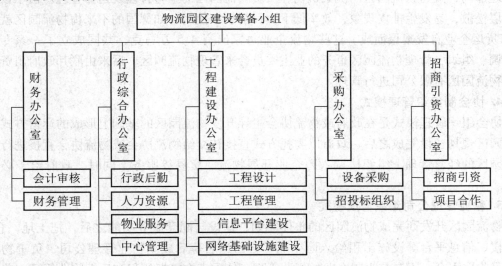

图 10-7　物流园区建设筹备期的组织架构设计

基础设施建设完成进入运营管理期后，随着物流园区业务的拓展，组织架构拓展为对职能部门和业务部门分别进行管理，一般实行"直线—职能制"管理模式，物流园区运营管理期机构设置如图10-8所示。此外，分公司制是服务于网络型的物流组织的另一种常见模式。物流园区为了更好地服务于客户，在运作方面要尽可能地贴近客户，各分公司有运营决策权。同时为了精简机构，避免决策权力过于分散化，一部分功能实行矩阵型管理。

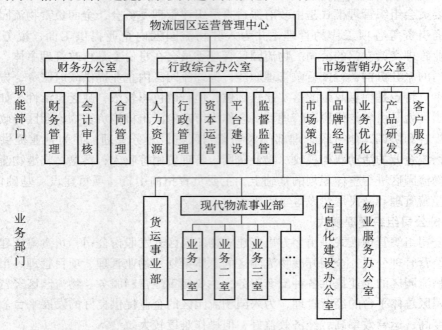

图 10-8　物流园区运营管理期机构设置

3. 业主委员会组织管理模式

业主委员会组织管理模式是指由参与园区开发的多个企业成立业主委员会，组建物流园区管理部门，成为物流园区的决策机构，负责物流园区的经营管理及运作管理。由于该模式决策层松散，易发生扯皮现象，效率低下，目前较少使用。如德国的不来梅物流园区就是由52家货运企业自发集聚而成。这些物流企业每家出资4.5万马克，共同成立了一家专门从事协调、组织、管理物流园区事务的业主委员会来管理物流园区，后来由联邦政府出资成立德国物流园区有限公司进行管理。

4. 协会制组织管理模式

协会组织管理模式是在政府或物流协会主导开发物流园区的基础上形成的运营方式，在物流园区规划建设完成之后，政府以委托方式直接转交给物流协会或物流协会直接进行整个物流园区的经营管理，组织协调入园企业开展物流、贸易等服务，同时，政府给予必要的支持。

5. 物业管理公司组织管理模式

物流园区开发商完成物流园区的整体规划、建设与配套服务功能之后，把土地，仓库、办公楼、信息平台等设施出租给入园企业，自己退居幕后成立物业管理公司，负责物业管理，只收取租金，不参与入园企业的经营管理，侧重点在前期招租和后期物业管理。普洛斯物流园区组织管理属于这种模式。

五种物流园区运营组织管理模式适用性如表10-2所示。其中，管理委员会组织管理模式的行政色彩比较浓厚，可很好地体现政府规划物流园区的意图；股份公司组织管理模式虽然运营效率比较高，但可能因更多地关注经济效益而忽视物流园区的社会公益性；而业主委员会组织管理模式和协会的决策层比较松散，很难达成一致意见，运作效率不高；物业管理公司组织管理模式纯属投资行为，适合地产商开发模式。

表10-2 五种物流园区运营组织管理模式适用性

管理模式	内涵	适用范围
管理委员会	政府仿照开发区的管理模式，成立管理委员会对园区进行管理，为企业提供登记、土地使用、人事代理等服务	适用政府主导的经济开发区模式，如北京空港物流基地
股份公司	股份公司制管理园区，设立董事会、监事会、总经理与相关部门，按照责权利相结合的原则对物流园区进行管理	适用主体企业开发的物流园区，如上海外高桥物流园区
业主委员会	由参与物流园区开发建设的物流企业组成业主委员会，成为物流园区决策机构，组建管理部门负责具体经营	目前较少使用
协会	由物流行业协会负责整个物流园区的经营管理，组织、协调物流园区企业开展物流服务，同时政府给予必要支持	日本等国较多采用此模式，国内鲜见
物业管理公司	投资商完成物流园区土地开发、物流基础设施建设后，把土地、仓库、办公楼、信息平台等设施出租给物流公司，投资商退居幕后，成为"房东"，只收取租金，不参与物流业务经营	适用工业地产商开发的物流园区，如普洛斯物流园区

不管采用何种组织管理模式，物流园区都要成立经营管理公司来进行运营和日常管理。经营管理公司的主要任务是根据股东的要求，按照现代企业制度的要求，负责物流园区的运营和日常管理，做好客户服务工作，确保股东的资产投入增值和保值。其主要职责包括：物流园区从筹建到运营全过程的总体管理，包括市场分析、战略定位、功能设计、土地开发、基础设施建设等一系列问题的解决；物流园区网络平台的构建以及物流园区网络化运营组织；物流园区公共信息平台建设、物流园区之间的信息网络链接以及业务管理信息系统开发；物流园区的招商引资，开展物流园区的营销、推广工作，组织博览会、广告宣传，制作宣传册以吸引企业投融资和客户入驻；政府部门、物流园区以及物流园区入驻企业之间的各种关系的沟通和协调；相关企业、院校及研究机构等各类人员的培训、实习与进修；物流运营安全管理以及特殊商品的安全监管（如化学品、药品以及危险品等）；为入驻园区的企业提供所需要的各种日常服务，包括生产、生活配套服务。

10.5 物流园区运营绩效评价分析

10.5.1 物流园区运营绩效影响因素

物流园区运营绩效影响因素主要由内部因素和外部因素构成。其中内部因素包括物流作业效率、物流园区服务质量、信息化水平三种。而外部影响因素通常包括经济效益因素和社会效益因素。经济效益主要体现为物流园区服务所取得的直接经济收入，市场发展的好坏和企业对物流园区的认可程度严重影响物流园区的运营绩效；社会效益因素是将社会服务理念融进物流园区运营绩效的影响因素中，在物流园区保证经济发展的前提下，需要注意保护环境等社会效益因素。

10.5.2 物流园区运营绩效评价思路

物流园区运营绩效评价指标体系是根据评价目标和评价内容的要求构建的一组反映物流园区运营效果的相关指标。一般的运营绩效评价体系应由以下几个基本要素构成：评价对象、评价目标、评价指标、评价原则、评价方法、分析报告。

（1）评价对象。物流园区运营绩效评价的对象是一个正在运营的物流园区，对该物流园区运营过程中的各项指标进行评价。

（2）评价目标。物流园区运营绩效评价应以保证整个物流园区的科学性、高效性为目标，为优化和决策提供技术依据。

（3）评价指标。物流园区运营绩效评价指标应充分反映物流园区运营环节、要素及整体效果，用主成分分析法确定物流园区运营关键指标，为运营绩效评价结果奠定基础，并具有全面性和可靠性。

（4）评价原则。物流园区运营绩效评价涉及许多方面的价值判断，指标选择应当遵循目的性、科学性、层次性、系统性、可比性、适用性等原则。

（5）评价方法。关于绩效评价的方法有很多，如利用熵权法、灰色关联分析法、数据包络分析等方法。

（6）分析报告。根据所建立的指标体系，选择对应的评价方法对物流园区服务情况进行评价后得到一份分析报告，通过该分析报告检验总结，确定预期目标是否达到；并总结失败经验，指导、调整和完善物流园区的经营管理行为，确保物流园区管理的科学性及发展的可持续性。

10.5.3 物流园区运营绩效评价指标体系

综合考虑物流园区的服务功能、运营管理投入及产出等影响因素，建立物流园区运营绩效综合评价指标体系，如图10-9所示。

对主要指标分析如下。

1. 物流作业效率

物流园区作业效率体现了各物流功能区资源设施和设备利用水平，主要包括仓储利用率、运输效率、配送效率、流通加工效率、装卸搬运效率等指标。

（1）物流强度

该指标指物流园区实际承担运输、储存、包装、装卸搬运、配送、流通加工等物流环节中作业的数量或价值量总和，也叫作物流规模。

（2）仓储利用率

该指标指仓库空间的利用情况。仓库利用率越大则其能有效利用的空间就越大，在相同的空间资源内能够存放更多的商品或货物。不同入驻的企业都有仓储需求，根据货物质量和

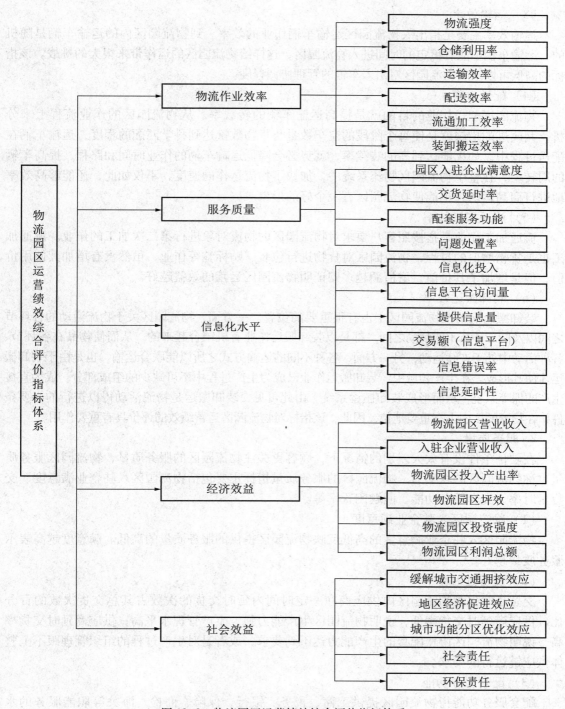

图 10-9　物流园区运营绩效综合评价指标体系

性能特点安排仓位资源时，就会出现有的仓库放不够，有的仓库不够用的情况。因此，提高库存的利用率不仅是入驻企业自己的责任也是企业与企业间相互协调能力的体现。

(3) 运输效率

运输效率主要是指出入物流园区运输车辆作业的效率。到物流园区内的运输车辆是随机的，运输车辆不能有恒定的时间进入物流园区，这样给物流园区的运作带来很大的挑战。该指标的高低可以反映物流园区对出入车辆的管理协调程度。

(4) 配送效率

物流园区配送作业的目的就是提高运输车辆的转载率。从物流园区的作业流程上来分析，其改进的措施就是使每个阶段的空车数量与货物数量达到科学匹配的程度，运输车辆在配送过程中，如果能达到高的装载率，就势必会降低运输车辆的作业时间和路程，提高车辆的周转率，在整个物流园区物流系统中，加快了物流运作的速度，不仅如此，还能够高效率地进行商品运送，也能使物流园区有一个好的形象。

(5) 流通加工效率

流通加工作业是指按照客户要求对物流园区的物流对象进行第二次加工的作业。流通加工也是货物增值的过程，物流园区对货物进行包装、贴标签等作业，虽然没有增加其使用价值，但是增加了其价值，增值额越多则证明物流园区运营的效益越好。

(6) 装卸搬运效率

装卸搬运活动在物流园区中占有很重要的位置。一方面，物流园区关于物流活动的各环节之间以及同一环节不同活动之间，都是以装卸搬运作业有机结合起来的，从而使物品在各环节、各种活动中处于连续运动；另一方面，各种不同的运输方式之所以能联合运输，也是由于装卸搬运才使其形成。在生产领域中，装卸搬运作业已成为生产过程中不可缺少的组成部分，成为直接生产的保障系统，从而形成装卸搬运系统。由此可见，装卸搬运是物流活动得以进行的必要条件，在物流园区中占有重要地位，因此，该指标对物流园区运营绩效的评价具有重要作用。

2. 服务质量

在硬件条件没有太大差别的情况下，顾客更关注物流园区的服务质量，物流园区服务质量也称物流园区的软实力。物流园区的服务质量指标主要包括物流园区入驻企业满意度、交货延时率、配套服务功能、问题闲置率等。

(1) 物流园区入驻企业满意度

物流园区入驻企业满意度的高低反映物流园区提供的服务质量的高低。满意度越高表示服务质量越好。

(2) 交货延时率

交贸延时率指物流园区内供应商在一定时间内延时交货的次数占其总交货次数的百分比。供应商延时交货率低，说明物流园区生产能力强，生产管理水平高；供应商延时交货率高，说明物流园区协作配套的生产能力达不到要求，或者是对生产过程的组织管理跟不上整体供应链运行的要求。

(3) 配套服务功能

配套服务功能指物流园区提供工商、税务、银行、保险、商检、海关等职能服务的水平。配套服务功能水平越高表示物流园区服务功能越完善。

(4) 问题处置率

物流园区对问题的处理能力可以反映物流园区办事效率，以及及时发现问题的处理能力。

3. 信息化水平

对物流园区内部而言，信息管理水平的高低，能够影响物流园内物流作业的效率；对物流园区外部而言，信息管理水平的高低，能够吸引物流园区外部物流企业的注意力。因此信息化水平主要从信息化投入、信息平台访问量、提供信息量、交易额、信息错误率以及信息延时性等指标来衡量。

（1）信息化投入

物流园区信息化投入指用于信息化方面的投资，具体包括物流园区信息化基础设施投入和业务信息管理系统软件的投入。

（2）信息平台访问量

信息平台访问量指在一定时期内访问该信息平台的客户数量，该指标反映信息平台的使用情况。信息平台访问量越大，则表明该信息平台的使用率越高。

（3）提供信息量

提供信息量表示在一定时期内，通过信息平台为客户提供有效信息量。通过对有效信息量的数据统计，可以反映该信息平台的重要程度及影响范围。

（4）交易额（信息平台）

交易额反映信息平台完成的交易额，可以体现物流园区对信息平台使用的情况。通过对信息平台达成的交易额统计，可以体现出该物流园区信息化程度，同时可以反映物流园区对信息平台的依赖程度。

（5）信息错误率

信息错误率是指物流园区内传递错误信息数占物流园区传递总信息数的比例。正确的信息是物流园区正常运营的基本保障，而错误的信息影响物流园区日常运营及对客户的服务质量。

（6）信息延时性

信息延时性指信息能否快速地获得传递，它能反映物流园区内信息系统运转情况。

4. 经济效益

由于物流园区的生产经营活动是一个复杂的过程，由多方面的内容和环节构成，所以决定物流园区经济效益的因素也是多方面的，任何一个经济效益指标只能反映其中一个侧面。因此，为了能够客观地反映物流园区的经济效益，必须从多角度进行考核，采用一系列相互关联、相互交叉的指标即指标体系进行全面、准确的衡量与评价。物流园区服务效益指标主要从物流园区营业收入、入驻企业营业收入、物流园区投入产出率、物流园区坪效、物流园区投资强度、物流园区利润来衡量。

（1）物流园区营业收入

物流园区营业收入反映物流园区自身的经营情况，包括物流园区物流服务、商贸交易、增值及配套服务等收入。

（2）入驻企业营业收入

入驻企业营业收入反映物流园区入驻企业的总体经营情况，包括入驻企业的物流服务、商贸交易、增值服务等收入。

（3）物流园区投入产出率

物流园区投入产出率反映投入产出关系。单位投入获得的产出越多，表明生产要素的使用效率和物流园区经济运行质量越高，有利于加快经济发展方式由数量型向质量型转变。

(4) 物流园区坪效

物流园区坪效从整体上反映物流园区单位面积的营业收入，在一定程度上说明了该物流园区的整体运营效率，同时也是做横向比较十分有效的指标。该项指标不仅可以反映物流园区规模、业务结构，又能反映物流园区运行效率，因此比较有意义。

(5) 物流园区投资强度

物流园区投资强度表示项目用地范围内单位面积固定资产投资额，它是衡量开发区土地利用率的重要标准。项目固定资产总投资包括厂房、物流基础设施、设备和地价款。

(6) 物流园区利润

利润是物流园区经营效果的综合反映，也是其最终成果的具体体现。物流园区的利润总额主要由营业利润、投资净收益和营业外收支净额构成。

5. 社会效益

社会效益的主要影响因素包括缓解城市交通拥堵效应、地方经济促进效应、城市功能分区优化效应、社会责任及环保责任五个方面。

(1) 缓解城市交通拥堵效应

缓解城市交通拥堵效应反映物流园区对交通拥堵的改善程度。物流园区通过运用信息技术科学地配置运力，能够有效缓解交通问题带来的压力。

(2) 地方经济促进效应

地方经济促进效应指物流园区的物流服务对所在区域的其他生产制造业、商贸业等产业的支撑、推动作用。该指标主要考察物流园区对改善地区投资环境、加快产业结构调整、促进区域经济发展等的影响力。

(3) 城市功能分区优化效应

物流园区的合理规划和成功运营，有利于城市功能分区的合理划分和效能的发挥，解决城市功能紊乱的问题。

(4) 社会责任

物流园区社会责任是指物流园区对社会应负的责任，包括物流园区吸引的就业总人数、入驻企业的数量和级别、入驻企业吸引的就业总人数、物流园区应缴的各种营业税收、入驻企业应缴的各种营业税收等。

(5) 环保责任

绿色物流是经济可持续发展的重要方面，是物流园区发展的必然趋势，对于本地区的环境治理有非常大的作用。主要指标包括物流园区太阳能使用面积、充电桩数量、加气站数量、物流园区及入驻企业的耗电量等。

10.5.4　物流园区运营绩效评价方法

物流园区运营绩效评价方法主要是指直接通过赋予指标权重来进行综合分析和评价。通常有德尔菲法、层次分析法、模糊综合评价法、灰色系统分析法、神经网络评价法、数据包络分析法和主成分分析法等方法。

1. 德尔菲法

德尔菲是采用独立的通信方式征询专家小组成员的预测意见，经过几轮征询，使专家小组的预测意见趋于集中，最后做出符合市场未来发展趋势的预测结论。该方法可以确定各个指标间的权重关系，从而得到相应的评价结果。

2. 层次分析法

层次分析法是由美国运筹学家在20世纪70年代首次提出的。层次分析法的思想主要是用两两重要性程度之比的形式表示两个方案的相应重要性程度等级。

3. 模糊综合评价法

模糊综合评价法是一种基于模糊数学的综合评标方法。模糊综合评价法根据模糊数学的隶属度理论把定性评价转化为定量评价，这样便于进一步进行评价，可以提高评价的精度。它具有结果清晰，系统性强的特点，能较好地解决模糊的、难以量化的问题，适合各种非确定性问题的解决。

4. 灰色系统分析法

灰色系统分析法是建立在灰色系统理论基础上的一种对系统发展变化态势的定量描述。它根据评价因素间发展态势的相似和相异程度来确定评价因素的关联程度。

5. BP 神经网络评价法

BP 神经网络是由 Rumelhart 和 McCeland 等人在 1986 年提出的，该方法是一种按误差逆传播算法训练的多层前馈网络。BP 神经网络模型拓扑结构包括输入层、处理层和输出层。这种评价方法解除了主观评断的观念，尽量从数据积累和客观的角度进行评价，评价结果比较客观。

6. 数据包络分析法

数据包络分析法是由三个外国学者在 1978 年首次提出的。DEA 是一个线性规划模型，表示为产出对投入的比率。通过对一个特定单位的效率和一组提供相同服务的类似单位的绩效的比较，它试图使服务单位的效率最大化。它是一个对多投入、多产出的多个决策单元进行效率评价的方法。

7. 熵权法

熵权法是根据各指标数据的变异程度，利用信息熵原理计算出各指标的熵权，指标数据变化越大，其权重被赋予的比重越大。该方法根据信息的不确定性来确定权重，是目前最主要的确权方法，可与其他评价方法结合应用。

8. 主成分分析法

主成分分析法是一种数学变换的方法，它把给定的一组相关变量通过线性变换转换成另一组不相关的变量，这些新的变量按照方差依次递减的顺序排列，并可以综合反映原有变量的绝大部分信息，旨在利用降维的思想，把多个指标转化为少数几个综合的指标。

案例 1

普洛斯物流园经营模式分析

1. 发展概况

普洛斯是全球领先的现代物流设施提供商，业务遍及中国、日本、巴西和美国。普洛斯于 2001 年 7 月开始进军亚洲市场，首先登陆日本，随后于 2003 年 4 月进入中国市场。普洛斯刚进入中国的前3年，中国还是世界制造工厂，公司选择了沿海和一线城市实施战略布局。2006年，普洛斯看到中国真正的发展引擎是内需市场，迅速在中国主要省会城市、枢纽城市做了战略拓展布局，让公司在规模上形成优势。目前，普洛斯基本形成了一个覆盖主要物流枢纽、工业园区和城市配送中心等战略节点的高效物流网络。

普洛斯布局集中在渤海经济圈、长江三角洲和珠江三角洲、东海沿海地区的一、二线城市设点布局。目前，普洛斯已在中国的35个城市建立了172个综合性物流园区，仓储物流面积达2 070万 m²。

从普洛斯物流业务收入构成来看，2013年4月1日至2014年3月31日，普洛斯集团营业收入为5.98亿美元，其中租金收入是普洛斯营业收入的主要来源，占比达89%。具体如图10-10所示。

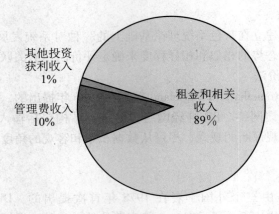

图10-10　普洛斯物流业务收入构成

2. 基本业务

普洛斯作为全球领先的物流地产开发商，主要业务集中在物流基础设施开发、物流地产运营；近期，普洛斯从传统的物流园区开发向综合工业园区开发领域延伸。

①物流设施开发。在中国，普洛斯在物流地产领域占据绝对无可撼动的地位，目前拥有的172个综合性物流园区，仓储物流面积达2 070万 m²，遍布中国35个城市。

②物流地产运营。将"物流地产开发业务"部门开发建成的"物流地产"出租取得租赁收入。该部门收入在主营业务收入中虽然只占30%，但贡献50%以上收益。

③工业园区开发及运营。普洛斯与中新苏州工业园区的国控公司合资创办"环普产业投资"，专注于投资运营以工业为主的现代综合产业园，目前已在苏州、西安、大连、绍兴、东莞等地建立了环普产业园，已入驻全国各环普产业园的客户达数百家。

3. 增值业务

普洛斯组织投资者募集资金，收购地产，设立基金，由普洛斯作为基金经理管理基金以及基金旗下的地产，获取基金管理费收入和基金分红收益。普洛斯地产基金主要通过向地产开发部门收购或是向第三方收购获取地产。

2016年4月普洛斯启动基金二期的项目建设，预计在未来4年的时间部署70亿美元的资金投资。自2012财年以来，普洛斯的基金管理平台实现了95%的年增长率，基金管理将成为普洛斯重点发展的业务之一。

4. 经营策略

通过物流标准设施开发、定制开发、收购与回租等灵活的解决方案（见图10-11），普洛斯致力于为全球最具活力的制造商、零售商和第三方物流公司不断提高供应链效率，达成战略拓展目标。

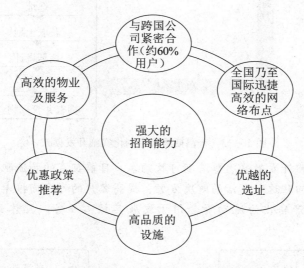

图 10-11　普洛斯物流经营模式创新

①物流标准化设施开发策略。普洛斯致力于进行高品质的通用型物流仓储设施的设计、施工和管理，选择战略性的物流配送地点，建造在规格、标准等各方面满足客户要求的通用型物流基础设施，为不同客户提供便捷、高性价比的物流设施服务。具体开发模式如图10-12所示。

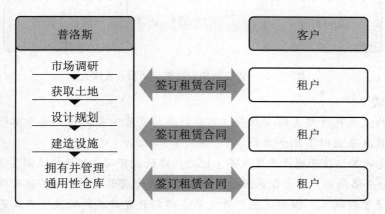

图 10-12　普洛斯物流标准化设施开发模式

②物流定制化实施开发策略。根据客户的需求，普洛斯通过专业的物流设施开发团队从合理选址，到开发建设与物业管理，为客户全方位地定制个性化物流设施，并规划专业物流园区。具体开发模式如图10-13所示。

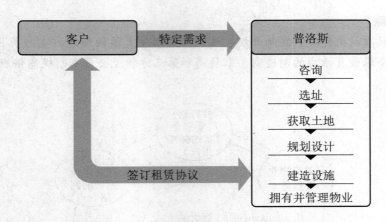

图 10-13　普洛斯物流定制化实施开发模式

③物流收购与回租开发策略。普洛斯可收购客户目前拥有的物流配送设施，再将其回租给客户，通过收购与回租这种灵活的解决方案，提高客户的资产回报率和流动性，同时为客户降低债务，将不动产转化为流动资金用于发展其核心业务。具体开发模式如图 10-14 所示。

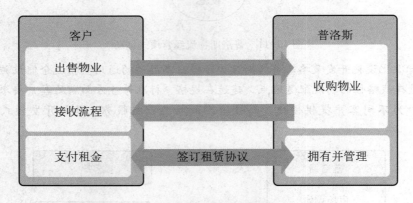

图 10-14　普洛斯物流收购与回租开发模式

5. 盈利模式

普洛斯以物流地产开发为核心业务，不直接参与实际业务运作，属于典型的第四方物流企业，其主要收入来自以下几个方面。

①地产开发收入。经营地产开发业务，把地产建设成可以使用的物流园区。将开发建成的物流园区出售给普洛斯地产基金或第三方获取收益；或者将其交付给地产运营部门用于出租。

②地产运营管理收入。将物流地产开发业务部门开发建成的物流地产或是零售地产出租给客户使用从而取得租赁收入。

③地产基金管理收入。组织投资者募集资金、收购地产、设立基金，由普洛斯作为基金经理管理基金以及基金旗下的地产，从而获取基金管理费收入和基金分红收益；普洛斯地产基金主要通过向地产开发部门收购或是向第三方收购获取地产。

案例 2

林安物流园经营模式分析

广东林安物流集团是专门从事第四方物流服务平台和物流基地建设和营运企业，集团核心企业——广东林安物流发展有限公司是省、市人民政府重点扶持的龙头企业，主要从事现代物流园区的投资、运营、物流信息化建设和运营。

1. 市场定位

林安物流集团将自身定位于以运营和管理现代智慧物流园区、搭建现代物流信息交易服务平台为主的第四方物流企业，其主要业务版块包括林安物流交易中心、商贸物流园、林安物流网、我要物流 App，主要客户包括生产制造企业、物流行业企业、货主、司机等。

2. 经营业务

林安运营的产品主要包括：林安物流班车、林安城市配送、物流诚信管理、中国公路物流运价指数发布、自有第三方支付业务、商贸物流园等。

（1）林安物流班车

林安物流班车是由林安物流集团组建的物流服务综合体，由第三方物流企业、专线、公路货代、货车司机组成，可根据顾客要求、货源属性的不同提供多层次、差异化的服务。目前，林安物流班车已整合 2 000 多家物流专线，5 000 多辆货车准时滚动发班，可以覆盖全国所有一二三级城市（含港澳台地区），遍布全国的 10 000 多个运输营业网点，全国每日的运输量可达到 100 万 t。

（2）林安城市配送

林安物流整合散布在广州市区的待货车辆，按照"五统一"的要求（统一标识、统一车型、统一安装计价器、统一收费标准、统一调度），在广州市提供城市配送服务，而且所有的城市配送车辆都纳入到林安的信用管理体系之中。客户不仅包括林安物流园中的众多快递公司，而且广州市民也可以通过电话、林安物流网预约配送车辆上门服务。

（3）物流诚信管理

任何使用林安平台发布物流信息的企业和个人，都必须以实名注册成为会员。林安集团利用 2013 年推出的"诚信标普"对会员的市场行为进行约束，采用一系列标准对物流行业内的物流企业、驾驶员等进行诚信等级评定，并且与停车系统、三方支付系统、门禁系统、物业管理系统对接，自动采集会员诚信数据，对商户的诚信进行全方位的记录、评估和考核，并以此作为林安给予园内物流企业资金扶持担保额度的重要参考标准。

（4）中国公路物流运价指数发布

经过两年的试运行，中国物流与采购联合会与林安物流集团于 2015 年 1 月正式推出中国公路物流交易指数。该指数的推出在规范物流行业价格体系，遏制行业恶性价格竞争，解决物流价格信息不对称问题时具有重要意义。其中，日价格指数的推出加大了公路物流运输价格的透明度，广大司机、物流企业、货主可以参考日价格指数合理定价。

（5）自有第三方支付业务

林安物流集团筹建的"商物通"通过三大渠道——物流服务的网上采购、厂家和商家的网络销售、货主与承运人信息交互，为客户提供互联网支付与预付卡业务。

(6) 商贸物流园

林安物流集团早前在广州市成功组建了专业化的商贸市场，如大转湾夹板装饰材料城、中铧摩配城、广佛五金城。随着广州林安模式的成功，林安物流集团开始在省外具有一定工业基础、商业基础和区位优势的地区（如车城十堰、全国经济百强县丰城等）推动商贸物流园项目，以便更进一步地推动物流业与商贸业的协同发展。各地商贸物流园不仅规划有专业化商贸市场和完善的物流功能区（如整车与零担快运中心、仓储中心、配送中心等），并建设有休闲、娱乐、居住等配套物业。

3. 服务网络

林安物流集团除了在大本营广州以外，并没有特意选在全国物流核心节点城市设立物流园区，而是转向具有一定区域经济特色的中小型城市，这是由于"商贸+物流"的形式能够为物流园区引来稳定的货源，并不用与其他物流园区运营商在土地资源紧缺的核心节点城市进行激烈的竞争。

林安物流集团依托"园区+平台"的林安模式大力扩张，加快在全国布局步伐，已在全国连锁发展多个物流园基地。目前，林安在广东、北京、山东、安徽、河南、江西、湖北、重庆、海南、新疆等地分别建立或者规划了第四方物流园区，且计划在5年内在全国建造100家商贸物流园区，形成覆盖全国的物流网络。

4. 盈利模式

随着林安业务的发展，其盈利不仅仅来源于物流服务与物业租售，还包括线上、线下广告与"商物通"支付平台所形成的资金池。

（1）物流服务与物业租售

物流服务的收益主要包括会员年费、公证费等。物业租售收入主要包括物流园区地产、物流交易中心席位等带来的租售收入、停车费收入及配套管理服务收入。

（2）广告收入

在线上，林安物流网与我要物流App均可以为各类商家提供广告投放服务，比如轮胎供应商、物流车辆供应商等；在线下，每日进出林安信息交易中心的人数有3～5万人，绝大多数都是物流从业人员，因此，各类物流设备服务商都可以借助其进行广告投放。

（3）资金沉淀收入

类似于淘宝商城的支付宝，林安物流集团有自己的支付平台"商物通"。在林安物流集团的平台，每天都发生着众多的交易，围绕这些交易所产生的金融服务又成为林安实现收益的突破口。在物流交易的费用结算中，货物从出发到抵达交付地需要一定的时间，相关交易费用就会在"商物通"平台上短暂停留；而在商贸城中发生的商品或者服务交易，"商物通"提供的互联网支付与预付卡业务能保证一定的资金在平台内流动。商物通所形成的资金池可以为林安作投融资之用。

第11章

物流园区产业集群发展

11.1 物流园区产业集群内涵与特征

11.1.1 物流园区产业集群概念

近年来各级地方政府都认识到了产业集群对地方经济发展的重要性，纷纷提出产业集群发展模式。产业集群是产业集聚的重要方式，它是由具有共性或互补性而相互联系的企业依托相关的功能服务平台的支撑在空间上的集聚，并形成强劲、持续竞争优势的经济群落。产业集群作为当代产业生存与发展最有效的组织形态，在集聚生产要素、优化资源配置、加快制度创新、营造产业生态环境等方面发挥着越来越重要的作用。

物流园区由于自身优越的经营条件，吸引了物流企业及相关企业的集聚，为物流产业集群创造了条件。物流园区作为多功能、一体化的综合性服务载体，具备物流产业集群的条件，物流产业集群也应该是物流园区的发展方向。从产业集群的角度来看，物流园区是物流产业集群的空间组织形式和特定区域，即将众多物流企业及其相关企业和机构，甚至生产企业集中在一起，按照专业化、规模化的原则组织物流活动，共享多种物流基础设施和配套服务设施，能够在物流园区内为物流服务需求方提供单独一家物流企业所做不到的综合物流服务，发挥产业集群的整体优势和互补优势的特定区域。

基于上述分析，物流园区产业集群是指以物流园区基础设施平台（如港口、机场、铁路货运站、公路枢纽等）、物流信息平台、供应链管理平台等为依托，以物流产业集约化发展为导向，基于资源整合共享、专业化分工、合作协同等因素的共同作用，形成运输、仓储、装卸、搬运、包装、流通加工、配送、物流信息以及生产、生活配套服务企业与机构在空间上集聚发展的现象。物流园区产业集群是物流专业化分工与协作水平不断提高的产物，是一种遵循经济原则的组织形式和经济现象。

11.1.2 物流园区产业集群特征

物流园区产业集群是由众多生产性服务企业集聚而形成的，除了具有一般服务业的特性，还有自己特有的性质。与传统产业集群相比，物流园区产业集群具有以下几个特征。

1. 地理集中性特征

地理条件是特定地域的一种资源禀赋，它对物流园区的选址有着巨大的吸引力，对物流园区产业集群的形成起着重要的影响。例如，区域中心城市、交通运输枢纽设施是各种运输方式的交汇点，其衔接不同运输方式、不同类型物流企业，同时也是区域物流交易市场、信息交换枢纽和物资集散分拨中心。依托一定的地理区位条件，物流产业链上相关企业深深地扎根于当地经济发展过程中，融入当地的社会、法规、政策及文化环境之中，与当地城市规划、交通基础布局、产业空间分布、商贸流通网点布局等相适应，并驱使外来迁入的物流企业本地化。

2. 空间区位选择性

物流产业的特殊性决定了物流园区独特的空间特点。物流园区是物流需求和资源的集聚，对于交通便利、公共基础设施、产业需求等要素的依赖性极强，一般依托工业园区、商贸批发市场或者综合交通枢纽集聚而成。从现实来看，政府规划的比较成功的物流园区往往都有着较强区位优势。作为服务产业，物流园区必须实时满足客户多元化、一体化、个性化需求，这就要求物流园区中的众多物流企业除了具有较强的功能互补外，还要通过良好的公共基础设施、优越的地理位置，才能够实现客户的准时制要求。由此，区位的优劣直接影响着物流园区规划、建设、投产的顺利实施。从某种意义来说，众多企业在决定是否入驻物流园区时，首要考虑的就是该物流园区是否有着得天独厚的区位优势。因此，区位优势对于物流园区产业集群的形成具有决定性影响，对于物流园区的前期选址尤为重要，故此，对区位的高度依赖性构成了物流园区产业集群重要特征之一。物流园区的空间区位和选址条件要求高，一般选择在区域中心城市的城郊接合部，需要土地资源开发较好，用地充足，成本较低，同时能够有效衔接多种交通运输方式。

3. 专业化分工特性

随着社会经济的发展，物流园区产业集群专业化分工趋势更加明显。通过产业链纵横关联、协作，物流园区产业集群内物流企业、生产生活配套企业及政府服务部门等实现了专业化分工，特别是大量专业化运输、仓储、配送、货运代理、物流信息服务、第三方物流等企业集聚在一定空间区域，实现规模化、专业化、集约化生产。由于地理位置靠拢、信息流通顺畅、信用机制持久等方面的优势，在物流园区产业集群内部往往需要多个物流服务集成商参与物流资源整合，这些专业化的物流企业通过内部化交易来降低交易成本、增加合作机会，提高交易效率，增强群内企业之间交易的可靠性。

4. 服务的派生性

随着专业化分工，物流活动逐步从工业企业生产和商业流通领域中分离出来，特别是制造、商贸、消费、加工活动所引发的对物的移动、储存、加工及信息等在内的一系列要求。因此，作为连接生产和消费的桥梁，物流对生产活动和消费活动具有派生性和共生性。物流产业的需求由制造业、商贸业等其他产业派生出来，因此，物流园区产业集群是跨物流业、生产制造业、零售业等多产业的集群，其他产业活动规模、结构、空间分布、生产组织、流通模式等会对物流园区的选址、集群发展模式、技术应用等产生重要影响。

5. 社会网络特征

物流园区产业集群是特定空间区域范围内物流产业上、中、下游企业及相关组织基于价值链联系形成的本地化社会网络。物流园区产业集群中个体成员之间因为互动而形成相对稳定的关系体系，它们的结网行为依赖各种强弱联结关系，如依赖物流合同、契约、协议以及无形与非正式的组织关系，推动物流园区产业集群企业之间各种信息、技术、贸易、组织等交流、合作，进而提升物流园区产业集群的凝聚力和网络效率，推动物流园区产业集群的可持续发展。

6. 知识溢出与创新特征

产业集群之所以具备持续发展的动力，是因为产业集群能通过相互学习，产生知识溢出效应。物流园区产业集群内部通过有效整合物流园区基础设施、物流企业、物流信息网络等资源，增强了物流链中各个主体、生产环节的连续性、畅通性和融合性，最终实现了物流园区功能的有机集成，极大地提高了物流产业集约化、规模化、专业化的服务能力。在物流园区产业集群内部整合过程中，现代物流运作理念、模式、技术、技巧、信息等迅速地传播、流动，带动了相关物流企业的技术变革，促进物流园区产业集群服务创新能力得到快速提升。

11.2 物流园区产业集群效应分析

11.2.1 物流园区产业集群内部效应

产业集群是现代经济构成的单元结构，能产生巨大的集群效应。各类物流企业及配套服务机构在物流园区空间上集聚形成物流产业集群，产生显著的内部集群效应，主要体现在以下几个方面。

1. 专业化分工效应

亚当·斯密在《国民财富的性质和原因的研究》中根据绝对利益理论论述了产业集群的含义和产生动因，认为产业集群是由一群具有专业分工性质的企业，通过生产价值链的关联和衔接，共同完成某种生产任务集结而成的群体，并且认为产业专业化分工实质是产业集群形成的理论依据所在，分工起因于交换能力，但受到市场范围的限制。

物流园区产业集群及协同给该区域经济活动的分工和专业化发展带来十分重要的影响。物流园区通过吸引多种类型物流企业及相关配套服务主体集聚，有利于专业化分工及发展。专业化分工及发展需要相应的外在环境与条件，社会分工专业化的深化，客观上要求主体专注于各自核心竞争力，这势必带来主体间更频繁的物资交换需求；而物流园区产业集群发展促进了区域物资流通，降低了物流成本，因而加速了社会专业化分工及发展，带来了分工效应。此外，物流园区产业集群也只有在专业化分工环境下，找准自身在区域物流环境中的定位，才能彰显物流园区发展特色，进而发展壮大。

2. 外部规模与范围经济效应

新古典经济学的代表人物阿尔弗雷德·马歇尔（Alfred Marshall）是公认的"新古典经济学"的集大成者，他在继承亚当·斯密劳动分工思想的基础上，提出了外部经济概念，包括外部规模经济和外部范围经济。

规模经济效益是指适度的规模所产生的最佳经济效益，在微观经济学理论中它是指由于生产规模扩大而导致生产成本和经营费用得以降低，从而能够取得一种成本优势。产业集群的外部规模经济表现在集群内企业实行高度专业化的分工协作，每个企业承担产业链中某一环节的活动，生产效率极高，使无法获得内部规模经济的单个中小企业通过外部合作获得规模经济，所以企业既能享有规模经济带来的好处又不必过分扩大企业规模，使企业实现了"柔性"与规模的统一。物流园区产业集群发展能产生整体规模经济效应，且所获得的规模效应可以直接观察到。例如，物流园区企业通过物流资源整合，对订货、采购、生产、运输、仓储、销售、配送等环节的集约化运作及优化管理，就可以实现在保持物流服务质量的前提下带来物流运作成本的下降。

外部范围经济是指企业集聚特别是相关产业的企业集聚时，可通过垂直联系及时获得与供应商、客户之间的业务联系，通过水平联系可以借助分包商的生产能力控制分包商的产品质量，也就是说企业可以调动更大范围内的资源，实现资源的更优配置。物流园区范围经济效应来自物流园区产业集群经营范围的扩大而带来的经济性，其更能够反映物流协同的实质，即通过物流园区主体内部以及主体之间的协同，共享主体剩余资源的利用，实现低成本、高效率的扩张，进而获取新的竞争优势。物流园区相关企业集聚时，可通过横向集聚和纵向集聚联系，有效调动和整合更大范围内的资源，实现资源的优化配置和科学流动。

（1）横向集聚。随着市场作用越来越强，物流园区内物流企业之间、物流企业与相关机构之间以平等的市场交易为主，竞争较为激烈，在交易过程中形成包括代理、采购业、配送业、运输业、仓储业、装卸搬运、包装加工、信息处理等业务构成的功能完整的物流供应链，为顾客提供全面的物流服务的同时，形成产业链的共生关系，呈现一种水平的竞争和合作关系，获得规模经济效应。

（2）纵向集聚。物流园区内常常会以一些少数大型运输、仓储、物流基础设施等物流企业为中心，其他相关物流企业集聚在其周围进行价值链分工和配套。通常情况下，大型物流企业处于价值链的高端，由于拥有足够的资金和技术，专注于提高自己的核心竞争能力，主要从事技术水平高、附加值高的业务；与此同时，大型物流企业将处于价值链的中低端的重复性高、标准化、附加值低的业务外包给区域内的中小型物流企业，形成一种多层次、多形式的外包或再外包体系，企业之间既有竞争又有合作，呈现一种垂直的专业化分工和社会化协作关系，共同完成物流链中的物流任务，获得外部经济效应。总之，在物流园区内企业可以在不牺牲"柔性"的条件下获得规模经济和范围经济，比单个企业有更高的经济效率。

3. 交易费用节约效应

交易费用理论较好地解释了产业集聚的成因。新制度经济学的奠基者罗纳德·哈里·科斯开创性地提出"交易费用"的概念，认为产业集群存在上下游及配套服务企业，可以增加达成交易的可能性和交易频次，降低区位成本，并能进一步通过明确交易合作主体、交易时间、交易场所、交易规则等，从而降低参与交易各方的费用；同时产业集群内的企业在一定地理位置空间集聚发展，减少了信息的不对称性和机会主义行为，缩短了交易寻找、洽谈和成交的周期，进而可大幅降低交易费用。诺贝尔经济学奖得主威廉姆森认为产业集群的网络强调的是交易费用的节约，并且将交易费用划分为事前的交易费用和事后的交易费用两大类型。

从交易过程来看，由于物流园区合作伙伴之间具有经常的沟通与联系，物流伙伴之间容易建立信誉机制，从而大大减少机会主义行为，这样可使搜寻交易对象的费用大为降低，减少各种履约风险；专业信息和社会信息流动速度的加快，可减少企业的信息成本；重要生产资料、配套服务大多可以从物流园区内其他企业处就近获得，可降低运输成本和库存成本，还能享受供应商提供的辅助服务；在冲突发生的时候，可以根据契约通过协商加以解决，避免烦琐的讨价还价以及诉诸法律所产生的费用。因此，物流园区大大提高了物流企业的效率、缩短了物流服务的时间，加快了物流流转速度。物流园区集聚的特性可以使得物流企业之间加强沟通与合作，大大降低在交易过程中相关的交易费用。

物流园区中由于多种物流设施和物流企业集聚，且物流园区一般都设置在交通条件比较便宜、城市外围一般是多式联运的结合点，各物流企业可以共享一些物流基础设施，同时可以充分有效地利用各种交通运输方式的技术特性，可以产生集聚经济效应，从而大大降低物流企业的运作成本和运输成本。

4. 管理协同效应

物流园区企业通过产业集聚、资源整合、组织协调、业务流程优化等管理协同方式，可以形成实力强大的集合体，产生"1+1>2"的协同效应，这种效应远远超过单个企业的简单叠加。管理协同效应可以贯穿于物流园区产业集群内部企业不同业务、部门之间，而且可以拓展到物流园区外部相关成员之间。物流园区产业集群内部协同是物流运作的基础，通过对物流业务流程的重新设计、环节的协同运作规范等，主要体现在物流规划协同（降低设施重复建设，提高利用率及合理化分布）、运输协同（发挥不同运输方式的比较优势）、采购协同（多种物资大规模订货分担采购费用）、配送协同（共同配送分担费用）、仓储协同（共享仓库和设备）、流通加工协同（共同利用加工设备、设施与员工）等方面，来实现集群内部资源的充分利用，最大限度地调动企业的积极性，促进产业集群效益最大化的实现。此外，管理协同效应会扩散到物流园区外部企业。在市场竞争环境中，物流园区各类主体作为相对独立的市场参与者，为了共同的发展战略或目标而协调它们的流程、组织及运作，直至建立稳定的合作伙伴协同关系，创造主体合作的"多赢"。

5. 学习迁移效应

彼此接近的企业之间竞争会更加激烈，竞争更有利于学习与创新，学习与创新又很容易外溢到附近的其他企业，从而使其他企业较快地学习到新知识和新技术。物流园区是物流企业进行技术创新、制度创新、管理创新的重要载体，在入驻企业之间存在广泛的技术、知识等交流合作及外溢效应。它具体表现在入驻企业知识、技能、态度和行为规范的学习中，通过物流环节间的相互沟通、协调和影响，从而促进入驻企业之间建立新的物流协作方式。这种协作能够为物流园区入驻企业提供一种良好的创新氛围，各种新理念、新技术、新模式、新流程和新知识传播并由此形成溢出效应，从而增强入驻企业的研究和创新能力，也有助于加强企业间进行技术创新的合作，从而降低物流产品开发、物流方案设计、物流技术创新等的成本，促进物流园区产业集群的整体升级。因此，学习迁移效应是物流园区产业集群内部协同效应的核心，不仅为入驻企业的协调合作提供了坚实的基础，而且可以创造新的产业合作机会。

11.2.2 物流园区产业集群外部效应

在物流园区产业集群的发展过程中，专业化分工及规模经济扮演着重要角色，降低了交易成本，形成了技术、知识、经济等多方面的外溢效应，触发和推动更大规模的集聚、更多的创新乃至更大范围的多元化产业发展，由此带动城市和区域经济的增长，加速区域产业结构调整，促进资源的优化配置，提升城市综合竞争力。如此循环往复，通过物流园区产业集群特有的"正反馈"式的放大机制，产生巨大的外部溢出效应，成为促进城市和区域经济发展的重要引擎。

1. 区域经济增长极化效应

极化效应是指由于增长极本身所拥有的先进产业对生产要素产生强大吸引力，周围地区的生产要素和经济活动不断向增长极集中，从而加快增长极自身的发展。根据经济发展的规律，一个地区在经济发展的初期，不可能在区域内部各个地方同时起步同水平发展，只可能在少数具有综合比较优势的地区形成经济增长极。增长极最初的形成有着比较复杂的原因，可能是区位和交通优势，可能是产业基础优势，也可能是历史原因，还可能是偶然的原因。不管是何种原因导致的，物流和交易成本始终是其中关键的因素。

根据胡佛的"产业集聚最佳规模论"，物流成本是决定产业集聚规模大小的基本要素之一，人流、商流、资金流等各种生产要素只有在物流的协同之下才能够更好地发挥作用。在物流和交易成本都很高的状态下，区域经济活动的空间非常有限，每个企业只能分散在各处，以很小的规模为很小范围内的消费者提供服务。物流基础设施发达地区有利于经济活动的集聚，使各种产业活动之间的协作配合及产业规模的扩大成为可能，从而带来了各种费用的节约，产生集聚效益和规模效益，大大增强极核的竞争力。

通过建设物流园区，可以有效整合区域物流资源，降低交通运输和交易成本，可以在一定程度上推动区域产业和市场的形成发展，强化"需求关联""成本关联""外部规模经济效应"，增强经济集聚的向心力。在经济集聚向心力的驱使下，资金、厂商、劳动力及其他各种经济要素资源都向物流园区周围区域集聚，通过资源整合、产业协作发展培育产生一批物流依托型产业集群。物流园区的发展进一步拉动其他生产性和非生产性行业的建设和发展，使产业结构趋于合理完善，大大增强经济增长的质量与稳定性，使该区域逐步成为城市经济的重要增长极。

2. 产业联动发展效应

区域经济发展过程中，各个行业之间的发展不是独立的，而是存在千丝万缕的复杂联系，这在物流业中的表现更为明显。物的流动必然伴随着资金流动、信息流动和人员流动，现代物流显著提升了产业集聚联动发展水平。物流产业的发展，加快了全社会商品的流通速度及经济资源在产业间的配置速度，对三大产业都有较强的联动影响作用，尤其是与第二产业中的制造业、第三产业中的批发零售业、电子商务业等存在着很强的双向互动关系。

从物流园区的运行模式来看，物流园区与制造业、仓储业、运输业、快递业、信息产业、计算机产业、电子商务业都具有极高的关联度。通过物流园区与产业之间建立起一种更加紧密的、多层次的合作模式，获取区域经济体之间的优势和互补效应，并依托市场力量对资源进行更为充分合理的配置，促进专业化分工和产业结构优化，达到产业联动发展和提升产业集群效益的目的。一般情况下，物流园区可以带动与之前向关联的行业发展，也可以推动与之后向关联的行业发展。物流园区带动前向关联行业的发展主要表现为：物流园区的运营需要流通加工业、装卸搬运业、运输业、仓储业、包装业、快递业、信息产业、物流管理和咨询产业的支持，因此物流园区的发展可以直接带动这些产业的发展。而这些被带动的产业要更好地为物流园区服务，又需要现代装备制造业、冶金业、能源工业、建筑工业、化工、计算机、软件业、教育培训等行业的支持，换言之，物流园区的发展可以间接带动这些行业的发展。物流园区推动后向关联行业发展主要表现为：物流园区直接为制造业、零售业、批发业、电子商务业等服务，因此，物流园区的更好发展能够进一步推动这些行业的发展。

3. 供应链体系重构效应

供应链与制造业、流通业密切结合，以及供应链金融创新，很大程度上改变了物流要素的空间集聚方式，也让传统的物理性物流要素集聚转向了物流、商流、资金流、信息流、人才流的集聚。而集聚的空间布局大多分布在城市周边交通发达、经济要素成本较低的区域。在这些区域，规划建设物流园区，积极集聚供应链优势资源以及物流、商流、资金流、信息流、人才流等要素，发展基于供应链的枢纽经济，有利于重构城市供应链体系，提高城市和企业竞争力。国务院印发了《关于积极推进供应链创新与应用的指导意见》，明确了供应链服务制造业、流通业，以及积极发展供应链金融的政策，不仅为城市各功能区更深入、紧密的产业分工与合作指明了方向，更为城市供应链系统重构指明了方向。

依托物流园区产业集群，加快物流资源整合优化，可以显著提升城市供应链核心竞争力，实现企业生产和经营流程的优化，保证生产环节和消费环节的低成本。另外，随着物流园区产业集聚，工商企业的空间布局及网络结构也会发生相应的调整，给企业核心竞争力的发展提供机会。通过物流园区产业集群，重构城市供应链体系，企业可以更好地分享区位集中而创造的外部效益、网络效益和资源共享效益，其结果不仅扩大了市场需求，提高了企业的竞争力，同时通过自我强化功能，使区域内的各类企业效益更加明显。

4. 区域资源优化配置效应

物流园区是区域现代物流体系的重要节点，也是物流产业集聚地，其对区域生产要素会产生一定的影响。一方面，物流园区的发展，会提高资源配置效率，加快高级要素的流动速度。另一方面，物流园区的形成与发展会对区域内的支撑经济发展的基本生产要素产生重要影响。物流园区是依赖于政府综合考虑本区域的产业、交通、土地等多种因素后，将原本分散的物流企业和物流业发展相关资源进行整合而形成的。物流园区是政府基于区域和城市资源布局而规划建设的。因此，物流园区不但可以促进交通发展，带动城市功能区的开发建设，更重要的是，还可以对日益紧缺的土地资源进行优化，对物流资源进行集聚，甚至吸引新产业的加入。除此之外，物流园区所具有的对物流企业的综合管理和对物流业务的集约化服务，使得物流业服务的水平得以提升。同时，物流园区内的众多物流企业还可以通过相互之间的协作，采用相互搭配的运输方式，实现配载的合理化，节约运输能源，减少由此带来的城市环境污染，缓解城市交通压力。

5. 就业创业带动效应

物流园区的发展，势必会带动相关产业，诸如现代装备制造业、流通加工业、装卸搬运业、运输业、仓储业、包装业、电子商务业、信息产业、咨询产业等的发展，创造大量创业机会和就业机会。现阶段的物流业还属于劳动密集型产业，随着与物流园区相配套的基础设施完善后，交通条件、科技条件等逐渐优化，会对物流园区周边地区的各种人才产生吸引，从而带动该区域甚至是周边区域的就业。同时，随着物流园区发展的不断推进，各种与之相关的资源得到合理的优化配置后，物流园区所在区域的投资环境也得以改善，那么该区域内的现代制造业、商贸业、餐饮业等其他服务业也会随之发展起来，这也解决了大量劳动力的就业问题。同时，物流园区内部及周边区域孕育大量新兴、快速成长企业，为新技术、新材料、新模式的应用提供"试验田"，促进大众创业，万众创新。特别是物流园区自身就是融合创新的重要平台，为创新创业提供土壤、基础设施和产业链的支撑，"双创"又为物流园区发展注入新的活力，催生出更加丰富的生态。

11.3 物流园区产业集群发展机制与过程

11.3.1 物流园区产业集群发展机制

1. 形成与触发机制

从国内外物流园区发展现象的总结分析来看，物流园区形成影响因素众多，但常常个别的因素起着重要的作用，如地理条件、产业发展、交通与物流基础资源、物流市场需求、资本要素、政府规划等。物流园区形成初期，由于物流企业数量较少，且规模较小，竞争程度低，具有较强的盈利能力，因而形成集聚"核"，不断吸引物流产业链上下游企业向该地理范围"扎堆"发展。随着各种类型的物流企业及配套企业加速集聚，促进了物流园区产业链的专业化分工，产生了在原来资源分离状态下难以获得的"集聚规模经济"和"集聚范围经济"，同时加速物流园区入驻企业之间的分工与协作、交流与沟通，促进交易成本的下降，进一步加速物流园区的集聚发展，促进了物流园区的纵向分工和横向联系，进而促进物流园区的形成及其竞争能力的提升。物流园区产业集群形成与触发机制如图11-1所示。

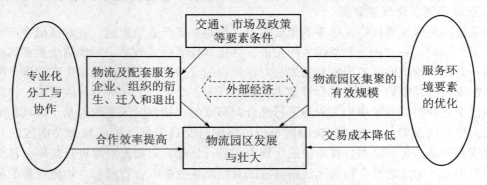

图11-1 物流园区产业集群形成与触发机制

（1）市场需求驱动机制

物流市场需求对物流园区产业集群的形成与健康发展有着极其重要的决定作用。现代物流业是一个服务性的产业，物流园区的形成和发展与当地经济发展水平和物流市场的需求紧密相关。根据国内外发展经验来看，物流园区产业集群的形成和诱发因素具体可以归为三大类别：一类是基于城市各类工业园区、开发园区等释放的巨大产业物流需求，牵引工业物流企业、供应链服务商等物流企业以及工商、海关等配套机构的集聚，促进物流园区的形成；二是由于良好的区位和商业服务因素，城市发展形成区域商贸流通或集散中心，促进一大批仓储、分拨、配送、流通加工、货代等物流相关企业的集聚，进而促进发达繁荣的商贸流通市场的形成，也推动了物流园区的发展；三是基于城市良好的区位和交通基础设施，如依托大型港口、铁路货运枢纽、机场等建设物流园区，吸引上下游货主企业、客户及城市配送等企业的入驻，促进物流园区的形成。

（2）集聚效应驱动机制

产业集群是现代经济构成的单元结构，能产生巨大的集聚效应。追求产业集聚效应是物流园区产业集群成长的重要动力之一。物流园区是物流产业集聚的空间表现形式，物流企业的有效集聚是物流园区正常运行的基本条件。只有做到物流企业的集聚，才能实现物流设施的集约化和物流运作的共同化。与其他产业集聚一样，物流园区中的各种物流企业能形成专业化分工与协作关系，发挥各自比较和竞争优势；能够以较低的成本获取各种生产要素，形成外部规模经济效应；能够降低信息成本、市场开发成本、合约签订和执行成本等交易成本；能够形成学习和创造效应，推动增长区内的技术创新和应用。

2. 发展与自增强机制

物流园区产业集聚雏形形成以后，在集聚"核"和边际递增效应的吸引下，更多物流产业链相关企业及配套服务企业、组织机构加入，加速物流园区产业链分工的精细化，即物流园区内部的各类企业、组织机构等按照自身的核心竞争能力的塑造要求，有效挖掘利用企业内部资源和发展潜力，同时广泛整合企业外部的资源，将非核心物流业务进行剥离或者分包。随着物流园区内部各类企业、组织数量的增加，物流园区产业集群的整体规模持续壮大，集群的外部经济性会不断增强，但边际递增效应逐渐减弱，此时物流园区演进的自增强机制开始发挥重要作用。

具体而言，物流园区产业集群的自增强机制可分为一般自增强机制与特定自增强机制。一般自增强机制包括围绕物流产业价值链的专业化分工及企业之间的竞争，而特定自增强机制则更多体现为信息的共享、知识的溢出、互动学习、协同创新等，一般自增强机制可以通过特定自增强机制表现出来，如图11-2所示。

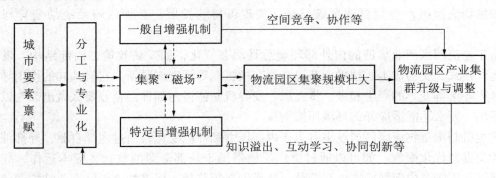

图11-2 物流园区产业集群发展中的自增强机制

物流园区产业集群发展的自增强机制增加了物流产业链上下游企业及配套服务组织、机构之间的信任，拓展了物流产业链的纵向分工和横向联系，产生规模报酬递增、交易效率提高和技术创新等效应和优势，促进物流园区社会关系网络的形成，进一步突破原有物流业务范围、集聚空间范围的限制，吸引物流企业、中介组织、孵化平台、科研机构、政府部门等不断加入，丰富物流园区业态的多样性，逐渐形成更大范围的社会协作网络。这种稳定网络关系的建立，有利于人才、技术、资本、信息、知识等要素的流动，反过来又进一步推动物流园区物流链、产业链、价值链分工的深化，为集群创新创造良好的环境。

3. 衰退与"锁定"机制

物流园区产业集群进入成熟期后，随着物流产业链各种类型主体的集聚规模的扩大，使得物流市场的竞争更加激烈，产生集聚不经济效应。由于物流园区内部分工协作不可能无限制发展下去，此时如果物流园区创新优势不能够维持下去，产业集群的集聚不经济将会继续发挥离心力的作用。随着物流产品或服务的同质化和物流企业核心竞争能力的趋同，物流企业之间的竞争变得越来越激烈，物流企业边际成本上升、边际收益减少，物流种群、个体的数量开始减少，使得物流园区产业集群开始呈现衰退趋势。

物流园区产业集群的衰退主要是由产业集群的"锁定效应"导致的。"锁定效应"本质上是物流园区产业集群发展过程中产生的一种"路径依赖"现象，包括技术性锁定效应、功能性锁定效应、认知性锁定效应、制度和政策性锁定效应等。总体而言，形成"锁定效应"的原因通常有高转换成本、规模刚性、功能与认知趋同、技术的强联系、信息闭塞、行政性制约等因素，集群内部企业不愿意突破锁定效应的限制。"锁定效应"导致物流园区整体锁定，学习和创新能力不足，转换成本增加，企业交易无效率，集群不确定性风险增加，应对市场环境变化的能力弱化等负面作用。当物流园区不能根据物流市场需求进行及时调整、创新和转型升级时，就不能突破路径依赖、创造出新的发展路径，则很可能为市场所抛弃，发展停滞甚至衰落，长期锁定在低效状态。

4. 升级与变异重组机制

物流园区产业集群升级实质上就是它在发展过程中不断变异以及寻找、选择和重组各类社会物流及相关配套服务资源，以更好地适应和满足物流市场各类需求变化的过程。随着物流园区产业集群规模的扩大，受到市场需求规模、资源要素供给、服务能力等因素的限制也越来越多，如果物流园区内部企业继续在内部寻求资源整合，则难度较大，且效率不高。此时，如果物流园区产业集群要突破路径，实现可持续发展，必须依赖系统的变异与重组机制。

由于物流园区产业集群的内外部环境总是动态变化，如发展政策、内部结构、发展方向、运作模式、交易成本、技术创新、资源交换机制等调整或更新，它们共同的作用导致物流园区产业集群变异的产生和进一步发展。变异机制使得内部种群企业要么做出改变以适应外部环境，要么不能适应外部环境而被淘汰。

重组机制则是物流园区产业集群迫于内部压力和环境变化，通过内部自驱、外部催化等实现各类资源优化配置。如可以通过更广泛地借助于外部资源的整合、资本运作、战略合作、网络化扩张及内部深层次组织变革、技术创新等路径，促进物流园区产业结构调整，突破原来增长方式的限制，适应市场需求的动态变化，提高物流园区的适应能力与综合竞争力，从而实现物流园区产业转型升级。

11.3.2 物流园区产业集群发展阶段

从物流园区市场招商与企业入驻到物流园区产业集群的培育、形成以及发展成熟，存在一个较长的发展过程，如图 11-3 所示。该发展过程一般要经历以下几个阶段。

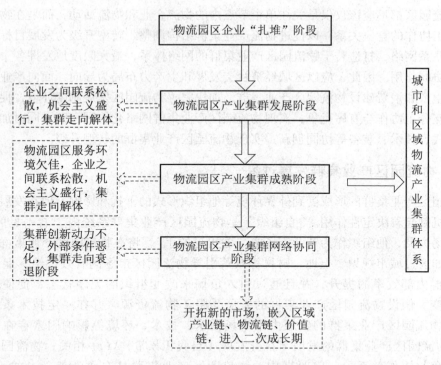

图 11-3 物流园区产业集群发展过程

一是物流园区企业"扎堆"阶段。政府和物流园区开发商通过物流园区及配套基础设施建设、产业政策支持、税收优惠等一系列制度安排,吸引大量物流企业、配套企业及相关机构迅速在物流园区内集聚,逐步发展形成若干物流企业群落,为物流园区向物流产业集群演化发展创造了基础条件。

二是物流园区产业集群发展阶段。这一阶段物流园区内物质、资金、信息等要素流动开始活跃,企业之间竞争合作加强,各成员之间建立了初步专业化分工与协作关系,形成物流产业集群的雏形。但是这一阶段不过是物流产业集群的初级阶段,产业关联度不大,企业之间的专业化分工与协作关系还很脆弱,网络比较松散,集聚效应也不明显。如果该阶段不能及时完善基础设施及配套服务环境、加强产业招商、遏制物流园区内企业的机会主义行为和恶性竞争、促进企业进一步结网,那物流园区产业集群会很快走向解体。

三是物流园区产业集群成熟阶段。该阶段,产业集群内各成员之间分工协作密切,建立了密集的关系网络,根植性文化形成并逐渐成为各成员共同遵守的规范,物流园区产业集群的"自组织"作用得以发挥,内源动力成为主导力量,高级形态的物流产业集群形成。但是随着市场的饱和,外部竞争环境恶化,如果此时无法开拓新的市场空间或成功融入区域产业链、供应链与价值链,物流园区产业集群会慢慢走向衰退。相反,如果在这一阶段很好地融入区域产业链、供应链与价值链,物流园区产业集群则会向更加高级、有序和成熟的形态发展。

四是物流园区产业集群网络协同阶段。建设物流园区的初衷可能是为了从城市整体功能出发,解决城市功能紊乱,缓解城市交通拥挤,减轻环境压力;也可能是为了顺应物流业发展趋势,促进物流发展,降低物流成本;或者二者兼而有之。但无论建设物流园区的原因是什么，物流园区都不应该仅仅是关注单个节点内的物流企业和物流活动，而是在物流园区之间建立分工协作的竞争关系，以促进物流产业集群结构调整、转型升级为发展目标，建立动态的经济联系网络，打造若干物流园区产业集群的网络体系，最大限度地发挥各个物流园区的优势和协同作用。因此，应以区域经济社会发展和生产力布局为导向，面向产业，服务市场，围绕生产和消费建设物流园区产业集群，加快完善物流园区发展制度环境，促进物流园区之间相互分工协作与有序竞争，实现物流园区产业集群网络化协同运营，同时加速物流园区运营模式、技术、装备等协同创新，实现物流园区产业集群的转型升级。

11.3.3 物流园区产业集群发展过程

物流园区产业集群的形成受到外界环境等他组织形式的干扰和影响，但在发展壮大过程中自组织机制起着决定性作用。"自组织"是物流园区产业集群系统内"看不见的手"。由于存在市场失灵，他组织作为产业市场中"看得见的手"，将在物流园区产业集群中起到重要作用，如通过城市规划、土地、财税等政策引导物流园区市场的有效供给，促进物流园区产业集群内部效率的提升，并且通过引入负熵来改变组织的无序状态，促使其从无序向有序转变。假设物流园区产业集群的发展受限于物流资源，并在一定技术条件下有发展潜力；物流园区产业集群的发展由于市场需求、技术、环境等影响因素存在随机涨落 $R_i(t)$；物流园区产业集群的发展与自身发展（自我积累量）$X(t)$ 相关；物流园区产业集群存在竞争与协作关系；一定时期内，物流园区产业集群具有数学意义上的可连续性。根据上述假设，那么物流园区产业集群的发展总体受到自我发展、环境限制、产业竞争关系、产业协作关系和随机涨落的影响。

1. 物流企业通过入驻物流园区形成集聚趋势

由于区位、经济、交通等因素，在具备一定物流产业生态位条件的物流园区内孕育或培育出物流产业的集聚核，该集聚核形成的集聚势将吸引和引导运输、仓储、配送等物流相关企业以及生产、生活配套服务机构自发地向其集聚，形成物流园区企业初步集聚和"扎堆"现象。此时，物流园区内物流企业数目少，密度低，对物流资源利用的竞争小，缺乏专业化分工。

2. 物流企业集聚通过定居形成物流园区企业群落

在物流园区企业集聚发展时期，物流园区与外界环境进行着物质、能量、信息和资金的交换，因此物流园区产业集群的行为会受到外界的扰动和内部涨落的影响，即物流园区产业集群内各子系统的状态 X 是随机变量。设 X_0 为 X 的定态均值，若 t 时刻物流园区产业集群所处的真实状态为 X_t，则该产业集群的状态变量可表示为

$$X(t) = X_t - X_0 \tag{11-1}$$

设整个物流园区产业集群由 n 个子系统构成，根据协同学和非线性动力学理论，整个物流园区产业集群的状态变化可用一组非线性随机动力学方程（广义朗之万方程）来描述

$$\dot{X}_i = \frac{dX_i}{dt} = K_i(X_1, X_2, \cdots, X_n) + R_i(t) \quad (i = 1, 2, \cdots, n) \tag{11-2}$$

式中：X_i——第 i 个子系统的状态变量，其阻尼力 K_i 是各子系统状态 $\{X_1, X_2, \cdots, X_n\}$ 的非线性函数；

$R_i(t)$——第 i 个子系统所受到的随机驱动力（涨落和微扰）。

为讨论方便先略去随机力，并将 K_i 在定态点附近进行多变量展开，有

$$\dot{X}_i = \sum_{j=1}^{n} \alpha_{ij} X_j + f_i(X_1, X_2, \cdots, X_n) \quad (i = 1, 2, \cdots, n) \quad (11-3)$$

这里 $f_i(X_1, X_2, \cdots, X_n)$ 是非线性函数。由于系统的定态点是稳定的，式（11-3）中的线性项系数矩阵 (α_{ij}) 是负定的，即其本征值具有负实部，因此总存在某种线性变换来引入一组新的变量 $\{Y_1, Y_2, \cdots, Y_n\}$ 使 (α_{ij}) 对角化，这时有

$$\dot{Y} = -\gamma_j Y_j + g_j(Y_1, Y_2, \cdots, Y_n) \quad (j = 1, 2, \cdots, n) \quad (11-4)$$

其中 $\{g_j(Y_1, Y_2, \cdots, Y_n)\}$ 为一组与各子系统状态变量有关的非线性函数，方程组中的阻尼系数 $\{\gamma_j\}$ 会受外界控制条件的影响而变化。有关研究表明，在物流园区产业集群尚未达到自组织协同的临界阈值以前，各 $\{\gamma_j\}$ 都是不为 0 的正数。由方程组（11-4）可以看出，此时各子系统在物流园区产业集群大系统内相互竞争，其运动是既相互关联又杂乱无章的，如果考虑了随机力的影响，它们只能作无规则的起伏，即此时形成的是物流园区企业群落阶段，它还不具有集群效应。

3. 物流园区企业群落通过自组织发展形成物流园区产业集群

物流园区企业群落形成后，要使物流园区企业群落整体发挥集群效应和对区域经济的作用，还必须利用群落内各物流子系统间的非线性相互作用机制，调动其协同竞争动力，使外场和控制参量达到某一个自组织临界阈值，使整个群落系统进入协同状态，形成物流园区产业集群。群落内各子系统的状态变量 $\{Y_1, Y_2, \cdots, Y_n\}$ 中包含着将引导群落未来发展的序参量 u（主导产业）。根据协同学理论，当外界环境变化使系统的控制参量趋于某一个自组织临界阈值时，序参量 u 会出现"临界慢化"，其阻尼系数 γ 将趋于零。因此，令 $Y_1 = u$，则当群落系统趋于某一临界状态时，有

$$\gamma_1 \to 0 \quad (11-5)$$

其余的 $\gamma_j > 0 (j = 2, \cdots, n)$ 且有限，此时除 u 是软模变量外，其余的量 $Y_2, Y_3, \cdots, Y_n$ 都是硬模变量，按照协同支配原理，可对所有硬模变量进行"绝热近似"，即令

$$\dot{Y}_j = 0 \quad (j = 2, 3, \cdots, n) \quad (11-6)$$

联立方程（11-6）和（11-4），可得

$$\begin{cases} \gamma_2 Y_2 - g_2(u, Y_2, Y_3, \cdots, Y_n) = 0 \\ \gamma_3 Y_3 - g_3(u, Y_2, Y_3, \cdots, Y_n) = 0 \\ \gamma_n Y_n - g_n(u, Y_2, Y_3, \cdots, Y_n) = 0 \end{cases} \quad (11-7)$$

将这 $(n-1)$ 个方程联立求解后应有

$$\begin{cases} Y_2 = h_2(u) \\ Y_3 = h_3(u) \\ Y_n = h_n(u) \end{cases} \quad (11-8)$$

这表明所有的硬模变量 $Y_2, Y_3, \cdots, Y_n$ 都跟随软模变量 u 一道运动，即物流园区各企业群落子系统的行为都受到了序参量的支配，形成协调一致的运动，表现出在时间、空间和功能上的有序性。此时整个物流园区企业群落系统成为一个有序的自组织结构，即物流园区产业集群。

4. 物流园区产业集群升级成物流园区产业集群协同网络

物流园区产业集群是物流园区企业群落之间在非线性相互作用下,通过激烈竞争与合作达到协同后的更为有序高效的自组织结构。在一定的物流产业生态位条件下,由于外部环境和内部因素的变化,以及各种随机扰动和涨落的影响,物流园区产业集群还会自发地发展。考虑式(11-5)和式(11-8)以及随机涨落和微扰后,由方程组(11-4)可得

$$\begin{aligned}\dot{u} &= -\gamma_1 u + g_1(u, Y_1, Y_2, \cdots, Y_n) + R(t) \\ &= -\gamma_1 u + g_1(u, H_2(u), H_3(u), \cdots, H_n(u)) + R(t) \\ &= K(u) + R(t)\end{aligned} \quad (11-9)$$

该式是物流园区产业集群发展的序参量演化方程,其中 $K(u)$ 是 u 的非线性函数,$R(t)$ 是随机涨落力。该式表明区域整个物流园区产业集群的发展和演化将受到序参量的主导。序参量 u 作为物流园区产业集群内的子系统,实际上就代表了物流园区内的主导产业,它可以是标量,也可以是矢量。如果 u 是标量,则表明物流园区产业集群只有一个主导产业在起作用;如果 u 是一个 m 维矢量(即 $u = (u_1, u_2, \cdots, u_m)$),则表明物流园区产业集群有 m 个主导产业在同时作用。

根据协同学和非线性随机动力学理论,从广义上来说,物流园区产业集群发展的序参量方程可以看作是一个非线性阻尼振子的随机运动方程,其中 $R(t)$ 是随机驱动力,$K(u)$ 是阻尼回复力,与 $K(u)$ 对应着一个回复力势 $V(u)$(也称广义势和演化势),它满足

$$K(u) = -\frac{\partial}{\partial_u} V(u) \quad (11-10)$$

这时物流园区产业集群发展的序参量演化方程可变为

$$u' = \frac{\mathrm{d}u}{\mathrm{d}t} = -\frac{\partial}{\partial_u} V(u) + R(t) \quad (11-11)$$

由此可见,物流园区产业集群的进一步发展和变化将在演化势 $V(u)$ 的引导下,在随机微扰和涨落力 $R(t)$ 的驱动下进行。因此,演化势 $V(u)$ 的形状及其引导趋势将最终决定物流园区产业集群是向更高层次升级演进还是衰退萎缩,或者是维持现状。在特定的物流园区内,$V(u)$ 的形状及其引导趋势直接由物流生态位条件、区域产业场和外控参量等因素决定。在一定的生态位条件下,当区域产业场和外控参量达到某一临界点时,演化方程(11-11)会出现分支解,即分叉现象,此时物流园区产业集群向另一个新的稳定结构和状态迁移(复杂系统的自组织涌现)。此时,如果物流园区产业集群系统达到临界点后是指向低序度方向,则其将向较低层次的物流企业群落结构退化,其功能将出现衰退和萎缩;如果其达到的临界点是指向高序度方向,则其将向更高层次的物流园区产业集群协同网络有序结构进化。通过物流园区产业集群的结网,物流园区产业集群的资源整合、协同运作与服务创新功能将得到扩展和增强。

11.4　物流园区产业集群生态系统构建

11.4.1　物流园区产业集群的生态特征

生物群落是自然界中的生物种群按照一定的组织关系组合起来的一种集合体,而物流园

区则是由若干物流相关企业或组织组成的产业集群生态系统。可以通过将物流园区产业集群与生物群落的类比分析，来推导物流园区产业集群的生态特征。两者的相似性如表 11-1 所示。

表 11-1 物流园区产业集群与生物群落的相似性

相似性	生物群落	物流园区
组成要素	以生物为主体	以物流企业为主体，包括其他相关企业
要素之间的关系	两个以上的要素，各成分与环境相结合，各成分之间相互作用	大量运输、仓储企业和一些服务机构等，并受其所处环境影响
整体性	各个组成部分相互影响，构成一个整体	物流企业、政府、相关机构、环境等构成一个整体，园中企业受其他组成部分影响
空间特性	一定地理范围空间尺度是影响生态系统研究的重要因素	一定地理范围空间尺度是影响因素之一，不同的物流园区特性也不一样
功能	物种迁移、物质和能量循环、信息传递、价值流通、生物生产、资源分解	物质流动、信息传播、价值流动、生产活动

通过比较得出两者之间的差异性，具体如表 11-2 所示。

表 11-2 物流园区产业集群与生物群落的差异性

差异性	生物群落	物流园区
基本组成单元	自然界的生物物种	物流企业和物流服务配套企业
存在目的	自身发展繁衍后代	实现社会经济目标，承担相应的物流功能
能动性	受到先天因素的影响，入驻或退出的选择性较差，能动性较小	可通过考虑自身条件和整体条件来选择入驻或退出，能动性很大
人类干预	没有人类干预的情况下自身能够长久地保持进化、发展	需要人类对其发展进行规划和引导
环境资源	需要阳光、水分、食物等自然资源	需要生产性资源和市场性资源

11.4.2 物流园区产业集群生态系统架构

物流园区是产业集聚的平台，产业集聚是物流园区发展的基础。物流园区产业集群生态系统的打造，有利于实现业务收入多样化。物流园区应坚持创新、协调、绿色、开放、共享的发展理念，在更加广阔的领域优化资源配置，连接上下游企业，对接产销，交互商品、信息、价值和知识，以制度、技术和商业模式创新为动力，建立多形式利益联结机制，以产业集聚为先导，整合存量，创新增量，循环联动，拓展集聚，推进现代物流供给侧结构性改革，着力构建物流园区与一、二、三产业交叉融合的现代产业体系，分享价值，创造互为环境、相互依存的新型生态圈。重点应坚持平台运营商定位，以市场需求为导向，以技术创新为支持，坚持"多式联运、多业联动、多网融合、多方共赢"的经营理念，充分整合利用多种社会物流资源（包括运力、土地、仓储、资金、保险等），创新物流园区 OTO 商业模式，拓展物流园区物流链、产业链、价值链，推动物流产业链横向拓展与纵向延伸，吸引区域物流企业、运输企业、专线企业、生产商贸上下游企业以及相关的融资、保险等企业入驻，提供基础物流、物业配套服务、物流增值等，实现业务收入多样化，打造线上、线下融合发展的物流园区产业集群生态系统，具体如图11-4所示。

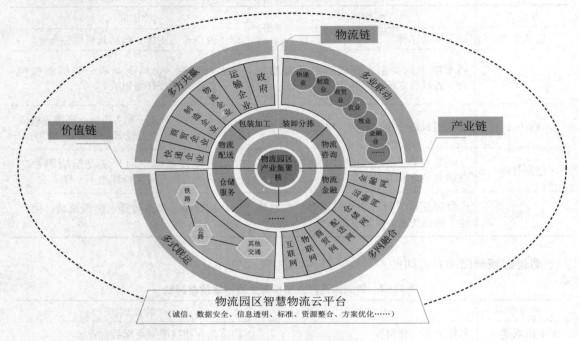

图11-4 物流园区产业集群生态系统架构

11.4.3 物流园区产业集群生态系统的进化

1. 物流园区产业集群生态系统形成方式

物流园区产业集群生态系统的形成方式一般分为自上而下型和自发形成型两种。

（1）自上而下型

自上而下型的演化形式是一种比较常见的形式，其主要是依靠政府的规划。政府或主管部门从区域经济的角度出发，根据物流市场的需求、发展趋势和物流园区的发展规律，主动规划建设物流园区，以整合各种分散的物流资源，形成区域物流发展的平台和空间载体，并借以理顺城市功能，提高城市经济的运行效率。在政府政策的推动下，物流园区开发企业能够获得政府部门投资以及社会资本的支持，并以此为基础进行产业技术的突破，从而使得物流园区能够实现快速成长。对于物流园区的成长而言，政府政策贯穿始终，对于物流园区内企业的组织、资本、产业技术、配套设施等方面均有重要的作用。

一般来讲，政府往往会基于一定的政策，如财政税收支持政策、土地开发投资政策、技术创新政策等来实现对物流园区的支持。除此之外，政府还会在物流园区的形成过程中，完善相关基础设施和公共服务平台，为物流园区的形成和物流企业的入驻创造条件。同时，政府还会引导物流园区建设区域物流信息平台，促进现代物流信息技术的应用，鼓励物流园区网络化协同运营，完善现代企业经营管理体系，从而提升物流园区的技术创新与盈利能力。

(2) 自发形成型

自发形成型演化模式，主要指根植于当地社会经济系统中，与本地社会经济系统有着较为密切的关系，以传统物流园区或相关基础设施作为增长极，各种物流企业和相关企业以及其他物流设施按市场法则和物流园区发展规律逐步集聚而形成的物流园区。物流园区依靠区域产业需求和附近批发市场、港口等便利的区位、交通条件自发形成，主要受市场机制作用而形成，很少有政府行为的干预和影响。该类物流园区在市场培育阶段发展较慢，但一旦形成物流产业集群之后具有很强的市场竞争能力。

2. 物流园区产业集群生态系统进化方式

(1) 物流园区的生态位竞争

在同一生态环境中，两种生物利用同一单元或共同占用其他环境变量时，就会出现生态位的重叠现象，两生态位的重叠部分就会引起竞争排斥效应。生态位重叠越大，某一生态单元独用的资源空间就越小，竞争作用就越强。细分后的物流市场之间存在某种程度的重叠，这样必然也导致不同物流园区之间从事相同或相似业务时进行某种程度的竞争和排斥。

(2) 物流园区的生态位分离

当不同生态单元存在于共同的生存环境中时，随着竞争强度的增加及可利用资源的限制，必然存在生态位分化现象，比如从时间维、空间维、资源维等方面实现生态位分离的目标。物流园区之间的生态位分离包括基础资源要素的分离、功能定位的分离、目标市场的分离等形式。正是由于资源要素被不同物流园区利用才使其具有不同的生态位，达到各自专注于自身独特竞争力的培育，这体现了物流园区生态位的分离特征。

(3) 物流园区的生态位合作

尽管生态单元之间竞争非常普遍，在一定的条件下也存在合作或相依性，比较典型的就是共生性。由于物流市场之间并非是完全分离的，仅仅依赖单一种类或某一物流园区往往难以承揽全部地区物流业务，物流园区之间通过资源互补或能力互补达成一定程度的协同运作，这种合作关系有利于处在不同生态位的物流企业展开业务协作和竞争，促使物流资源的跨区域整合与共享，有利于细分市场中的物流企业的服务产品更加完善。显然，物流园区的生态位合作有益于一种全新的互惠互利型竞争合作态势的形成，或称之正和竞争（而非零和竞争）。

传化公路港物流平台生态圈构建模式

传化物流首创公路物流平台模式，定位于在主要城市之间干线运输和港区内的配货服务，并逐渐向仓储服务和城市配送业务延伸。通过基础网络建设和信息化手段等，围绕物流产业和中小企业搭建公共性服务平台，把分散的"物流服务资源、物流设施设备资源、物流需求资源及管理服务资源"进行整合，为客户提供"一站式"的系统服务。

1. 基本业务

(1) 路港快线服务——传化的虚拟车队

陆港快线是由传化公路港精心打造以传化物流基地为物理基础的"零担城际专线运输

网络平台"产品。"路港快线"以平台化的运作方式，为平台上的物流企业建立"五定七统一"的运营标准，支持其为客户提供"点点直达、安快准省"的货运服务，并借此建立公路货运行业诚信体系。

(2) 易配货——干线交易撮合系统

易配货（又称E配货）通过信息化手段设计业务流程，将线下交易逐步转为线上线下同步交易，介入交易环节，支持跨区域在线交易，更大范围的匹配，更高效率地实现车、货之间更便捷、更快速、更精准的互动匹配，能够实现对车辆的全程监控，提升服务品质，能够实现对交易过程的信用评级，实现诚信交易标准化的作业流程，能够实现复制，更大范围车/货资源的整合，构建实体平台与虚拟平台相结合的交易网络。

(3) 易货嘀——卡车版的滴滴打车

易货嘀是传化首创的同城叫车平台，解决的是最后一公里物流问题。通过"易货嘀"平台，能直接地让车、货的信息呈现在手机客户端上。货车需求方一键发布货物信息，就可轻松获取附近司机的位置，电话沟通即可完成交易。

2. 增值服务

传化公路港除了提供陆港快线等核心业务以外，还提供生活、生产、商务、行政等配套服务，以及物流会展、物流金融等服务。

①生活、生产配套服务。主要包括餐饮、住宿、购物、休闲娱乐、停车、加油、卡车团购、汽车维修、轮胎销售等服务。

②商务、行政配套服务。主要包括银行、保险、邮政、通信，运管、工商、公安、税务等服务。

③物流会展服务。主要针对交通运输用具、输送设备、仓储设备、自动筛选系统和自动识别系统等设施设备提供集中展示展销服务。

④物流金融服务。传化物流规划了四大金融服务板块，逐步培育多元化的金融利润中心。一是支付服务：构建货主、物流企业、货运司机、商户等全流程支付闭环；二是信用服务：提供小额贷款、商业保理、供应链（金融）服务等融资与配套服务；三是委托代理：创建平台式的金融服务生态圈，提供融资代理、理财代理、团购代理等服务；四是资产管理：提供各种多元化的理财服务。

3. 生态圈构建

传化物流定位于"公路物流平台整合运营商"，致力于构建全国智能公路港网络化运营体系，即通过构建线下全国公路港实体平台网络及其所配备的一体化服务体系和线上基于互联网、云计算等技术形成的信息化指挥体系，以一套平台特有的会员诚信安全交易体系为保障，服务于公路运输主体，实现车源与货源的有效对接，提升公路物流效率。

通过线上资源平台构建、线下大规模建立"公路港"实体平台，以及线上线下融合体系方面完成闭环，形成集物流、信息流、资金流、商务流于一身的动态、可持续的物流O2O交易闭环体系。同时，将运输中心、货运信息超市、配送中心、仓储中心、货运班车总站、配套服务和管理服务中心七大功能模块相互耦合、协同作业，共筑"公路港"生态系统，实现中小物流企业、工商企业和社会车辆在这个平台上各取所需、共生进化。基于陆港平台的传化物流生态圈如图11-5所示。

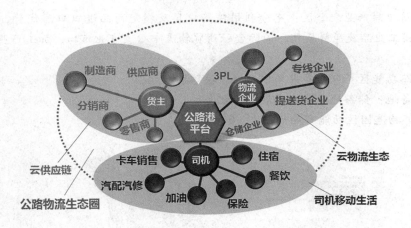

图 11-5 基于陆港平台的传化物流生态圈

案例 2

重庆西部物流园区功能区及组织管理架构

重庆西部物流园区于 2007 年 9 月设立，是依托团结村铁路集装箱中心站和兴隆场特大型铁路编组站设立的内陆保税物流园区，是"渝新欧"国际贸易大通道的起始站——重庆铁路口岸所在地，是国家发展改革委批复重庆设立的"三基地四港区"中的铁路物流基地、国家服务标准化试点物流园区和首批市级重点物流园区。物流园区规划总面积约 35 km^2，预计总投资 1 117 亿元。

1. 功能区规划

物流园区按 6 个功能板块划分，采取"整体规划、分步实施、市场运作"的开发模式，实行分期开发：第一期，2007 年至 2010 年，建成物流园区 6 km^2，建设国家铁路综合物流中心，开工建设兴隆场铁路编组站；第二期，2010 年至 2015 年，建成物流园区 9 km^2，建成兴隆场铁路编组站，基本实现物流资源整合，产业融合；第三期，2015 至 2020 年，建成物流园区 7.33 km^2，全面完成物流园区功能布局，实现战略目标。重庆西部物流园区共分六大功能板块。

（1）铁路口岸及保税物流园区：包含通关检验区、检测作业区、配套服务区、保税物流中心（规划）四大功能区。

（2）贸易配套服务区：依托渝新欧物流通道及整车进口口岸，开展进口整车、摩托车、零部件以及汽车用品、汽车饰品等配套产品的展示展销。

（3）多式联运区：含多式联运、城市配送、货运配载、进出口仓储及分拨功能。集聚铁铁联运、公铁联运、铁水联运、集装箱物流四大业态，形成集运输、中转、仓储、配送于一身的多式联运综合物流园区；打造整合公铁物流资源的公共平台和城市物流配送的公共物流平台，发展日用品、五金机电、商超配送物流等在内的专业配送物流，成为国内、国外物资进入重庆的重要转载体。

（4）铁路口岸产业配套区：充分利用铁路口岸及指定商品进口口岸优势，发展欧洲商品展销、欧洲工业品及原料展销、国际金融商贸物流中心、专业市场、加工产业等铁路口岸产业配套区。

（5）铁路功能区：包含集装箱中心站、铁路编组站。

（6）储备地：储备地及城市发展生活配套区。

重庆西部物流园区功能布局如图 11-6 所示。

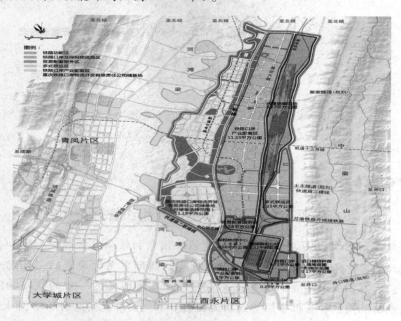

图 11-6　重庆西部物流园区功能布局

2. 组织管理设计

重庆西部物流园设立了物流园区管委会，下设物流园区开发建设公司，由开发建设公司统筹规划设计部、招商产业部、监察审计部、工程配套部等部门，同时与资产公司、公租房公司合作开展相关业务。重庆西部物流园区组织机构图如图 11-7 所示。

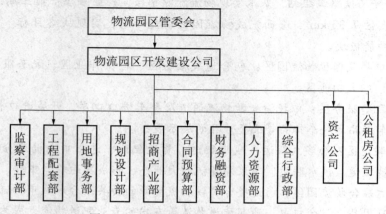

图 11-7　重庆西部物流园区组织机构图

参考文献

[1] 波特. 国家竞争优势 [M]. 北京：华夏出版社，2002.
[2] 克鲁格曼. 地理和贸易 [M]. 北京：中国人民大学出版社，2000.
[3] 斯密. 国民财富的性质和原因的研究 [M]. 北京：商务印书馆，1981.
[4] 马歇尔. 经济学原理（下）[M]. 北京：商务印书馆，1997.
[5] 马歇尔. 经济学原理（上）[M]. 北京：商务印书馆，1997.
[6] 韦伯. 工业区位论 [M]. 李钢剑，译. 北京：商务印书馆，1997.
[7] COASE R. The nature of the firm [J]. Economica. 1937, 4 (16)：386-405.
[8] 胡佛. 区域经济学导 [M]. 王翼龙，译. 北京：商务印书馆，1990.
[9] PORTER E M. The competitive advantage of nations. New York：The Free Press, 1990.
[10] 波特. 竞争论 [M]. 高登第，李明轩，译. 北京：中信出版社，2003.
[11] 韩伯领. 铁路现代物流中心综合发展规划理论与应用 [M]. 北京：中国物资出版社，2010.
[12] 王宏新. 物流园区（规划、开发、运营）[M]. 北京：清华大学出版社，2014.
[13] 陶经辉. 物流园区布局规划与运作 [M]. 北京：中国物资出版社，2013.
[14] 海峰，刘勤. 物流园区规划设计与运营管理管理 [M]. 武汉：华中科技大学出版社，2015.
[15] 徐康宁. 产业集聚形成的源泉 [M]. 北京：人民出版社，2006.
[16] 张晓东. 物流园区布局规划理论研究 [M]. 北京：中国物资出版社，2004.
[17] 李向文，杨健. 物流园区信息平台建设与信息化管理 [M]. 北京：清华大学出版社，2015.
[18] 周凌云，赵钢，孔继利，等. 物流中心规划与设计 [M]. 2版. 北京：清华大学出版社，2014.
[19] 贾争现. 物流配送中心规划与设计 [M]. 北京：机械工业出版社，2004.
[20] 奥古斯特勒施. 经济空间秩序：经济财货与地理间的关系 [M]. 王守礼，译. 北京：商务印书馆，1995.
[21] 胡佛. 区域经济学导论 [M]. 王翼龙，译. 北京：商务印书馆，1990.
[22] 艾萨德. 区位与空间经济 [M]. 杨凯衷，译. 北京：北京大学出版社，2011.
[23] BECKMAN M J. Location theory [M] New York：Random House, 1968.
[24] 陈文福. 西方现代区位理论述评 [J]. 云南社会科学，2004（2）：62-65.
[25] 朱华友. 空间集聚与产业区位的形成：理论研究与应用分析 [D]. 长春：东北师范大学，2004.

［26］陈柳钦. 分工协作、交易费用与产业集群［J］. 西华大学学报（哲学社会科学版），2006，25（5）：34-39.

［27］WILLIAMSON O E. Market and hierarchies：analysis and antitrust implication［M］. New York：The Free Press，1975.

［28］陈柳钦. 基于交易费用视角的产业集群理论［J］. 阴山学刊，2007，20（4）：93-99.

［29］黄基伟，鲁莹. 克鲁格曼：新经济地理学开创者［M］. 北京：人民邮电出版社，2009.

［30］刘恒江，陈继祥. 国外产业集群政策研究综述［J］. 外国经济与管理，2004，26（11）：45-49.

［31］EISINGERICH A，FALCK O，HEBLICH S，et al. Cluster innovation along the industry lifecycle［R］. Jena economic research papers（working papers），2008.

［32］付韬，张永安. 产业集群生命周期理论探析［J］. 华东经济管理，2010，24（6）：57-61.

［33］TICHY G. Clusters：less dispensable and more risky than ever［C］//Steiner M. Clusters and regional specialisation. London：：piont limited，1998.

［34］IYIGUNA M. Clusters of invention，life cycle of technologies and endogenous growth［J］. Journal of economic dynamics & control，2006，30（4）：687-719.

［35］唐凯江. 产业集群演化论［M］. 社会科学文献出版社，2013.

［36］黄丽丽. 物流产业集群形成机理与空间结构演化研究［D］. 成都：西南交通大学，2016.

［37］刘憨. 物流产业集群与区域经济互动研究［D］. 北京：北京交通大学，2009.

［38］马丽. 物流产业集群发展模式研究［D］. 武汉：武汉理工大学，2008.

［39］秦璐. 城市物流空间结构特征及演化理论研究［D］. 北京：北京交通大学出版社，2012.

［40］中国物流与采购联合会. 中国物流园区发展综述［N］. http：//www.chinawuliu.com.cn/wlyq/201405/30/290277.shtml，2014.

［41］中国物流学会. 中国物流园区发展：历史、现状和未来［N/OL］. http：//csl.chinawuliu.com.cn/html/19885600.html，2012.

［42］国家发展和改革委员会. 全国物流园区发展规划［N/OL］. http：//www.ndrc.gov.cn /zcfb/zcfbghwb/201310/t20131015_585502.html，2013.

［43］中国物流与采购联合会，中国物流学会. 中国物流园区发展报告（2016）［M］. 北京：中国财富出版社，2016.

［44］中国物流与采购联合会，中国物流学会. 第四次全国物流园区（基地）调查报告［N/OL］. http：//www.chinawuliu.com.cn/wlyq/201508/10/304052.shtml，2015.

［45］何华武，韩伯领，刘启钢，等. 中国铁路现代物流成套技术研究与应用［R］. 北京：中国铁路设计集团有限公司，2017.

［46］祝继常，刘启钢，周凌云，等. 适应铁路全程物流的铁路基础设施配套保障技术研究［R］. 北京：中国铁道科学研究院，2015.

［47］黄由衡，王娟，段丽丽，等. 湘中国际物流园区发展规划［R］. 长沙：中南大学，2011.

[48] 谭小平. 美国多式联运枢纽建设发展情况及对中国的启示 [N/OL]. https://wenku.baidu.com/view/2cd8edaf5901020207409cac.html, 2014.

[49] 宫秀芬. 我国物流产业集群模式及形成机制 [J]. 科技促进发展, 2016, 12 (2): 249-255.

[50] 韩伯领, 刘启钢, 周凌云, 等. 铁路现代物流经营关键问题及解决方案研究 [R]. 北京: 中国铁道科学研究院, 2018.

[51] 柯书敏, 海峰. 物流园区与物流产业集群关系研究及治理建议 [J]. 物流工程与管理, 2014 (3): 1-3.

[52] 李超杰. 物流园区规模确定方法研究 [D]. 成都: 西南交通大学, 2011.

[53] 吴文征. 物流园区网络协同研究 [D]. 北京: 北京交通大学, 2012.

[54] 王秀宇. 物流园区产业集群形成机理研究 [D]. 长沙: 中南大学, 2007.

[55] 张得志. 物流园区演化机理与布局优化方法的研究 [D]. 长沙: 中南大学, 2006.

[56] 董冲. 物流园区的成长及其对区域经济发展的影响研究 [D]. 武汉: 华中科技大学, 2015.

[57] 上海市质量和标准化研究院, 中国物流与采购联合会物流园区专业委员会, 同济大学, 等. 物流园区分类与规划基本要求 [S]. 北京: 中国物资出版社, 2017.

[58] 中国铁路设计集团有限公司, 北京交通大学, 中铁第一勘察设计院集团有限公司, 等. 铁路物流中心设计规范 [S]. 北京: 中国铁道出版社, 2016.

[59] 上海市标准化研究院, 中国物流与采购联合会, 上海商业发展研究院. 物流园区服务规范及评估指标 [S]. 北京: 中国标准出版社, 2014.

[60] 中国物流信息中心, 中国商业统计学会, 西安交通大学, 等. 物流园区统计指标体系 [S]. 北京: 中国标准出版社, 2013.

[61] 牛慧恩, 陈璟. 我国物流园区规划建设的若干问题探讨 [J]. 城市规划, 2001, 25 (3): 58-60.

[62] 李玉民, 李旭宏, 毛海军, 等. 物流园区规划建设规模确定方法 [J]. 交通运输工程学报, 2004, 4 (2): 76-79.

[63] 汪鸣. 国外物流园区运营模式及借鉴 [J]. 中国储运, 2003 (5): 14-16.

[64] 陶君成. 关于物流园区建设的几个问题 [J]. 管理世界, 2004 (12): 138-139.

[65] 丁斌. 物流园区管理模式研究 [J]. 华东经济管理, 2004, 18 (6): 146-149.

[66] 李超杰. 物流园区规模确定方法研究 [D]. 成都: 西南交通大学, 2011.

[67] 韩兰兰. 物流园区运营管理模式研究 [D]. 西安: 长安大学, 2010.

[68] 井蕾. 物流园区开发运作模式研究 [D]. 南京: 东南大学, 2013.

[69] 汤珏, 孙有望. 国外物流园区规划、建设与发展的经验与借鉴 [J]. 中外物流, 2008 (1): 26-30.

[70] 贺登才, 颜滨, 袁有丰, 等. 德国物流园区考察报告 [J]. 中国物流与采购, 2010 (15): 58-61.

[71] 陆成云. 我国物流园区开发模式研究 [J]. 综合运输, 2010 (4): 50-52.

[72] 邢虎松. 我国物流园区建设前期程序初探 [J]. 北京交通大学学报（社会科学版）, 2015, 14 (3): 84-88.

[73] 海峰, 靳小平, 贾兴洪. 物流集群的内涵与特征辨析 [J]. 中国软科学, 2016 (8): 137-148.

[74] 冯芬玲, 景莉, 杨柳文. 基于改进slp的铁路物流中心功能区布局方法 [J]. 中国铁道科学, 2012, 33 (2): 121-128.

[75] 马交国, 马永欢, 刘清春. 我国物流园区规划、建设和发展模式研究述评 [J]. 现代城市研究, 2016 (1): 90-95.

[76] 石荣丽. 基于大数据的智慧物流园区信息平台建设 [J]. 企业经济, 2016 (3): 134-138.

[77] 王娟, 刘凌, 李亚凡. 德国物流园区的建设运营模式对我国物流园区发展的启示与借鉴 [J]. 物流技术, 2014 (17): 31-32.

[78] 刘长俭. 如何经营物流园区: 旁观日美欧物流园区 [J]. 物流时代, 2006 (9): 55-57.

[79] 彭芬, 张明玉. 我国铁路现代物流中心赢利模式研究 [J]. 南昌航空大学学报 (社会科学版), 2008, 10 (3): 45-50.

[80] 中国物流与采购联合会物流园区专委会. 德国物流园区考察报告 [N/OL]. http://www.chinawuliu.com.cn/wlyq/201405/30/290284.shtml, 2014-05-30.

[81] 国家发展和改革委员会经济贸易司, 中国物流与采购联合会. 示范物流园区创新发展报告 (2017) [M]. 北京: 中国财富出版社, 2017.

[82] 国家发展和改革委员会经济贸易司, 中国物流与采购联合会. 示范物流园区创新发展报告 (2017) [M]. 北京: 中国财富出版社, 2017.

[83] 吴峰. 物流园区开发模式的探讨 [J]. 江西社会科学, 2004 (6): 246-249.

[84] 李阳, 朱道立, 吉阿兵. 物流园区投资开发模式研究 [J]. 物流科技, 2015, 28 (7): 4-7.

[85] 胡娟. 物流产业集群的成长及治理 [M]. 武汉: 武汉大学出版社, 2015.